粤港澳大湾区
科技金融中心的发展研究
——以广州市为例

YUEGANGAODAWANQU

KEJI JINRONG ZHONGXIN DE FAZHAN YANJIU

——YI GUANGZHOUSHI WEILI

林瑶鹏　林柳琳／著

中国财经出版传媒集团

经济科学出版社

Economic Science Press

图书在版编目（CIP）数据

粤港澳大湾区科技金融中心的发展研究：以广州市为例/
林瑶鹏，林柳琳著 . —北京：经济科学出版社，2021.7
ISBN 978 - 7 - 5218 - 2587 - 9

Ⅰ.①粤…　Ⅱ.①林…②林…　Ⅲ.①科学技术 - 金融 -
经济发展 - 研究 - 广东、香港、澳门　Ⅳ.①F832.765

中国版本图书馆 CIP 数据核字（2021）第 101415 号

责任编辑：李　雪　高　波
责任校对：王肖楠
责任印制：王世伟

粤港澳大湾区科技金融中心的发展研究
——以广州市为例

林瑶鹏　林柳琳　著

经济科学出版社出版、发行　新华书店经销
社址：北京市海淀区阜成路甲 28 号　邮编：100142
总编部电话：010 - 88191217　发行部电话：010 - 88191522
网址：www. esp. com. cn
电子邮箱：esp@ esp. com. cn
天猫网店：经济科学出版社旗舰店
网址：http://jjkxcbs. tmall. com
北京季蜂印刷有限公司印装
710×1000　16 开　23 印张　380000 字
2021 年 7 月第 1 版　2021 年 7 月第 1 次印刷
ISBN 978 - 7 - 5218 - 2587 - 9　定价：96.00 元
（图书出现印装问题，本社负责调换。电话：010 - 88191510）
（版权所有　侵权必究　打击盗版　举报热线：010 - 88191661
QQ：2242791300　营销中心电话：010 - 88191537
电子邮箱：dbts@ esp. com. cn）

前言

preface

　　科技和创新正逐渐成为整个世界发展的主导，金融推动科技创新已成国际常态。目前，我国正处在经济发展转型阶段，"新常态""大众创业，万众创新"等新经济理念的提出，意味着我国经济增长的主动力将由传统的要素驱动转变为新型的创新驱动，科技创新是我国面向未来的必经之路。科技金融服务是实施创新驱动战略的重大举措，世界各国的实践结果表明，科学创新能力的不断提高和金融配套政策的逐步完善是实现创新型城市建设的必经之路。近年来，为适应社会主义市场经济体制要求，我国不断深化科技金融改革，为创新驱动发展战略奠定了良好基础。习近平总书记2013年提出"围绕产业链部署创新链，围绕创新链完善资金链"①。在此背景下，我国对科技金融的发展将会有更加严格的要求，必须不断优化科技金融服务体系，提高城市科技金融服务体系建设的有效性，使金融资源最大限度地与科技资源对接，为其提供充分的支持和服务，从而帮助我国经济发展模式顺利实现转型，更快、更有效地促进经济增长。

　　2011年，《广州区域金融中心建设规划（2011—2020）》及2013年《关于全面建设广州区域金融中心的决定》的发布，标志着广州市区域金融中心建设正式进入实质性推进阶段。据广州市金融局发布数据，2020年金融业总体发展可圈可点，全年实现金融业增加值2234.06亿元，同比增

---

① 央广网. 习近平：要围绕产业链部署创新链　围绕创新链布局产业链［EB/OL］.（2020 - 10 - 14）［2020 - 12 - 30］. https：//baijiahao. baidu. com/s? id = 16804992231892561100&wfr = spider&for = pc.

长 8.3%，占国内生产总值的 8.9%，拉动国内生产总值增长 0.7 个百分点，规模居全国大城市第 4 位；金融业税收收入 489.3 亿元，同比增长 9.1%，占全市税收的 9.14%，金融产业成为广州市第四大支柱产业。

科技金融作为广州市区域金融中心建设的重要成分，既是实体经济发展的基础，也是金融体系完善的关键，能有效满足广州市区域金融中心建设的需求。2017 年，广州市设立全国规模最大的科技信贷风险补偿资金池，首期投入 4 亿元，授信金额达 76.84 亿元。广州市科技金融路演中心、广州市新三板企业路演中心共举办路演活动 30 场，实现融资约 8 亿元。设立科技保险专项资金，在保金额 130 亿元，占全省的 70%。全市创业及股权投资机构数量在 1 年内激增近 3000 家，管理资金规模增长 116%。此外，风投和创投市场发展迅猛，出台《广州市风险投资市场规范发展管理办法》，在全国首创建设风投大厦，全市创业及股权投资机构达 4500 家，管理资金规模 8000 多亿元。建设中国青创板，上板全国 16 个省（直辖市、自治区）2407 个青年大学生创新创业项目。科技与金融是促进经济发展的两个重要保障，其目的是使科技创新与金融资本有效融合，推动新经济模式的形成，对产业升级和机构调整至关重要。广州市科技与金融的融合创新发展，不仅集成金融资源为科技创新提供服务，也进一步促进高新技术企业的研究开发与技术成果转化，形成企业核心自主知识产权，使企业自主创新能力不断加强，从更高层次和更深程度推动广州市产业结构的升级调整，加速广州市区域经济科学发展。

作为金融活动和科技产业的集聚之地，中心与非中心相比，具有更强的企业家筛选效率和资本支撑能力，有利于推动生产性创新，从而使该区域更可能成为独具特色的科技金融中心，其形成和发展是市场经济条件下创新资源配置的必然结果。不同于一般的科技中心或金融中心，科技金融中心是一种特殊的空间集聚现状，既包括科技企业、科技创新、科技人才、科技政策在空间上的集聚，又包括金融机构、金融资源、金融系统、金融政策在区域内的集聚，区域内科技资源集聚与金融资源集聚合二为一，相互融合、相互影响、相互促进、共同发展。

科技创新的资金需求是科技金融形成与发展的前提，不同的科技创新主体，以及科技创新产出的不同阶段催生多样化的资本需求，这也要求科技金融服务通过完善科技金融体系（包括金融市场、金融组织和金融服务体系）和创新科技金融产品来匹配科技创新的资本需求。科技创新引发新一轮的技术革命，促使广州市产业结构升级和创新经济的产生，科技金融中心的发展提供创新的金融服务和完善的资本退出机制，实现金融资本的增值和积累，最终推动广州市区域经济的发展，并促进广州市财政税收的增加、形成财富增长效应、基础环境的建设等。科技与金融的融合创新发展能实现广州市产业结构的升级并能促进地方经济的快速增长，在此过程中，金融体系也得到不断完善，金融机构和相关产业也会因此向区域科技金融中心不断聚集，产生产业聚集效应，从而形成广州市区域科技金融中心良性发展的内生动力。

　　本书在分析区域科技金融中心形成机制、驱动因素、功能与效应、发展路径，以及评价体系的基础上，基于历史与现实的维度对比分析国际国内科技金融中心的演进、发展模式与发展趋势，探索与研究广州市构建粤港澳大湾区科技金融中心的驱动因素、内在需求与模式路径选择。本书的核心内容包括了构建区域科技金融中心的评价指标体系、对区域科技金融中心驱动力进行演化研究、建立广州市科技金融中心的动力因子分析、对广州市粤港澳大湾区科技金融中心经济增长效应进行计量分析，对广州市粤港澳大湾区科技金融中心产业结构升级效应进行计量分析，以及广州市科技金融与科技创新协调发展研究。

　　第一章科技金融的内涵与理论基础。笔者认为科技金融是科技与金融的有机融合的结果，其具有阶段成长性，是从松散配合，到紧密结合，再到深度融合的结果。科技金融具有高风险性、高回报性、高知识含量、对科技创新支持的阶段演进性、政策与市场复合性、多层性、人力资本渗透性、管理资本介入性等特征。科技金融的理论基础主要有新供给理论、"核心—边缘"理论、系统科学理论、内生经济增长理论、企业生命周期理论。

　　第二章科技金融中心的内涵与理论基础。笔者认为科技金融中心是一个集金融和科技两个元素为一体的中心，该中心是各类科技资源，如科技型人才、公司、政策及金融资源，如金融型人才、公司、政策等的交汇、融合、共同发展的一个综合性区域。科技金融中心具有科技资源与金融资源的复合性、空间与地理的接近性、科技集聚与金融集聚的系统性、参与者的专业性和结构的层次性等特征。科技金融中心拥有五大基础性能：支撑革新的性能、集合性能、覆盖性能、规模经济性能，以及数据共享性能。

科技金融中心的构成主要可以分为五个方面，其工作机制主要是在一定的市场环境下，依赖于科技金融的供给、需求、产品等三方的配合，并受到政府的适当管制，在整个过程中，供给方根据需求方的要求生产科技金融产品，政府适当引导市场，最终促成一个多方合作的金融交易整体。科技金融中心的理论基础主要有技术创新理论、金融发展理论、空间经济学理论与区域金融发展理论。

第三章科技金融中心形成机制。科技金融中心的形成模式主要分为两种：一是内部动力自发形成模式；二是外部引导政府推动模式。科技金融中心的规模化效应的发挥不是一时半刻就能显示成效的，这种集群效应的产生是受益于政策法规、行业发展和金融科技企业参与共同打造的规模效应。

第四章国内外科技金融中心主要模式比较。科技金融中心的发展模式主要有市场主导型旧金山科技金融中心发现模式，市场与政府相结合中间型的新竹科技金融中心发展模式等。但是因为这些发展模式都是国外的发达城市总结出来的，所以我国在对这些经验进行引进时，要结合我国的实际情况，制定出符合我国特点的科技金融中心发展模式。

第五章区域科技金融发展水平综合评价。本章运用熵值法对区域科技金融发展水平进行综合评价，并对科技金融的分布及空间特征进行分析。结果表明：北京市、上海市、广东省科技金融发展水平位于全国前3位，领先于其他地区；我国科技金融呈现严重的分布失衡，东部沿海地区科技金融发展水平较高，中西部地区相对较低；虽然样本期间内我国科技金融发展水平呈现上升趋势，但是上升速度比较缓慢。主要原因在于我国科技金融发展效率对科技金融发展水平的贡献较低，科技产出促进科技金融发展效率的渠道受阻，科技金融发展对创业风险投资的依赖比较大，但创业风险投资对科技金融发展的贡献不高。另外，通过耦合协调度模型可知科技金融发展规模、科技金融发展结构、科技金融支持力度、科技金融发展效率四个子系统的耦合协调度较低。

第六章科技金融中心驱动因素的探索性研究。研究结果表明：科技金融中心演化发展的驱动效应呈现复杂化，单因素和多因素独立影响均不能较好地解释科技金融中心的驱动效应，而多驱动因素的交互效应模型能够较好地诠释科技金融中心演化发展的驱动效应机制，地区开放水平对科技金融发展综合指数呈现负向影响，营商环境、市场化程度、区域创新，以及区位优势对科技金融中心的演化发展均呈现显著的驱动效应；人力资本对科技金融中心的驱动效应需要借助金融集聚作为路径；推动科技金融中心演化发展的力量，包括人力资本和金融集聚相互促进形成的合力。人力资本对科技金融发展的影响并不是始终为正，只有地区金融集聚水平跨过0.9699这一门槛值，人力资本对科技金融中心演化发展表现为推动作用；金融集聚对科技金融的影响需要借助人力资本或财政支出作为路径，推动科技金融中心演化发展的力量包括人力资本与金融集聚的合力，以及财政支出与人力资本的合力，金融集聚对科技金融的影响并非始终为正，只有当人力资本水平跨过门槛值9.0075或财政支出占比跨过门槛值0.1313时，金融集聚对科技金融中心的演化发展表现为驱动效应。

第七章科技金融中心集聚效应研究，运用面板线性回归和门槛面板回归对科技金融中心集聚的经济规模效应和经济结构效应的影响进行实证分析。静态面板数据就回归表明，科技金融中心集聚对经济增长的线性关系不显著，只有科技金融规模对经济增长呈现显著的刺激作用；科技金融中心集聚对经济结构效应呈现一定的线性关系，并且科技金融支持力度和科技金融发展效率对产业结构转型升级具有显著的促进作用。

第八章科技金融中心空间溢出效应研究，运用空间计量经济学模型对科技金融中心的空间溢出效应进行实证研究。空间自相关性检验表明全局的Morans I检验和局域的LISA检验可知，科技金融发展综合指数与经济增长和产业结构升级之间存在明显的空间相关性。空间模型类型诊断表明，空间滞后模型（SLM）可以对科技金融中心对经济规模溢出效应进行较好的刻画，通过模型的分解发现，科技金融中心对经济规模直接效应和间接效应的影响系数均显著为正，说明科技金融中心的演化发展推动了本区域的经济增长。同时，打造了科技金融中心对周边省市的经济增长具有显著的促进作用即科技金融中心具有空间溢出效应；并通过稳健性检验，验证了模型的稳健性。

第九章广州市科技金融中心辐射力研究，以粤港澳大湾区科技金融中心为主要辐射中心，基于数据的可得性，以广州市为中心城市，运用威尔逊模型对广州市科技金融中心辐射力进行度量和分析。实证研究表明打造广州市科技金融中心对其他城市科技金融的拉动效应逐渐显现。

第十章广州市科技金融与科技创新的耦合协同发展研究，对广州市科技金融与科技创新的耦合协同发展程度进行了深入探讨。本章在构建科技金融与科技创新评价指标体系基础上，通过熵值法对科技金融和科技创新综合指数进行测量，运用物理学耦合协调模型对科技金融和科技创新两个子系统的耦合协调类型进行分析，并运用向量误差修正模型（VECM）对广州市科技金融与科技创新协同发展的机制进行动态研究，实证结果为：广州市的科技金融与科技创新耦合协调发展成效已步显现，存在长期稳定的均衡关系，广州市公共科技金融与市场科技金融均能有效带动科技创新发展，但广州市金融市场对科技创新的支持效果并不显著，公共科技金融对科技创新投入与市场科技金融对科技创新产出作用仍需加强，广州市科技金融与科技创新耦合协调发展尚未达到最佳状态。

第十一章广州市建设粤港澳大湾区科技金融中心的展望，对广州市建设粤港澳大湾区科技金融中心的建设提出了政策建议。为了广州市更好地建设粤港澳大湾区科技金融中心建议，加强对科技金融改革创新工作的领导；以粤港澳大湾区金融枢纽建设统领金融开放与创新，全力推进粤港澳大湾区国际金融枢纽建设；健全科技金融服务机构；健全科技金融改革创新工作考核奖励机制；健全科技金融改革创新工作考核奖励机制；推进科技金融综合服务平台建设；深化金融改革创新和对外开放，推动构建全面开放新格局；探索金融支持关键领域自主创新的长效机制，推动粤港澳大湾区经济高质量发展；以对标国际营造金融发展优势环境优化金融营商环境；建设更加完善的科技金融政策体系。

目 录

contents

第一章　科技金融的内涵与理论基础

第一节　科技金融的内涵

一、科技金融的概念探析

一个国家的服务水平和能力，主要还是取决于这个国家的金融市场，特别是资本市场，包括法治环境的发达和法治健全的程度。研究金融如何服务科技型领域，如何更好地安排制度，对推动这方面的金融服务和资源配置意义重大。对于科技金融，国内外无论是实践领域还是理论领域，还没有建立起独立的概念及完善的分类。然而，通过分析国内外所开展的科技金融实践活动与有关理论研究，这一概念能够追溯到科技创新，以及金融资本之间存在的关系与检验相关的理论渊源。

熊彼特（Schumpeter，1912）首次提出创新的概念，认为创新是生产要素的"新组合"。在论述创新与金融的关系中，熊彼特进一步指出，金融资本的本质是为创新提供资本支撑，金融资本为经济实体提供了信任，信任提升了购买力，购买力创造了产品需求，同时，金融创造的信用进一步推动了技术创新和经济发展。熊彼特是首位论述金融与科技关系的经济学家，他的创新理论开启了科技金融最原始的萌芽，引起了学者对金融创新联系的讨论。虽然学者之后基于金融机构、金融市场、金融产品与风险投资等角度，研究了金融与技术创新的关系，但没有形成系统理论。首次提出"金融—技术"的基本范式的学者是佩雷兹（Perez，2002），他认为新技术会导致经济的不确定性，同时，又会带来丰厚的利润。在新技术开发的早期，风险投资的目的是得到更高的利润，并在有关的新技术领域当中进行投资，从而实现金融和技术创新的有效结合。这是当前学界公认的理论渊源。我国学者王瑶琪和刘志东（2019）认为，技术不断进步与金融发展水平一直都处于螺旋形上升的协同演化的动态系统中①。一方面，由一系列集群式的科技创新引发的技术进步，推动了产业革命的发生和演进，与此同时，金融资源在推动科技创新、技术进步的过程中扮演着至关重要的"助推器"或"导航仪"作用，加速了金融与科技资源的配置优化，并提供了"利益共享、风险共担"的工具，为科技创新的不确定性、外部性、高风险性、高复杂性和高收益性提供了有效的金融制度安排。而另一方面，技术创新的推进与传播，也会带动相关产业的升级转型，特别是对于金融行业而言，作为国民经济重要的服务性行业，同样需要不断适应技术变迁所带来金融工具的创新、金融市场组织的变革、金融技术和手段的创新。实践中，科技活动催生带来的金融科技发展及新的金融业态都为金融市场提供了更为广阔的发展空间，也为金融部门带来了利润增长的新动力。因此，可以说，在技术进步与金融发展的不断演化中，逐渐实现了经济增长的"双轮驱动"②。技术革命伴随着技术—经济范式的交融推进，每次技术革命成功带来的经济社会的财富效应过程，金融创新起到举足轻重的作用，同时又伴随和催化新一轮的技术变革及扩散。

"科技金融"是伴随中国金融推动科技创新与科技成果转化的实践而出现的一个本土化概念，究其原因，以欧美为代表的西方发达资本主义国家，其市场及金融体系相对完善，可以自主形成创新资源与金融资源的优化配置。因此，客观上没有形成该理论的研究需求，更没有关于科技金融系统的具体表达形式或相关专业术语，但有部分学者的研究内容与中国科技金融涉及研究范畴基本一致。"科技金融"在实践中应用较为频繁，它的产生与中国科技体制改革进程及金融体系变革发展密切相关。1978年改革开放之后，中国理论界与实务界都在积极探索金融如何支持科技与经济发展，其政策文件经常见到金融支持科技发展的具体工具或政策，但"科技金

① 王瑶琪，刘志东.技术变革视角下科技金融创新与发展［M］.北京：经济科学出版社，2019.
② 刘金全，艾昕，钟莹.北京市银行业科技金融业务支持科技创新的研究——基于TVP-VAR模型的实证检验［J］.科技管理研究，2019，39（17）：135-144.

融"并不是在改革开放初期就出现，而是以"科技与金融"或"科技金融结合"的方式出现。1994 年，中国科技金融促进会第一届理事会扩大年会对"科技金融"这一概念作出了首次定义："我国科技金融事业是以科技发展与经济建设等需求为基础，在科技金融体制改革的重要环境下诞生的"（房汉廷，2015a）①。2006 年发布的《国家中长期科学和技术发展规划纲要（2006—2020 年）》指出，加快发展科技金融结合的实践活动。政策文件和实践中"科技金融"的使用频率逐渐增加，学术界也逐渐将其纳入研究范围。近几年来，我国实施创新驱动战略，把创新作为驱动发展的第一动力，科技金融的发展至关重要。从仅为"科技与金融发展结合的 1.0 版本"发展到"科技金融的 2.0 版本"，甚至有些区域或政府开始探索"金科产与产科金"的科技金融的 3.0 版本的发展模式。随着实践的不断推进，科技金融的内涵与外延也随之变化，理论研究的方式与方法也要随之变化，然而，现有科技金融的理论研究仍明显滞后于实践。由此，有必要对科技金融的概念、本质特征等方面进一步进行探析，一方面，有利于深入把握科技金融的发展规律；另一方面，也有利于政策制定与设计。

"科技金融"这一独立概念研究的时间还不长，还没有建立起完善的理论体系架构，在学术界和实务界也没有一个都认可的准确定义，不同学者对这一概念的界定也有很大差异（见表 1-1）。来自四川大学的赵昌文教授是国内首位系统地研究中国科技金融问题的人，他在 2009 年的《科技金融》一书中明确了科技金融的概念：科技金融主要指的是能够推动科技研发、产业化，以及高科技企业发展的工具、制度及政府与服务等的系统性安全部署，包括：政府、企业、市场、中介机构等所构建起的完善系统，对于国家科技创新及金融体系具有重要的意义②。赵昌文教授认为，科技金融体系通常包括以下六个重要构成部分：科技金融资源、创业投资、科技资本市场、科技贷款、科技保险和科技金融环境。这一定义涵盖了科技金融四个方面的内容：①科技与金融并非独立存在，而是相互促进的；②科技与金融是单向供给关系，即通过提供金融产品、金融服务和金融政策，满足了企业在技术创新、成果转化和生产销售等阶段的资金需求；③科技

---

① 房汉廷.科技金融本质探析［J］.中国科技论坛，2015（5）：5-10.
② 赵昌文，陈春发，唐英凯.科技金融［M］.北京：科学出版社，2009.

金融是一种产业化概念,即支持高科技产业发展的金融产业;④科技金融指的是包括供给方、需求方及中介机构和政府等重要主题的开放体系,涉及科技与金融结合的机制、途径等要素,以及在特定社会环境下的复杂关系及推动其发展的多方面博弈和相互作用。

表1-1　　　　　代表性学者对科技金融概念、特征与内涵的差异

代表性学者	"科技金融"概念	"科技金融"特征及内涵	"科技金融"视角
赵昌文等（2009）	科技金融是"促进科技研发、产业化和高新技术企业发展的一系列金融工具、制度、政策及服务的系统性、创新性安排,是由政府、企业、市场、社会中介机构等各种主体及其行为活动共同构成的一个体系,是国家科技创新体系和金融体系的重要组成部分"	包含科技财力资源、创业风险投资、科技资本市场、科技贷款、科技保险和科技金融环境六大组成部分	偏向"工具论",技术与金融都是高新技术产业发展的外生变量
房汉廷（2010,2015）	科技金融是以培育高附加价值产业、创造高薪就业岗位、提升经济体整体竞争力为目标,促进技术资本、创新资本与企业家资本等创新要素深度融合、深度聚合的一种新经济范式,由"技术—经济"范式、"金融—经济"范式和"企业家—经济"范式3个紧密联系的子系统构成	是一种创新活动,即科学知识和技术发明被企业家转化为商业活动的融资行为总和;是一种"技术—经济"范式;是一种科学技术资本化过程,即科学技术被金融资本解化为一种财富创造工具的过程;是一种金融资本有机构成提高的过程,即同质化的金融资本通过科学技术异质化的配置,获取高附加回报的过程	熊彼特创新经济学和"技术—经济"范式创新
李心丹、束兰根（2013）	科技金融是金融资源供给者依托政府科技与金融结合的创新平台,通过对创投、保险、证券、担保及其他金融机构主体等金融资源进行全方位的整合创新,为科技型企业在整个生命周期中提供创新性、高效性、系统性的金融资源配置、金融产品设计和金融服务安排,以促进科技型企业对金融资源或资本需求的内生性优化,进而保障企业技术革新有效提升并推动整个高新技术产业链加速发展的一种金融业态	基于参与主体视角包含:政府的政策与资金的引导与服务;金融机构的金融资源供给者的资源整合;科技型企业对资金需求及科技金融环境的优化	整合科技金融一系列资源和促进整个高新技术产业发展的角度

续表

代表性学者	"科技金融"概念	"科技金融"特征及内涵	"科技金融"视角
毛道维、毛有佳（2015）	"科技金融"的内涵是"推动科技创新与成果转化的金融资源配置"，其外延包括了"政策性金融""商业性金融"和"政策性与商业性相结合的金融"3种金融资源配置类型，这里的金融资源包含"资金、金融组织体系"、金融工具体系及它们构成的金融体系所发挥的整体功能	"科技金融"指开始于种子期、初创期，止于成长期等企业生命周期阶段的所有金融资源配置，包括商业性金融和政策性金融；广义"科技金融"则是在狭义"科技金融"的基础上加上承接风险资本退出与科技创新成果转化的各种金融资源配置，其中包括多层次资本市场以及产业发展基金和并购重组基金等	从金融与资本逻辑科学角度
贾康等（2015）	科技金融是为科技创新及其商业化和产业化提供整体金融服务的金融新业态，核心是引导金融资源向科技企业积聚，在促进科技创新过程中，推动金融创新和金融发展。进一步阐述了科技金融的服务对象是科技企业，科技金融的服务主体是商业金融，科技金融的本质要求是金融创新，科技金融目标是要实现第一生产力和第一推动力的有效结合，提升科技创新能力和国家竞争力	科技金融是"第一生产力"（科学技术）与"第一推动力"（金融发展）的有机结合体；科技金融可以进一步细分为科学金融（science finance）与技术金融（technology finance），科技金融的绝大部分问题还是要依靠政府行为与市场机制有效结合；科技金融是包括理论、政策、工具和服务的系统性安排	侧重从金融视角入手

资料来源：王瑶琪，刘志东. 技术变革视角下科技金融创新与发展［M］. 北京：经济科学出版社，2019.

房汉廷（2010）受熊彼特创新经济学和佩雷兹《技术革命与金融资本》技术、"金融—经济"范式思想的影响，指出：科技金融通常涉及以下列四个部分的内容：①科技金融属于一种具有创新意义的活动，指的是企业家能够实现科技向实际生产活动转化所进行的融资行为的总和；②科技金融指的是技术与经济进行深度融合的重要范式，新技术为新经济提供了发展空间，而金融则为新经济提供了动力和资源，两者共同构成"双轮驱动"的新经济模式；③科技金融是技术创新的资本化过程，金融资本将创新技术转化为实际社会财富，实现原有技术的价值提升；④科技金融是金融资本实现优化的过程，同质化的金融资本通过投向于不同的技术项目，从而获得不同的高附加值回报①。在此基础上，房汉廷（2015）进一步探析了科技金融的本质，修补了先前被忽略的"企业家—经济"范式，总结出较完整的"科技金融"定义，即：科技金融是一种促进技术、创新资本、企业家精神等创新要素有效融合的新经济范式②，其功能在于帮助企业最终实现高附加值提升，以及市场竞争力提高的目标，通常由"技术—经济"范式、"金融—经济"范式和"企业家—经济"范式3个紧密联系的子系统构成。

段世德、徐璇（2011）指出：科技金融主要是以金融制度所具有的重要作用，通过合理地结合产业化与科技创新等方面的周期性特征，达到金融资产产业化及科技创新资本化的重要目的，有效地防止了产业金融分离问题的发生，同时，也使得科技创新动力衰减问题等被有效地克服③。

李士华等（2013）关于"科技金融"所作出的定义是：基于科技金融所具有的各类资源，推动高科技产业技术的迅速发展："科技金融"是在政府帮助下，而建立起的科技和金融深度融合发展的创新平台，在创投、保险及证券等诸多金融资源方面开展深度有效的整合创新，从而使科技型企业能够获得有效的综合资源配置、产品设计，以及服务安排，推动高科技企业内部结构的优化改善以及技术革新的极大发展，对于高科技产业链发展具有重要的促进作用④。

相比之下，贾康等学者（2015）则基于金融视角更倾向于将"科技金融"界定为一种为科技创新及其成果转化提供完整金融服务的新金融业态，其核心功能是推动技术创新与金融资源的优化配置⑤，在满足科技企业融资

---

① 房汉廷. 关于科技金融理论、实践与政策的思考 [J]. 中国科技论坛, 2010 (11): 5 - 10.

② 房汉廷. 科技金融本质探析 [J]. 中国科技论坛, 2015 (5): 5 - 10.

③ 段世德, 徐璇. 科技金融支撑战略性新兴产业发展研究 [J]. 科技进步与对策, 2011, 28 (14): 66 - 69.

④ 李士华, 邓天佐, 李心丹. 创业投资在科技金融中的定位研究——以江苏创业投资发展为例 [J]. 科技进步与对策, 2013, 30 (18): 156 - 159.

⑤ 贾康, 苏京春, 孙维, 等. "理性预期失灵"原理的应用: 对我国科技金融服务体系的思考——以成都市高新区科技金融模式为例 [J]. 经济研究参考, 2015 (7): 3 - 12.

需求的同时，加快金融创新，促进金融业发展。科技金融服务的主体是金融机构，其服务对象是科技创新型企业，通过金融创新，推动科技与金融的有效结合，最终实现创新力和竞争力提升，其具体内涵包含以下三个方面：①科技金融是"第一生产力"（科学技术）与"第一推动力"（金融发展）的有机结合体；②科技金融可进一步细分为科学金融（science finance）与技术金融（technology finance）①，其大部分问题主要还是依靠政府与市场相结合的方式加以解决；③科技金融是包括理论、政策、工具和服务的系统性安排。

2011 年 7 月，科技部发布了《国家"十二五"科学和技术发展规划》，明确指出需要推动科技和金融结合制度的不断完善发展，建立起多渠道的科技融资体系。以构建新兴金融服务制度的方式使科技创新获得重要的推动力，进行深度创新融资方式的积极探索。《国家"十二五"科学和发展规划》当中对于科技金融当中所作出的定义是：以创新的方式推动财政科技投入方式的创新发展，实现银行、证券及金融机构等诸多不同类型资本的发展，推动服务模式的改进和发展，从而确保科技企业能够从初创期到成熟期的不同环节都得到足够的融资支持以及金融服务②。国务院印发的《"十三五"国家科技创新规划》明确了"科技金融"的落脚点在金融（与其并列的概念是"三农"金融、消费金融），是金融服务实体经济的典型代表。科技金融的性质和作用是建立从实验研究、中试到生产的全过程、多元化和差异性的科技创新融资模式，鼓励和引导金融机构参与产学研合作创新。在依法合规、风控可控的前提下，支持符合创新特点的结构性、复合性金融产品开发，加大对企业创新活动的金融支持力度。即科技金融落脚于金融，利用金融创新，高效、可控地服务于科技创新创业的金融业态和金融产品。科技金融的具体产品包括，投贷联动、科技保险、科技信贷、知识产权证券化、股权众筹等。

科技创新与实体经济、现代金融有机结合与良性循环，需要科技与金融两大系统之间深度融合。科技金融不是简单地把科技要素、金融机构和

---

① 薛澜，俞乔. 科技金融：理论的创新与现实的呼唤——评赵昌文等著《科技金融》一书 [J]. 经济研究，2010，45（7）：157－160.

② 科技部. 关于印发国家"十二五"科学和技术发展规划的通知 [EB/OL].（2011－7－4）[2020－10－3]. http：//www. cutech. edu. cn/cn/rxcz/2011/07/1308270514779582. htm.

金融工具等简单地堆砌起来，而是依靠完善的科技金融生态系统才能实现其有机融合①。单纯的要素堆积无法实现科技与金融之间的融合，也体现不出科技金融的深度。

科技金融并不能简单地理解为一个金融工具、一个产业、一个范式或一个政策。科技金融是一项复杂的系统工程，需要精心的顶层设计，把众多科技要素、金融机构和工具、市场要素、政策等融合在一起，才能够健康成长。从系统工程角度看，完整的科技金融不仅包括科技要素和金融要素，还应包括科技金融赖以生存和发展的生态系统②。

金融科技与科技金融词语相近，但两者的内涵差异很大。金融科技是指由大数据、区块链、云计算、人工智能等新兴前沿技术带动，对金融市场以及金融服务业务供给产生重大影响的新兴业务模式、新技术应用、新产品服务等。表1-2是将金融科技与科技金融的差异进行对比。

表1-2　　　　　　　　科技金融与金融科技概念差异对比

项目	具体描述	科技金融	金融科技
概念内涵	定义	通过创新财政科技投入方式，引导和促进金融机构及各类资本进行金融产品创新和服务模式改进，通过搭建服务平台，实现科技创新链条与金融资本链条的有机结合，为科技企业提供融资支持和金融服务的一系列政策和制度的系统安排	通过利用各类科技手段创新传统金融行业所提供的产品和服务，提升效率并有效降低运营成本
	核心本质	解决政府、企业和金融机构三者的信息不对称问题	金融科技就是在技术驱动下的金融创新，技术是核心，金融是本质，服务是目的
	商业模式	B2G2B（企业—政府—企业）	B2B2C（企业—企业—用户）

① 张玉喜，张倩. 区域科技金融生态系统的动态综合评价 [J]. 科学学研究，2018，36 (11)：1963-1974.
② 白玉娟，于丽英. 我国科技金融生态系统评价及空间演化趋势分析 [J]. 科技管理研究，2019，39 (23)：67-74.

项目	具体描述	科技金融	金融科技
参与各方	主导方	政府	金融机构
	参与方	企业、金融机构、中介服务机构、科研机构	企业、科研机构
技术应用	技术驱动	大数据、云计算、人工智能、区块链及数字经济	大数据、云计算、人工智能、区块链及移动互联
	技术特点	聚焦政府数字化转型，需各方协同和接口对接，各区域差异化较大	更新迭代快、跨界、混业缺乏统一的、规范的行业标准，各银行差异化较大
政策参考		科技部联合邮政储蓄银行发布《加强科技金融合作有关工作的通知》驱动创新；中国银监会、科技部、中国人民银行关于支持银行业金融机构加大创新力度开展科创企业投贷联动试点的指导意见；科技部《关于进一步推动科技型中小企业创新发展的若干意见》	中国人民银行成立金融科技（FinTech）委员会，印发《金融科技（FinTech）发展规划（2019—2021年）》、印发《关于促进金融科技发展支持上海建设金融科技中心的指导意见》，启动金融科技创新监管试点工作
难点列举		企业数据获取成本高、难度大；金融机构传统风控模型对企业融资门槛要求高；政府政策有效性难以评估和衡量	银行间竞争日趋同质化，较难体现差异化竞争优势；数据获取难度较大；数据真实性、有效性核验；传统风控模型转型难
案例参考		深圳市南山区政府大力推动科技金融发展，累计为数千家企业放贷上百亿元，但坏账率极低	招商银行在零售、批发和风险管理三个方面全面运用金融科技提升获客能力提高服务的精准度、提升风险识别和警能力

资料来源：万马．浅谈"科技金融"［EB/OL］．（2020-7-2）［2020-10-9］．http：//www. yinlingweilai. com/nd. jsp？id=30.

按照党的十八届三中全会提出的围绕产业链部署创新链，围绕创新链完善资金链，鼓励金融资本、社会资本、科技资源相结合。可把科技金融的结构归结为基于产业链来部署创新链，而创新链并非空中楼阁，需要围绕创新链来完善资金链。但是，只有产业链、创新链、资金链还不够，还需要有服务链，也就是要打造"四链融合"。"四链融合"能检验科技金融的设计是否符合规律。其中，服务链是否形成是一个重要的标准。它是融合产业链、创新链、资金链的重要润滑剂，如果没有完善的服务链来提升它们的水准，产业链、创新链、资金链仍然是隔离的，这仍然不是理想的科技金融。所以，顶层设计上一定要为实现"四链融合"去构造符合科技金融发展规律的生态系统。科技金融生态系统涉及人才战略、财税政策、土地政策等，只有将这些因素协同融合，才能够优化科技金融生态环境，有利于落实创新驱动发展战略的实施①。

本书认为科技金融内涵具有以下三个特点：

第一，科技金融是科技与金融的有机融合到了一定的阶段之后，先是松散配合，随后再到紧密结合，最后实现深度融合的产物，而科技金融诞生的代表就是金融无须被动地去照顾科技创新所需要的资金，更多的是利用主动创新和改变，参与到科技创新之中。

第二，金融是一个庞大的系统，其中有着无数个小系统，科技金融便是其中之一。科技金融的目的在于推动科技发展，与之相类似的还有农业金融和房地产金融，是以产业发展为核心的产业金融，特征鲜明。在科技发展的过程中，主要有三个时期：一是科技开发时期；二是成果商品化时期；三是产业化时期。不同时期也存在着不同的资金和风险需求，因此在科技金融中，由于对象的差异，也需要匹配对应的解决方案。对于科技金融系统而言，科技应用研究具备比较明显的排他性特征，当缺乏外部力量时，金融体系出于风险规避的需要，往往倾向于选择性资金投入的方式，要想确保资金能够实现顺畅的流通，还有赖于政府的投入，在引致效应的作用下，风险资金也会不断提高；在接下来的产业化和产品化时期，科技创新具备了更为突出的市场价值，吸引着越来越多的市场资金。所以，对于科技金融体系而言，一方面，需要行政性调控手段；另一方面，也包含着市场化参与，也就是"虽然资金和科技的组合能够提高市场资金的参与度，不过还要配套'花园'来指导和规范资金和科技的结合"②。

① 黄鹏，李燕萍，陈福时，等. 协同·融合：创新生态、创新治理与新兴技术创新——第九届科技进步论坛暨第五届中国产学研合作创新论坛述评［J］. 科技进步与对策，2017，34（23）：1–6.

② 孟艳，贾康. 科技金融关键政策工具视角中的科技型中小企业技术创新基金［J］. 经济研究参考，2015（7）：42–49.

第三，在金融领域，科技金融属于比较独立的一种，依托财政拨付，借助金融市场或者是金融机构来推动科技创新，达成科技资产财富化发展。科技要想发展，尤其是在高新技术产业中发展，就存在一系列资金需求，在资金来源不够充足时，就只能依赖金融机构配合市场力量，推动技术创新成果有效地完成产业化和产品化发展。所以，要想打造好科技金融体系，一方面，需要配套专项资本；另一方面，也需要依赖专业人才来完成资本的运作和管理工作，以便能够为科技发展体系中金融资本的内生化发展孕育沃土，通过持续进步和改善，真正实现为科技发展助力[①]。

因此，笔者认为，科技金融在于金融和科技二者的相辅相成，是二者发展到特定时期的结果，利用融合市场金融和公共金融，加上全面的金融服务和产品的结合，按照科技创新的时期特点，推动科技不断发展和进步，为其产业化发展提供助力。

二、科技金融的特征

科技金融不同于传统金融，特别是对于中小型高科技企业来说，研发活动风险性较高，投入回报具有不确定性，容易导致企业流动性资金短缺和资本压力；同时，研发活动具有显著的局部性，企业进行研发可能存在私有收益与社会收益的非均衡性。这些因素降低了企业研发活动的积极性，从而引发创新活动市场失灵。因此，不能用传统的金融政策、操作视角去看待科技创新对金融的需求，政府需要出台相应的科技金融政策，搭建更加专业化的科技金融平台，发挥科技资源向金融资源的引导力，形成金融机构、科技中介等多方机构参与的科技金融生态圈，向科技型企业提供专属科技金融服务，弥补市场失灵。科技金融需要基于金融和科技的融合来完成打造，因此，在科技金融体系中，既存在科技的特征，同时又会表现出金融的特点，同时，二者在融合时也会相互作用，赋予科技金融全新的特征。

---

① 刘培欣，唐五湘. 科技金融人才队伍建设机制研究 [J]. 科技管理研究，2014，34（9）：106-108.

（一）科技金融的高知识含量

高新技术对社会经济发展所做的贡献就是知识效能转化而来，在社会生产生活中，与人们的生活息息相关，直接提高社会生活质量和工作效率，可以说知识转变为高新技术产能。在科技日新月异的今天，把高新技术产业运用到实际生产工作当中，全面提高生产力，进一步提高生产效率，形成经济迅速增长的增长源。众所周知，生产力和生产关系是构成生产力体系的主要组成部分，因为有了高新技术的应用，生产力的要素得以进一步升华，并且能在升华的基础上迅速地呈现几倍膨大，特别是在现在科技领先的前景下，生产者的知识储备量越多，从过去简单的体力劳动的工作模式逐渐向脑力劳动的工作模式所转变，而且在工作过程中，因为有着知识的积累，并依托高新科学技术知识所练就的本领，在生产领域就会游刃有余，不但提高自身的生存环境，同时也可以进一步改善生产生活环境。从另一个角度来看，生产资料也会由此得到整体上的提高，把过去老旧的原材料摒弃，利用经济实惠的可以再生产、再加工的高新原材料，极大提高资本利用率，也可以说这也是科学技术对生产资料的进一步发展与改善，从而提高生产力，并更好地提高经济效益。如果从另一个角度考虑生产产品方面，在高新科技作用下，生产目标不断拓展新的领域，过去是利用自然资源或简单加工的原材料，笨拙而原始；现在是人工合成的高新技术原料，轻便又经久，把从前没有开发利用的能源都充分利用起来，不但节省了成本，又提高了效能。再比如从生产发展关系的角度来看，高新科技的发展会形成新的技术领域，并逐步走向成熟，而智慧型智能人—机管理协调系统的运用，将成为一种更加实用的协调管理方法。同时，因为有了高新技术的支持利用，在开发新产品、新技术期间，劳动者自身综合素质得以提升，也加快了规范管理系统和制约模式的进一步改变，成为以人为本的现代管理约束理念，凡事能从劳动者的实际情况出发，充分尊重生产者的个人需求，改善生产环境，全面提升生产关系的和谐[①]。

高新技术的充分利用和发展在金融经济产业迅猛发展的过程中有着不

---

① 刘晶．科技产业链对接科技金融的长效机制与模式研究 ［J］．科学管理研究，2018，36 （4）：89－92.

可替代的作用。打破了过去旧的经济体系，从前的借贷关系的基本框架产生了一定的改变，现在已然成为数量金融模型基础点上产生的现代金融专业体系。高新技术与科技金融的进一步发展已经打破了本身的科技体系，扩展提高了由科技知识带来的含金量[①]，同时，也为高新技术金融产生的知识经济奠定了坚实的基础。高新科技金融经济体系在高新技术应用和金融经济这两个高水平知识经济产业发展的基础上融会而成，其自身的框架不单是对经济金融和高新科学技术的单一方面的关注与发展，而是把高新技术经济金融体系作为最基本的门槛，寻找适合高新科学技术规避风险的科技与金融经济体系。

（二）科技金融的阶段演进性

技术创新过程通常分为三个阶段：基础研究、应用研究和技术开发研究，各个阶段的研究都独具特色。作为技术创新的初始阶段，基础研究和应用研究前期需要准备大量的工作。作为国家和社会积累创新知识的重要方式，基础科学技术知识得到充分利用，才能不断提高科学技术知识的技术含量。技术创新是国家必不可少的发展战略，专业团队和学校开展了大量的研究工作，并成为国家科学研究的主干力量。在技术开发研究阶段则更加强调应用。虽然研发单位主要来自高校、科研机构和企业，但是科研开发的基本目的是充分运用科技创新成果，并最终市场化、产业化。科技创新已提升到国家的战略高度，其意义远大于实际经济价值。因此，技术发展与企业技术创新研究的直接融合是企业技术创新与发展的大趋势。在追求利润的市场趋势下，企业也将是技术创新中最有活力的因素[②]。

企业从事技术创新和市场化的过程中，不同的发展阶段存在较大差异，主要体现在投资风险、资源利用、技术完善制度等。企业自身的技术创新也分为三个发展阶段：第一阶段为研发期；第二阶段为开发期；第三阶段为产品化期。科技的发展和资金投入成正比，技术创新的初级阶段，只需要少量资金及工作人员，还可以采用多种灵活的合作方式，如共同开发或

---

①　林伟光. 我国科技金融发展研究 [D]. 广州：暨南大学，2014.
②　刘敏，赵公民，褚帅卿. 科技金融与科技型中小企业协同演进的可视化研究 [J]. 科技管理研究，2016，36（12）：34 – 39.

委托生产。高风险带来高回报，虽然研发阶段投入少，却容易带来高额的回报。科技创新研发的第二、第三阶段，需要投入更多的资金和人员，以及越来越多的、持续的资本投入，虽然所需资金数额不大，但是研发的成功至关重要。

另外，高科技企业在进行技术创新时，和其他企业一样，需要经历发展阶段，尤其在科研创新进入到中后期，各种风险也会接踵而至①。根据企业发展周期的理论，一般将企业分为种子期、初创期、成长期、成熟期和衰退期。考虑到高科技企业对具有不同风险和资本的金融服务需求（Hogan & Hustion，2005）有其自身特点，它们也需要经历产品研发的各个阶段，并存在一个长期的准备工作，在研究高科技企业的发展规律时，需要补充一个种子阶段作为准备期。随着企业科技创新研发的开始，由于产品少、规模不大、管理组简单，大多数企业家选择直接管理企业。成长阶段是业务扩展的初始阶段，其自身的组织结构也越来越完善，生产规模不断扩大；企业的成熟阶段是由自身组织结构的复杂性而形成的最大值。如果企业内部机制长期得不到调整而变得日益冗余，则经济的放缓，外部环境的波动可能造成企业无法及时进行有效调整，最终影响企业的进一步发展。企业内部优化重组，资源整合可以激发巨大内在推动力。在短暂的调整提升后，如果不持续长期坚持或及时根据外部环境变化进行调整，其结果仍可能逐渐衰退；如果技术创新和内部改革同步进行，长期坚持，企业则可以一直保持一个良性的可持续发展状态。

（三）科技金融支持的多层次性

目前，金融手段在资金方面及风险方面都有较大的局限性，而科技创新在这两方面都有着较大的需求，这就致使金融手段对其应接不暇。高新技术产业对于创新的要求极高，一方面，接受着创新所获得的利益；另一方面，也承受着其带来的隐患，并为其付出较大的资金支持。因此，在很大程度上，企业的发展也会受到部分阻碍。此时，企业需要"润滑剂"对其发展进行推动，添加企业目前尚缺的多样性金融手段，将其与创新加以

---

① 张明喜，郭滕达，张俊芳．科技金融发展40年：基于演化视角的分析［J］．中国软科学，2019（3）：20－33.

融合，促进企业发展。而现代科技的发展在市场中所缺少的多层次性正好可以通过科技金融的多样化手段进行迎合与适应①。

高新技术企业未来的发展方向与趋势会随着金融手段的不同而改变。融资最初的目的是得到充足的资金支持，同时也是为了以此作为基础，打造并优化出创新型产业模式的雏形。打造创新型产业投资是为了应对高新技术企业目前还无法自我消化的缺陷与漏洞，其出现意味着现代科技发展开启了金融发展的模式。硅谷高新技术企业收到了美国风险投资的资本赞助，同时该投资还针对企业的监督与管理，提供了一些适当的帮助与经验。

及时出现的风险投资对于科技金融来说是一把利剑②，但同时是一把"双刃剑"，其并不能处理并解决科技金融发展过程中出现的全部问题。高新技术企业的发展初期最紧缺并且最重要的部分是资金，而风险投资在此时所起到的作用也仅是缓解企业的资金问题，并加以监督管理。在企业后续的发展中，企业需要面对层出不穷的问题，需要寻找其他的金融手段及时加入并解决资金、人员及管理等问题，随着发展进程的推进，企业在运营范围、人才资源及更新技术上都会增加更多的资金需求和风险隐患，此时企业为了融资所提供的东西是初期融资所无法触及的。

1. 起步阶段

即企业处于起步状态，没有准确的目标，没有明确的框架布局，还停留在研究分析的雏形阶段。企业开发者唯有确认了企业的发展方向，并确保所定方向可在其行业或市场中得到物质及地位上的满足之后，积极主动打造企业雏形，并将所开发产品投入市场。处在这个时期的企业，需要在各方面投入大笔资金，例如开发研究场所、各种必需的设备和材料、人工费用等，同时，此阶段尚未有盈利性运营，没有任何收益，因此也没有融资支持，整个企业处于消耗模式。除此之外，此阶段的风险往往是具有极高的失败率，不论是技术的开发状态或是运行状态。很多人理所当然认为所需资金越多，风险越大，但恰恰相反。大部分的失败风险是在技术研究

---

① 吴翌琳，谷彬．科技与资本"联姻"：科技成果转化的金融服务体系研究［J］．科学管理研究，2013，31（4）：109 – 112.

② 史恩义．风险资本发展与高技术产业成长［J］．财经问题研究，2014（5）：53 – 58.

中出现了无法解决的问题，一般都是资金筹集上产生了难题。企业所开发的技术若无较大的资金投入，则所吸引的投资金融也只是微小规模。企业开发所需大部分的资金都是由企业开发者自行承担，又或是有小部分的政府投资或天使投资①。

2. 初期阶段

处于初期阶段的企业已做好了运营准备，所开发的技术即将投入试运行阶段，开发者此时的任务则是对其进行客观因素上的完善与优化，例如，审核样品、外形设计，以及批量生产的具体战略。审核通过之后，企业就需及时进入批量生产的尝试阶段，同时找出问题漏洞，并加以完善。此阶段的资金投入都将运用于添加设备、完善技术、构建运营条件等。此阶段的主要任务就是完成审核并投入运营，而最初的技术资金上的问题隐患也过渡到了运营期间的风险，其所面临的风险从单一性过渡到了多样性。从市场方面分析，所投入产品需要得到市场的关注与接受，所以此处极容易出现资金等方面的问题与隐患。在资金分配上，投入市场的商品技术并不成功，没有客观的销量，反而在投入过程中花费了较多资金，导致此阶段的企业依然处于消耗模式。此外，企业有大量的资金需求，但由于没有在市场中留下优质成绩，导致其贷款计划有所受阻。因此，企业需要利用其他正规手段得到资金支持，以此维持发展。

3. 发展阶段

此阶段的高新技术企业已在市场上投入了成熟商品，也已经有了较为稳定的内部管理体系。此阶段的标志是在市场中占有一定地位，进而获得更多非货币性资产，以此将企业的生产范围加以扩宽。通过财务报告分析，虽然企业一直在非货币性资产上投入精力与资金，但实际上，运营过程中的收益也在不断增加。在此阶段中，企业逐渐有了盈利成绩。产品在市场中逐渐融合并受到关注，起步阶段所出现的技术资金风险已几乎归零，而初期阶段所承受的运营风险依然在不断增加，在资金方面因扩宽生产范围而有着较为庞大的财政危机。但是，正因为企业的整个构造已几乎完整，同时在市场中的地位也有了进一步的发展，从而吸引了不少大型投资商，

---

① 陈建丽，韦世欢. 科技金融发展对中小企业融资约束影响研究 [J]. 产业创新研究，2020（1）：73 – 75.

促进了经营利润。所以，此阶段的大部分资金支持都由外界的投资商提供，同时，还能吸引更多的投资商加入风险投资中。

4. 成熟阶段

处于成熟阶段的高新技术企业在市场上已经占有了稳定地位，品牌知名度也有了质的提升，促进了企业的核心竞争力①，有助于企业提高研发创新能力，并向客户提供更加优质的服务与产品，进而在利益和地位上有着持续的收获。当企业在市场中所投入的产品已过了新鲜期，企业已不能继续过多批量生产，而是转向产品的制作过程，优化其质量与效率，尽量除去不必要的花费，使得企业运营过程中获得的利润有所增加。从此可见，处于此阶段的企业将大量资金都投入了运营环节中，其中有为客户提供的售后服务等。当运营的发展逐渐稳定之后，所承受的运营风险也会逐渐降低，从而吸引更多的投资商参与融资，进而扩大了科技金融的多样化手段。

综上所述，高新技术企业在面临不同的发展阶段时会出现不同的发展问题，随之也会出现不同的融资手段对问题进行消化与解决②，从而促进企业的全面发展，同时也吸引了来自不同市场的投资商加入融资合作当中，为企业的创新与发展提供更多的资源支持，比如，与各种资金、银行、投资企业加以结合，形成良好的动力资源，为企业的科技发展提供一定程度上的帮助，进而实现融资初衷。综合各个因素，在企业不同阶段，不同创新技术的不同规模趋势下，向企业投入资金支持的科技金融市场自身也存在着丰富的多样性。

（四）科技金融的高风险性

对于科技创新而言，主要有三个时期：一是基础性研究时期；二是应用性研究时期；三是标准化、产业化时期，不同时期的风险也具有不同的特征，所面临的资金问题也有所区别，所以，金融需求也不尽相同（见表1-3）。

---

① 程翔，张瑞，张峰. 科技金融政策是否提升了企业竞争力？——来自高新技术上市公司的证据［J］. 经济与管理研究，2020，41（8）：131-144.

② 何勇军. 科技金融发展的新挑战［J］. 科技与金融，2019（8）：39-42.

表 1-3 科技创新各阶段的风险分析及金融需求

阶段	主要内容	标志成果	主要风险	主要问题
技术开发	将基础科学转变为技术及工艺开发	实验室原型	技术风险	研发资金需求大
成果转化	针对实际目标进行的开发性研究	商业原型	技术风险、市场风险、政策风险	资金不足、产权归属问题及收益风险问题
产业化	满足市场需求的规划化商品	标准化产品	市场风险、经营风险、生产风险、财务风险	资金需求大、资本退出机制

资料来源：林伟光. 我国科技金融发展研究［D］. 广州：暨南大学，2014.

　　对于科技的发展而言，从最初的研究到最终的产品在市场中顺利扩散开来，这一环节主要有六种风险：一是技术风险。对于技术的开发而言，其初级阶段中，创新的本质在于打破传统，进而能够衍生出特征鲜明且新潮的思想或事物，并表现出一定的个人价值或社会价值，也就是说，创新即突破，那么突破的过程往往就会面临思维定式的制约，包括现实常规的影响。所以，对于创新而言，势必存在技术突破方面的困难之处，包括核心技术迟迟得不到突破，面临技术限制、设备和工具欠缺，以及没有充足的核心技术等①。二是生产风险。由于生产水平有限，或者是生产设备先进程度有限，甚至是原材料不够充足，都可能会使得新产品难以快速实现规模生产。同时，也缺乏适宜的检测手段，难以实现稳定的产品质量产出，这也会使得产品难以在短时间内顺利地在市场中流通开来，最终也难以实现相应的经济效应。三是政策风险。由于原材料、辅料或工艺和设备的缺陷，往往会依赖进口，此时就需要办理进口许可证，这一过程往往会导致批量生产计划延后，或是由于地方、国家相关政策要求，无法进口②。四是市场风险。市场是产品的检察官，在市场化的道路上，产品的质量表现、稳定程度和使用寿命都可以对其产生影响。对于消费者而言，新事物也需要时间来适应。由于难以快速实现规模化，导致商品的价格居高不下，市

---

① 和瑞亚. 科技金融资源配置机制与效率研究［D］. 哈尔滨：哈尔滨工程大学，2014.
② 郑南磊. 资本市场服务科技型中小企业［J］. 中国金融，2014（14）：64-65.

场需求不明确，以及销售渠道还需要重新开拓等，都会导致新产品在短时间内难以获得市场认可，因此，这个时期的不确定性比较突出。五是财务风险。要想有力地推动新技术发展，这一过程往往存在较高的资金需求，而在创新过程中，中小企业处于主体地位，它们受到资金的限制，无法打通融资渠道，自然也得不到创新资金，即便是大型企业，也存在由于创新投入占用过多资金，而影响自身现金流的问题。六是管理风险。在创新过程中，由于没有开展科学深入的市场调研，无法获取真实数据，或者是没有科学的创新决策，跨部门沟通效率低，难以将内部资源整合起来，这些因素都可能使得企业在创新过程中面临一定的困难。

所以，对于创新主体而言，由于科技发展具有较高的专业性、频繁变动的市场，以及较大的产品跨度和面临一系列风险，这些是构成科技金融风险的核心因素。对于资金而言，供给方永远比需求方更难了解技术和市场信息，要想掌握高新技术企业的实际情况，具有较大难度。对于科技金融风险而言，信息不对称往往成为供需双方矛盾的导火索，而资金供需之间的信息不对称，往往也会滋生出一定的道德风险，诱发逆向选择，使得资本市场无法正常运转，最终导致科技金融体系无法在支持科技创新过程中发挥作用①。

（五）科技金融的高回报性

一个国家的经济前景如何，取决于当代科学技术前沿水平对其的影响。纵观全球经济发展，曾经是以资金投入主导全球产业链的划分；现在，世界产业分工绝大部分是受高新技术水平的影响和带动，引领市场研发的大多是高新技术占领前沿的发展中国家，而一些经济不景气的国家，往往以低廉而大量的劳动力来进行制作加工，或是以本土的自然资源为主要经济支撑，收益甚微，而利用高新技术开发产品的国家却获得高额的经济收益。全球产业的分工，以及不同国家之间差距悬殊的经济金融发展空间，可以说是由科学技术决定的。发展迅猛的交通和讯息资讯网络平台，形成了全球各国之间的频繁往来，互通有无，直至促成个体经济发展和经济结构发生翻天覆地的变化。纵观美国，科学技术发展在国际上遥遥领先，截至

---

① 刘佳宁．粤港澳大湾区科技金融协同发展路径研究［J］.南方金融，2020（9）：57–65.

2001年，全球同行业产出的先进科学技术产业中，美国就占了32%，加之美国在网络时代的通信产品和电脑软件，以及交通运输和用于科学研究的仪器等方面的高新技术，在全球也是无人能及的，仅单独的高科技产业生产总值就占2001年全球生产总值的80%以上，反观中国的先进科学技术的产值在全球只占20%，差距巨大。可以说，先进的科学技术，是造成国家经济生产总值高低的主要因素，同时，害怕高新技术带来的风险而裹步不前，又何谈利用高新技术带动产业，从而获取更大的经济效益？所以说，只有大力发展高新技术产业，才能在社会进步和宏观经济发展，以及社会主体的微观财富迅猛增长。在高新技术未进行广泛推广初期，企业首先，应运用高新技术迅速提高生产率，生产大量质量上乘的同行业优质产品，使企业获得"超出平常的丰厚利润"；其次，因为利用高新技术生产的产品的差异性和无法被替代性，形成该企业专业技术一枝独秀的局面，在一定时期内，市场上同行业缺少与之竞争抗衡的能力，从而形成商业垄断，取得"垄断性的高额收益"。因此，把高新技术应用到生产中的企业，在实践中可获得巨大的商业收益。如果从宏观发展的角度来说，大胆尝试高新技术的开发利用是企业在经济上取得高额利润的有效手段[①]。

（六）科技金融的政策与市场融合性

从上面对技术融资分阶段分析的结果可以看出，在技术创新基础研究和应用研究的初期，研究成果的广泛性及公开性使创新者无法阻止其他参与者利益共享，最终导致创新者被其他受益者排斥。此外，基础研究和应用研究阶段无法直接对应市场，想要创造预期的市场价值，需经过一个较长的投资周期，对从事追求利益最大化的投资公司缺乏足够的吸引力。因此，创新主体主要是只能以科研机构为主，除了自筹资金或接受捐赠外，财政拨款成为现阶段科技研发最重要的资金来源。我国对科学技术实际投入的统计数据表明，国家财政金融部门分配的科学技术研究开发经费主要是，科学事业费用、科研基础设施费用，科学技术费用和财政直接分配的

---

① 马红. 科技与金融结合的研究 [D]. 成都：西南财经大学，2013.

其他科研费用①。

当基础科学研究完成后，需要对科学技术成果进行转化，以继续进行科学技术的开发。目前，我国的科技成果转化率相对偏低，创新体系制度的不完善造成我国技术转化率偏低，科技成果转化已成为国家创新体系中较为薄弱的环节。如果实验室科研成果无法转化，则无法继续进行市场化甚至产业化，这将严重阻碍整个技术创新的发展。综合来看，主要是由于技术转化过程中，产权所有权不明确和市场化不足导致无法与激励机制相结合造成的。只有在市场金融的支持下，协调公共财政，促进技术改造模式的多样化，才能有效地解决科学技术市场化的问题②，需要从以下三个方面出发：第一，加强行政和市场整合方式，推动科技产业园区或大学科技园区的建设，吸引有兴趣的高新技术企业入驻，并进行技术改造升级；第二，以市场为导向的转型模式，其中，科技成果通过产权交易中心流通或以无形资产方式直接入股企业；第三，以国家主导的产业发展计划或以国家为基础行政主导的转型模式进行技术创新计划，积极推进火炬计划、星火计划的实施。

科技成果转化成功，将进入技术应用阶段，必须将开发的新技术投入生产，以实现产品化，直至产业化。因此，转化的过程主要集中在充满活力的高科技企业中，以适应不断变化的市场需求。企业处于市场化过程中，而企业的创新过程则是面向市场的转化过程。高新技术企业具有较高的风险，需要通过市场化手段分散其资本需求，以及企业在产品创新中面临的市场风险和经营风险。资金是阻碍高科技企业发展的重要因素之一，不可避免地要依靠市场和金融工具的创新组合来最终完成技术创新。科技金融体系为技术创新提供了完整的支撑，作用于技术创新的全过程，除了行政政策的引导参与，更需要发挥市场经济的调节作用，来完成创新科技进入市场产业化的最后一步。

（七）科技金融的人力资本渗透性

金融行业随着发展衍生出了很多新兴产业，比如科技金融，它以科技

---

① 付剑峰、邓天佐. 科技金融服务机构支持科技型中小企业融资发展的案例研究 [J]. 中国科技论坛，2014（3）：154－160.

② 严亦斌. 高新技术中小企业融资制度创新研究 [D]. 武汉：武汉大学，2011.

的发展为核心，通过科学技术来提升生产及产品的产业化等，在发展过程中除了金融资本的基础之外，最重要的是人力资源。对于金融服务业来说，与其他行业不同的是，需要大量的人力资源，再加上科技方面的融入，使得行业对人员的要求有所提高，不仅要熟悉金融方面的业务，更要了解科技发展的趋势，并且运用到金融服务当中①。在国外的一些企业，比如硅谷银行，以及美国投资方面的研究发现，复合型人才是当今最稀缺的，它不是简单地并列叠加的关系，而是指同一个人要掌握科技和金融两方面的知识，才能够顺应时代潮流的发展。

（八）科技金融的管理资本介入性

科技金融体系的构成主要包括：资本市场投资及创业风险投资，这就扩大了金融对科技的干预范围，不仅要在资金上给予支持，还要在平时的业务管理中对科技方面的投入进行规划，同时，对具体操作部署，以及各阶段的协调配合进行必要的管理，通过科技与金融的结合实现资本的增值，加大其流动性。不同的投资方式所形成的管控形式各不相同，在普通的债券投资中，企业的债权人不可以参与影响企业的经营，而体系中的创业风险投资，以及资本融资等工具的介入，不仅使投资者在科技的投入中起到重要作用，还可以参与到企业的日常管理中。此外，中小型的股东对于经营管理的介入是有限的，只有在召开股东大会时，比如讨论公司融资发展的形式如何，以及如何选择代理人等问题时，可以对这些决策进行投票，但是在日常的企业经营中，他们没有权力参与。另外，在某一些债务融资的方式中，债权人可以参与到日常的经营管理中，并对业务进行适当的监督，在出现问题时及时参与解决。

在新型科技金融业发展的过程中，真正能够使企业参与到管理中的一种方式是股权投资，其中，创业风险投资较为流行，相对于其他的投资方式来说，股权私募或者创业风险投资这样的方式更能够使投入的资本真正实现增值②。一般的流程中，风险投资机构从签订相关合同开始到最后退出

---

① 李林汉，田卫民. 科技金融、人力资本与科技创新关系研究——来自中国省级面板数据的证据［J］. 科技促进发展，2019，15（1）：26－35.

② 史恩义. 风险资本发展与高技术产业成长［J］. 财经问题研究，2014（5）：53－58.

投资期间，投资者要对被投资企业的发展情况进行掌握，参与董事会并对企业发展的风险进行评估管理，确保投入的资金能够获得升值，在实现风险投资后，对投入资本进行管理。虽然投资者与企业家在资金投入后形成了一定的合作关系，但是主管企业经营活动的企业家对于企业的实际情况往往更加了解，两者在信息获取上存在一定的差异，因此，后期的管理尤为重要。实现投资后的资金管理有很多优势，不仅使投资成功实现增值的可能性更大，还使科技在投资中发挥了更大的作用，促进企业的进一步发展。

投资后进行的资本管理主要分为两个方面：一方面，是实现资本增值，最关键的是要参与企业的经营管理，很多中小型企业在发展初期资金不足，内部的管理人员对于具体情况的考量也有缺陷，在发展中就可能面对各种各样的问题，如技术滞后、市场竞争力弱等情况，在这种情况下，应该通过资本管理采取相应措施解决这些问题，如制定合理有效的战略，组建经验丰富的管理团队等，并挖掘潜在客户，为之后的发展做好准备，同时，也对风险企业家起到一定的鼓励作用，促使其与投资者进行交流，获取更多市场及原料供应商资源，促进企业的发展。另一方面，是监控管理，上面提到企业家与投资者在信息获取中存在一定差异，为降低因此造成的影响，不仅要监督企业财务管理、股权变动，还要对内部人员的薪资变动，在市场中的发展趋势等进行实行监控，帮助企业更好地发展①。

三、科技金融的作用

（一）科技金融对科技创新的金融支持机制

科技金融体系通过将集聚资本和储蓄转化为投资的方式，来解决科技创新中缺乏资金支持的状况②。金融机构采用吸引储蓄资金的方式，将分布在居民手中的、零散的资金快速整合，成为创新项目投资的充足资金储备，这便是资本聚集。而储蓄转化阶段是指金融机构采用信用贷款的形式，将

---

① 付剑峰，邓天佐.科技金融服务机构支持科技型中小企业融资发展的案例研究［J］.中国科技论坛，2014（3）：154－160.

② 赵丽丽.基于社会资本的科技型企业融资机制与效率研究［D］.哈尔滨：哈尔滨工程大学，2018.

整合起来的资金转移给层层筛选后的部分投资者，由投资者将信贷资金投入科技创新项目之中。若科技创新处于不相同的阶段，那么用于科技创新的金融融资所产生的作用也有所不同（见图1-1）。

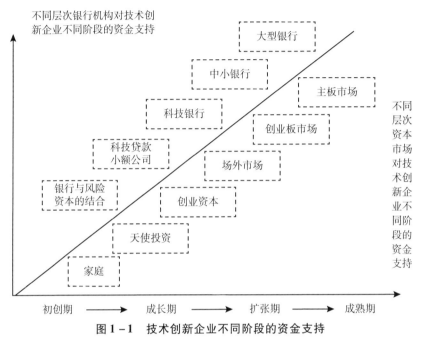

图1-1 技术创新企业不同阶段的资金支持

资料来源：朱欢. 中国金融发展对企业技术创新的效应研究［D］. 北京：中国矿业大学，2012.

对于科技创新所处的初级阶段，为了使相关技术投入创业期基础阶段后尽快转化成先进生产力，需要采用政策性金融的手段，不断优化金融资源的配置，指导和鼓励更多更广的资金注入科技领域。当科技创新处在基础研究、开发相关技术，以及商品化的阶段之中时，科技研究还只是发展到了创意阶段，并未产出科技实物。这个阶段有诸多不确定因素，创新的主体还只是科研院所与创业初期的高新技术企业，它们的资金流仅仅只有研发工作的开支，并没有获得利益，无资金流入。所以，商业金融机构势必会遵循市场运行机制，避免资金注入上述暂未盈利的企业中，因此科技创新活动中相对罕见资金聚集的情况，需要通过政策性金融进行协调扶持。政策性金融机构在资金来源上采用财政拨付资金，或对外发行金融债券的方式，具体可采用建立创业投资基金，或者采取政策性金融信用贷款的运营模式。

对于科技创新已经进入实质性推进阶段，并已形成产品，但尚未持续盈利的科技创新项目，主要借助于银行类金融中介以存款形式转化为对科技企业的贷款投资。商业性银行是市场运行机制的产物，必须在保证资金流动畅通、资金安全符合相关标准的基础上，致力于创造最大化盈利价值。所以，商业银行会规避不确定因素，选择有十足把握并且研发创新活动可以带来可观收益的创业项目。例如，商业银行会以自身利益为出发点，详细考察创新主体的财务储备与运行情况、是否具备盈利的能力、创新活动的研发进度是否迅速、行业环境能否符合标准，进而确定是否投入资金大力支持。通常情况下，商业银行会为成长中的高新技术企业给予贷款帮助，用以支持科技创新活动。另外，科技担保公司会积极配合银行，为相关企业贷款提供了担保，保障商业银行贷款可以按期回收①。

对于相对成熟，且已形成稳定收益的科技创新项目而言，科技金融体系主要是在资本市场通过买卖股票、债券等金融手段实现对科技企业的投资②。各类规模、各种创新周期与不同运行体质的创新主体会因为资本市场的主动加入而变得更好更强。

例如，某研究机构正处在科技基本研究完成阶段，那么产权交易市场只是一个集中交易场所，仅为科技创新成果的转化提供服务；当该企业处在商品的研制发明阶段，需要取得风险投资基金的资金支持来进行下一步的研究时，风险投资基金会通过获得该企业的股权，在创新活动盈利时，风险投资就会凭借股权获得收益；当某高新技术企业已在商品化阶段取得初步的成功，需要进行产业化发展时，那么该企业会在创业板市场寻求更大层面、更加长久的资金支持。不同阶段的科技创新机构融资问题都可以在资本市场寻求形式多样的解决方式。金融机构多样化的融资方式与信贷产品为社会资本与创新投资企业之间搭建起了资金的桥梁，不断支持着科技创新的长足发展。

---

① 井明禹，张炜熙. 我国商业银行科技金融发展现状和不足［J］. 经济研究导刊，2019（11）：136.
② 马丽仪，杨宜. 基于科技金融网络的高技术企业成长机制研究［J］. 科研管理，2013，34（S1）：339－342.

（二） 科技金融对科技创新的风险分担机制

长期资金投入为高新技术产业化提供了前提条件，但技术创新能否成功，具有极大的不确定性。一般的投资者只会将资金投向收益快、风险小的短期项目，而那些风险高、潜在收益也高的项目较难得到投资。在这种情况下，只有发达的金融体系，才可以开发出增强流动性功能的金融工具和金融产品，实现资本的优化配置，有效分担风险，从而达到推动新技术商业化的目的。因此，科技创新是一项高风险、高投入的活动，金融机构可以分担与分散部分科技创新过程中的风险，让流动性等潜在风险降到更低。为构建更为科学的科技创新金融支持体系，可以将多种多样的金融机构与各种层级的资本市场纳入该体系，将银行贷款、资本市场股权投资、金融担保和保险等金融工具组合成产品，将资金提供给各风险类型的科技创新企业，将投资风险与企业创新中可能遇到的风险分散。另外，科技创新金融支持体系构成主体具有独立、多样的特点，所以能够在管理与分散投资风险方面提供帮助，保护单个融资供给体与广大投资者的资金安全①。

风险分担的途径有：一是通过政策性金融的担保特点，为保护和增加科技金融投资方的收益提供助力，让投资者更加主动地进行投资，从外部缓解治理金融市场信息缺失与不对称的状况。二是让金融体系通过市场化方式对高风险科技型企业的收益和风险分布进行重新优化，以实现收益和风险的合理匹配。三是金融市场通过高风险资产的有价证券化，将科技型企业的技术性风险分散到众多投资者手中，为科技投资的迅速实现提供了便利。同时让不流动的资金重新流动起来，将高流动低收益投资与低流动高收益投资相结合，使资产收益增长更加稳定，符合降低资本风险进行长期科技投资的需求。

（三） 科技金融对科技创新的激励约束机制

以高新技术作为投资对象，通过金融支持体系，以市场化方式完成资源配置，并能对企业经营者加以监督和约束，改善公司治理。进行技术创

---

① 魏闻彤，邹高峰，张小涛等. 科技型中小企业贷款风险资金池模式分析 [J]. 重庆理工大学学报（自然科学），2017，31（7）：202-208.

新的主体和相关金融财政机构的不可变契约是科技金融激励约束机制的源头，其基本涵盖股权与债权两大关系。

诸如银行企业等金融领域的业务中介与高新技术企业因信贷产生债权与债务关系，并通过贷款契约对科技企业进行激励与约束。在相关金融财务机构尚未选择发放贷款的个体之前，它们会以贷款申请者的资产创造能力、具体资金情况、投资前途与市场可能性为指标，进行一系列全面而细致的剖析，以期资金能够作用于最优投资价值的项目中①，从另一个角度来说，这也利于淘汰创新领域中的落后企业，从而激励投资者加快创新速度。当贷款发放时，相关金融机构还会连同申请企业基于抵押品与质押品、责任情况、投入资金去向、归还贷款方式、利息增长情况等一系列约定对企业的行动加以管制，避免相关违规举动的出现。而当申请的贷款到达企业手中以后，企业的经营情况、财政情况均会成为银行检查的内容，甚至对某些企业的公司股权进行管制。在以上种种举措施行的过程中，那些拥有良好创新业绩与营业额较高的企业将更有可能获得相关资金，但是那些业绩平平的企业则将面对难以获得贷款的困难。与此同时，金融机构不再需要对零散的投资者进行一一检查，这就使得它们的监察成本有所降低，而凭借自身实力获得优先融资特权也使得相关领导层的道德风险得到一定程度的下降。

股权契约是常用的与股权有关的科技金融途径，是对高新技术企业形成制约与鼓励作用的一种方式。通常情况下，股权契约主要通过股东的不同投票方式与外部管制手段发挥作用。过去当风险资金对高新技术企业进行投资时，相关创业风险的投资机构便成为企业股东，这些机构是有权力对企业的一系列相关业务与项目进行监管的——这是股权契约给予它们的权力。它们也会尽可能多地参与企业中的一系列重要问题的相关决断，这能够对企业起到监管的作用。当高新技术企业逐步发展到一定阶段，开始通过资本市场融资，"用脚投票"这一途径便成为零散分布于市场中的投资人常用的手段。他们会转卖一些手中持有的股票，让企业的股票不断缩水，这会对企业募集资金的能力产生极大的不利影响。不断降低的价格，

---

① 钱水土，张宇. 科技金融发展对企业研发投入的影响研究［J］. 科学学研究，2017，35（9）：1320－1325.

更会使企业的接管者变为外部人员，导致原管理层人员相关压力剧增，企业员工的道德风险也会随之升高。因此，如果企业管理人员和企业的职员能够拥有一部分股权，基于与企业是一个利益共同体，那么他们也将致力于推动企业发展，通过这样的方式，可以有效避免企业被"门外的人"强行接管，委托代理的困难也会迎刃而解。

在科技金融体系实际运行过程中，银行等相关机构参与企业管理与激励企业发展的手段并不是只有债权或股权这两种途径，才可以使银行等金融机构的利益不被侵害，而市场化的途径已被越来越多的银行所应用，他们致力于变革金融工具，诸如增加了期权的担保类条约、债转股等多种途径，在确保自身利益得到充分维护时，完成促进高新技术企业不断创新的目标[1]。

(四) 科技金融对科技创新的信息融通机制

难度大、极复杂、极专业、知识含量极高等特性是科技创新产业所具备的，这将会导致独立的投资者没有能力整合这一系列相关信息，同时评析一个创新项目的成本较高，在一定程度上增加了各个主体之间进行交流的阻碍，使得一般的投资者在这种情况下都望而却步。

相比之下，能够更有效地获知多方面信息的创新金融体系愈发受到投资者的青睐，相关的成本不仅能够大为降低，并且有关企业业绩状况的一系列重要信息能够传播共享于体系之中，对于投资所获金额的增加也是颇有助益的，有效资源也能够得到合理配置，拉动经济发展。通过对该体系揭示信息这一能力的运用，金融体系的不同参与者都可以做出符合自己利益的决策；投资者也能基于种种有关价格的消息，而对自己下一步的投资选择做出预判；以各种途径进行的融资项目的有效信息也可被企业的管理人员迅速抓取，甚至连政府都可以对市场的运行情况做出检查。

企业发展的初期，借助各种途径，政府出台相关的金融扶持政策，筛选出优质的高新技术企业，当这些科技企业进入成长扩张期时，金融机构

① 黄荔梅，陈美玲. 创新创业创造生态建设的经验借鉴 [J]. 智库时代，2019 (50)：40-41.

则可以对申请贷款的各类企业进行合理筛选[①]，若其他条件都相近，那些创业信息更加透明、完备的科技企业会更受银行的青睐。当企业稳步增长并公开发行股票后，拥有一个完备的体系也能够快速获得各类信息，并迅速被投资者知晓，而投资者又可以结合各种情况，制订接下来的投资计划。

第二节 科技金融的理论基础

一、"核心—边缘"理论

普雷维什（Raul Prebish，1949）经过多年对发达国家与发展中国家经济关系的研究，在1949年的时候提出了"核心—边缘"理论，文中的关系主要指的是不平等关系。普雷维什只是提出了该理论，而真正将该理论引入区域经济领域的是弗雷德曼，弗雷德曼认为该理论首先要通过极化作用巩固核心地位，然后通过涓流效应将结果作用于外围区域，使得外围区域不断地发展。受到资源差异的影响，不同区域之间的发展差异会随时间不断扩大，这就导致区域之间发展不平衡的状况更加明显。在这些区域中，发展速度较快的地区就会成为核心区域，越来越多的人开始选择在核心区域发展，从而此地的规模效益也在不断加大。那么发展速度较慢的区域就会成为边缘区域，边缘区域的发展受到核心区域的影响，二者在一定程度上存在相互依靠的关系，但是二者之间的不平衡仍在不断加剧。克鲁格曼（Paul Krugman，1911）对于中心外围模型进行了完善与修改，该学者认为集聚效应产生的比较现象是使得城市群中分化出核心区域的主要因素，核心区域中的资本更加集中，人才也更加密集，对于边缘区域也有一定的辐射与带动作用。

---

① 朱沛，孙英隽. 我国科技型中小企业融资难影响因素分析——基于科技银行和科技型中小企业之间的博弈［J］. 中国物价，2019（7）：60－62.

二、新供给理论

20 世纪 70 年代，西方国家普遍出现经济增速下降、通货膨胀、失业率攀升等问题，经济学界对传统需求导向的凯恩斯主义经济理论提出了质疑，并开始研究替代性的理论和政策来应对经济出现的新问题。供给学派就是在这样的背景下兴起，主张加强市场作用，反对政府干预，在政策建议上主张通过减税刺激投资，增加供给。经济学家对主流经济学理论框架进行完善与修改，新供给理论就应运而生了。考虑到我国经济发展的实际情况，探讨新常态下中国经济到底应该如何发展而进行了一系列理论和政策研究。新供给理论认为机制创新应该为主要的改革重点，优化结构为侧重点，在对中国的经济进行改革时，要以供给端为起点。

新供给理论讨论重点是供给端和供给结构的变化。为了更好地对供给进行讨论，该理论将经济周期进行了重新划分。目前的四个阶段为：形成、扩张、成熟和老化。新供给理论认为，经济周期出现波动主要有以下几个原因：一是国家的技术发展，以及产业的不断演进。二是因为供给和需求的结构在不断变化。三是供给与需求之间的变化是循环往复的。经济之所以会出现衰退，主要在于供给结构会发生老化。为了克服这种现象，国家需要刺激新的供给，并对经济产业结构进行调整①。

不仅周期性和结构性的供给会发生老化，各种"供给约束"也会使得供给小于需求。新供给理论对于供给约束机制进行了新的定义。该理论认为，供给约束应该分为直接约束和间接约束。直接约束的对象是行政管制垄断等，间接供给约束主要包括税负、融资成本、人力成本、原料成本等。对于企业来说，如果供给约束过大，如融资成本过高、原料价格上涨过快，以及劳动力稀缺导致用人成本攀升等，都将会严重影响企业的技术创新投入，从而压制了新供给对新需求的创造机制。大多数科技型企业虽然拥有自主的核心技术和研发能力，但由于处于初创期，资产规模小，资金实力薄弱，缺乏有效的融资渠道和足够的资金支持，严重影响了企业的研发创新投入，拖延了科技成果转化成相应新产品的进程，从而导致新产品投入

---

① 金海年. 关于新供给经济学的理论基础探讨［J］. 财政研究，2013（9）：25 - 30.

市场的进度受阻，延误市场先机，失去大量的潜在用户，从而抑制了新供给对于新需求的创造能力。从产业创新的角度来看，新兴战略行业的科技企业的技术创新和产品种类代表了未来的市场方向，如果因为供给约束而无法及时转化成产品投入市场，则会严重影响企业的生命活力和未来发展，甚至拖垮企业。如果这现象普遍存在的话，则会遏制整个社会的经济活力。

在金融支持供给创新方面，国外学者有较深入的研究。因斯坦和雅丽（Instein & Yali，1998），莫克和中村（Morck & Nakamura，1999）认为，银行一直遵循着稳健经营的原则，所以，规避风险是银行经营的首要选择，这就导致银行不会贷款给那些创新程度较高但同时投资风险较大的项目，这对于国家经济结构的改革是非常不利的。海提尼娜和托伊瓦宁（Hyytinena & Toivanen，2005）认为，资本市场的不完善，阻碍了创新和经济增长，但公共政策可以弥补资本市场不完善的缺陷。

三、企业生命周期理论

作为不断变化的实体，从生命发展周期体系上分析，企业也具有一定的生命力，如同人的生长过程一样，也有不同阶段的经历，从早期的雏形到最后的消亡。唯一区别是时间长短的不同，经营好的企业周期相对较长，一旦经营陷入困境，便会加速消亡。其中，起到关键作用的因素就包括了创新体系，如果不能发挥作用，则很容易给企业带来危机。尤其科技创新企业，具有个性化、专业化的特征，创新的地位更加重要。为了保持发展的稳定性，增强对风险的抵抗力，企业需要稳步推进，采取差异化的创新策略。只有把握好此项原则，才能在创新上有所突破，实现技术资源的积累，为产品提供良好的市场空间环境①。一般情况下，企业在初期阶段系统机制不完善，制约因素较多，此时不宜大量内耗，创新上以模仿为主。随着市场扩张，有了一定规模，各项条件得到了改善，并向正规化的方向迈进，表示企业已经进入了成长阶段。如同一个人的成长需要大量的资源一样，如果继续使用之前的模仿已经无法满足后续市场的需求，也不能促进企业长远

---

① 马卫民，张冉冉. 金融科技创新助力科技型中小企业融资——基于企业生命周期视角的分析［J］. 科技管理研究，2019，39（22）：114 - 121.

发展，则此时需要调整策略，创新必须走自主研发的道路。结合以上分析可以看出，在不同时期需要大量投入的资金应及时到位，才能为科创企业带来长效的助推力。为提高科创企业的实力，发挥资本作用，在执行中主要通过下面的两个途径进行解决：首先，降低风险等级，实施针对性的补偿。从整个发展过程分析，刚开始属于最困难的阶段，工作分散，资源配置不到位，缺乏有效的支撑。多以人员和技术为主导力量，无法带来资金上的流入。而且过程的不稳定性强，使其对于外界环境变量的抵抗能力弱。企业发展所需资金缺口大，仅依靠自身力量无法填补资金缺口。因此，为了获取外部力量，企业应当在金融机构的支持下获得必要的发展资金，才能把握住最佳的契机以提升整体经营水平。其次，拓宽渠道，加强对企业的帮扶力度。考虑到不同阶段的影响，企业也应在不同时期获取资本，否则会产生断层。从最初阶段的创业到后续的成熟期等各个成长周期阶段，相应由不同的金融主体来实施支持，如在前两个周期由风险投资者提供支在成长阶段由相关的银行机构进行扶持，具有了较强实力后，进入成熟阶段进行市场化运作即可。

结合融资形成的方式，韦泽尔（Wetzel，1994）在对企业实际情况考察后指出，融资在创业初期主要是由内部产生，持有相同观点的学者还包括沙尔曼（Shalman，1990）。从时间的维度，罗森（Rosen，1997）在收集了企业融资的相关信息后，提出了外部融资能够发生在创业初期，这一结论与佛兰克（Fluck，1997）的一致。伯杰（Berger，1998）基于生命理论将企业的生命周期划分为婴儿期等四个不同的阶段。另外，还对影响资本注入的因素进行了总结，指出了周期性差异使得变量具有多元化特征；分析时尤其要和企业的实际情况相结合，才能得出关键性的要素。一般情况下，贸易和内部融资发生在壮年期以前；外部融资出现的机会多在中年之后，而且会持续增长。基于企业创新研究了技术和金融服务的关系后，周（Zhou，2001）等认为金融产品的创新有助于技术创新的加速推进。

四、系统科学理论

（一）系统论与系统耦合理论

经过多年的研究，奥地利生物学家贝塔朗菲（Bertalanffy，1945）首先提出了系统论，并且在 1945 年的时候，发表了一篇关于系统论的诞生的文章。在文章中，贝塔朗菲对于系统论的定义进行了详细的介绍。他认为，系统是一个有机的整体，并且在这个整体中，要素系统与环境互相影响，互相联系。并且该系统论的思想不仅可以用于生物领域，对于工程及经济等复杂的系统也有应用价值。该作者编写系统论，是为了人们在实现目标时，能够将要素之间的关系与影响联系起来。系统科学作为一门新兴的学科，按照层次结构可以分为四个层次，最高的为自然界的工程技术层次，最低的为系统观层次[①]。

首先提出耦合一词的是物理学领域，该词主要意思是，两个系统相互影响、相互作用，并通过各自的子系统在良性互动中形成了互相依赖协调的动态关系。虽然该词最先由物理学领域提出，但是经过后来的研究表明，耦合是自然界中普遍存在的现象。专家根据耦合的层次以及程度将耦合划分为不同的类型。根据层次来分，只有两种，包括普通耦合、超耦合。根据程度来分，包括很多种，如非直接耦合、内容耦合、公共耦合等。

系统耦合也是由物理学领域最先提出的，该词的定义是系统内部有两个或以上具有内在联系的子系统，经过一定的条件发展成为更高级的机构功能体。首先对于该词实现跨行业使用的是农业学家任继周，他认为耦合系统间的物质与能量随着时间的变化而不断交换，原本互不干扰的系统也在不断地进行融合。新开发的系统的功能与结构进行了明显的升级，对于后续的可持续发展也有很大助益。系统耦合的条件比耦合更加苛刻，主要有三个：一是子系统之间一定要具有内在的联系；二是物质和能量上一定要有差异性；三是发生耦合的途径存在。

随着时代不断地发展，系统耦合理论也逐渐被应用于其他各行各业。目前，科技金融与区域经济发展之间的耦合关系，是通过两个系统之间的子系统形成的相互依存、共同发展的关系，这也就意味着，只有使得这两个系统的子系统之间形成良好的耦合关系，才能使得科技金融领域的发展形成良性的循环，区域之间的经济发展差异性才能不断减小。这样不仅可以使得国家的经济基础提高，也能够使得社会的经济差距不断缩小，进而

---

① 胡国晖，郑萌. 科技创新与金融创新耦合的机制与模式探讨 [J]. 武汉金融，2014（10）：20 – 23.

发展成为和谐社会。

（二）自组织理论

在无外因干扰的情况下，信托部门内部相互影响作用和变化发展，逐渐形成具有一定排序框架的系统，即自组织系统。该理论主要是针对现有现象和已经存在的有关理论，即包含"耗能扩散组织框架"和"协同学习"等相关理论，这些皆为非线性繁杂系统的自组织演变的流程。

1. 耗散结构理论

1969年，比利时物理学家普里戈金（Prigogine，1969）提出：在距离平衡状态较远的开放体系本身存在一个参考变量的固定阈值（就是系统的发展临近边界的点），每当逾越该临近值的时候，该系统就变为宏观上可查的排序状态，原来的混浊的状态则不可见，这就是所谓的"耗能扩散组织框架（Dissipative Structure）"，该系统内外的耗能和物质、信息互相转换。该系统本身有着诸多非线性质的互相制约作用，当该体系能够在平稳排列有序的情况下，非线性的影响和作用把系统本身的自然涨幅无限扩大，促使该系统能够达到理想的可查序列程度，该理论对金融和当地金融经济的发展等诸多科学范畴都有着不可比拟的作用与影响，在高新技术发展领域与本土经济发展层面上也有着一定的研究和作用。同时，耗能扩散框架系统特性表现突出，高新科学技术的金融经济发展和本土经济高速发展综合系统，以及外部海量讯息和投资成本的彼此互换，形成了不可替代的系统[①]。

第一，高新科学技术的金融经济和本土经济的发展综合系统都是与时俱进的、已然成熟的系统，和外部有着诸多可以互换的因素，比如外部的资金投入和生产设备的引进等。在加速知识和科学技术的外援的同时，也可以为社会培养成熟的经济金融型开拓创新技术人员。第二，高新科学技术与本土经济综合系统可以称作是一个远离平衡的、在序列上可查的专业系统，其自身内部比如新技术开发和土地利用，以及投入资金和生产设备的引进更新等，都有着不均衡的特殊供需关系。第三，两者之间现有的机

---

① 李琳，毛刚，张诗悦. 金融环境下基于耗散结构的科技创新支撑区域经济发展研究［J］. 情报科学，2012，30（9）：1385–1388.

制作用，包含其自身内部的物质需求和资金投放，以及商业信息提供等彼此互换。第四，高新科技的金融经济和当地经济综合系统有着明显的自然涨幅与降幅。每当系统本身的两者超越控制边界时，这个系统就会生成一个崭新的耗能扩散框架系统，该系统通过一定的过程较之先前的系统效果更好，功能更强，同时也有着一定的弊端，比如结构有分散性涨幅降低等难题。所以，在生产实践过程中，只有牢牢把握正确的耗能扩散框架系统的变换规律，才能实现高新科技与当地经济金融系统的统一发展的。

2. 协同理论

针对协同理论的研究，学者哈肯（Haken，1971）概括出了"协同"的含义和性质，并在1976年对该理论进行了进一步的系统补充论述。终其性质，协同理论是把各个系统体系互相之间从杂乱无序变成有序可查的体系协同转换原理，在此转换过程中，各组成因素在变化发展的同时，彼此间形成配合与互相协调的合作关系。所有的系统转换与变换有的是源自内在形式发展成没有序列可查，有的是下属分系统彼此间互相作用，得以最后形成配合融洽的和谐共生的系统运动。这两者一个是导致系统分崩离析的首要因素，另一个是系统逐步走入正轨的主导因素。归纳起来，自组织过程其实可以说是系统中的下属分单位的自行变化条件，各因素之间牢不可分也互相成就，彼此影响，从而形成系统本身发生质的改变的全过程①。

虽然在结构与功能方面有着巨大的差异，但各系统在功能和结构上，以及各种内在因素都是彼此作用、相互影响的，这个问题是切实存在且不容轻视的。哈肯所说的"序列参考变量"的含义，是用以形容自组织形态的转换过程的，他认为该系统从杂乱无章走向井然有序，完全在于系统本身的各种序列参考变量之间的相互配合作用，说明有序参考变量主要是用来形容最直观的和最有说服力的变量。其实，每一个完整的体系都是由不同的下属分支机构组成，在外界条件达到一定程度，满足综合条件的情况下，下属分支系统彼此之间就自然成为合作共赢、彼此成就的关系，同时也形成了融洽发展的新格局。经过对下属分支系统彼此间的相互配合和制约，也为全方位实现分支系统全面发展提供了来自实践的、成熟的理论基

---

① 解学梅，曾赛星. 科技产业集群持续创新系统运作机理：一个协同创新观 ［J］. 科学学研究，2008（4）：838 – 845.

础，这也适用于高新科技经济金融和新时代耦合体系，这种切合度正是对彼此合作的一种有效评价。

五、内生经济增长理论

发达国家对经济的研究开始得较早，形成了诸多理论，其中就包含形成于 1980 年的内生经济增长理论。在此之前，西方经济学界长期占据主流地位的是新古典增长理论，基本观点是经济的持续增长依靠外生因素推动，只有当存在经济体系外的技术进步或人口增长时，经济才能实现增长。随着时间的推移，新古典增长理论的不足逐渐显现①。20 世纪 70 年代以后，西方发达国家经济长期陷入滞胀，经济增长缓慢，通货膨胀率居高不下，新古典增长理论对诸多经济现象缺乏有效的解释，迫使经济学家提出新的理论观点和政策建议。内生经济的决定要素有两个方面：一是内因；二是外因。如果经济下滑或持续不进步多数是内部产生了问题。该理论致力于探讨经济增长的内生机制，研究技术进步知识创新、人力资本等内生因素对于经济增长的推动作用，指出有三个内在因子会对经济产生决定性影响，除了包含人的能力外，还有科技创新以及文化氛围，其中起到明显推动作用的项目为科学技术，能够带动其他因子的变化。通过研究了大量资料后，卢卡斯等（Lucas et al.，1988）总结出了自己的观点，指出科技文化和人力资本积累是促进经济长期增长的决定因素，经济长期增长的关键在于知识的"连续增进"。他们强调由于知识和人力资本外溢效应的存在，如果从数学函数的角度展开分析，系数比例存在于知识与收益之间。区域范围内的知识存量越大，则投资和资本收益率就越高，经济增长潜力也就越大。内生经济增长理论从知识存量差异的角度，解释了各个国家或地区投资和资本收益率的差异。

企业要想实现持续发展必须有强大的科学技术力量作为后盾，资本和科技的有效融合能够促进科技研发、加快技术创新，进而提升自主创新能力，是内生经济增长理论的重要研究内容。戈德史密斯（1969）通过对墨

---

① 张小波，傅强. 金融开放对中国经济增长的效应分析及评价——基于中国 1979～2009 年的实证分析［J］. 经济科学，2011（3）：5-16.

西哥工业化进程中的资本体系框架进行分析，并指出了在推动企业综合能力指数增长中，资本发挥了至关重要的作用。金和莱文（King & Levine，1993）以投资机构战略为出发点，认为资本会选择效益最大化的项目，同时实施对项目和企业的资金支持，从而促进技术创新[1]。潘士远和罗德明（2006）通过构建内生经济增长模型解释民间金融的内生问题，研究表明，民间金融的发展内生于民营经济的发展，两者之间具有相互促进的内在关联性，而且表现十分突出。从总结的数据上看，表现出了倒"U"型关系[2]。谢德金（2014）在考察了多个地方金融产生的作用后，对系统化的结构体系做了总结分析，指出了当前金融机构进行投资的渠道：一是开发新的金融产品；二是形成借贷关系，这两种影响途径对经济增长有极大促进作用。并且从不同维度做了有效支持，其中，对企业固定资产有增加作用的为银行提供的贷款，可以实现规模性提升；在创新能力上，金融机构多数开展项目专项资金扶持，助推企业整体能力提升，实现产品的转型升级，带动产业技术的进步[3]。

第三节　科技金融发展历程

作为科技创新和金融创新深度融合的科技金融，实质上是科技创新与金融创新行为的互动，金融活动为科技创新提供资金，科技创新又促进金融发展[4]。科技金融的发展历程，从一定程度上说是科技创新和金融创新耦合演进的历程。自工业革命以来，技术发展经历的几次技术革命的过程中，金融创新与科技创新呈现不同形式的耦合，主要体现在金融资本和技术发展的耦合上。学者希克斯（Hicks，1969）研究的是金融对工业革命的作用，经过深入考察研究认为，金融革命对工业革命具有巨大的促进和推动作用，但与技术创新之间无直接作用关系。因为，工业革命早期使用的创

[1] King R G, Levine R. Finance, entrepreneurship and growth [J]. Journal of Monetary economics, 1993, 32 (3): 513 - 542.

[2] 潘士远, 罗德明. 民间金融与经济发展 [J]. 金融研究, 2006 (4): 134 - 141.

[3] 谢德金. 金融发展在中国经济增长中的作用研究 [D]. 南开大学, 2014.

[4] 林伟光. 我国科技金融发展研究 [D]. 广州：暨南大学, 2014.

新技术实际是在工业革命发生之前已经完成，其没有被广泛应用，并进入产业化阶段是由于缺乏大规模金融资本的支持，由此可见，工业革命之前出现的科技创新并没有直接促进经济快速增长，也没有直接导致工业革命。学者戈德史密斯（Goldsmith，1969）则从金融结构对工业化发展的作用这个视角研究，其选取的研究目标是墨西哥的经济发展历程，得出的结论是墨西哥国有金融机构对促进工业化快速发展具有重要的直接推动作用。学者佩雷斯（Perez，2002）研究的方向是金融资本与科技革命之间的关系，并通过演化经济学的角度对二者之间的关系进行了全面系统地研究。由此得出如下结论：新技术产生发展早期不仅是一个爆炸性增发时期，而且能够直接导致社会经济发展产生剧烈动荡和不确定性。尽管投资新技术领域风险巨大，但是在风险资本家追捧下使金融资本与技术创新实现高度耦合[①]，由此极大地促进了技术创新的快速发展，以及金融资产的几何级增长。学者郑和汤森（Jeong & Townsend，2007）对此研究方向是现代金融发展对科技创新的作用。其研究的主要工具是现代生产函数，通过分析研究全要素生产率的增长率变化，得出了现代金融的快速发展能够直接推动科技创新的结论。学者陈涤非（2002）研究深入探讨现代金融发展与科技创新之间的关系，他认为科技创新能够为金融快速发展提供强大的技术支撑，同时，金融快速发展又为科技创新的进一步发展提供充足的物质保障，因此，二者之间是相互促进的共赢关系。

一、科技与金融的松散式融合阶段

（一）第一次科技革命时代，科技创新的金融需求

18 世纪 60 年代，英国珍妮纺纱机（1765）的问世，成为工厂制造时代的开篇。而瓦特蒸汽机的发明和应用，推动了英国工业化进一步发展，这也是将第一次工业革命称为"蒸汽革命"的原因。在蒸汽动力推动下，西方资本主义社会进入了工厂机械化大生产的全新时代。到 18 世纪 80 年

---

① 宋冬梅. 技术创新与战略性新兴产业的耦合效应［J］. 技术经济与管理研究，2015（5）：121 – 124.

代，蒸汽动力已经使多个主要生产部门实现了工业化，如采掘、冶金及机器制造等。进入19世纪后，蒸汽动力又被广泛运用到交通运输部门，这为工业化大生产的快速发展提供了有力保障。无论是珍妮还是瓦特都不是当时著名的科学家，而都是拥有丰富实践经验的手工业工人；而此时的牛顿力学及几何数学等基础学科也已经有了较大发展。这些现象充分说明当时人们还没有充分认识到科技创新成果转化对社会经济发展的巨大促进作用。纺纱技术改进发展经历将近50年，贯穿工业革命初期，在整个改进发展历程中，发挥关键作用的都是一线手工业者，而非著名的科学家。例如，钟表匠、纺织工、理发师、木匠及技术工人等手工业者在实践中分别发明了飞梭、珍妮纺纱机、水力纺纱机、骡机及自动棉纺纱机等机器，从而使棉纺织业成为第一个真正实现机械化大生产的产业。然而纺织机仅仅是一种提高生产效率的工具机，要实现全天候不停机运转还需要为其提供源源不断的动力。很明显，水动力、风动力，以及牲畜动力都无法满足大规模的机械化生产，因此，只有发明一种全天候不受客观条件限制的动力机械，才能满足工业化大生产的需要。其实早在16世纪末，人们已经发现了蒸汽的动力作用，工业革命前，蒸汽动力也已经开始使用，但未被应用到工业化生产中，其主要原因是蒸汽动力转化成机械动力存在技术上瓶颈，从而导致蒸汽动力无法应用于纺织业等工业生产。直到1784年，瓦特发明的蒸汽机问世，才从根本解决了支撑工业化快速发展的动力问题。从发现蒸汽动力作用算起到瓦特蒸汽机问世将近百年，由此可见，第一次工业革命中的大多数重大科技发展都是在生产实践过程中，经过渐进性发展所形成的。这种渐进性发展导致科技创新成果转化时间被延长，在很大程度上降低了创新成果转化的市场风险①。

在蒸汽动力作用被发现后的几百年内，没有被广泛应用于工业生产的根源主要基于以下三个方面：一是人们在当时环境条件下缺乏对科技知识的深入了解和把握；二是人们更倾向于支配使用传统能源，如风力、水力、畜力等；三是蒸汽动力采用热气动力作为一种新动力系统，不仅使用成本昂贵，而且使用大型蒸汽机需要大型场所和巨大的设备成本投入，早期工

---

① 吴勇民. 技术进步与金融结构的协同演化研究：理论和实证［D］. 吉林：吉林大学，2014.

厂手工业的商业资本无法支撑。进入 19 世纪后，热气动力在英国得到广泛应用，主要基于以下两方面原因：一方面，英国机械师通过技术改良，大幅降低了机械创新应用成本；另一方面，英国金融资本市场得到进一步完善和发展。

（二）金融创新对科技创新的配合

产业革命得以在英国产生、发展并最终能够完成，很大程度上归功于英国在之前就已经发生了的金融革命。拨开工业革命中技术革新所发挥的引领作用和机器化生产的外在表现形式，我们需要认识到英国的金融改革为工业化发展提供了强大的资金支持，间接地推动了工业革命的进行。希克斯（1969）研究了英国的金融变革对于引发国内技术革命的重大意义，并提出"工业革命不是技术创新的直接结果，而是金融革命的结果"，恰恰是金融革命使得本国的金融体系能够较好地服务于本国经济的发展，才能够为工业革命提供大量的、长期稳定的资金。因此，"工业革命"不得不等候"金融革命"，英国的金融体系师从荷兰，且同时代的英国并不是金融变革和经贸发展最发达的国家，获此殊荣的亦是荷兰。不过，英国很快就超越了荷兰这位老师。"光荣革命"结束后，阿姆斯特丹的金融体系模式及金融人才被英国国王威廉三世引入英国：他于 1694 年推动创办英格兰银行，建立起强大的国家银行体系作为经济发展的坚实后盾，在其提供的平台上，国债市场、商品交易市场，以及股票市场空前繁荣，有力地为英国进行海外扩张提供了大量融资，使伦敦一跃成为当时世界上的金融中心。这场金融领域的变革建立起强大的金融机构，打造了一套极具弹性的货币供应机制，为商业交易提供了便捷的信贷服务，并进而为工业革命打下了坚实的基础。

1. 建立起比较成熟的银行体系

为了缓解与法国和西班牙长达数世纪的战争所带来的财政赤字压力，英国政府于 1694 年开始组建英格兰银行，赋予英格兰银行管理货币的职能，并以财务股份制的形式向社会募集闲散资金，缓解政府的财政压力，英格兰银行自然而然成为一级中央机构。不同于工业革命前期以区域性的"乡村银行"及"城市银行"为主的银行体系，英格兰银行有权在全国各地设立分支机构，并获得了办理个人储蓄业务的许可。储蓄业务的开展有利于使英国形成统一的资本市场,结束此前资本市场分散的局面,并逐渐形成一个全国性的银行网络系统,这一银行网络是建立在各个区域的城市银行与乡村银行基础之上的,因而可以便于资金在不同地区之间流通,为大量资金涌入工业发展较快的区域提供了便利,并为其及时提供资金支持。

2. 形成与发展了证券市场

英格兰银行成为发行国债的机构,不仅推动解决了战争军费的筹措问题,还帮助构建了强大的信用体系,为闲散资金提供了一个可以实现其安全性和流动性的去处,促进了证券交易的发展。英国政府正是通过这样的方式将社会中各类资金集中起来,构筑起运转流畅的债务市场,推动资本的流动和增值。证券与债务市场的信用问题关系着英国金融的安全稳定和债权人的经济安全,因此这就需要英国建立起相应的政治制度来对政府借贷和资本市场运营进行有效管理,保证债权人的资金能够及时清偿。这种信用体系成为市场经济发展中的核心架构,它需要以国家的根本法作为保障,在此基础上推动形成以发行和流通公债为主要内容的资本市场,并逐渐形成普通民众广泛参与的金融社会关系。金融市场的内生动力催生出英国全国统一的正式债务资本市场,在18世纪末到19世纪初,出现了专门负责债券业务的证券机构,进一步畅通了资本流通,也使得投融资的方式得到进一步的创新,这样既能够使投资者的金融风险得以分散,也将更多富余资金吸引到资本市场当中,并逐渐向运转高效的现代资本市场过渡。

3. 持续进行金融业务及产品的创新[①]

在银行体系和证券市场得到建立和完善的基础上,各种新型金融产品不断推出,如可贴现票据、可转让借据以及原始认购股等。它们的出现不仅方便了产业投资者的投资,也为工厂的机械化普及提供了大量资金,还在便利资本流通的同时使金融体系得到进一步的发展。

资本市场上货币供应量的增加有利于利率的降低,极大地降低了市场储蓄转化为投资的成本,使大量资金流入运输、机械和冶金等产业部门,并推动了固定资产的投资,加快普及了蒸汽机的使用,淘汰了传统手工作坊生产,进而逐渐完成工业化。据此可知,蒸汽革命在英国取得成功,得

---

① 唐雯,陈爱祖,饶倩. 以科技金融创新破解科技型中小企业融资困境 [J]. 科技管理研究,2011,31(7):1-5.

益于其金融革命所形成的现代信用体系和该体系下运转的高效资本市场。资本市场正是通过集中起大量的闲散资金投入技术革新领域，才得以推动技术变革转化为生产力。不过，应当看到，彼时英国国内的金融改革只是由于时代的特殊性而恰好为技术革命提供了服务，但还未对科技创新形成体系化的支撑，也并非在技术变革中发挥决定性作用，因此不能将其促进作用无限放大。

二、科技与金融的密切式融合阶段

（一）第二次科技革命时代，科技创新的金融需求

1873年，震惊世界的金融危机爆发后，各个企业甚至国家之间的市场竞争逐渐加重，从而从根本上促进科学技术的发展，内燃机产生而使得新的交通工具产生，电力系统的首次应用标志着第二次工业革命的开启。内燃机的发展使得工业化机械设备得以大规模应用，其不仅使得原有的工业部门得到质的发展，还使得新部门得以开展，例如，电力集团，汽车、飞机制造业等，其已经成为主流制造行业。

在第二次工业革命的过程中，产业变革已经可以把科学成果转化为现实应用，因为第一次工业革命时期，蒸汽技术普遍发展，但是因为资金没有到位，所以导致其不能被大规模地应用，但是第二次革命时期，工业技术已发生了本质上的变化。其主要表现为：（1）科技技术创新更为抽象化，例如，在电气工业发展前，工业生产大部分以相关经验进行把握，但是电力行业的研发是根据电磁感应等抽象概念为基础，其无法以简单的经验进行研究，要对其进行不断地研发才能发明出来，而以电动机为主体的科学技术是科学产业化发展的助推力。（2）科学技术向实际应用技术的转化时间变短，以电力行业为例，从法拉第（Faraday，1931）发现电磁感应现象，到19世纪才最终投入使用，其间所用时间为40年，但是交流电机的研发只花费了5年时间，与蒸汽机的研发和使用相比，其时间被大大缩短。（3）科学技术的发展必然会导致环境的污染，例如，化学工业中偶然发现钢铁生产中产生的废弃原料对煤焦油的处理有着积极的作用，还发现煤焦油对生产原料的作用可以将燃料的成本大大降低，这也使得化学工业

有着长足的发展，并以此形成了实验检验理论，所以在现代化学工业体系中，大部分的企业都具备相对完善的实验室，以此对化学工业现象进行研究。

以重工业作为主要研究方向，对重工业的发展需要投入更多的资金支撑。因此，创新科学与科学基础必然要进行紧密地联系，与此同时要对研发过程进行大量的资金投入，这都体现出科学技术的增长必然依靠资金的支持。同时，科技转化周期的缩短也使得技术风险激增，科技创新和产业发展都需要更多能分散此类风险的金融产品和服务的开发①。

（二）金融创新与科技创新的结合

纵观当今世界格局，虽然经历了很多动荡，但是以美国为首的西方资本主义国家却仍然保持现如今的世界地位，和其自身的科技积累底蕴有很大关系。工业革命是在西方国家率先发起的，其间多数国家都进行了科技研发，形成了很多对现代工业文明推动的优秀成果，也是人类历史上的重大进步。作为早期参与的美国也一直积蓄力量，并首先实现了电气化，其产生的多项科技成果极大地推动了本国工业发展。尤其在科技转化上美国形成了自己独特的方式，例如，德国的内燃机和汽车在自己国家的使用量远不及在美国的使用量；另外，还有电力系统的广泛应用，改善了生产和生活条件。这些事实都充分表明，国家对于科技的重视程度，能够极大地提升国家综合实力，这使得美国成为19世纪末工业最发达的国家，其生产总值占到了世界的1/3。

从客观上分析，促进美国工业化进程加速的原因不仅仅是在国家层次上的推动，更多的是来自内部深层次的要因产生的催化作用，其中，包括快速发展的铁路、公路系统，以及人员的快速流动，此外还包括了消费市场的膨胀等。进一步分析这些因素的背后推动力量，主要是资本。特别是资本市场的形成，促进了各行各业的快速流通，急需实现价值的增值，完成财富的积累②，毫无疑问科技的转化是一条重要的途径，并在此基础上催生了股票及信托等金融体制形式，为科学技术的再次蝶变打下了基础。

1. 在金融体系中形成了以股票为引领的新格局

在早期的资本结构中，多数国家都未形成完善的体系，包括当时处于

---

① 何勇军．科技金融发展的新挑战［J］．科技与金融，2019（8）：39-42.
② 严亦斌．高新技术中小企业融资制度创新研究［D］．武汉：武汉大学，2011.

经济增幅首位的英国,其采取的主要资本扩张模式是给殖民国家放贷,产生债务关系,后期也经历过股份制的改革,但是因为缺乏经验,均在实施过程中夭折。而美国则吸取了英国的教训,最先介入了股票市场,并成立了纽约证券交易所,吸纳全球的资本参与运作,有力推动了本国新兴产业的进步。两种资本方式的优缺点十分明显,特别是资本的债务关系,无法和股权交易制相抗衡,不管是在时间上还是产生的作用上,股权制能够促进投资人长期持有股票,并在市场中快速交易,提升资金的回流速度;而债务可长可短,业务关系并非一直保持。由于这种本质性的差异,一方面,大量资本流入科技领域,促进美国在多个产业上实现了规模化,大幅提升了工业附加值;另一方面,还有利于风险管理,由过去投资主体单一、承受风险过高的局面转变为由多个股东共同承担风险,这使得经济获得了前所未有的发展,反过来又促使了科技进步。其实,美国的资本雏形也借用了英国的债券形式,这一情况出现的转机得益于英国铁路系统的进步。19世纪,依靠国内强大工业,英国把铁路实现了延伸,同时也把经济从沿海带到内陆,实现了贸易产业的大幅提升。同时也对股票市场带来了振荡,正是看到了经济利益的巨大潜力,资本迅速向铁路股靠拢,形成了当时一股热潮。美国也趁机进行了转化,对资本的运作方向进行了调整,从而推动了股票市场的发展进程。美国是一个善于操作资本的国家,通过股票使得财富迅速聚集,为了提升自身实力,以及增强在世界上的影响力,对国内的基础设施开始了大量投资,促进了交通体系快速形成。从资本的组成结构上分析,仅有一少部分来自本国,绝大部分来源于国外,以购买证券的方式实现了投资。庞大的资金力量也弥补了发展过程中的不足,带动了国民经济。

2. 资本深化促进了投资银行的发展

在工业化的体系中,企业是个体单元,也是进行资本运作的主要参与力量,要想有效发挥其作用,实现资本快速流通,只有将两者融合才是有效途径。一方面,金融能够为工业提供资金助力;另一方面,工业产生的收益还能促进金融资本增加。这也是企业上市所要经历的过程,通过有效运作能够使其商业化。在股票市场上,具有重工业组织形式的产业备受青睐,也是资本的集中区,而投资银行的出现则形成了强大推力,使得整体实现了阶段性发展,其创始人约翰·皮尔宠特·摩根(John Pierpont Morgan）也成为美国最具影响力的人物之一。从整个发展历程上分析，这是一个不断整合提升变强的过程。早期的证券交易功能有限，多数以销售为主，业务单一，而摩根则打破了现状，以铁路并购为起点，逐步向外辐射，先后在电气、钢铁等领域完成了兼并，资本快速归集的同时为投资银行的产生创造了有利条件。同时，还优化了证券业务职能，把产业及融资作为了重点，吸引了更多资本流入股票市场，完善了系统运作体系。此外，资本集中给企业带来的优势也得到最明显体现，不仅能够增强企业面对风险的能力；还能成为某一行业或领域中的领头羊，市场份额将会快速扩大，总体经济效益增长①。而且还能对科技进行反哺，通过与科研机构合作，成立研发中心，引进新技术和新产业，提高自身创新能力，为下一步的扩张提供后续力量。那么，在这个阶段，对经济的带动效应是显而易见的，是产业集中所引起的连锁反应。受此影响，资本市场也出现一种行业，即专业化从事投资事务的群体出现，他们能够利用掌握的知识对企业进行辅导。除此之外，一些新的金融产品不断涌现，也极大促进了股票交易市场热度的提升。

国家经济产业的形态和框架结构与资本积累产生的条件紧密关联，尤其在工业体系中建立起来的原始资本，作用日益明显②。大量的资本从世界各地涌向了美国，这些资金为美国经济带来了活力；而为企业上市提供支持的投资银行也会促进产业发生改变，两者资本相互作用，进一步提高了金融、科技的紧密性。

三、科技与金融的深度融合发展阶段

（一）科技革命创新体系的特点

20世纪50年代之后，发生了两次世界大战，因此国民的经济军事化高速发展，各国之间也产生了剧烈的竞争。于是随着军事化和工业化的需

---

① 刘晶. 科技产业链对接科技金融的长效机制与模式研究 [J]. 科学管理研究，2018，36（4）：89-92.

② 张明喜，郭滕达，张俊芳. 科技金融发展40年：基于演化视角的分析 [J]. 中国软科学，2019（3）：20-33.

求，第三次科技革命在世界各地逐步展开，每个工业领域都进行了改革，跟随着科技革命的浪潮，出现了一些新兴产业，并带动整个世界工业化的发展。例如，航天航空、电子信息、生物工程，以及新能源等。其中，对于人类生活影响最深的就是电子计算机的出现，并且一直延续到今日，它对于人类的经济生活以及政治文化领域影响最大。前两次产业革命对于整个世界的面貌改变较小，但是第三次科技革命带来了一种新型的经济形式，也就是知识经济。它开始采用一些机器代替人力进行运动，使得有更多的智能化机器取代传统人力投入使用。这一切都得益于信息技术的发展，在传统的经济发展过程中，科学技术不仅仅充当资本，但在当今的知识经济中，科学技术是第一生产力，在整个生产过程中最富创造性。具体而言，现代科技创新发展凸显以下特征：

1. 科技群体化发展

如今，在各个领域之间都有科学技术的存在，往往一种先进技术的出现也会带动其他技术共同发展，从而改变人们的生活状况，科技革命呈现爆发式的状态。进入 21 世纪之后，科学与技术频繁使用，它们相互融合，向着更复杂的方向发展。其中，一方面是学科建设融合角度，在人们的生产过程中出现了许多新兴科技，因此衍生出很多需要全面统筹的综合问题，这些问题是需要结合多种技术共同考虑才能解决的，例如，科学技术和人文社会经济。解决问题的方法不能从一个角度来研究，必然需要超出自然科学研究方法，因此要结合各种学科知识对相关问题进行研究，找出与以往的不同。随着科技的蓬勃发展，人们的道德、所处的环境，以及面临的社会问题也会相应改变①。我们不仅要注重自然和资源的承载能力，还要注意人与自然和谐发展的问题，这是最关键的一步。如果忽视，那么可能会造成无法弥补的后果。另外一方面就是技术的发展与融合，技术的发展不只是在自身领域的改善，而是需要结合一些新兴技术来对产业的产品进行整改，例如，在科技提高的过程中，黑白显像管逐渐淘汰，随之出现的是彩色显像管，产业在不断的发展过程中，产品也在不停地更迭。技术集成是需要建立在新技术发展的基础上的，例如，光机电一体化技术就是融合

---

① 钟书华. 创新集群的发育、成长路径分析 [J]. 科技管理研究，2009，29（10）：400 - 403.

了机械技术与激光微电子技术。新技术在整个市场中的发展能力较强，扩散较快，由此便会快速地取代原有技术，以达到优化的目标。

2. 科技社会化发展

一种新科技的出现也会带动其他科学发展，因此呈现出群体化融合式的发展倾向，在这种趋势的作用下，创新不能仅仅依靠个人的力量，需要统筹社会各方面的共同协作。随着科技全球化的发展，相应的研究对象也变得复杂，需要更多领域的研究人员参与到研究过程中，以往传统的研究模式只是个人单打独斗，但如今已经转变为协作模式。21 世纪后，每个国家都意识到科学技术对提升自己国力的重要性，因此纷纷制定国家新型技术发展战略，对于该部分进行投资，并且结合各个领域的专家学者进行创新研发，企业研发的主要目的是对于如今的技术问题进行突破，在一些重大的研究项目上更是多个国家的学者共同研究，聚集了全球的力量，例如，宇宙开发项目和人类基因组工程。该研究的发展得益于每个科学家的投入，只有不同学科专业人才的通力合作，才能共同促进科技创新的发展。

3. 科技产业化发展

科技创新可以提高一个国家综合实力，由此科技创新发展规模越来越大，对于这方面的资金投入也日益增多。世界各国都对于科技创新十分重视，不仅加大了资源投入，更加注重科技创新的产业发展。从项目成立的初期就从科学方面对于该研究的可行性进行判断，在之后的过程中再集合各个领域的研究员对于此项目进行研究和开发，在小试或者中试测试过程成功后，就可以投入产业化生产，整个过程可以说是比较规范的发展过程。

各国对于科技创新的重要性越来越重视，于是应该建立相关法律对科技成果进行保护。各国为了提高自己的综合国力都对此方面投入了大量资金。在国家发展战略的支持下，很多国际资源都分配给了高新技术的发展，例如，资金、人力，以及资源。2012 年，世界经济合作与发展组织（OECD）公布了包括世界主要 39 个国家（地区）R&D 经费数据（数据包括 9 个非 OECD 国家（地区）的投入经费），这些资金占据世界高新技术发展的 95% 以上。分别是 OECD 的 30 个国家及非 OECD 的俄罗斯、南非、新加坡、中国、阿根廷、新加坡等 9 个国家（地区），经费总额达 1.02 万亿美元，虽然我国的经费总额排在第六位，但是增长速度较快，远远超过其他国家（地区）的发展速度。并且该领域的从业人员已达到 170 多万人，位于世界第二位，仅次于美国。

4. 科技创新及成果转化快速化①

随着时代的发展，如今进入了知识经济的时代，人类的知识总量大爆炸。据统计，这30多年来人类的知识总量是过去2000年的总和，并且增长时间逐渐缩短。知识增长的速度呈现负增长，知识总量以指数函数的形式呈现级数增长。并且近年来人均受教育水平也逐渐提高，专利申请的科技成果总数成倍增长。在以往的技术革命过程中，科学技术发展主要掌握在少部分科学家手中，所以需要较长的时间才能对于科学基础研究的技术进行转化。而第三次科技革命之后，各个国家纷纷意识到科学技术的重要性，加大对于此方面的人才投入，并且随着人们知识总量的增加，科学与技术之间的联系大大增强，商品的研究以科学为基础，而技术让商品的出现成为可能，生产是产品商品化的实现过程，他们三者之间呈现出一种统一的创新过程。

如今，人们对于物质需求水平急剧上涨，并且随着技术的投入商品市场也得到了一定程度的发展，因此，各企业需要推出产品并实现产业化，迅速占领市场份额，以获取高额利益。科技只有运用到商品生产中，才能发挥他真正的价值，因此，将科技转化为高技术产品是企业发展的目标，并且随着新兴产业的崛起，人们可以从中获取超出自己成本较多的利润，与科技创新会产生的风险相抵消。并且随着时代的发展，科技创新与生产应用结合得越来越密切。他们之间的转化速度也逐渐变快，例如，17世纪的蒸汽机从发明之初到转化成功只用了100年的时间，照相机用了122年，电话用了56年，然而20世纪发明的激光技术，从其发明到应用的转化却仅为1年时间。

（二）科技创新体系的金融需求

自从第三次科技革命之后，全世界的工业发展水平已经上升了一个层次，如今是知识经济的时代，因此以往的工业发展已经变成了科学化产业，通过科学的技术手段缩短了整个基础科学的转化时间。在20世纪以前出现

---

① 何其慧. 我国金融支持科技成果转化的现状及问题探究［J］. 科技与金融，2020（5）：59-62.

了产业革命，但是引起产业革命的一些创新技术其实很早就已经出现了。最终导致产业革命发生的原因是因为这些创新性的技术获得了经验性的改进。他们符合整个市场需求，并且适应整体产业化之后的应用再加之推广，所以在当初的蒸汽革命和电力革命时代，最主要的经济需求来源于资本积累和流动。如今是知识经济时代，人们着重发展深度科学化的工业，不仅需要以往工业革命所需要的资金，还需要将实验室中研发出来的产品投入市场，只有市场认可的产品才有一定的发展能力。在对市场适应的过程中，要集中把控风险并且缓解其中的不确定性因素①。

现代科技创新过程中的不确定性因素较多，比如，社会化、群体化、产业化以及快速化发展，如果成功开发出新型产品，那么该产品将会占据市场的大部分份额，为企业赢得很高的竞争优势，企业必然会获得高额的收益，所以科技创新也有自己独特的特点，那就是高投入、高风险，以及高收益。整个科技创新是一个漫长的过程，但是此过程正好满足了专业化的风险管理，金融对高收益的逐利，以及多层次的资金投入需求。

现代科技创新活动会在短期内使得企业得到一个高速的发展，但同时也会带来很大的风险问题，比如技术风险，市场风险等多种风险，从而使资本市场的资源配置会失效，科技创新活动是需要依靠资金支持来保障的，所以此时需要主动解决的问题就是风险与收益的匹配问题。在整个发展过程中，最突出的问题就是技术风险，并且在活动的不同阶段，技术风险的指数是不同的，在投入生产的初期是没有办法确定投入的技术是否能达到最后目标的。因此，科学技术表现出一种较高的不确定性。随着资金的逐渐投入，对于科学技术的掌握也越发成熟，从而使整个过程中的不确定性相应降低，技术风险降低的同时也需要考虑生产出来的产品能否投入市场，是否符合消费者需求。金融主要是为了解决市场中资源时间的配置问题，一些金融主体会为了获得高额收益利用自身的优势，通过金融市场与需求方签订契约②。由以上各点可以看出，金融主要解决了资金和风险两个方面的问题（见图 1 - 2）。

---

①　金珊珊．金砖国家科技创新金融支持体系研究［D］.大连：东北财经大学，2014.
②　马红．科技与金融结合的研究［D］.成都：西南财经大学，2013.

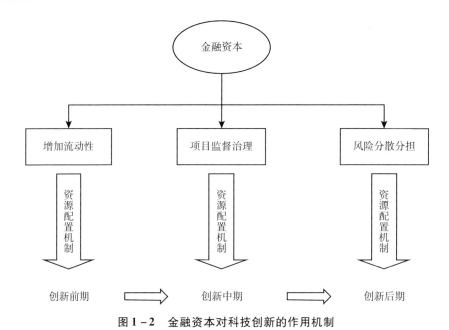

图 1-2　金融资本对科技创新的作用机制

资料来源：林伟光. 我国科技金融发展研究［D］. 广州：暨南大学，2014.

除了以上所提到的几点，必须对金融中介和市场设置相关的激励机制，这也是驱动整个市场科技创新的重要因素，如果企业想要进行科技创新，那么必须要获得一定的资金支持，在此过程中会签订一些股权契约，契约的主要作用就是使双方根据创新过程中需要注意的一些内容进行约定。通常来说，获取资金支持的创新主体需要对所借钱款承担利息的同时，还需要及时向对方提供项目的进展，这就使得创新主体在整个活动过程中更加谨慎行事，慎重决策。创新主体在获得资本市场的资金后，也会因为该市场上的一些投票机制而约束管理层，股东可以直接参与企业内部的一些决策，并且可以对市场上产生的一些状况做出相对的反应。

四、科技金融的形成

第三次科技革命迅速崛起，主要的标志就是计算机和信息网络技术。美国在世界上一直处于遥遥领先的位置，其中主要的原因就是美国资本市场经过了多次发展，拥有多种创新产品。

近些年来，科技创新持续发展，20 世纪 70 年代后，科技创新对于金融资金有了持续的要求，促进了金融创新发展。美国高新技术发展较快，并且势头较猛，在获得整个市场认可后，在获得商业银行的资金支持时仍然有一定的难度，没有办法获得上市条件。因此，银行为了获得市场的利益，相应推出一些低等级的债权，同时为了解决一些高新企业的资金问题，进行风险投资，为缺少资金的金融家寻找到新的出路，从而活跃了整个金融市场。21 世纪之后，美国风险投资总额迅速增长，达到了每年 1000 亿美元，因此，很多在美国出现的新型创新企业可以在短时间之内得到发展。第二次科技革命中德国与美国发展同步，但由于美国在第三次科技革命中占领了国家的金融风险资本市场，所以德国的发展显得不尽如人意。

具体而言，美国完善资本市场的构成对科技新兴产业发展的促进作用表现为以下几个方面：一是新兴产业的发展需要技术支持，由此就需要获得一些金融资金，资本市场则具有这种条件，多层次资本市场可以为一些新兴企业提供长期的资金，并且较为稳定，且风险较低。二是新兴产业资金来源的主要渠道就是证券市场，证券市场流动性较高，刺激了股权投资方式的发展。三是资本市场作为企业融资的中介，以此来获得技术支持改善自己的科学技术，在此过程中还需要建立健全相应的企业管理机制，来获得较高的市场竞争力。以创业风险基金（venture capital）、私募基金（private equity）、机构基金（institutional funds）及主板市场和二板市场上市等多层次、多手段的融资渠道，对于相关产业进行有效配置。四是发展金融市场需要懂得分散投资风险，选择更适合产业化的技术，发展过程中存在着多种风险。美国资本市场如今发展的较为全面，在企业投资的过程中不断转移创新风险，并且生产新的工具和技术，以此来实现多样化，以及现代化的高新技术企业融资管理①。

第三次科技革命中，美国是所有国家中科技金融发展最好的一个国家。当科技金融发展到一定层次后，对于科技创新不再是被动的关系，而是会根据自身特点的变动来介入科技创新。在投资前需要对企业的创新方向进行选择，避免初期的风险问题，在之后的发展过程中也要积极参与企业的

---

① 李长健，孙富博．国外金融发展权制度实践及评价启示［J］．金融与经济，2018（2）：83－86.

事务管理，并且有效规避科技创新集中的风险，科技金融的形成主要是因为这种促进高新企业发展的股权投资。因此，不论是投资初期还是投资之后都需要降低整个过程的风险问题。

五、我国科技金融发展现状

近年来，在新一轮科技革命和产业变革的时代背景下，以互联网、大数据、云计算、人工智能等为代表的数字技术不断取得突破，以技术为驱动的普惠金融新模式正在全球范围内加速形成。

我国科技金融产业发展领先全球。2017 年，我国科技金融公司的数量和总体投资已经超过硅谷，根据 2018 年发布的全球金融科技中心指数显示，全球金融科技区域发展可以划分为三个梯队。其中，第一梯队分别是中国的长三角地区、美国的旧金山湾区（硅谷）、中国的京津冀地区、英国的大伦敦地区、中国的粤港澳大湾区以及美国的纽约湾。在区域总排名中位于第一梯队的六个地区中，中国地区占据三席，表明中国在全球范围内的科技金融已具备较强的领先优势。

我国已形成多点开花的产业布局和功能定位。北京市科技金融产业以政策驱动产业高水平发展；上海市国际金融中心初步形成，并带动金融科技中心加快发展；青岛市以供应链金融推动金融科技发展；广州市重点发展数字普惠金融，解决企业融资难题。

第二章　科技金融中心的内涵与理论基础

第一节　科技金融中心的内涵

一、科技金融中心的内涵探析

科技金融中心是一个集金融以及科技两个元素为一体的中心，该机构主要包含以下四个部分：科技型人才、科技企业、创新性的科学技术，以及国家所制定的科技政策。同时，还包含着与金融相关的各类企业、人才、机构、各类资源、体系，以及国家所制定的政策。也可以说，是在一定区域内，科技与金融的集合，这两者联系密切、相互影响与作用，相互推动发展。科技金融中心具体指的是科技资源及金融资源的有机融合，这就使得其科技创新能力和金融创新能力较强，以及由于金融与科技融合所发挥出来的带动作用较强，引领了周围区域的发展。这一中心是各类科技资源，如科技型人才、公司、政策等，以及金融资源，如金融型人才、公司、政策等的交汇、融合，以及共同发展的一个综合性区域①。

世界上较为著名的科技金融中心之一为美国旧金山，其中，世界著名的科技中心硅谷位于旧金山经圣克拉拉至圣何塞近50公里的一条狭长地带上，这里不仅仅汇集了众多的科技人才，更是多种新兴科技及信息技术的发源地，推动了世界科技的进步。此外，硅谷里有众多高新技术企业，这

---

① 张明喜，赵秀梅. 科技金融中心的内涵、功能及上海实践［J］. 科学管理研究，2016，34（4）：101－105.

些企业所创造出来的各项发明与技术正在逐渐改变着我们的日常生活,许多较为著名的品牌有特斯拉公司、微软公司以及苹果公司等都扎根于此,硅谷无论是科技还是金融的发展都十分发达,这里设有众多金融机构,其中还设有较为著名的世界科技银行——硅谷银行。在硅谷这个金融天堂里,不仅有眼光独到的投资人,还有各种各样的投资基金为企业的发展保驾护航。这个著名的科技金融中心特征如下:首先,科技金融中心顾名思义,指的是金融创新与科技创新的有机融合,这两者的融合作用使得经济的发展变得更为迅速,这也可以看作是当今世界经济发展到一定时期、一定规模的独特的产物;其次,一个地区设置科技金融中心的主要目的是推动该区域的科技创新,使得高新技术得到充足的发展,最终使得该区域的发展领先于世界,金融的作用是为了使得这些高科技企业能接受到完整而又优秀的金融链式的服务;再次,科技金融中心的创新之处在于将各种金融资源,如金融产品、政策,以及专业化的金融机构等投入科技企业的建设及发展当中,使得各种先进的技术得以真正实现;最后,科技金融中心在发展过程中,科学技术与金融是相互促进、共同进步与发展的,科技能使得金融服务水平进一步提高,从而推动创新。

科技金融中心作为一个科技与金融资源有机融合的区域,在该区域的各个科技企业的创建都秉持着高度的创新精神,由于企业的发展有金融资本强有力的支撑,使得这些高科技企业进行研发、创新的动力更强,从而使得所研发出来的科技产品能够更加迅速地投入市场,加之溢出效应的影响,使得区域经济快速发展。所以说,科技金融中心的独特之处就在于此,既有科技这一大推动力,又有金融资本的支撑,只有这二者的有机融合,才能将这一区域称为真正的科技金融中心。

二、科技金融中心的概念辨析

(一)科技金融中心与科技中心的联系与区别

众所周知,科技中心以其雄厚的科技实力著称,这一区域丰富的科技资源、科技成果、辐射带动能力使得这一区域的发展迅速。而科技金融则具体指的是金融与科技资源的有机融合,是两类资源的同时汇集,两者相互作用、相互推动、促进发展①。

首先，这两类发展中心在空间上都具有较强的积聚性，科技资源汇集在一个特定的区域内。

其次，这两类发展中心中的各个科技企业之间并不是相互独立的，而是相互联系，相互促进与发展的，企业的性质大致相通。另外，各个企业之间所进行的各项科技活动也是关系紧密的。

最后，科技中心发展到一定程度后，可能会转化成科技金融中心。科技金融中心中的金融具体指的是主动给科技企业提供金融服务的金融资本。因此，一个区域之所以可以称为一个科技金融中心的前提是有大量的高科技企业，而金融资本也是在这一前提之下才加入进来的，二者慢慢地产生了有机的融合。

科技金融中心不同于其他中心的原因是其具有以下几个独特的性质：

首先，科技金融中心的创新力更强，由于该中心有强大的金融资本作为支撑，区域的科技创新更加强大。

其次，科技金融中心的创新成本相较来说更低。区域内对于科技金融产品与服务的选择更为多样，由于竞争效应，企业进行融资的过程会更加顺利，成本也更低，有利于创新。

（二）科技金融中心与金融中心的联系与区别

金融资源在流通过程中，受到一定条件的影响，在某个点集聚，就形成了金融中心。近年来，随着科技的进一步发展，科技金融业逐渐繁荣起来，不仅为我国新一轮的科技创新提供了金融支持，也为科技创新提供了新的场所。与金融中心相比，科技金融中心既有一定的普遍性，也有其个性。

（1）形成条件：科技金融中心与金融中心都是金融资源集聚的结果，两者的形成都必须依赖于其所在地发达的经济条件，以及相对公平、公开、公正的金融交易市场。

（2）都以原有的金融机构作为依托，在原有的设施基础上开展新的金

---

① 何勇军，刘群芳. 科技金融政策与区域科技企业发展——以京津冀区域为例［J］. 科技与金融，2020（5）：12－16.

融活动。科技金融中心与金融中心在市场类型，以及依托的金融机构两方面具有一致性。

（3）层次结构相同。金融中心与科技金融中心所覆盖的地区具有相同的层次结构，按照范围大小可以分为区域、国内和国际三大层次[①]。

但是，与金融中心相比，科技金融中心作为新事物，展现出了极大的活力及特性。

（1）发展时间差异。18世纪，第一个金融中心在外国出现，加速了该国资本主义原始积累以及资本主义经济的发展。科技金融中心则是在第三次科技革命催生了大量技术密集型企业以及高风险投资企业的条件下出现的，而硅谷则成为世界上第一个科技金融中心。也就是说，金融中心和科技金融中心的出现分别是在第二、第三次科技革命的催生下出现的，它们的出现对于经济的发展又有着不同的意义。

（2）科技金融中心所提供的服务与产品具有更高的附加值。从服务对象角度看，金融中心为传统企业提供资金支持，而科技金融中心为高科技产业提供技术支持和资金支持，承担着更大的投资风险。因此，科技金融中心所提供的服务和产品的质量往往更高、其附加值也更高。

（3）金融中心与科技金融中心之间存在一定的互换可能。一方面，如果金融中心可以得到充足的科技资源，那么它就有可能成为新的科技金融中心；另一方面，科技金融中心本身就具备了金融中心所具备的一切条件，本身就可以成为金融中心。

第二节　科技金融中心的特征与功能

一、科技金融中心的特征

科技金融中心包括了科技中心与金融中心的特性，既拥有金融中心形

---

① 冯芸、林丽梅. 科技进步、金融服务与国际金融中心建设 [J]. 中国软科学，2009（S1）：112－117.

成所需要的金融资源，也拥有科技中心形成所具备的技术资源。另外，科技金融中心的形成需要极高的条件：第一，某一地区或机构必须同时拥有金融资源和技术资源；第二，两种资源在空间上必须接近，可以同时使用；第三，要有一定的金融机构和科技创新机制作基础；第四，必须要有完备的市场层次以及高素质的参与者①。

（一）科技资源与金融资源的复合性

金融资源与科技资源的复合性是科技金融中心独特的形成条件之一。随着经济的进一步发展，金融与科技创新的联系不断密切，金融为科技创新提供了丰富的资金支持，科技创新也创造了更多的利润，加速了资金回流，推动了金融中心的发展与壮大。对于前者，金融资源的不断积累为区域间科技创新、高科技产业聚集，以及技术竞争创造了可能。另外，金融产品及融资方式的不断创新，拓宽了高科技产业的融资渠道，缓解了该类企业融资困难的问题。对于后者，科技资源的聚集造成了企业的聚集，产生了多样化的金融需求和融资需求，倒逼金融机构进行新的融资方式和经营模式的创新，推动了金融资源的累积。总而言之，科技资源与金融资源相辅相成，推动着彼此的发展又受到了彼此的推动。

（二）空间或地理的毗邻性

对于科技金融中心来说，其同时具备的金融资源和科技资源在空间或地理上必须是接近的，这也就是科技金融中心形成所要具备的空间性和区域性的特征。而这两种特性同时也具备了推动科技金融中心的发展动能：第一，科技金融机构可以利用自身职能，为高科技企业提供金融支持，帮助企业扩大市场，销售产品，并督促企业利用资金和利润来进行新的科研活动。第二，科技金融机构与高科技公司在地理位置上的接近，能够促使金融机构为高科技公司提供高效、便捷的金融服务，及时了解高科技公司的需求，健全新的融资机制，提供新的金融产品。第三，两者在地理位置上的接近有利于两者之间的合作，加大了资源的累积量，方便了两者的工

---

① 张明喜，赵秀梅. 科技金融中心的内涵、功能及上海实践［J］. 科学管理研究，2016，34（4）：101–105.

作, 共享基础设施、资源及信息, 创造良好的商业环境, 推动金融机构与
高科技公司在融合中发展[1]。

(三) 科技集聚与金融集聚的系统性

科技金融中心即空间上的科学技术集合和金融集合的两层集合, 是技
术公司、技术精英、技术措施、商业金融单位、商业金融业务、商业金融
专业人员和商业金融资金集中、买卖的城区或者地区。将体系科学知识作
为基础, 科技金融中心即某个由科学技术体系和商业金融体系所有因素集
合成的变动体系, 与所有经济体系相同, 均包含参加市场主导者、监督管
理指导者及市场条件, 该体系具备自我集合实力和自主顺应实力, 进步存
在于本身的秩序性[2]。

(四) 参与者的专业性

科技金融中心内部参与市场经营主导者包含科学技术精英、创造型企业、
科技金融专业人员及科技金融单位, 参与方具备的特殊性: 一是科学技术行
业技艺水平较强, 技能革新迅速, 公司之间存在极大的差别, 并且涵盖知识
产权等问题, 科学技术公司应该具备喜欢挑战的创造人员; 二是科技金融服
务的繁复性质超过普通商业金融行业, 重点表现在科技金融业务创造力和增
值服务, 造成科技金融单位的工作人员必须具备较高的专业水准。

(五) 结构的层次性

根据世界经济活动的空间构成可以看出, 自然资源的布局状况、经济
进步的水准、出行的方便程度在区域上表现出明显的不稳定性, 从空间经
济学的角度, 地区经济即"块状经济"。科技金融作为科学技术革新体系
和金融体系的特别结晶, 一定会产生明显的不均衡问题, 这将造成科技金
融中心在构成上表现出分层的特征, 依据覆盖推动周围科技金融进步的作
用区域和实力分类, 科技金融中心能够分成全球科技金融中心、中国科技

---

① 蔺鹏, 孟娜娜, 马丽斌等. 区域金融创新与科技创新的耦合机理和联动效果评估——基于
京津冀协同创新共同体的研究 [J]. 南方金融, 2019 (1): 58 – 68.
② 束兰根. 科技金融协同集聚研究 [D]. 南京: 南京大学, 2015.

金融中心及地区科技金融中心。全球科技金融中心的覆盖推动实力最大，可以带动全球科学技术革新与高级科学技术产业的提升；中国科技金融中心的覆盖推动实力比较大，可以引导科学技术革新资源和高级科学技术产业在国内空间上的调节；地区科技金融中心的覆盖推动实力利用针对地区内科学技术资源和高级科学技术产业的配套，引导地区内科学技术与商业金融资源的集合，组成地区内科学技术与商业金融资源的布局①。

二、科技金融中心的功能

科技金融中心在地区的革新与经济进步方面具备极大的价值，通常来讲，科技金融中心拥有五大基础功能：支持革新、资源集聚、辐射功能、规模经济及信息共享。

（一）支持革新

创造力是引导进步的首要驱动力量，小到公司的经营，大到国家的经济转型，均需要依靠创新。熊彼特曾经提出：生产科技和生产方式的优化在人类社会快速进步期间举足轻重。哈耶克提出：利用市场经济的方式，能够高效处理创新激励的难点；大型革新一定会在市场上获取收益，进而利用市场的协调功能，激励角逐，带动创新②。但是，人们都知道创新的风险性非常大，必须具备充足的投资实力：然而科技金融中心集合这大批商业金融单位和科学技术公司，两者互相取长补短、互相推进，为科技革新和商业金融革新提供了特别良好的基础。科学技术革新包含创新观念、创新科技、创新产品、全新的革新结果的产业化。它们均附带显著的革新特点。科学技术革新最欠缺的就是投资，因为技术公司位于公司经营年限的中早期阶段，尤其是起始阶段，这一阶段的公司资本实力不足，创收通常较少，往往不能获取早期商业金融单位的支持。所以，科技金融服务与早期金融单位相比应该更加具备革新性质的特征，创造出可以满足这一阶段

① 蔺鹏，孟娜娜，马丽斌等．区域金融创新与科技创新的耦合机理和联动效果评估——基于京津冀协同创新共同体的研究［J］．南方金融，2019（1）：58-68．
② 陈璐，刘悦，李正辉．区域金融中心评价指标体系的构建［J］．中国统计，2015（7）：46-48．

公司特征的金融产品与金融服务,同时,由于知识的外部性,科技企业的革新较易针对科技金融发生溢出效应,比如,全新科技在金融领域的应用通常出现在科技金融中心。总体来讲,首先,科技金融中心能够借用自身充足的金融资本支撑技术公司开发新产品的投资,并且因为科技金融中心内的技术公司较为集中,数据的溢出效应得到体现,数据的溢出又回向能够带动公司的研究革新;其次,金融革新的根源是创建"全新的制造公式",就是利用全新的方式把所有金融资源实行整合,进而提升加工隐私的产出效益,对比实体运营领域,金融行业因为不需要承担较大的加工投资金额,进而更灵敏,且具备较大的收益率。所以,科技金融中心附带支撑革新的作用,地区内革新项目可以发展得更加昌盛。

(二) 资源集聚

空间经济学的观点是,经济的空间活动具有内生集聚力,经济集聚将引起以下效应,其一是空间的集聚使得区域经济发展有所区别,另一种则属于资源由于空间的集聚以较快速度开始增长。但是,值得一提的是,这种聚集力既与经济活动息息相关,也与科技金融中心的形成过程具有密切联系。规模经济及社会分工的快速成长在一定程度上促进了科技及金融资源的集聚,为科技金融中心的形成提供了很多便利。而科技金融的空间集聚对于其他资源向科技金融中心聚集起到了引领作用,在很大程度上作用于中心区域内的经济、社会和文化等方方面面。科技金融资源集聚的好处就是会大大减少成本或者增加经济收入,减少生产成本主要体现在诸多高端人才在科技金融中心汇集,成为人才大本营,会大大降低科技企业或金融企业招聘的难度,为企业省去了培养和塑造人才的成本。该经济收入主要包括生产经营,消费等,推动企业和消费者实现双赢。同样的,其他金融资源的空间集聚也会增加经济利益,并以投入产出角度为出发点,科技金融资源的聚集使得资源汇总在一处,比如人才、物力、资金等,大大提高了技术水平和打破了资本限制,不仅有利于为科技金融中心增加经济利益,而且还可以带来一定的社会利益①。

---

① 吴茂国,陈影.金融集聚对我国区域经济增长的空间溢出效应研究 [J].上海金融,2018 (11):72-81.

（三）　辐射功能

辐射功能主要是指科技金融中心利用多元化的经济资源和科技企业，进而形成比较理想的经济能力辐射源，借助一系列媒介发挥作用，深刻影响着科技金融中心周围区域的经济发展，然后对整个区域经济发展过程起到推动作用。例如，科技金融中心附近区域拥有相对比较理想的技术资源和金融资源，借助附近科技企业与相关金融机构之间不断实现资金、人才、信息等方面的交流、共享和沟通，有利于进一步优化整个区域内科技资源和金融资源的相关配置，从而推动整个科技金融中心实现飞速进步。在科技金融中心发展的起步阶段，因为发展水平有限，资金或人才的流动方向大多数都是由周边流向中心，这有利于大大提高科技金融中心的发展效率，然而会导致周边地区的人才流失严重、资源不足，进而不利于周边城市的经济发展，由于科技金融中心的不断进步和发展，其人才、信息和技术的流动方向都将有所改变，对周边区域的发展形成一种辐射。科技金融中心的辐射功能和聚集功能的本质是相同的，描述对象一样，只不过是从不同的方面出发，有时辐射功能和聚集功能转变为金融资源在时间和空间上做交替运动，前者更加侧重于科技金融中心对周围其他区域的经济发挥作用的水平和程度，所以，不同的科技金融中心对相同的经济区域、同一个科技金融中心对不同的经济区域的经济影响是有区别的[①]。但是，相比较聚集功能，大多数的学者和决策制定者，更加注重科技金融中心的辐射功能，但是我们也要承认，那就是科技金融中心两者之间的彼此依赖，前者是后者经济影响力的延伸和扩展，后者是前者的重要前提，二者彼此成就，相互作用。

（四）　规模经济

如果科技金融中心拥有诸多的科技创新和金融创新要素，一定会引起客观的外部规模经济效应[②]。其一，以科技企业为出发点，科技金融市场规

---

① 茹乐峰，苗长虹，王海江. 我国中心城市金融集聚水平与空间格局研究 [J]. 经济地理，2014，34（2）：58－66.

② 李兵兵. "金融极化" 分析范式研究 [D]. 武汉：武汉大学，2012.

模与科技金融机构数量成正比例关系，前者越大，后者越多，科技金融产品越多元化，金融工具的流动性也随之增强，科技企业可以筛选的投融资渠道就更加多元化，可以大大降低科技企业的融资费用和避免一定的经济风险，甚至还会吸引很多科技金融中心周边区域的资本，形成强大的带动力。其二，从科技金融企业的角度出发，科技金融中心的形成将有利于科技金融企业客户接近性的提高，实现科技企业和金融企业的信息共享，增加合作的深度和拓宽合作的广度，以便于创造出更加多元化的金融产品。此外，金融企业和科技企业之间可以不断开展业务合作，借助一系列合作项目和业务挖掘客户群，进一步打开市场和创新合作途径。

（五）信息共享

对于一般金融机构而言，信息的完整度和可靠性是获利的必要前提，同样，科技金融作为其中的一个新兴的分支，它的发展也依赖于信息的快速交流。目前，对于科技金融而言，互联网几乎已经达到完全普及的状态，相关科技仍在飞速发展，同时，这也造成了人们对于电子科技产品的依赖、形成了巨大的线上信息交流网，该类程序将人们的使用记录不断积聚，最终形成了数量庞大的数据统计结果，而科技金融机构就能够合理利用这些数据，通过对这些信息的分析处理获得当下市场的实际需求等有效信息，由此就能看出，信息快速流通对金融机构的辅助作用。此外，学术界一直对信息的可靠性方面进行研究，这为科技金融在信息聚集的大环境下的快速发展做出了理论性的说明，不少学者针对信息不对称等情况提出过相应观点，如赵晓斌等（2010）指出"信息不对称"和"信息腹地"易造成金融要素的聚集，与现实情况几乎不存在出入①，此外，李成、郝俊香（2006）同样指出，若要形成金融中心则首先必须要有大量的信息流，而科技与信息的相互交流恰好使得大量数据的大幅度集中：首先，从信息的传播和扩散角度来看，二者直接接触就缩短了两者互相获取信息的过程，压缩出了更多用于创新的时间和时机，这一点被称为信息的溢出效应；其次，从信息的时效性来看，科技金融在每天都能收获大量实时信息，而且

---

① 赵晓斌. 全球金融中心的百年竞争：决定金融中心成败的因素及中国金融中心的崛起 [J]. 世界地理研究，2010，19（2）：1-11.

大部分都与当下大热的前沿创意、技术、专利和产品有关，对于机构合理调整发展方向和预测未来市场具有较大作用。

第三节 科技金融中心的构成要素

科技金融中心的构成主要可以分为五个方面，即科技金融的需求者、供给者、产品，以及政府和市场环境。其工作机制主要是在一定的市场环境下，依赖于科技金融的供给、需求、产品等三方的配合，并受到政府的适当管制，在整个过程中，供给方根据需求方的要求生产科技金融产品，政府适当引导市场，最终促成一个多方合作的金融交易整体（见图 2 - 1 ~ 图 2 - 3）。由此可见，为了细致地了解各方的特点，笔者认为应该分为各角度从小系统开始研究。

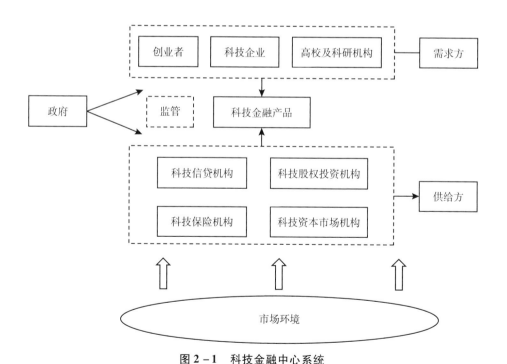

图 2 - 1 科技金融中心系统

资料来源：胡苏迪．科技金融中心的形成机理与发展模式研究［D］．南京：南京师范大学，2017.

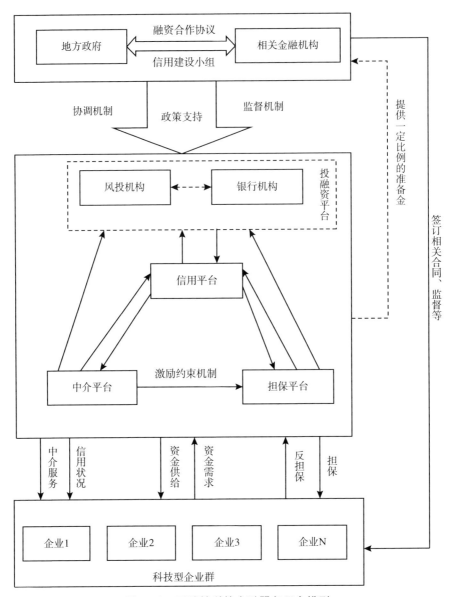

图 2 - 2 区域性科技金融服务平台模型

资料来源：游达明，朱桂菊．区域性科技金融服务平台构建及运行模式研究［J］.中国科技论坛，2011（1）：40 - 46.

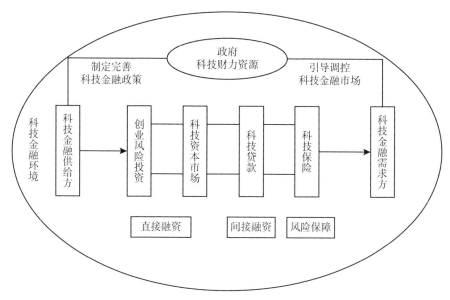

图 2 - 3　科技金融服务体系架构

资料来源：张维.科技金融发展的进展与政策建议［J］.金融纵横，2012（11）：9 - 13.

一、科技金融的需求者

科技金融市场主体的需求方主要是由创业者、科技企业、高校及研究机构等构成。

（一）创业者

科技金融市场为创业者提供了更优质的平台。从大多数人的解释来看创业者主要是在创新、转换、承担。从这个词的本义来看，创业者（Entrepreneur）的英文本意是指，能承担一定责任的人，再者有许多学者也做出了相应的解释，有认为创业者的主要工作就是经济资源高效化的萨伊，有认为创业者就是不确定性的管理者和合理引导着的奈特，也有主张创业者就是通过冒险创造商机的熊彼特，此外，还有认为创业者的秘诀是创新的思路和创造新事物的德鲁克①。所以创业者是科技金融市场的一大需求。

① 张洪铭.功能性金融中心建设路径［J］.银行家，2016（11）：67 - 68.

在整个市场中，创业者也分为两类：一类是看准未来市场，专门从某一角度去自觉进行科技创新的一类人，主要目的是达成自己的设想和目的；另一类是本就专注于科学探索和科技创新，在研究本来的课题时，无计划地产生了科技创新的一类个体。金融市场对两者的作用方式和成效也不同，首先，对于前者，该机构和市场仅仅是为它提供了平台，处于被需要的地位；但是，对于后者，该机构主要需要引导相应个体意识到自己的创新创业行为，并指导该个体将成果产业化。当然，从当下被选择较多的科技金融合作者而言，天使投资往往被认为是较为可靠的。

（二）科技企业

科技企业是以高新技术为主要产品的企业，是科技金融市场的重要参与者，目前，我国的科技产业以高新技术中小企业为主。近年来，随着我国经济结构转型的逐渐深入，我国相关部门对科技产业的涉及领域、人员管理，以及产业产值等方面的要求越来越高。目前，我国科技产业主要集中在生物、航空航天、新材料及电子信息技术等七大行业，高新技术产业的产值及研发费用也在逐年上升。一系列数据表明，我国高新技术产业正在全国各地蓬勃发展，高新技术产业已经逐渐成为我国经济发展的重要支柱性产业之一。

与普通企业相比，高新技术产业起步较晚、发展过程风险较大、投资商所承担的风险更多。目前，我国部分高科技产业正处于起步或发展阶段，技术水平仍与国际水平有一定的差距，产品开发风险高，产业化及技术应用程度较低。因此，我国高新技术企业存活率相对较低。为了改善这一局面，国家和企业都需要采取两方面行之有效的措施：一方面，企业应当加大研发投入，生产高附加值的产品，通过不断的创新形成自己的核心技术与企业文化，加强企业内部凝聚力，加强对资金流向的管理，实行信息公开制度[1]；另一方面，国家要加大对高新技术产业的扶持力度，加大资金、政策方面的投入。

我国大部分金融机构仍旧秉承传统的经营模式，所提供的金融产品往往无法满足高新技术企业在产品研发阶段需要大量资金投入的要求。因此，

---

[1] 钱水土，张宇. 科技金融发展对企业研发投入的影响研究 [J]. 科学学研究，2017，35（9）：1320 – 1325.

科技金融应运而生。科技金融可以针对企业不同的发展周期给予不同类型的金融支持，包括天使投资、创业资本投资，以及信贷融资资本。从这一方面看，与传统金融相比，科技金融可以满足不同周期的不同企业、不同企业的不同周期的融资个性化需求，解决了高新技术产业的融资问题，促使高新技术产业生产高附加值、类型多样的产品①。

（三）高校及研究机构

科研机构和高校对我国高新技术产业的发展有着不可忽视的作用。一方面，高校和科研机构是新知识及新技术的主要源地，其提供的教育培训及科学实验服务可以帮助新知识、新技术在人群中的传播。同时，高校和科研机构能够直接有效地收集人们对科技的需求，从而推动技术的更新换代。高校学生与科研机构工作人员都是知识的主要传播者，他们扩大了新技术的传播范围，吸引更多人才投入科技创新的工作中来。高校和科研机构对人才本身就具有很大的吸引力，可以吸引周边具有相同或相似知识储备的人才投入科技创新中，共同为同一个科研课题而努力，北京的中关村及美国的硅谷都是人才聚集的结果。另一方面，高校和科研机构本身拥有一定的资金基础和社会基础，有能力实现科研成果由理论向实践的转化，世界上很多高新技术园区的形成都与附近高校及科研机构进行的科研转化有着密切的联系，例如，美国硅谷与斯坦福大学进行合作，最终成为世界顶级的高新技术产业园区。同时，地域对高新技术产业发展的作用也是不可忽视的，大部分高新技术产业往往都会选择经济发展程度高、基础设施普及、人才众多（靠近科研机构或高校）的区域进行选址，集聚发展能够降低高新技术产业的生产成本、实现集聚效应。

在科技金融机构的运转体系中，高校和科研机构也是重要的资金需求方，而这部分资金主要用于技术应用的过程中。另外，高校和科研机构也承担着"生产者"的工作——为其他科研机构提供人才和高素质劳动力，进行新知识和新技术的开发，以及向人们宣传新知识、新技术②，可以说，

---

① 何其慧. 我国金融支持科技成果转化的现状及问题探究［J］. 科技与金融，2020（5）：59 – 62.

② 张鹏. 科技金融在高校技术转移中的作用分析——以广东省为例［J］. 科技经济导刊，2020，28（20）：10 – 11.

高校、科研机构及高新技术产业支撑了整个科技金融体系。目前，高校和科研机构所需的科研资金一般都是由政府支出，但是，仅依靠政府的力量是远远不够的，还需要科技金融在金融体系中发挥作用。科技金融对各类高新技术开发院所的扶持发挥着主要的作用。

二、科技金融的供给者

科技金融中心体系由多方面构成，包括科技金融的供给方及科技金融的技术组成等。本书主要是对供给方进行详细的介绍，供给方包括多种类型，如科技信贷机构，资本市场等。供给方的主要目的是为需求方提供多样化的产品以及服务[①]，除此之外，还会提供定制服务（见图2-4）。

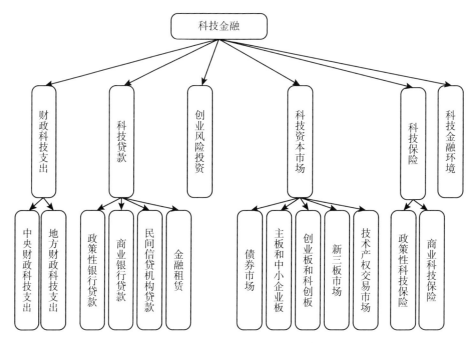

图2-4　科技金融机构子系统

资料来源：白雪静. 科技金融对技术创新效率的影响［D］. 北京：北京邮电大学，2019.

[①] 罗婷婷. 科创型中小企业发展金融服务体系构建研究［J］. 湖北经济学院学报（人文社会科学版），2020，17（1）：41-43.

（一）科技信贷机构

科技信贷机构主要构成为从事信贷工作的商业性银行，以及政策性银行等。在科技金融最开始出现的时候，许多专家都将科技银行与专业银行划等号，这种做法在目前看来是错误的。这些年来，随着科技的不断发展，科技企业已逐渐成为科技金融中的重点项目，科技银行也慢慢走入人们的视线，人们对其进行了重新的定义，科技银行包括的是一类可以提供金融服务的机构。随着时代不断地发展，科技企业数量也在不断增多，但是因为该种性质的企业发展不够成熟，这使得非银行信贷机构快速发展。非银行信贷机构主要包括小贷公司，财务公司等，这类机构的特点是经营模式灵活，并且为了快速攻占市场，企业的管理者对市场的了解非常透彻，所以他们主要是为顾客提供针对性的产品和服务，最终使得精准化策略能够成功实施。

（二）科技股权投资机构

如果投资机构在对科技企业采取入股这种直接投资的方式时，并且后期投资机构可以非常自由的退出，这种就被称为投资科技股权的投资机构。科技股权投资机构主要目前有两种状况：即政府引导基金及创业风险的投资基金。科技股权投资机构的特点就是该机构的专业性较强，经营的方式比较灵活。所以大多数的科技股权投资机构在选择资金的筹募方式时，会选择私下进行筹募。但是科技股权投资机构对于所要选择的科技企业是有非常严格的条件的。这些机构首先是在市场上大量的收集企业信息，然后经过重重筛选，最终符合条件的企业一般都是有发展潜力的企业。在于科技企业达成共识后，投资的方式也是与本身的资源进行结合，这样不仅为科技企业注入新鲜的血液，在经过公司决策后，也可以自由地出售股权来获取利润。科技股权投资机构对初期发展的科技企业来说是非常有帮助的，这是因为，科技企业在对科技股权投资机构进行融资的时候，不仅不需要支付利息，而且所采取的成本也很低，因此，科技企业与科技股权投资机构的合作是双赢的结果，对于两方的未来发展都是有好处的。

（三）科技保险机构

科技保险机构的主要目的就是分散科技企业在经营时所要面临的风险[①]。科技企业在进行研发的时候，不仅研发成本高，研发失败率也高，这也就意味着科技企业面临着远高于其他企业的风险。科技保险的作用就是在科技企业遭遇重大风险时，对于在保的企业管理者以及企业进行保险赔付，这在一定程度上可以降低企业面临的损失。但是因为我国的科技金融发展起步比较缓慢，导致我国的专业科技保险机构的发展也还不成熟。我国首家科技保险公司是中国太平洋保险（集团）股份有限公司，科技保险是该公司在保险市场发展成熟的前提下，选择创新的保险形式，可以为在保险公司面临的部分专业性科技产品进行风险的分担。

（四）资本市场

主板市场：主板市场有另外一个名称——一级市场，一般来说，它指的是证券交易市场，通常情况下具体指股票市场，即一个国家或地区发行证券及进行上市交易的场所。在主板市场中进行债券发行及上市及交易是具有很多规定的，规定主要体现在股本多少以及经营期限，盈利水平等方面。主板市场上市的主体通常为大型企业或成熟企业，它们有规模庞大的资本，以及较高水平的盈利能力。中小企业是很少出现在主板市场上的，尤其是科技中小企业。深圳证券交易所在主板市场上专门为中小企业开设了板块，板块虽然设在主板市场上，但其在操作及运行上有较大的独立性，在该板块上市的门槛较主板市场的低，这在一定程度上体现了对中小企业融资的扶持[②]。

二板市场：二级市场的另外一个名称是创业板市场，纳斯达克（NAS-DAQ）市场是其典型的代表，后于主板市场，排在第二位。中国的二级市场具体是指深圳创业板、上海科创板。其与主板市场进行比较，二者在上市门槛以及信息披露等方面有着显著的差异。设立创业板和科创板的初衷

---

① 季昱丞，徐维军，赵琪. 科技型企业的运营决策与融资均衡：保险在其中所扮演的角色 [J]. 保险研究，2018（8）：91 - 100.

② 郑南磊. 资本市场服务科技型中小企业 [J]. 中国金融，2014（14）：64 - 65.

是为了对科技企业进行融资扶持，特别针对那些潜力企业。创业板和科创板市场建立了合理的建立、退出制度，同时，也为国家新政策实施提供了平台支持。

三板市场：中小企业进行股权转让主要在三板市场上。全国中小企业股份转让系统（National Equities Exchange and Quotations，NEEQ）于2013年成立，并获得国务院的政策支持，成为全国性股权交易所，采用有限责任公司制。为科技企业提供融资、发债等经济行为，是新三板市场的主要目标，该市场的主要交易者有两类：一为机构投资者；二为高净值人士。

三、科技金融的产品

科技金融产品是科技金融体系的重心，它主要包括三大类型：一为科技信贷；二为科技股权投资；三为科技保险。

（一）科技信贷产品

科技信贷产品在科技金融产品体系中的地位是不可小觑的，它的主要职能是为高新技术产业提供融资①。科技信贷产品的产生，不仅对现代工业体系的发展起到促进作用，而且还推进了科技信贷产品的创新。将能够为科技企业放贷的机构作为划分依据，科技信贷产品可分为三类：一是政策性的科技信贷产品；二是商业银行的科技信贷产品；三是非银行金融机构的科技信贷产品。

（二）创业风险投资基金

创业风险投资基金主要针对刚创立的中小型科技企业，通过私募发行的方式，由基金投资人参与基金投资②。而基金管理人要与科技企业签订合同，对科技企业进行投资，投资方式为股权投资。风险投资基金与天使投

---

①　顾焕章，汪泉，吴建军. 信贷资金支持科技型企业的路径分析与江苏实践［J］. 金融研究，2013（6）：173－178.

②　史恩义. 风险资本发展与高技术产业成长［J］. 财经问题研究，2014（5）：53－58.

资基金是创业风险投资基金的主要组成部分。创业风险投资基金在金融市场发展水平高的国家受到广泛喜爱，是因为创业风险投资基金的主要特点是收益高，门槛低。对于被投资企业而言，股权投资不仅能够获得资金，还可以为其带来众多资源，因此，创业风险投资基金也很受科技企业的欢迎。

（三）科技保险

科技保险是保险公司针对科技企业推出的保险产品。该产品是从企业可能面对的各类风险为出发点，为企业面临的风险提供了较好的保障[①]。科技保险在科技金融中心产品体系中的地位是重要的，其发挥的主要作用是规避风险，并对企业的生存产生一定的影响。科技信贷保险与科技企业运营保险组成了科技保险。

四、政府

市场经济有两个本质：一是对各项经济活动进行分工；二是各项经济活动之间的交换。而对经济活动的分工对象进行分类，一般可分为两种：企业与企业之间，以及企业与政府之间。经济活动中往往都少不了政府这一角色，通过对世界各地经济发展的案例进行分析，可以看出政府在其中起到的重要作用，而这种作用在科技金融发展的领域体现得尤为突出，这是因为微观经济主体对于经济发展的推动作用有其局限性，科技金融想要快速发展必然少不了政府的帮助。

戈德史密斯（1969）曾进行过这样一个研究：以墨西哥的经济发展数据为对象，研究金融机构在经济发展中起到的作用。结果表明，一个国家或者地区若想快速发展经济，金融机构特别是国有金融机构是不可或缺的一部分。中国社会科学院金融研究中心课题组（1998）也进行过这方面的研究，并提出了"在风险投资业中，政府应当创造良好的市场环境，制定相应的市场政策，并且将投资的风险牢牢把握住"这一观点，以解决我国

① 季昱丞，徐维军，赵琪. 科技型企业的运营决策与融资均衡：保险在其中所扮演的角色[J]. 保险研究，2018（8）：91－100.

当前风险投资业的市场环境中所具有的存在于政策、环境等多方面的问题。黄刚和蔡幸（2006）以政府在融资体系中起到的作用为对象进行研究，结果表明在我国的科技金融领域的建设当中，起到巨大推动作用的机构是政府的贷款机构，此外，政策性担保公司和创投引导基金也在其中起到了重要作用。金·凯万托和保罗·斯顿曼（Kim Kaivanto & Paul Stoneman，2007）经过大量研究并发现，为保证科学技术企业能够快速发展，政府应当从政策、创新、资源配置等领域提供大量帮助。徐博（2008）指出，企业若想实现科学技术的创新，必须拥有大量的金融资本。在科技创新领域，若想进行融资，一般会选择市场化融资与非市场化融资，前者的主体为金融机构，后者的主体为财政资金。目前，我国的科技创新财政补助机制还不够完善，中小企业在进行科技创新融资时会面临着许多困难。在研究了大量银行开发案例后，龚天宇（2011）指出，为完善我国金融市场需要，在其中补充一定的政策性金融，政策性金融一般是通过三种方式来帮助科技创新企业的，分别为政府指导模式、直接合作模式与间接平台模式。旺皮亚拉特（Wonglimpiyarat，2013）在经过大量的研究后，提出为了发展科技企业，政府应当净化市场环境、提供大量发展机会与机遇。但是，不能忽视的是在金融体系快速发展的同时，不断会有缺陷暴露出来，应当积极解决这些问题。余泳泽（2011）以政府对于高校及科研机构的影响进行研究，结果表明政府并不一定会对这些高校或者科研机构的研究产生积极作用[①]。郭兵、罗守贵（2015）则研究了上海市一些企业的发展数据，并发现在政府对这些企业进行资助后，企业的科技研发更加投入，但是产出相较于以前并无太大不同，并且对于低技术公司与高技术公司的影响不同，对于前者往往有更积极的影响，但是对于后者影响并不明显。

在科技金融中心的体系中，政府应该成为最有力的监管者，在市场失灵时发挥矫正作用以维持市场稳定，并为市场确定好发展方向，成为其领路人。

第一，政府在科技金融市场失灵时必须使用其职权来矫正市场。目前阶段利用前沿科学创造出新型日常用品的速度日益提升，这也就为科技金

---

① 余泳泽.创新要素集聚、政府支持与科技创新效率——基于省域数据的空间面板计量分析[J].经济评论，2011（2）：93-101.

融中心的繁荣奠定了基础，在该中心中交易的项目以及交易的次数都在快速增长，伴随而来的便是交易中产生的问题也不断增多。其中，最常见的问题是交易双方的信息不对称，以及外部环境影响、产品垄断和供需关系失常等。面对这些问题时，政府有必要强制介入，发布对应的政策，例如，金融和税收政策等，维持市场常态化，裨补阙漏。

第二，政府需要替市场寻找出满足各方需求的发展方向引领市场前进。科技产业存在着太多不确定性，具有较高的风险，很难在市面上寻找到合适的融资伙伴，这时需要政府定制友善的科技金融政策来为科技产业提供福利，促进其融资成功。为了可以充分利用好科技金融资本，政府可以使用多重标准的信贷政策[1]，首先，对科技行业细致化区分，其次，依据不同标准进行差异化的贷款或者为科技企业成功贷款进行担保，有利于降低行业风险。

五、市场环境

中国社会科学院金融研究中心课题组（1998）分析了我国创业投资市场环境，以及发展驱动力不强的原因，总结出了以下三个影响因素：金融环境、体质环境和政策环境。由于以上因素对我国创业投资产生了不良影响，为了改善投资环境，对症下药，从税收和二板市场方面提出了改善举措，进行进一步的优化。就此问题，很多学者进行了一系列的研究。范柏乃（2002）在研究中发现，我国创业投资规模受阻、发展速度减缓的主要原因有以下七个方面：法律是否完善、税收政策是否优惠、会计审计制度是否健全、创业企业评估是否准确、证券市场是否活跃、投资环境是否宽松、社会文化是否冒险。吴敬琏（2002）主要针对发展环境提出了自己的见解，他认为："制度、社会环境、文化氛围、科技创新能力、人才是基础，对国家高新产业有着极大的影响，必须重视起来。"洪银兴（2011）的观点则侧重于增加市场活跃度方面，政策固然重要，也要鼓励和引导性的政策，使得金融机构成为科技金融发展的中坚力量。

就科技金融中心体系而言，其市场环境的构成主要包括三个板块：创

---

① 胡锦娟. 科技金融创新实践与政府作用边界 [J]. 财会月刊，2014（20）：38－41.

新环境（分为科技和金融两方面，具有兼容并包、开放进取的创新能力和冒险精神）、制度环境和中介服务机构。

在科技金融中心体系的搭建当中，创新能力是第一生产力，不管是科技人才，还是金融人才，都要保有充沛的创新能力；制度环境包含两个方面：（1）知识产权保护制度（科技企业创新的重要保障）、金融交易制度（科技金融资本投入使用过程中及时高效的重要保障）[①]；（2）金融中介机构指的是为高科技、金融企业提供服务的中坚力量，对科技金融体系起到了极大地支撑作用，是科技金融中心体系发展过程中的关键一环。

第四节 科技金融中心的理论基础

作为当代金融活动在空间或区域上的外在表现形式，金融中心这个领域深受空间经济学和金融地理学研究人员的关注。并且近几年来，科技金融发展势头良好，理论界也开始逐渐研究科技金融中心这一新兴概念和现象。但是，科技金融中心是一个较新的概念，前人研究较少，几乎找不到金融学和空间经济理论方面的研究成果和理论支撑，所以研究发展的空间很大。科技金融和金融资源二者相辅相成，前者是后者在空间上的分布，后者源于前者的支撑。

综上所述，本书研究的主要任务和目标是科技金融中心，弥补以前对此研究的空档，丰富技术创新、金融发展和空间经济学的理论体系。

一、金融发展理论

依据金融发展理论从静态角度看，各种金融要素之间是紧密结合的有机整体，例如，社会各种金融机构、金融工具和金融市场等；从动态角度主要分析研究社会金融发展演化过程，例如，不同经济发展阶段的金融演化过程、不同经济体制下金融演化过程、不同经济结构下金融演化过程，以及不同国家金融发展模式的演化过程。依据金融发展理论分析研究社会

---

① 简慧. 我国科技金融服务的现状、不足与对策 [J]. 南方金融，2015（4）：95 – 98.

金融发展历程可以得出以下两方面结论：一方面，社会金融发展进步与科技创新发展之间存在直接关系；另一方面影响社会金融良性发展主要有以下三个方面因素：社会金融发展模式、社会金融内部结构和社会金融管制政策。依据内生金融发展理论，一定区域内金融快速发展能够直接推动该地区技术创新和进步，同时，创新技术成果又可以进一步推动区域内经济快速发展。其主要原因是在一定区域内便于金融机构有效解决信息不对称问题，从而使拥有技术创新项目的企业更容易得到金融机构提供的资金帮助，进而促进企业健康成长。金融在发展过程中存在模式选择问题，因为在金融发展的不同历史阶段，要求有不同的发展模式与其相适应。与经济发展相适应的金融模式能够进一步促进金融发展，尤其金融发展进入高级阶段，金融模式对其的影响作用更明显。金融健康发展还需要与之相适应的金融结构，因此，进一步完善社会金融结构有利于促进金融发展①。例如，在社会经济发展的不同阶段，直接融资为主还是间接融资为主的金融结构对经济发展适应促进作用不同。金融约束理论更适用于经济欠发达的发展中国家，依据该理论，经济欠发达地区和经济转型地区应该执行金融管制政策，在这样的金融政策下，有助于在经济发展过程中产生正向的激励效应，从而有利于促进该地区金融和经济发展。因为雄厚的金融资本能够进一步促进科技创新和进步，如果没有雄厚金融资本的强力支持，无论是科技创新还是创新成果商业化转化都会成为无水之源，同时也无法成为促进经济发展的动力源。

综上所述，科技创新和金融发展二者之间是一种相互依存的共赢关系，是社会经济发展的动力源泉。这种关系不仅能够有效提高科技创新成果转化率，而且有助于加快实现高科技产业和金融产业共同繁荣，进而从源头上推动社会产业结构转型升级，为实现社会经济良性发展奠定基础。由此可见，目前正日益完善的科技金融中心要实现健康发展不仅要依靠科学的金融发展理论，而且要为其选择与之发展阶段相适应的发展模式和金融结构。

金融发展理论经历了一个逐步完善的发展过程，早期萌芽时期的金融理论研究主要是围绕货币展开的，由于货币在经济学中被称为金融工具，因此早期萌芽时期的金融理论就是经济学中的货币理论，该理论是目前金

---

① 胡苏迪. 科技金融中心的形成机理与发展模式研究［D］. 南京：南京师范大学，2017.

融发展理论的研究基础①。国外学者格利（Gree，1955）和肖（Xiao，1956）也是在此基础上展开了深入探讨，进一步丰富了金融发展理论。此后，学者戈德史密斯提出较系统的金融结构理论；学者爱金农和肖（Aijin-nong & Xiao）共同提出了金融深化理论，在上述理论基础上又相继出现了内生金融理论，以及金融约秉理论，从而进一步完善了金融发展理论。

（一）早期金融发展理论

20世纪50年代以后，在经济快速发展的推动下金融业已经发展成为独立的产业部门，并得到迅猛发展，同时其对经济发展影响作用也越来越大。因此，国内外经济学家开始深入探讨以下两大核心问题：①金融本质问题是什么；②金融发展与经济发展之间存在什么样的关系。

学者格利（1955）通过深入研讨金融发展与经济发展之间关系，并撰写发表了《经济发展中的金融方面》；学者尚（Chan，1956）也对该课题进行了深入研究，并撰写了《金融中介机构与储蓄投资》，依据其研究的理论成果构建了深入探讨金融演化发展过程的金融发展模型，借助该模型能够系统全面地研究金融从初级到高级、由简单到复杂的逐步演进过程，从而奠定了金融发展理论深入发展完善的基础。

学者斯特里克（Streck，1986）通过深入研讨金融发展与经济发展之间关系，不仅合理解释了金融发展的根本原因，而且正确揭示金融发展与经济增长之间的关系。并将其研究成果撰写了《欠发达国家的金融发展与经济增长》，认为金融发展主要有以下两种模：第一种发展模式是需求追随型。当经济发展到一定阶段并对金融服务产生需求时，就会产生各种金融工具、金融机构和金融服务，并随着经济发展而不断产生新品种和新发展②。第二种发展模式是供给领先型。当金融工具、金融机构和金融服务提供的各种服务领先于经济发展需要时，金融发展就会引领并促进经济进一步增长。他认为这两种发展模式分别适应于经济发展的不同历史阶段：第一种发展模式适用于经济发展早期阶段，而随着经济发展及增长，第二种

---

① 刘云生. 区域金融研究视角述评 [J]. 南方金融，2007（9）：27-29.
② 何运信. 中国金融发展的区域差异与区域金融协调发展研究进展与评论 [J]. 经济地理，2008，28（6）：968-972.

发展模式更能够适应经济的快速发展。因此，早期的金融发展理论不仅阐释金融发展模式演化过程，而且科学回答了不同经济发展阶段下金融发展模式如何选择问题，这对目前科技金融发展的模式选择具有指导意义。

（二） 金融结构理论

1969 年，戈德·史密斯在 20 世纪 70 年代末发表了学说，并根据自己的研究提出了金融结构理论。该理论是戈德史密斯通过对 25 个国家的金融结构进行的长期研究基础上得到的，根据金融结构理论，金融结构的变化是金融发展的理论，通过研究金融机构可以分析出金融发展的趋势，同时研究金融工具和流量也是金融发展研究职责的一部分。根据金融结构理论，我们可以将金融分为三个不同的部分，不仅包括了金融机构，还包括了金融工具和金融结构。不仅如此，在金融结构理论中对这三个部分提供了不同的分析工具，并通过建立指标体系对其进行分析，并从 8 个不同种类的指标入手进行分析，在指标体系中起到影响最大的为金融相关比例，可以根据金融相关比例对金融结构进行分类，第一种金融结构为金融相关比例1/5 ~ 1/2 之间的结构，在这种情况下银行占据金融市场中的主导地位。而第二种类型的金融结构中，股权已经低于债权，政府和银行同时发力，并且国际公司也会参与到金融市场中。最后一种金融结构中，银行地位不如前两种类型，同时发达国家和发展中国家之间的金融结构差异愈发明显，可以通过金融和经济之间的发展趋势对一个国家金融市场的金融结构进行分析，同时也可以对金融结构的规律进行预测①。

根据金融结构理论可知，在金融市场中，金融和经济发展存在普遍规律，可以通过对金融发展规律进行分析和研究选择不同的金融产品，并建立合适的金融结构。

（三） 内生金融理论

从 20 世纪 70 年代末开始，已经有部分拉美国家开始推行金融改革，根据本国金融市场的实际情况，结合本国国情进行改革，但是由于缺乏有

---

① 任碧云，贾贺敬. 金融有效支持中国制造业产业升级了吗？——基于金融规模、金融结构和金融效率的实证检验 [J]. 财经问题研究，2019 （4）：45 – 52.

效的指导理论，导致这些金融改革大多以失败告终，在金融改革大规模失败的浪潮下，金融深化理论遇到了严重的实践问题，将理论转化为现实出现了困难，经济学家们开始寻找新的金融改革和理论发展角度。到了 20 世纪 80 年代，内生经济增长理论横空出世，大量经济学家在其基础上对金融发展进行研究，并得到了内生金融发展理论，希望通过该理论解决金融改革存在的理论现实化问题。

内生金融理论与传统的经济发展理论不同，金融已经不被以经济发展的外生变量处理，取而代之的是将其作为经济增长的内生变量，通过建立合适的模型，对金融发展理论和金融结构进行研究。通过模型研究金融市场的形成和发展，发现金融体系需要以技术为推动力，通过提高金融市场的系统效率使投资效率有所提高，并在此基础上发挥金融的基础功能。

（四） 金融约束理论

根据金融深化理论，政府对金融市场的管制会对经济的增长起到消极作用。但是在包括中国和韩国在内的亚洲国家却通过对金融市场不同程度的管制促进了经济的增长，并取得了喜人的成就，这一现象与金融深化理论的观点出现了矛盾。于是在此基础上，金融约束理论占据了历史舞台。

政府根据金融市场的实际情况所实施的金融政策被称为金融约束，举一个具体的例子，政府根据金融市场调整贷款的利率就是一种金融约束的体现，不仅如此，政府对市场准入出台的措施和政策也属于金融约束的一部分[①]。政府可以通过金融约束对金融市场发展和经济发展起到一定的初级作用，金融部门可以通过政府的措施和政策收取一部分租金，并为金融部门在获取利益的过程中提供有利条件，促使金融市场良性竞争，并加快金融市场的发展速度。金融部门也可以将政府决策和部门的私人信息相结合，解决在发展过程中遇到的实际问题。通过金融约束，金融部门可以获取大量租金，前者也会对后者产生一定的积极作用，主要体现在以下方面：首先，银行可以在政府的授权下获得特许经营权，尽可能增大业务范围，通过大力发展信贷业务谋求更好的发展。其次，金融部门获得的租金还可以

---

① 冉光和，温涛，李敬. 中国农村经济发展的金融约束效应研究［J］. 中国软科学，2008（7）：27 – 37.

使用在政府引导银行开展的业务范围内,而政府的贷款利率上限会对生产部门产生租金,对后者产生促进和激励的作用。根据金融约束理论,只有部分发达国家才具备金融自由化的条件,不具备金融自由化条件的国家可以通过推行合适的政策推行金融市场的发展。

二、区域金融发展理论

(一) 区域金融的概念

区域金融主要针对一个国家的金融资源,方向为金融资源的分布和发展情况①,通常一个国家不同的地区金融资源分布不够平均,发展水平也参差不齐。区域金融的外延体现有多种不同形态的体现,同时,不同地区的区域金融层次也不同,区域金融的差异性和关联性构成了区域金融体系。

浅显来看,某个特定区域的金融就可以被命名为区域金融,但是从深层次进行研究可知,区域金融比字面意思要复杂得多,其并非简单地叠加金融关系,而是在不同地区的区域经济和金融环境下对金融资源的整合,并在研究金融资源的同时结合该地区的经济环境,将二者视作一个整体进行研究,并对其作用机制进行研究。通过研究区域的金融和经济环境,可以进一步研究对金融资源产生影响的因素,通常来讲,可以根据性质将影响因素进行分类,依据不同分类方式分为自然因素和人为因素,还包括了主观和客观因素等。换句话说,对区域金融进行研究需要将两个方向同时结合在一起,分别是地域空间和该地区的金融发展,通过分析二者之间的联系,对区域金融的特点进行总结。根据区域经济理论的研究经验可知,通过在研究区域金融时会侧重于对物质资源的处理,不仅要研究其区域化运行特点,还需要根据区域金融环境资源的分配进行研究②。但是单从这个角度分析是远远不够的,还需要从现代金融市场发展的一般规律和特点入手,重视价值流引导实物流,其在经济发展中逐渐占据着主导地位,在此基础上可知,区域经济与金融间的关系会更加复杂,同时对经济发展也将

---

① 李嘉晓. 我国区域金融中心发展研究 [D]. 咸阳:西北农林科技大学,2007.
② 刘云生. 区域金融研究视角述评 [J]. 南方金融,2007 (9):27 – 29.

起到更关键的作用。

作为经济发达国家在金融发展过程中的一种客观现象，区域金融存在着社会普遍性，而不同地区的需求与该地区的供给能力存在的差异会导致该地区的经济发展不平衡。而区域化的金融体系不仅可以实现金融体系外部延伸，还可以给国家对金融市场的宏观调控提供有利条件。通常来说，大多数国家都会存在区域金融现象，但是只有大国经济中的区域经济的特点才会体现出本质上的意义，大国经济的经济发展特点及国内的金融市场与效果完全不同，同时国情和历史因素也会对区域经济特点产生影响，大国的区域特点通常更加明显，同时作为国民经济体系的一部分，区域金融体系可以与区域经济进行配合①。不同地区之间的经济发展速度和差异也与区域金融的特点有着直接关系，不同地区的区域特点导致不同地区的区域经济发展速度不同，区域金融的层次也不同，不同种影响因素也会对区域金融产生影响。

（二）区域金融的特征

1. 区域差异性

区域是一个相对客观的存在，关于金融方面的发展不论是以哪种方式实行或者处在哪些阶段的程度，全都要贯彻到区域的客观内容里。区域金融即是将金融运转和进步放置在相对水平中来加以考证的，金融是其中最为主要的内容，地域是其空间表现的方式方法，区域和区域两者之间的关系也不相同，存在着一定的差别。在不同区域的地理区位情况、大自然对资源的赠与、经济发展水平的高低和人文环境的差异，以及区域经济的整体概括中，金融系统是其重要的组成成分，能够直观地映射出区域经济的优点和缺点，如果存在不一样的金融发展也一定会有着不一样的区域发展。

2. 环境差异性

对于不同区域的金融趋势和运行而言，经济对其影响力也是有所不同的，区域金融组成的特点都有所不同。由于区域金融所产生的作用区别，引出了"软"和"硬"两个环境，在这其中软环境为软和为主。而这个环境中最受到关注的是地方性法规、经济政策、交税制度、时代背景、居民

---

① 谢太峰，朱璐. 中国主要城市金融竞争力的实证研究［J］. 武汉金融，2010（2）：12－14.

忠实程度区域金融创新环境、区域市场化的进程等方面，从生产关系的道理上，深程度的作用着特定的地域金融运转与进展的情况。硬环境的关键是指金融区域所在的交通和通信设备、地理位置情况，以及区域经济条件，区域经济结构、经济效率、经济规模及经济信息诚信化等都被包括在内，这些从生产力的方面来组成特定地域的金融运转与提高的硬限制条件。综合以上思考，软环境与硬环境两者之间比较，软环境的关键是政策和制度这两方面的因素较为重要，具备较为显著的可塑性，而对于区域金融的进步具备更重要的影响①。

3. 层次性

不同区域的自然情况发展，以及经济提高的水平与区域金融的进步，表现出明显的层次性的特点。依据所触及的区域空间规模的差异，区域金融业可以分为多种多样的条理，规模大的是以国家或跨省份为一体，同样也可以是地方或者辖区为一体的；规模小的是以一个县或者区为一体的金融。依据区域金融和经济方面的进展水平，不妨分为发达型、次发达型、欠发达型等发展的水平层次。发展水平区域金融之间的差别，呈现出金融的成长有着差别。其质的区别在于，它包含了金融组织、设备、行为与其融资的方法之间的不同。而量包含了金融之间的交易次数及其数量的多少，及其货币化与其金融化水平的高低不同。就拿一个地区的区域金融程度来讲，可将其分为区域金融中心区和区域金融外围区两个重点区域。

4. 吸引与辐射性

吸引与辐射或者可以说极化与其扩散是指在区域金融之间的中心区域对周边区域地区的浸润能力和影响能力，它是断定此金融区域空间向外发展和层次高低差异的强有力作用，同样也导致金融范围的扩展和区域金融的框架变动的有力影响，区域金融中心的中心区域影响力关键是通过增强其吸引（极化）能力和辐射（扩散）能力来完成的。吸引（极化）作用能力关键是指金融核心城市的金融能力与固结力与其中心对周围区域经济和金融进展的浸润力和同心力，辐射（扩散）作用能力关键是指金融核心的城市自身的经济和金融提高对于整个区域乃至于区域以外的周边区域经济和金融提高的作用力和运作力。在一个金融区域范围之内，金融中心的吸

---

① 郭庆然. 区域经济增长中的区域金融支持策略探讨 [J]. 商业时代，2010（20）：49 – 50.

引（极化）作用力与辐射（扩散）作用力是同时可以进行的，要在发展的前期水平中以吸引（极化）为主要趋势，则只有在金融中心的实力达到一定程度时，辐射（扩散）的作用才可能被凸显出来，金融中心的浸润能力和动员作用才能够更加显著地加强。

5. 开放性

当处在一定的地域范围空间内，金融活动经常逾越出当前区域的行政范围内和地理位置的范围内，这也将成为吸引作用和辐射作用特性的必备条件。区域金融的长期运转与成长，必定需要战胜封锁性发展的固有心态，我们要积极接纳开放性战略部署，自我增强与本区域以外的经济金融联络。区域金融制度是一个具有生命的有机体，在要素之间、系统与要素之间、体系与社会之间存在着客观性的资金、物质与其信息之间的流动，而这种流动性在客观性中体现出区域经济的开放性固有特点。综合以上所述，把经济区域作为地域的依附，其中区域金融的范畴应该体现出是笼统的、多方面多层次的和开放的，特定意义地来说，区域金融的生存范围不在区域本身而在区域外部，以及周边区域。

（三）区域金融发展的目标

从目前的形势来看，区域金融发展的方向是加速区域金融本体的进展与成长，这里既包含着区域金融机构、区域金融交易与其区域金融产值等总量的分配和每人平均的贷款和保费等。

其中，包含第三产业与区域内的生产总值的比重量，在这里也包含了区域金融组成的创新与其区域金融任职水平的提高等"质"的不断完善[①]。依据长远的发展角度来看，区域金融成长的终极目的是在自身不断强大的同时，推进区域经济的长期快速发展，从而将区域之间的差异不断减小，推动全国金融的经济发展区域协调一致地推进终极目标的完成，再推动终极目标的达到，但不能将目前的形势放置于后，要把目前的形势和最终的目标结合为一体，共同前进。只有在区域金融达成了自身成长与进步时，才可能更好、更加有效的突出和施展区域经济的增长能力，也才能有更好、

---

① 孙晓羽，支大林. 中国区域金融发展差异的度量及收敛趋势分析［J］. 东北师大学报（哲学社会科学版），2013（3）：45－49.

更牢固的思想作用影响力，从而更好地将区域金融的终极目标实现①。总而言之，如果要实现终极目标，那么区域金融经济当前的目标必然是关键的途径和方法。

（四）区域金融发展的时空规律

1. 区域金融发展的时间规律

区域金融属于外界因素，根据其发展函数，会发现其时间上的趋势呈"S"形（见图2-5）根据图2-5，可将 $t_0 \sim t_1$ 定义为初期阶段，$t_1 \sim t_2$ 定义为极化阶段，$t_2 \sim t_3$ 定义为极化扩散阶段，$t_3 \sim t_4$ 定义为加速扩散阶段，以及 t_4 以后都定义为均质阶段。

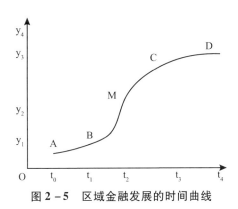

图2-5　区域金融发展的时间曲线

资料来源：李嘉晓. 我国区域金融中心发展研究 ［D］. 咸阳：西北农林科技大学，2007.

（1）初期阶段：处于此阶段的社会发展困难，没有足够的经济实力，生产效率低，不论是商业或是农业的盈利都不乐观，导致资金需求较大的银行与金融行业的运营是个难题，整个区域没有足够的资本可以吸引外界关注，资金流的供应链甚至危在旦夕，与金融相关的任何发展都以缓慢的状态在逐渐增加，图2-5中所呈现的区域金融量 dy/dt 值极低，y 的二阶导数 $d^2y/dx^2 > 0$ 为区域金融的发展水平函数，图中曲线向下的趋势说明下凹意味着区域金融的发展水平函数以加速度进行提升，简单而言即区域金

---

① 李晓龙，冉光和，郑威. 金融发展、空间关联与区域创新产出 ［J］. 研究与发展管理，2017，29（1）：55-64.

融的发展将处于加速状态。

（2）极化阶段：从初期阶段过渡至此阶段的区域金融有着较大的生产力发展变化，同时也获得了不少经验，区域的整体经济开始有所发展，商业与农业的盈利也较为可观，促进了银行和金融行业的运营趋势，区域经济增长点提升至增长极，外界经济开始逐渐对核心区域产生兴趣，资金流的供应链逐渐增多且与区域息息相关，在区域经济中，金融逐渐成为较为重要的存在。图2-5中所呈现的区域金融量 dy/dt 值快速增加，在 M 点之前 B 点之后曲线一直处于向下趋势，简单而言，即区域金融的发展一直稳定于快速发展中。

（3）极化扩散阶段：区域金融从极化阶段过渡至此阶段，银行和金融的运营情况相当稳定且继续加大发展力度，区域金融确保着极化阶段的状态，除此之外还将影响力过渡至外界经济，此阶段将上一阶段与扩散阶段加以融合，区域金融依然处于增长状态，但上升趋势已从加速度模式转化为慢速模式，资金流与区域金融已密不可分，虽然发展在继续，但是所得效益却大不如前，后续经济的发展并不理想，上阶段已被扩散阶段取代，区域金融对外界的扩散范围越来越大。从图2-5中分析，会发现曲线上升曲折，量 dy/dt 值有所降低。

（4）加速扩散阶段：区域金融波折过渡了三个阶段，金融几乎都集中向区域，特别是区域的核心处发展是不可小视的，导致发展空间减小，速度降低，资本的出现是因为追求财利，政府、企业与个人的投资早已无法只存在于区域金融，区域金融的资金流开始向外界偏移，整体完全处于扩散阶段。外界经济受到扩散的影响，其发展逐渐加快，不同区域开始产生相同性，区域金融均衡发展，图中所呈现的曲线稳定上升，量 dy/dt 值不大。

（5）均质阶段：处于上阶段的区域金融以扩散效应促进着周围区域的发展，均衡发展的趋势逐渐达成。整体金融的结构没有较大问题，资源分配达到了理想状态。均衡发展的趋势意味着金融进入了均质阶段，即金融发展的最终阶段，此阶段是区域金融最初的目标，也就是从区域转化为整体，共同发展。图2-5中可看出，处于这个阶段的金融发展稳定良好。

2. 区域金融发展的空间规律

区域金融在大国经济差异性发展的影响下，在空间中的阶段性发展显而易见（见图 2 - 6）。

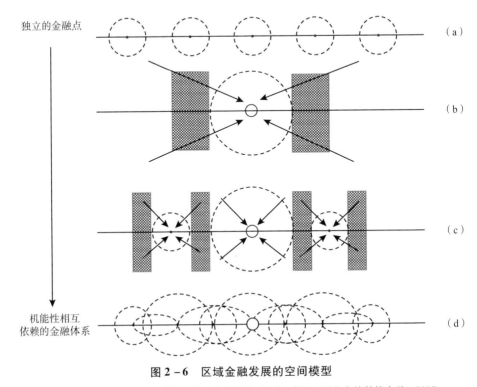

图 2 - 6 区域金融发展的空间模型

资料来源：李嘉晓. 我国区域金融中心发展研究［D］. 咸阳：西北农林科技大学，2007.

（1）区域（a）的发展状态属于传统的农业核心经济。居民都以自家为中心，以个人生产为单位，商业化只会在一些客观条件较好的区域出现，但也只限于单一的交换所需，区域内的劳动分配极其不理想。经过长时间的发展，经济商品化逐渐形成，城市建设悄然升起，区域经济的发展严重失衡，进而构成了最早的独立金融点。

（2）区域（b）处于初期准备阶段。此阶段的区域在基础设施上的发展逐渐优化，劳动分配向均衡发展靠近，商品化经济呈现多样化，但这些表现都只出现在局部区域中，在固定的范围内不断加速发展，"中心—边缘"的空间结构由此形成，具体而言即中心区域快速发展的同时，边缘区域却是滞后发展状态。

（3）区域（c）处于重视工业化发展良好阶段。随着新兴技术的出现，工业发展趋势逐渐盖过农业发展，进而成为最主要的核心经济，第三产业由此出现，区域金融更加重视投资扩大再生产，区域分配的程度不断提高，基础设施的建设越发完善，城市的金融发展在不断加速，同时区域经济的发展也在逐渐增强，形成更多中心区域，商业化资金往来更加频繁，致使区域金融的失衡现象更加严重。

（4）区域（d）处于信息化崛起阶段。此时的区域经济都集中在国内，不同产业的发展趋向稳定，国民经济巨系统也因此由不同产业不同区域构建而成。其中，第三产业的受重视程度尤其明显，信息产业发展前景良好。区域金融的失衡现象有所好转，资源分配趋向理想化，产业结构更加稳定，金融从区域性向整体性转化，整体产业布局井然有序。

根据区域金融发展的实际情况，所构建的空间模型将现实中的区域金融趋势完美呈现，意味着区域的金融与经济通过各自的失衡性相互依靠。在区域经济发展中，金融资源不是自然形成的，其需要进行局部积累。局部积累主要分成两种：一种为区域经济自身拥有的资本基础；另一种则是外部投资，可将这积累过程定义为极化过程，整个过程意味着金融增长极的雏形即将出现。当金融增长极有了一定的发展进度时，资金流向在区域内呈现饱和状态，则需要将资本向周围区域加以扩散，实现均衡结构的发展。金融资源的极化效益与扩散效应既可以在同区域内产生，也可在不同区域内产生。在同区域内进行时，有利于促进区域的全面发展，但在不同区域进行时，又可以推动区域间的均衡发展。综上所述，资本资源受到各因素的影响，在各区域间自由流动，进而自主形成均衡理想化发展的整体流程可以简化为区域金融的发展与资源分配结构。

区域金融的不同经济阶段影响着大国在同一时空中资源上的分配失衡性[①]。因此，采取非均衡发展战略是具有合理性与科学性的，然而这并不是金融发展的最终目的，而是发展过程中为达目的所采取的长期性必要手段[②]。在金融发展的过程之中，区域的差异性特点逐渐向相通性过渡转化，整个发展过程在这两种特性中持续徘徊。当区域金融还处在资源流动的初

---

① 孙晶. 中国区域金融发展论 [D]. 南京：南京师范大学，2013.

② 陈璐，刘悦，李正辉. 区域金融中心评价指标体系的构建 [J]. 中国统计，2015（7）：46–48.

级阶段和极化阶段时，市场对于区域差异性持提升态度。但随着后续发展，区域逐渐整体化，资源分配上的营利性越来越低，致使区域差异性向相同性发展。归根结底，倒"U"形曲线即可直接描述金融整体与区域的差异性关系（见图2-7）。在区域的发展途中，政府会对此制定并落实相关的政策法规，例如，国家向部分落后区域进行投资，对于区域金融而言会相对降低差异曲线，致使区域差异程度有所减小。进而，曲线原先过大的差异程度也会因此被迫有所收敛，图2-7中阴影所绘部分就是政府采取政策的效果体现。但尽管如此，政府所采取的措施获得的效果也只是浅表层面上的，实质上区域金融的差异曲线并不会因此改变其原本的趋势。

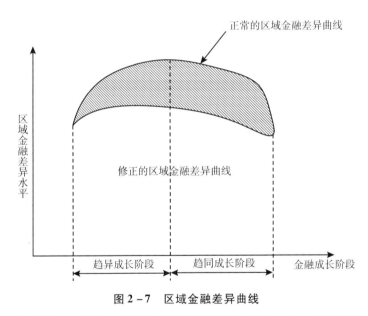

图 2 - 7　区域金融差异曲线

资料来源：殷得生，肖顺喜. 体制转轨中的区域金融研究［M］. 上海：学林出版社，2000.

三、空间经济学理论

为了更加深入地探索查究科技金融中心聚合的运行规则与原理，空间经济学为其提供了空间层面的解析工具。当科学技术资源与金融资源在空间层面发生聚合反应时，就会产生科技金融中心。在空间经济学理论中提到，科学技术资源与金融资源在空间层面聚合的运行规则与原理，是通过建立数理模型来表现的。在空间经济学研究系统中有很多专项研究产业聚集与资本互通来往的模型。文中主要参考的是局部溢出（LS）模型，为了能够更加科学严谨地推理演算出科技金融中心集聚的总结论断，又在原来模型的基础上进行了一些科学重建，让该模型拥有部分新的内在含义。从科技创新、科技金融中心建设的层面分析，不同区域之间科技金融的失衡发展，投资环境、金融资本情况、资金配置与政策扶持在区域之间存在差别，区域之间科研技术或强或弱或优或劣，生产力和创新成果之间的关联紧密与否，都会让科技金融中心空间上面的分布存在差异与两极分化①。作为经济增长的重要因素，金融与科技时刻协调和促进着区域经济的发展。在成立发展科技金融中心时，如何科学选择地区，可以参考空间经济学理论，它可以相当深远地影响着该地区和周边区域，乃至促进全国金融经济的长足发展，该理论可以根据不同区域的特色、亮点等规划布局金融中心，在中心内规划配套的金融主体与科技主体分工，以及指导规划政府、社会机构团体、市场与企业等怎样参与到科技创新融资行为的过程之中，构建融会贯通的体系。同时，科技金融中心发展还必须在区域特定情形的基础上，制定区域相关政策，长效支持科技金融的发展。

综上所述，虽然在长期的学术研究过程中，经济学家已然注意并发现了科学技术和金融可以促使经济更好更快地发展，因此，主张将科技与金融放在非常重要的地位，研究的方向也因此聚焦在金融与科技发展之上，但仍然不能扭转理论界忽视科技与金融之间关系研究的现状，二者至今没有被给予足够的重视，仅仅只存在初步的认识，认为它们之间是有一定联系并相互影响的；又或者只是单纯片面地研究金融运作对科技发展产生何种影响，而忽视了科技对金融的反作用力，因此，科技对金融有何影响并没有研究结论，科技与金融通过何种方式结合、有着怎样的变化规律更是无从谈起。近年来，很多地方政府为了让区域创新型经济长效发展，制定推出了多个举措，提出加大力度进行区域科技金融发展，致力建设科技金融中心，但是困难接踵而至，例如，如何理清科技金融在空间上的表现特点与内在运行机制等，还需要投入大量研究。本书抽丝剥茧，从交叉理论

---

① 茹乐峰，苗长虹，王海江. 我国中心城市金融集聚水平与空间格局研究［J］. 经济地理，2014，34（2）：58－66.

的内部联系出发，对科技与金融相互促进发展的论点进行了整理研究，得出建立科技金融中心的观点受技术创新理论的支持，研究科技金融中心发展模式是以金融发展理论为基础，探索查究科技金融中心在空间之中聚合的运行规则与原理则是将金融发展理论作为解析工具。

空间经济学主要是研究经济活动在空间理论中如何规律分布，该学科解释了经济活动是以何种原理与方式进行空间聚集现象，进而引申出区域乃至国家经济增长的深层次问题①。曾经经济学家利用区位理论尝试分析经济活动如何在空间分布，同时经济地理学、城市经济学和区域经济学都将空间问题纳入研究视线。1991 年，保罗·克鲁格曼出版了《收益递增与经济地理》一书，开始倡导空间经济学向主流经济学的回归，空间经济学正式形成并快速发展。

（一）区位理论

经济学家冯·杜能（Von Thunen）建立了杜能模型，并在此基础上提出了区位理论。在该理论中，冯·杜能假设了一个完全与世隔绝的国家，该国家由两部分构成：中心的大城市，以及城市外围广袤的土地。其中，国家制造业位于中心区域的城市，城市提供一切工业产品，而粮食、蔬菜、水果等农产品则由外围的土地供应。为实现资源配置最优化，以及产品供应效率化，最终完成利润最大化的目标，外围农场需对产品种类的生产规模进行规划，规划的原则就是产地与市场之间的物理距离。这样做的原因是，在单位生产成本固定的前提下，生产总成本还需要包括运费、土地使用费等附加成本，杜能发现农场离中心城市的距离与运费成本呈正相关关系，与生产规模呈负相关关系，此时离城市越近，相关生产总成本越低。但同时，土地使用费与农场离中心城市的距离呈负相关关系，此时离城市越近，相关生产总成本越高。因此，为实现利润最大化，农场规划需要平衡运费、地价等多种成本费用。以城市为圆点作多个同心圆，针对不同的半径距离，选择不同的可种植农作物。在小圆范围内，可以选择种植运费高、产量大的作物；在大圆范围内，可以选择种植运费低的农作物。通过

---

① 赵晓斌. 全球金融中心的百年竞争：决定金融中心成败的因素及中国金融中心的崛起 [J]. 世界地理研究，2010，19（2）：1-11.

该理论，杜能进一步设计出了涵盖六层农作物圈层结构的圈层布局理论，对农产品种植品种、农产品经营规模，以及农场选址等问题做出理论指导。结合运费、地租和产品单价等因素，杜能对现实生活中城市周边的土地应用进行了深度分析，他认为农业土地利用不应只考虑土地的自然特征，还需要考虑使用土地所引发的经济效益，该理论充分探讨了如何实现土地利用效率最大化的问题，杜能也被誉为空间经济学的奠基人。

在杜能区位理论的基础上，韦伯（Weber）进一步提出了工业区位理论。他认为，区域性和集聚性是影响工业区位分布的主要因素。该理论认为某一特定工业的行业分布地理位置会受到区域性因素的影响，而对于行业内的特定企业来说，其工厂选址则是受到集聚因素的影响。对此，韦伯进一步提出了两个概念：集聚力和分散力。其中，前者受到产业技术、劳动力密集程度，以及当地经济环境等多种因素影响；而后者则主要取决于土地租用价格①。韦伯认为，在集聚力和分散力的共同影响下，产生了不同的工业分布情况。而对于企业来说，除了上述因素，其选址还需要考虑人力成本及运费。另外，韦伯还在该理论中提高了外部经济性，他认为集聚可以产生经济效益，具体效益会受到集聚企业的类型和规模影响。在深入探究运费、人力成本等因素相互作用的基础上，韦伯认为工业企业选址应当尽可能找到成本最低、效益最大的地点。

为探究城镇的分布及其影响因素，克里斯塔勒（Walter Christaller）提出了中心地区理论。他假设一个理想城镇，满足地势平坦，人口和资源充足且分布均匀，无论距离中心城镇多远，单位运输费用都相同，且消费者喜好相同。在这样的理想假设条件下，消费者需求及市场规模和范围是企业选址的主要影响因素，此时形成的市场由若干个不同的中心地区构成，不同地区的商品数量有所不同，其中各个地区由一个高级中心地和若干个次级中心地组成。

奥林（Olin，1993）提出了国际贸易理论和区位理论。奥林认为，相比较国际贸易理论，区位理论所阐述的内容范围更大，可以说，区位理论覆盖了国际贸易理论中的绝大部分内容。通过结合两种理论，奥林提出了

---

① 何运信. 中国金融发展的区域差异与区域金融协调发展研究进展与评论［J］. 经济地理，2008，28（6）：968 – 972.

两个观点：一是当资本和劳动力可以在市场中自由流动时，工业区位的地理分布位置受运输成本影响，即运输成本决定了产品在某区域内或不同区域之间的流通程度和流动便利性。奥林认为工业产品的区位、产地及市场三者会产生相互影响作用。二是当资本与劳动力在市场上流通受限时，不同地区的银行利率和人均收入水平有所不同，而这一差别将进一步影响工业的区位选择。工业变动受到人口增长率、银行储蓄率及产品差价等各因素变动结果的影响。

廖什（Lorsh，1939）提出市场区位理论，该理论认为每个企业的销售范围有所不同，在企业发展初期，销售范围呈现出圆形特征，其中圆心是产地、销售距离是半径，但随着市场规模扩张，以及行业内企业规模的增多，产品价格会逐渐降低。由于圆形边界的特殊性，各企业销售范围无法填充整个销售市场，此时就会形成圆形空档。要想争取更多的市场份额，企业就需要尽可能占据这些空档，以此扩大销售范围，在这样统一的目的下，圆形销售范围将发生改变，进化为六边形的市场范围。以市场需求作为空间变量，廖什试图探究在企业区位选择过程中，市场规模与市场需求的作用，从而扩展了区位理论的研究内容。在整理杜能等多位经济学家模型的基础上，1956 年，艾萨德（Isard）建立了一个新的研究框架。他认为区位是企业所进行的一系列选择后的结果，该选择受到运输成本及生产成本的综合影响。虽然艾萨德仅就该问题提出了一个研究框架，尚未形成一个具有普适性的均衡理论，也未对规模、经济效益和不完全竞争市场进行分析，但他首次以区域划分作为空间经济研究的基础，为空间经济研究开创了一个新的研究角度。科技企业和科技金融机构的区位分布呈现聚集性的特征，这一特征推动了科技金融中心的形成，而作为企业经济活动空间选择的理论基础，区位理论正是研究科技金融中心集聚的微观理论前提[①]。

（二）区域经济学理论

二战结束之后，很多资本主义国家将人力、财力和物力输送到那些经济发展更好、基础建设更加完备、科学技术发展进程更靠前的地区，让这些地区的经济在极短时间内取得了极大进步，由此，拉开了资本主义经济

---

① 施慧洪. 金融中心建设的理论依据及分析［J］. 浙江金融，2009（8）：21 – 22.

飞速发展的帷幕。但是，还有一部分地区发展进程放缓，失业率处在高位，一些经济学家对这种现象感到疑惑，于是将注意力从对于区位的研究向对于区域的研究偏移。

佩鲁（Peru，1955）证明了区域发展中的不均等状况，这便是著名的增长极理论。他提出，那些科研水平相对较高的公司或者产业将汇聚于特定的地点，经济发展中的增长极由此产生。经济活动中有一种特殊的经济单元，它能自主研发进步，它还拥有聚集生产要素并向外发散的功能，还能推动公司和产业实现规模化的进程，周遭地区也随之搭上发展的顺风车。扩散效应就是指增长极对周遭地区产生的良好发散作用，与此同时，增长极也能将发展较弱地区的资金，人才和技术等生产因子收归囊中，这种现象叫作回浪效应。经济在空间上表现为中心和边陲的二元结构，源于受到增长极的影响。经济活动中也有支配效应的身影，具体来说就是强大的经济单元将控制着其他经济单元的进步历程，将强大的经济单元看作推进型产业，基于推进型产业的发展，其他相关经济单元也能获利[①]，同时各种资源也汇聚于推进型产业，产业综合体由此诞生，科研及发展速度也因此提升了一个档次。

《经济理论与不发达地区》一书中的循环累计因果论发表于1957年，作者是缪尔达尔（Murdar），他提出资源丰富的地域才是经济发展诞生的源头，不存在一同产生或同步发散。受到市场力的调控，当强势地区获得了巨大进展后，地域间的差距会增大而不会减少。若某一地域的前进步幅远大于平均值，则它会逐渐向上游前行，发展状况不好的地区会更加难熬，其发展阻力也会越来越大。地区间的相互作用会出现两种效应：其一为回流效应，资金、人力和技术等生产因子会从发展状况不好的地区向发达地区迁移，这会扩大地区差距，发展状况不好的地区经济会日渐下行；其二为扩散效应，这意味着在经济发展得更深层次，发达地域的生产因子向发展状况不好的地区迁移，降低地区间的差距，推动发展进程。基于此，缪尔达尔想出了不均衡发展方针，在经济发展早期，要在发展速度更快的地区汇聚资源，再借助扩散效应推进宏观经济的前进历程。除此之外，还应运用必要的手段，推进发展状况不好的地区的发展历程，避免地区差距

---

① 胡苏迪.科技金融中心的形成机理与发展模式研究［D］.南京：南京师范大学，2017.

过大。

1958 年，赫希曼（Hirschman）在《经济发展战略》一书中提出，经济发展开始于经济状况良好、强势地区的一个或者几个中心点，这造成了经济前进历程的不均等。当某个地区成功发展，其他地区的涓滴效应和极化效应随之产生。一旦增长极产生，就会向更高阶段进发，地区差距由此产生。同时，增长极也利好发展状况不好的地区，前进的动力会逐渐注入发展状况不好的地区，推动发展状况不好地区的发展历程。虽然在这理论中涓滴效应在某些条件下具有降低地区差异的作用，但这一般需要花费很长时间。这一理论，与缪尔达尔的理论具有相似性，赫希曼提出不平衡发展方针是地区经济发展中的最优解，地区发展存在适当的差异还是可以接受的。赫希曼还提议政府对发展状况不好的地区加大投资，遏制资本和人力的流失，由此来削弱极化效应，增强涓滴效应，尽力让地区发展差异最小化。

1966 年，费里德曼（Friedman）将中心外围理论引入区域经济学领域中。他提出，经济系统在空间上产生二元结构的原因是，若一个地区的生产要素持续积累，就能在市场上占据上风，渐渐向经济中心演化，同时，其他弱势地区则会向外围地区演变，这种状况一般来说会逐渐固化。

适应理论由弗农（Vernon）发表，为梯度转移理论的出现做了铺垫。梯度理论提道：经济发展阶段不存在跨越现象，首先，要使用传统技术和中间技术；其次，才向先进技术靠拢，但是各地区的现实状况不同，会产生传统技术区域、中间技术区域和先进技术区域的经济梯度，科学技术和资金会从高梯度向低梯度传递。小岛清（Kojima）发表的雁行理论与梯度理论具有互通之处，基于对东亚地区经济变化状况的分析，他把日本和亚洲"四小龙"，还包括中国及其他东南亚国家和区域，划分成不同的发展区域，还提出发展状况不同的国家或区域，采用国际贸易、科技传递、资本运作等手段，会呈现出大雁飞行的形态。

中国存在着地区经济水平差异大的问题，区域经济学的理论知识为分析中国科技金融中心构建了主体知识体系[①]。区域经济学理论详细地阐述了地区经济发展的不同，分析了许多地区之间资金累加、科技发展、市场架构成型等要素与经济前进历程之间的联系，钻研运用经济策略和行政手段

---

① 郭庆然. 区域经济增长中的区域金融支持策略探讨［J］. 商业时代, 2010（20）: 49 - 50.

推动发展程度较低地域的经济改善进程的方法。

（三）新经济地理学理论

进入 20 世纪 70 年代以后，在产业经济学研究领域中掀起了收益递增革命。

1977 年，迪克斯特和斯蒂格利茨（Dixter & Stiglitz）发表了《垄断竞争和最优的产品多样化》一文，发展了张伯伦（Chamberlain）的垄断竞争理论，建立了垄断竞争模型，为今后研究建立收益递增模型奠定了基础，也为经济学研究空间因素纳入主流经济学研究框架奠定了基础。经过克鲁格曼、鲍德温（Baldwin）、藤田（Fujita）、维纳布尔斯等（Wienables et al.）经济学家的努力，新经济地理学研究框架形成并日益完整。克鲁格曼在 1991 年发表《经济地理与收益递增》一文，采用迪克斯特（Dixter）和斯蒂格利茨假设，在全球具有垄断属性的行业中设立行业收入报酬，并采用递增的模型来验证加速垄断的行业是否具有边缘效应。该模型的真正高明之处在于其隐藏在已陷入垄断情形的行业之中，通过深入统计垄断行业中企业经营者的投产比与非垄断行业统一数据进行对比，从而得到垄断的边缘效应模型。假设对某地区的经济区域划分为南北两部分，迪克斯特和斯蒂格利茨将这种模型又加入了虚拟实体的存在，比如，两个区域的实体企业等。在实体制造业中参与人员的薪酬比非实体参与人员的薪酬获得的少，这便是其中的一个结论。在经济空间里的每一个参与的机构可能是在逐渐消耗经济市场效应。随着研究的不断深入推进，这种模型下又发生了一种现象，即价格指数现象。在受到这种现象的影响中体现的是两种力量的市场效应，所以每一种效应都代表了这种产业扩张的效率与空间分布。

经过对初始空间集约效应的探究，在长期的探索过程中，克鲁格曼团队提出一个非常有趣的观点：人口与生产效率其实存在临界效率比，也就是说人口的增长虽然对工业效率有非常大的效应，但当人口增长到某一阶段时效率比是稳定的，甚至会下降。并且这种效应在工业密集性的产业中尤为明显。因此，经济效应的增长在空间上与产业广度上有非常大的关联，在时间维度上又不是简单的数理关系，需要单独分析。一种商业模式总是会从小范围开始流行开，在逐渐有市场和用户的积累后，进入爆发式增长阶段。模式一旦确立到快速增长的市场份额后，市场环境的冲击就会成为内部调整的动力。比如，课题列举几个模拟案例进行分享：一种是在空间足够的金融行业，它遇到在某一区域的工业政策时，这种金融空间的优势就显露出来，因为金融的最终归宿是要到实体中发挥所长，所以这种空间还绰绰有余；另一种经济模式是依赖金融型的区域，当产业不完善和体系空虚时，实体不运转或比重过小，这种弊端效应就会显露。以上两种经济状态体现了两种经济结构，在具体的经济阶段，经济叠加效应也不同，所以对表于局部环境的金融市场，经济还是大趋势下的风向标①。

在新经济地理学理论的形成过程中，最初是从核心边缘模型建立开始，具体可以分为以下两种类型。

第一种类型的基础是核心边缘模型，借助柯布道格拉斯函数对消费者的喜好及分类进行解释，在框架分析上使用了垄断竞争模型，成本假设使用了冰山交易，不变更替函数将工业品的多样化组合进行了表示。最终形成了新经济地理学模型，主要有以下几种：（1）20世纪90年代，马丁（Martin）和罗格斯（Rutgers）提出的自由资本模型（FC模型）；（2）鲍德温（Baldwin）提出的资本创造模型（CC模型）；（3）克鲁格曼（Krugman）和维纳布尔斯（Venables）提出的垂直核心边缘模型（CPVL模型）；（4）马丁和奥塔维诺（Ottaviano）提出的世界溢出模型（GS模型）。经过多年的发展，在2001年，鲍德温、马丁和奥塔维诺在结合原有模型的基础上，又提出了自由企业家模型（FE模型）及本地溢出模型（LS模型）。

自由资本模型（FC模型），经常被使用在对非对称空间结构的分析以及多区域的贸易政策分析中。所做的前提假设是资本作为生产要素时可以进行流动的，但是不能流动的是资本的所有者，通过资本产生的收益会返回到资本所有者所在的区域，并以消费的形式进行支出。上述行为生产的空间转移就不会发生支出，进而使得在区际间人口也不会发生流动。前向与后向之间就不会产生联系，进而使得自我强化机制没有效力。

自由企业家模型（FE模型）中，在企业的固定投入中，人力资本是较为重要的支出，与核心边缘模型在以下方面具有一定的一致性，由于资本的所有人与人力资本是有机整体。当资本出现流动时，与之发生变化的是

---

① 张战仁. 创新空间溢出的差异影响研究述评 [J]. 经济地理, 2012, 32 (11): 34 - 37 + 51.

资本所有者的流动，在经济系统中存在一定的因果关系。两种模型的不同之处在于，自由企业家模型中具有流动性的只有固定投入，而不变投入不参与流动。在核心边缘模型中，上述方式均可参与流动，以达到平衡性。

资本创造模型（CC 模型）中，可以假设为其他资源形成了资本，其不具备空间流动性，但却有折旧贬值性，所以资本创造模型不是依靠资本的流动性进行集聚的，而是根据资本的集资方式以及折旧进行判定的。若资本的收益率较低的地区，制造业的市场份额较低，资本折旧也会减少，而资本收益率较高的区域，无论是制造业占比，还是资本形成均会十分突出①。

资本分布的差异性主要是因为资本在收益上出现差异，进而就会发生生产的空间转移，导致支出出现明显的差异性，可以说是以需求为基础的循环积累。但是还存在一个问题，那就是资本的不流动，使得价格的指数效应不存在，进而使得资本创造模型中，也不会表现出自我实现以及叠加区。在垂直核心边缘模型（CPVL 模型）中，将垂直生产结构纳入了模型建立中，通俗地讲，就是较多的上游单位可以为较多的下游单位提供产品，在这个模型中假设劳动是相同的，并且能在部门之间共同使用。若劳动在企业内部进行部门之间的流动，那么就不会发生区际流动，但是会引起制造业份额的空间变化，可以看出在此模型中，较为突出的是前向和后向的联系，由于工业品属于中间性产品，所以企业的利润受到区域生产成本差异性的影响，而在核心边缘模型中，流动要素产生的实际收入，受到区域成本差异的影响（见表 2 - 1）。

表 2 - 1　　　　　　　　D - S 框架下三类模型的特征

聚焦机制	代表模型	本地市场放大	循环因果关系	内生非对称性	骤变式集聚	区位磁滞	驼峰形集聚租金	重叠区和自我实现预期
要素流动	FL	√	√	√	√	√	√	√
	FC	√	×	×	×	×	√	×
	FE	√	√	√	√	√	√	√

① 姜彩楼，朱琴. 创新经济地理研究进展述评 [J]. 经济问题探索，2012（12）：124 - 127.

续表

聚焦机制	代表模型	本地市场放大	循环因果关系	内生非对称性	骤变式集聚	区位磁滞	驼峰形集聚租金	重叠区和自我实现预期
垂直关联	CPVL	√	√	√	√	√	√	√
	FCVL	√	√	√	√	√	√	√
	FEVL	√	√	√	√	√	√	√
要素累积	CC	√	√*	√	√	√	√	×

注：√和×分别表示存在和不存在这些特征，＊表示存在需求关联而不存在成本关联的累积循环关系。

资料来源：根据安虎森教授在南京师范大学授课讲义整理而来。

第二种类模型在建立的过程中不仅放弃了不变替代函数，同时还没有使用柯布道格拉斯函数和冰山交易成本假设，取而代之的是准线性二次效用函数，并将线性运输成本加入模型建立过程中。利用垄断竞争结合建立的模型进行分析，通过分析得知该模型和分析方法满足了消费者需求，为线性关系的基本假设，并可以通过模型得出显性解，根据该分析方法和模型的基本原理，该模型被命名为线性模型。而新经济地理学模型与前者不同，从内容上有着明显的区别，主要的第二类模型有 LFC 模型及 LFE 模型。

LFC 模型也叫在线性自有资本模型，根据该模型可以判定资本的流动性决定了其在利润率的差异下会产生流动，而资本的流动又是由区际资本决定的，如果其不存在利润率上的差异就会导致资本在长时间内维持平衡，与自由资本模型有着相同的特点。而当资本呈现长期平衡状态时就不会存在前向和后向联系，同时引起集聚现象，这种现象主要针对初始对称的状态，而在非对称状态下产生的联系会导致其出现定向的集聚。

而 LFE 模型也称为线性自由企业家模型，在该模型中，人力资本和企业家占据主导位置，其所产生的资本会决定该模型中的资本流动，同时劳动力的流动也与资本流动息息相关，同样由于收益率的差异，资本会根据联系产生流动或者定向的集聚。

四、技术创新理论

技术创新理论是重点剖析的一个理论,在构建科技金融中心研究体系的过程中起到了重要支撑作用,所以研究清楚技术创新理论具有非常重大的意义。该观点表明,经济增长和金融支撑相辅相成、彼此促进、共同发展,凸显了技术创新和变革的重要性。企业家具有前瞻性的眼界,基于各种各样的产业、发展阶段、企业规模和时代背景条件,他们对于技术的革新也各具风格①。银行在此过程中要慧眼识珠,挖掘经验丰富的企业家,一方面,对技术进行升级和评估;另一方面,也为技术创新和成果创新奠定资金保障。另一个主体——政府,也要充分发挥宏观调控的作用,合理调节和配置资源,保持供需平衡,推进技术创新,不仅要管理好创新主体,也要通过相关政策激发主体的主观能动性,在技术方面争取有突飞猛进的进展。制度本身不仅具有很重要的意义,它还可以反过来推进技术的创新,但是技术创新并不是简单的创新,而需要产权制度做支撑,对企业家的创新活动起到保护和鼓励作用。因此,政府也不能忽视鼓励技术创新的制度选择。在技术创新的过程中,几大主体(企业家、银行等金融机构、政府和制度环境)缺一不可,都起着不同并且不可替代的作用。事实表明,企业缺乏技术创新动力的主要原因还是在于资金供给不足,这方面需要多方配合。除此之外,在经济结构转型的过程中,科技投入力度必须加大,将科技和金融发展相结合,彼此促进。科技金融中心的建立适于时宜,能将技术和成果整合在一起。技术创新不是简单的创新,而是要结合多方力量的综合性创新,在构建创新系统的过程中,企业家、科技企业、金融机构、政府、制度环境都发挥着不可替代的作用②。科技金融中心的建立和完善需要从实际出发,坚持创新为本,在线下调研中匹配企业家和科技企业的需求,在金融产品方面提供相应的帮助,使其建设得更快更好。而政府的作用也不可小视,它在科技金融中心发展过程中占有核心地位,在制度和政策方面要起到支撑作用。

---

① 周培栋,连漪,田巧莉. 西方技术创新理论发展综述 [J]. 商场现代化,2007 (16):228 - 229.

② 杜靖. 企业技术创新驱动力模式研究 [J]. 未来与发展,2009 (5):23 - 25.

（一）熊彼特技术创新理论

熊彼特（1912）首次提出了"创新"的概念，极大地推动了该理论体系的发展和完善。熊彼特撰写了名为《经济发展理论》的著作，认为经济发展的核心为创新，是一个不断地演进的过程，由此标志着创新理论已经诞生。熊彼特在20世纪30年代末期出版了《经济周期》一书，对创新理论进行了详细的分析。认为创新可进行新的生成函数的建立，通过之前从没出现过的生产条件，以及生产要素进行组合之后而被引入生产体系之中。基于此，他又进一步将创新划分为五种不同的类型：一是产品创新，也就是由企业发展出相关的新品；二是工艺创新，也就是企业选择别的生产方式来进行生产；三是市场创新，指的是企业进行了新市场的开辟；四是材料创新，也就是通过新的渠道或者是新材料来进行生产；五是组织管理创新，也就是说企业采用了全新的组织形式。尽管熊彼特在其理论中也涉及管理创新及组织创新等两个方面，然而却更加地关注技术创新，提出仅当新技术被用在各类经济活动之中后，才成为创新。在他的观点中，实现创新主要有两种不同的途径，即大企业创新，以及企业家创新两种模型。熊彼特在他的学术生涯早期阶段就将企业家对于技术创新所起到的关键性作用进行了强调，指出技术创新为一种外生经济变量[①]，该思想被称作所谓的熊彼特创新模型一（见图2-8）。但是，在他的学术生涯晚期，熊彼特更为关注大企业创新，指出大企业技术创新起到非常重要的作用，源自大企业的内部，即熊彼特创新模型二（见图2-9），他同时分析了金融和创新之间的关系，认为创新是经济发展的重要核心，银行则对创新活动起到了重要的支持作用，使生产要素之间的组合获得所需的购买力，由此有助于经济的顺利发展。

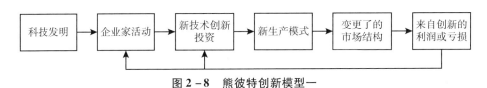

图2-8　熊彼特创新模型一

资料来源：胡苏迪. 科技金融中心的形成机理与发展模式研究［D］. 南京：南京师范大学，2017.

[①]　何树贵. 熊彼特的企业家理论及其现实意义［J］. 经济问题探索，2003（2）：31-34.

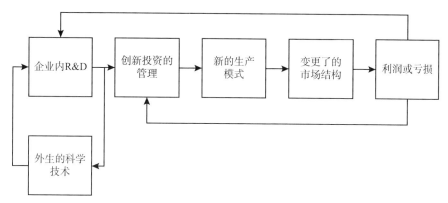

图 2 - 9　熊彼特创新模型二

资料来源：胡苏迪. 科技金融中心的形成机理与发展模式研究［D］. 南京：南京师范大学，2017.

（二）新古典学派

在进入 20 世纪 50 年代后，全球经济出现了良好的增长态势，一些国家和地区甚至进入了高速增长期，由此，之前备受关注的古典经济模型将无法合理地解释一些新生现象。所以，有一些学者逐渐地将眼光转移到技术创新与经济增长之间所存在的内在关系。尽管基于熊彼特的研究理论，有许多的经济学家非常关注经济增长所受到的技术创新的促进作用，然而却还是将技术创新看作为一种外生的变量。在该时期，一些新古典经济研究者在经济增长模型之中纳入了技术创新的要素，使之能够和自然资源、资本及劳动力等共同作为经济增长方面的要素。

索洛（Solow）在 20 世纪 50 年代出版了《技术进步和总量增长函数》一书，他的研究成果通过柯布 - 道格拉斯生产函数来进行索洛模型的构建（其重点为技术进步），以客观地评价技术进步对经济增长的具体影响规律及机制。索洛模型认为，对于经济增长来说，技术创新是其内生变量。他还针对美国在 1909 ～ 1949 年期间的非农领域劳动生产率开展了全面的分析探讨，指出技术进步在制造业的总产出中的作用占到了 88% 的比例，其余的则是生产要素方面的投入，因此，他认为之所以增加了劳动生产率，其原因就是技术进步[①]。而罗默（Romer）则在 80 年代出版了《长期增长和

[①]　龙云安，罗宏达，程宇. 基于 Solow 模型指数的中国经济投入与产出效率分析［J］. 统计与决策，2012（15）：147 - 150.

递增收益》一书，同一时期卢卡斯则出版了理论《论经济发展机制》的著作。两位学者均进行了内生技术增长模型的构建并进行相应的分析。两本书都指出，经济增长实际上并非受到外部力量推动的作用，主要来自经济系统里的相关内部因素。经济增长受到技术创新的巨大影响。企业处于最大化自身经济利益的目的，而通过企业自主投资来促进技术进步，知识与技术都存在着溢出效应，由此推动了经济的增长，而新古典经济学家则在经济学框架之中纳入了技术创新的要素，由此促进了（新）经济增长理论体系的逐步形成及完善①。

新古典学派对技术创新过程中政府所起到的作用进行了探讨，认为来自政府的调控手段具有重要的意义，是一种必要的途径。如果技术创新出现了供需失调的问题，则其资源将难以到达经济发展或者是市场的需求，由此，需由政府出面采取合理的措施来支持技术创新的相关活动，采取干预或者是刺激等的政策，由此确保技术创新能够可持续地良性发展。

（三）新熊彼特学派

在熊彼特学术思想的影响之下，逐渐形成了新熊彼特学派。该学派一方面传承了熊彼特的经济学思想，对技术创新在经济增长过程中所起到的核心作用予以强调，对一系列的问题进行重点研究，包括经济发展、技术创新之间的结合，扩散和创新之间的关系、市场结构、企业规模和技术创新之间的关系，以及技术创新推广等方面。其中，曼斯菲尔德进行了新技术推广模型的成功构建，并且对新技术的影响，以及推广速度等问题进行了分析。其主要观点是，在推广新技术方面，其速度会受到基本因素（共计3个）以及补充因素（共计4个）等的共同影响，其中前者主要涉及投资额度、模仿相对盈利率及模仿速度等，而后者则包括经济周期具体阶段、应用新技术的时间、销售增速，以及使用旧设备的年限等方面。20世纪60年代，谢勒尔深入地探讨了技术创新和企业规模二者之间的内在联系，全面地研究了共计500家企业，结果表明，技术创新和企业规模之间并非存在简单的正向关系，企业的规模不同，均有可能在技术创新上取得良好的

---

① 肖灿夫. 基于 Improved – Romer 模型的经济一体化对区域经济增长影响的分析 [J]. 经济数学，2011，28（2）：101 – 106.

结果，如果企业所处的行业领域、时代发展特征，以及所处的发展阶段都有所不同，则其开展技术创新时也将有不同的特点。进入 70 年代初之后，阿罗深入地探讨了技术创新如何受到市场结构所带来的影响的问题，他对完全竞争和完全垄断等的市场结构进行了研究，且对其中的技术创新进行了深入的比较，结果表明，在两种市场结构中，完全竞争显然是更加有利的[1]。此外，也有学者指出，对于技术创新最为有利的市场结构就是垄断竞争。垄断程度、企业规模，以及竞争程度等因素会极大地影响技术创新。对于完全竞争的市场来说，若有比较小的市场及企业规模，则将难以确保技术创新能够持续地带来相关收益，因此，企业进行技术创新的动力将会比较弱，如果身处完全垄断市场之中，则企业将没有良好的竞争环境，从而影响到技术创新的活力提升，这对于重大技术创新的出现是非常不利的。所以，如果市场结构为垄断竞争的，则将会使完全垄断，以及完全竞争类型的市场所具有的不足之处得到有效的避免，极大地促进技术创新。在新熊彼特学派的学术观点中，一方面，对经典的熊彼特创新理论体系进行了有效的传承，另一方面，也对技术创新的微观层面予以高度重视，涉及市场结构、企业规模和技术推广等方面，同时详细论述了它们和技术创新所存在的关联，从而能够更加正确地理解技术创新和金融业的发展。

（四）　制度创新学派

制度创新学派有两位著名的美国经济学家兰斯·戴维斯（Lance Davis）和道格拉斯·诺思（Douglass North），他们通过剖析相关的制度，研究了科学技术的创新对所处外部环境的要求，从而得出了制度创新对它有着最关键性作用的结论：制度的完善有利于科学技术的进步，相反的，不完备的制度会遏制创新甚至抹杀创新的萌芽。

身为制度经济学的先驱者，诺思为后来者搭建了该经济学领域的纲要分支，深入探究了经济领域的制度革新和适配。制度的革新根本上是该制度的预估获益高于已付成本导致的。制度革新的实行者通常是个人或政府，实行方式是依据成本和获益多少、最终决定人的个人因素等决定的。创造一个有着科学有效的奖励机制的大环境，能推动科学技术的革新。新兴技

---

① 陶丹. 产学研协同创新成本分摊机制研究［J］. 科技进步与对策，2018，35（5）：8－13.

术的发现和应用会引起一种新产权规制的产生或创新，进而能使创新获取的利益增多，更大程度上保护了发明者的经济收益[①]。拉坦（Ratan）针对这一问题的诱致性制度变迁理论表明了他个人对此的看法，即制度、新知识与科学技术有着一连串递进的推动作用，制度的改进将促生一系列新知识，而新知识的形成会促成相关科学技术的改良或革新，而科学技术的改良又将进一步地增大对最初的制度改进的急迫性。于此，拉坦通过制度革新来分析科学技术的改良，探究出了二者之间存在着有机互推的联系。

以上制度创新学派提出的理论出乎意料地将以往的新制度经济学与当时的创新理论进行了完美有效地结合，针对在经济领域所应用的制度，对政府的方针政策对经济发展的作用进行了研究阐述，进而丰富了技术创新领域的内容，从而验证了外部完善的制度框架对进行相关科学技术创新的重要性。

（五）国家创新系统学派

1990 年后，由于科学技术的不断进步对经济腾飞发挥着越来越重大的影响，知识经济已然成为世界范围内经济发展的主导力量。越来越多人认识到，科学技术的创新并不是自发产生的，它与企业家或企业的独立举动、整体国家创新体系的完善程度都有关系。

在《政治经济学中的国民体系》一书中，李斯特（Liszt）深入探究了整体国家层面上的经济进步。由于继承了李斯特的研究角度，以克里斯托夫·弗里复、理查德·纳尔逊、卡里森等人为首要代表人物的国家创新系统学派，对科学技术创新所处的外部国家环境及社会环境因素格外关注。该学派提出，国家创新系统的构成要素主要有参与创新和配备创新所需资源的主体、交互性的关系网络和高效的运行机制，按照科学制度创新理论，创新主体在该大环境下会对对方产生一定的影响，一同促进理论的革新、传播和运用。唯有这样，一个国家的技术创新氛围才会更加活跃。在国家创新系统理论下，以现代的区域创新理论和产业创新理论为代表的理论得

---

① 严汉平，白永秀. 不同视角下制度创新路径的比较——一个关于制度创新路径的文献综述 [J]. 经济评论，2005（5）：31－35.

以产生和发展①。

国家创新系统理念首次出现在克里斯托夫·弗里曼（Christopher Freeman，1987）对日本经济的分析理论中，他在研究时发现日本进行创新活动的频率是非常高的。他认为当时该国整体经济的超良性发展趋势有赖于它异常明智地在国家社会经济发展中以技术创新为主，以相关的制度创新为辅。《技术政策与经济运行：来自日本的经验》一书曾指出，观察日本经济腾飞的历程可以得出，日本科学技术领域的创新与其行政职能的实现有着很紧密地联系，这也表明政府在科学技术领域的创新中扮演着关键的角色。

纳尔逊（Nelson，1993）提出了国家创新系统理论，并对国家创新体系进行了描述：建立健全这样一个庞大的体系是非常繁杂的，因为它需要很多难以控制整合的社会资源：技术、制度、教育投入、政策和资金倾斜。

综上所述，国家创新体系的实现不仅应设立弹性系数相对大的制度，还应灵巧地部署计划。根据国家创新系统理论，国家在创新体系中、在创新资源的配置活动中可以发挥十分重要的作用。政府要为科学技术的创新做好前期准备，即制定相应的方针政策等来鼓励进行创新的主体更好地进行创新，加快经济的腾飞。

---

① 沈开艳，李双金，张晓娣等.基于国际比较的现代化经济体系特征研究［J］.上海经济研究，2018（10）：34－42.

第三章　科技金融中心形成机制

科技金融对于科技创新具有重要的撬动作用，科技金融资源配置的效率与功能发挥对于区域创新发展的意义重大。在科技发展的推动下，科技资源在空间当中集聚，科技中心开始逐渐建立发展。为了使区域内科技企业融资需要得到充分的满足，科技金融在这一背景下诞生发展，出现了大量的科技信贷机构、保险机构等，通过使用交通、通信以及信息等设施提供完善有效的金融服务[①]。在 20 世纪 90 年代之后，部分新兴国家和地区形成了较为显著的科技金融中心集聚的情况。

第一节　科技金融中心的形成模式

科技金融中心的诞生及发展是遵循一定规律的，是在科技企业和金融企业空间范围内进行大量集聚而产生的。通过分析科技企业和金融企业集聚的动力机制，科技金融中心主要包括以下两类：一是内部动力自发形成模式；二是政府引导外部推动模式。

一、由内部动力自发形成的模式

该模式通常认为是当一个城市或者地区的科技产业以及经济处于较快的发展状态，区域交易以及经济总量迅速发展的情况下，对于科技产业的金融需求将会十分庞大；科技金融机构将会表现出客户追随的基本特征。将会实现科技金融市场规模水平的进一步提升，有关科技金融制度与法律体系等都

---

① 丁一兵，钟阳. 资本流动活性与国际金融中心形成 [J]. 商业研究，2013（5）：119 - 124.

将得到持续的完善和发展,科技金融机构聚集将会表现出一定的技术溢出效应以及稠密市场效益,从而建立起相应的规模经济;规模经济发展在区域内的科技金融体系发展当中具有重要的意义,有利于构建起科技金融中心。

(一) 科技型企业集聚是区域科技金融中心的基础依据

金融业被认为是生产服务业中的一种,其服务的对象是制造业。科技金融机构是通过向科技企业融资提供服务的方式实现其发展的[①]。因此,科技金融中心是以科技企业集聚并以科技中心为核心而构建的。科技金融机构在空间中表现出在科技中心集中的趋势,能够实现科技企业信息不对称问题的有效削减,能够实现长期合作关系的构建。因此,科技企业集聚及科技中心发展对于科技金融机构集聚具有重要推动作用,从而构建起了完善的科技金融中心。

(二) 科技金融机构自身的异质性为科技金融中心形成的基础根据

企业作为一种重要的,具有特殊能力的组织,知识和能力能够构建起企业的重要核心竞争力,企业核心竞争力的替代性和模仿性难度较大,因此,企业表现出异质性。按照企业异质性这一理论,科技金融企业也具有该特征。科技信贷机构、保险机构等不同科技金融机构的核心能够存在一定的差异,因此,科技企业生命周期不同,其所提供的服务和产品也存在一定差异[②]。因为科技金融企业存在不同的功能,同时具有相互补充的作用,对于高效复合型科技金融产业的形成具有重要意义,以集聚大量科技金融机构的方式构建起了科技金融中心。

(三) 科技金融的产业特点是区域科技金融中心形成的基础根据

基于金融地理学的有关理论,信息传播表现出一定的耗损特征,非标

---

① 游达明,朱桂菊.区域性科技金融服务平台构建及运行模式研究 [J].中国科技论坛,2011 (1):40-46.
② 付剑峰,邓天佐.科技金融服务机构支持科技型中小企业融资发展的案例研究 [J].中国科技论坛,2014 (3):154-160.

准化信息传播可能会导致信息诠释方面的误差，因此，金融机构应当进驻到信息中心，机构选址具有更强的目标性。科技金融机构也存在这一特征，对于空间接近因素的关注，使科技金融机构在集聚的科技中心选址的可能性极大提升，对于科技企业和金融企业集聚具有重要地推动作用①。

科技金融中心内在动力自发形成模式所表现出的主要特征，是地区经济及科技产业发展情况需要和金融中心形成保持相互适应和促进的关系，同时科技金融中心的建立和发展，充分反映了科技金融发展所表现出的内在规律。区域内部因素在科技金融中心自然形成的过程中具有重要的主导作用，外部因素所产生的影响相对较少。旧金山硅谷便是这一模式形成的重要代表（见图3-1）。

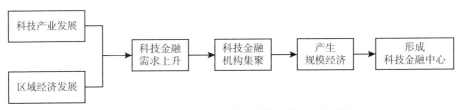

图3-1　内在动力自发形成的科技金融中心形成模式

资料来源：胡苏迪．科技金融中心的形成机理与发展模式研究［D］．南京：南京师范大学，2017.

二、由政府引导的外部推动模式

除了有内在动力的自发形成模式，还有外部推动模式，该模式主要是科技金融中心进行外部的引导，政府进行推动。这一模式的中心为政府，政府不仅对科学技术发展的方向进行了引导，也充分发挥了科技金融行业的先导作用。这主要得益于国家创新体系中的核心地位是政府，政府推动模式不仅有助于科技的不断创新，也有助于刺激需求。

区域科技产业的发展受到多种因素的影响，当该产业的发展受到金融因素的制约，并且市场经济发展规律无法调节时，政府就需要通过一定的手段对科技金融市场进行刺激，从而推动该市场的发展，实现资源的优化

---

① 钟文．国内主要城市科技金融发展模式比较［J］．金融科技时代，2019（7）：30-31.

配置。简单来说，就是在科技金融产业的发展受到阻碍时，政府伸出援手疏通其受到的阻碍，保证科技金融产业正常的发展。政府的外部推动模式中，政府制定的一系列制度在某种意义上来说具有前瞻性，可以保证科技金融产业在形成的过程中少走弯路，并且在政府的帮助下，科技金融产业的发展非常稳定，这对于后期形成完善的体系来说也是非常重要的。政府采取政策让科技金融机构聚集在一起，不仅可以形成规模经济，也能进一步地产生与规模经济相适应的科技金融体系，这对于后期的科技金融中心的形成来说非常重要①。

（一）科技金融的重要性使政府引导和推动其形成成为可能

目前，科技的发展水平在某种程度上决定了国家的发展水平，所以科技金融领域已经成为各个国家高度关注的领域。科技金融的进步，不仅可以推动技术的创新，也可以使科技金融的资本流通更加自由。如果本国的某些地区不发展科技金融领域，国家又不对此地区的资本流通实行限制政策，且本国的政府不将其发展成科技金融中心，那么该区域的科技金融机构将会被其他国家吸收。正是因为科技金融中心的形成在一定程度上不受政府的控制，所以国家对本国科技金融中心的形成尤为关注。

（二）政府的推动行为提供了科技金融中心形成的重要支撑

政府不仅可以解决市场的失灵问题，也可以引导各行各业的发展方向。但是因为科技创新属于高风险，高失败率的行业，这就使中小型科技企业面临的风险更高。因为目前传统的金融机构不能完全覆盖科技企业，所以中小型的科技企业在融资时出现的问题，是全球各个国家都头疼的问题。为了解决科技市场中的失灵现象，国家应该根据每个地区的特色制定相应的政策②，对科技型的中小企业给予一定的引导与政策支持，并且将科技金融企业进行聚集，这样在一定程度上可以提高本区的科技创新能力。

政府推动模式的本质，不仅要刺激科技产业的发展与创新，还要为科

---

① 尹洁，李锋. 政府主导型产学研合作与科技金融协同发展模式［J］. 中国高校科技，2015（3）：26 - 27.

② 崔璐，申珊，杨凯瑞. 中国政府现行科技金融政策文本量化研究［J］. 福建论坛（人文社会科学版），2020（4）：162 - 171.

技金融产业搭建起体系框架，这样才能使科技金融产业不断稳步发展，也使该产业的经济不断增长。但是因为该模式主要是由政府外部推动，所以无法反映科技金融产业发展的内在规律。政府的行政部门通过规划形成科技金融中心，这就意味着科技金融产业是在人为因素的作用下发展的，虽然具有一定的超前性，但是也存在着不可预知的风险①。以色列的特拉维夫是政府引导模式成功的体现（见图3-2）。

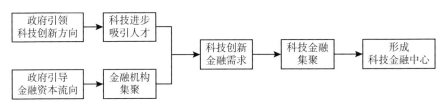

图3-2 外部引导政府推动的科技金融中心形成模式

资料来源：胡苏迪. 科技金融中心的形成机理与发展模式研究［D］. 南京：南京师范大学，2017.

（三）两种模式的比较

形成科技金融中心的两种模式不是对立的关系，而是相辅相成的关系。政府和市场都是产生科技金融中心的干预力量，科技的创新体现了市场的自由，金融中心的形成，更多的是政府的干预，政府的外部力量使科技金融中心的形成有超前作用。但是政府的干预并不是盲目的，而是在对未来经济的发展进行判断的情况下进行的，并且政府的干预也是符合市场规律的。政府政策的制定不仅要考虑经济因素，也要考虑文化以及社会因素②，只有考虑到全部的影响因素，才能与实际情况相结合，进而制定出不违反市场规律的制度。市场与政府在科技金融中心的形成过程中都占据着一定地位，这两者相辅相成，互相影响。为了考察结果的科学性，通过对世界各国的科技金融中心的分析可以发现，这两者都是同时存在的。两种模式的本质比较如表3-1所示。

---

① 胡苏迪. 科技金融中心的形成机理与发展模式研究［D］. 南京：南京师范大学，2017.
② 龙海洋，尚智丛. 区域科技金融发展初探——基于北京市海淀区对台金融合作的实践［J］. 科技管理研究，2012，32（4）：15-18.

表 3 – 1　　　　　　　　科技金融中心形成模式的比较

比较因素	内在动力自发形成模式	外部引导政府推动模式
动力机制	市场自由意志	人为干预意志
发展目标	伴随技术创新发展	促进技术创新进步
作用机制	被动式发展	主动式发展
政策取向	自由度高	干预程度高
发展路径	渐进式发展	突变式发展

资料来源：胡苏迪. 科技金融中心的形成机理与发展模式研究［D］. 南京：南京师范大学，2017.

第二节　科技金融中心的形成条件

科技金融中心的规模化效应的发挥不是一时半会就能显示成效的，这种集群效应的产生是受益于政策法规、行业发展和金融科技企业参与共同打造的规模效应。对于科技金融中心形成的内外条件，可以总结为以下六个方面的核心条件。

一、科技创新与集聚水平

金融科技是近些年最为活跃的金融相关行业，一方面，它受益于金融业在经济发展中起着重要的作用；另一方面，以科技、智能渗透到金融业，让市场受众群体和群体活跃等重要指标都发生质的变化。科技金融的规模形成与这些行业的发展进步有非常紧密地联系，随着全球科技创新的飞速进步，国内的科技创新企业也面临挑战，在区域内的科技企业日益增多，在区域内形成了企业规模，但企业发展的脚步不同，一些头部企业便脱颖而出，形成科技中心带动整个区域的科技产业发展[1]。但是随着科技企业日趋增多，科技引领型产品都是对资金需求极大的产业性行业，需要金融政

---

[1]　朱辉. 我国省域科技创新水平的空间分布评价［J］. 东南大学学报（哲学社会科学版），2015，17（S2）：63 – 64 + 80.

策的倾斜和金融机构放宽政策予以支持。面对这些需求，科技金融性产品随即产生，这些金融产品设立之初主要以服务科技型企业为主，帮助企业融资和助力区域高科技企业的发展，当这些科技企业融资顺利并得到快速发展后，金融机构也能获利丰厚。当金融中心形成了推动地区的金融吸引力，吸引更多金融、科技型企业进入这一领域，又会加剧新的科技金融业务形成①。这个工程最终推动科技金融中心成为区域内最为活跃的经营群体。

二、金融集聚与深化程度

金融科技中心的形成要具备一些先决条件，首先，金融聚集区域的金融科技含量或是贡献一定是首屈一指的；其次，金融科技中心的发展一定是具有行业联动效应，能够带动上下游产业链形成的。当然，科技金融企业集聚在这一区域也要体现行业的先锋价值，比如，促进金融、科技行业的融合，金融为科技所用，推动双向发展；为配合中心的形成，有更多的基础设施建设投入，这些企业可以共享基础设施，降低单一企业承担的成本；人才交流是中心发展的重要目的，通过行业间业务交流，人才也得到塑造，能够为非产业集合地区输送相关人才。中心对于地区经济贡献是政府最为看重的，一方面，企业能够有序正常发展；另一方面，对当地税收收入也能不断提高，形成良性循环②。全国很多省份围绕金融、科技进行大力发展，提供便利的经营政策和税收减免政策，力在帮扶企业发展。经过有序发展，科技金融的收效也开始凸显，市场体系的范围逐渐形成，其中就包括：科技信贷市场繁荣、科技资本市场火热、科技保险市场增长等规模效应。在政府的引导下，这些科技金融企业能够为当地其他产业带来新的机遇。

三、资源禀赋与经济发展阶段

区域经济的发展情况，受到资源禀赋的影响较大，而良好的资源性会

---

① 何朵军. 区域科技金融、人力资本与技术创新的研究 [D]. 海口：海南大学，2016.
② 束兰根. 科技金融协同集聚研究 [D]. 南京：南京大学，2015.

成为形成科技金融中心的必要条件。经济的发展是科技、金融发展的先决条件，经济中心的形成往往又是科技和金融的聚集，两者之间相互影响，相互促进。经济的发展能够对科技金融的发展提供较多的基础性支持，进而辐射周边，形成较大的经济圈，同时形成的金融中心就会对科技、金融的需求量更大。可以说经济的持续性增长，规模的不断扩大，有助于科技金融圈的形成和发展[1]。

四、专业化复合型人力资源

构建科技金融中心需要一个强大的基础，那就是无论在质量上还是数量上都处于领先的人才优势。在科技金融领域，对于人才的需求主要包含以下两个种类：一类是金融专业相关人才；另一类是科技创新型专业人才，对于人才的要求均是具有高能力、高素质、专业性强的人才。所以，科技以及科技金融类企业的长远发展受到专业人才能力水平的影响，以科技金融中心为例，主要将专业人才进行以下分类：一是金融型人才，不仅能够对金融的相关业务进行全面的了解和掌握，为科技型公司专门定制新型的科技金融类产品；二是科技型技术人才，主要将技术作为重点性突破，能够引起技术变革的专业人才；三是决策型人才，在目前不确定的情况下，帮助管理层进行正确的判断。对于专业人才的定义，不但教育或培训的基础较为扎实，而且有长期的实践经历，所以，这种类型的专业型人才是科技金融中心发展的坚实基础，而水平的高低就在于人才的质量[2]。人才培养不仅需要相关的配套制度，还需要城市环境的氛围、企业文化的影响等。如果说一个城市想要建成科技金融中心，那么，先决条件就是人才的聚集性。

五、区位因素和基础设施

科技金融中心的形成是受多种因素影响的，其中最重要的因素是政府干预，区域优势和基础设施对其的影响效果是相同的。有研究表明，科技

---

① 和瑞亚. 科技金融资源配置机制与效率研究［D］. 哈尔滨：哈尔滨工程大学，2014.
② 何朵军. 区域科技金融、人力资本与技术创新的研究［D］. 海口：海南大学，2016.

金融中心的形成在一定程度上取决于该城市的地理条件是否优越。我国许多一线城市的发展最初都是因为其优越的地理位置，临近海边或者主要的水上通道的城市就很容易形成科技金融中心，如伦敦，纽约等城市。因为这些城市的地理条件优越，所以这些城市能够聚集大量的科技金融机构，进而形成科技金融中心。除此之外，基础设施的完善程度，外部环境的氛围等对于科技企业，以及金融机构的创新都是有帮助的①。硅谷成为世界信息技术的中心就是得益于它的地理位置以及基础设施。因为该区域的交通便利，区域内部科技型产业众多，创业环境浓厚，以及科技信息的快速交流等，都为其提供了保障，除此之外，该区附近有几所科研实力雄厚的大学，为硅谷区域内的科技产业提供了人才。

六、政府推动

实体经济的发展离不开金融产业的推动，这也是政府推动金融产业发展的主要原因，为了使某些地区能够产生金融产业规模效应，政府会采取一定的措施为此地引进跨国企业及金融机构，除此之外，还会为本地的金融机构提供税收优惠政策。为了保证金融企业的健康发展，政府不仅颁布了一系列的政策，还加强了对此地区的金融监管力度②。选取的政府推动因素的衡量指标如表3-2所示。

表3-2　　　　　　　　　　政府推动因素的衡量指标

类型	因素	指标
政府扶持	财政投入	该省金融业财政预算支出（万元）
	税收支持	该省金融业税收收入（万元）
金融环境	金融监管	虚拟变量

资料来源：笔者根据资料整理所得。

---

① 赵文洋，徐玉莲，于浪. 科技金融结构对区域科技创新效率的影响［J］. 科技管理研究，2017，37（21）：22-28.
② 沈颖. 地方政府推动科技金融发展的政策选择研究［J］. 科技与经济，2012，25（6）：61-65.

由上述分析可知，金融中心的形成离不开各种驱动因素的影响。对金融中心的形成有很多的分析视角，笔者选择的视角主要是区域经济学的区域经济，空间经济学的规模经济等，不同角度之间的关系不是对立的，而是相互补充的。简而言之，金融中心的形成受多种外界因素共同影响，金融中心的发展也是复杂且漫长的。

七、制度环境

对于科技金融中心形成的影响因素是多种多样的，其中有三种是最为基础的影响因素，即国家的政治经济制度，国家制定的法律环境，国家的行政干预。如果没有这三种基础的因素对其进行制约，那么其他因素也没有发挥作用的机会。美国风险投资的出现及后续的发展，离不开企业制度的制定，国家改革后的税收政策，以及政府对高新科技产业的扶持。如果没有市场经济制度，那么科技金融中心将很难形成，如果市场经济制度的发展不够完善，资本的流动难以自由进行，进出口的贸易难以实现自由化，那么各行各业的市场将会受到限制，科技金融中心的发展规模也会受到限制[1]。政治角度对科技金融中心的形成也有促进作用，政府对于科技金融中心的形成起到了很强的前瞻性作用，但是因为客观因素的影响，无法完全了解科技金融中心形成的内部规律，而且各种干扰也会使得科技金融中心的形成存在着未知的风险。市场对于科技金融中心的形成起着主导作用，完善的法律法规体系以及国家对于知识产权的保护，对于科技金融中心的发展有着很强的保护作用。法律体系的完善不仅可以保护创新型企业和金融企业的利益不受损害，也可以保证科技创新企业，以及金融机构的正常发展，科技企业的知识产权能否被保护关系着科技金融中心能否正常运行[2]。

---

① 刘芸，朱瑞博. 我国科技金融发展的困境、制度障碍与政策创新取向 [J]. 福建论坛（人文社会科学版），2014（1）：56－63.

② 严亦斌. 高新技术中小企业融资制度创新研究 [D]. 武汉：武汉大学，2011.

第四章 国内外科技金融中心
主要模式比较

科技金融中心能否健康发展，发展模式的选择对其至关重要。城市或区域的科技中心的形成有两种模式，第一种是内在动力自发形成模式，第二种是外部引导，政府推动模式。在科技金融中心后续发展中，发达国家和一些新兴的发展地区，已经积累了成功的经验，在我国对科技金融中心进行建设时，可以借鉴这些地区的经验。随着科技金融中心的不断形成，目前，科技金融中心的发展模式主要有市场主导型的旧金山科技金融中心发展模式，政府主导型的特拉维夫科技金融中心发展模式，市场与政府相结合型的北京科技金融中心发展模式等。我国在对外经验进行引进时，要注意结合我国各地方的实际情况，制定出符合我国地方特点的科技金融中心发展模式①。

第一节 市场主导型科技金融中心发展模式

旧金山科技金融中心坚持满足市场实际需求的原则进行资源配置，进一步优化科技资源和金融资源，目前，在国际上已经发展成为市场主导型发展模式的典范，在这种发展模式的大环境下能够让科技金融资本市场的巨大潜力得到充分发挥，从而主导并推动资本市场的良性发展。政府在市场主导型发展模式下仅起辅助作用，从而成为科技金融名副其实的"守夜人"。市场主导型的科技金融中心内部，科技企业的创新发展不仅会进一步

---

① 赵晓斌. 全球金融中心的百年竞争：决定金融中心成败的因素及中国金融中心的崛起［J］. 世界地理研究，2010，19（2）：1–11.

推动科技产业的快速发展，而且随着科技企业的发展壮大，对各类融资需求也不断增加，由此产生了各种为科技企业提供融资服务的科技金融机构，并创新性开发设计出各种能够促进科技企业发展的各种科技金融产品与服务，从而使科技金融中心得以快速发展。进而使区域内的科技产业、科技企业和科技金融产业实现互助共赢，科技产业和企业的良性发展不仅对科技金融发展提出了进一步需求，而且对科技金融中心也提出了更高的发展要求①。综上所述，通过市场的主导作用不仅实现了科技与金融的良性互动共赢，而且促进了旧金山科技金融中心的良性快速发展。

一、旧金山科技金融中心的发展概况

旧金山科技金融中心坐落于美国 The Bay Area，我国称之为湾区，是美国西岸中点，湾区地理位置十分优越，域内有九个郡（County），人口总数超过 730 万人，这里汇集了美国多家世界级金融机构总部，如美洲银行总部、富国银行等。从而使旧金山市成为美国湾区经济、金融、商业和文化中心。其中，圣荷西市不仅是旧金山域内人口最多、面积最大的城市，也是美国硅谷（Santa Clara Valley）所在地。域内奥克兰市的经济实力因以下三方面原因位列美国前茅：（1）奥克兰市是美国重要的制造业中心和分销业中心；（2）奥克兰市的铁路交通四通八达，是美国西海岸最大的铁路枢纽；（3）奥克兰市港口条件优越，是美国第四大集装箱港口。

目前，旧金山湾区不仅拥有雄厚的经济实力，而且已经发展成为世界级别的经济中心、科技中心和金融中心②。

依据美国经济分析局的相关资料，旧金山湾区 2008 年的地区国内生产总值超过 5084 亿美元，在美国境内仅次于纽约都会区和洛杉矶都会区，其经济总量已经超过瑞士，位列世界国家排名第 21 位。这里是美国硅谷的发源地，时至今日，这里的风险投资密度位列世界首位，依据美国创业风险投资协会（NVCA）的相关资料，2009 年，旧金山湾区汇集了美国超过

---

① 张明喜，赵秀梅.科技金融中心的内涵、功能及上海实践［J］.科学管理研究，2016，34（4）：101－105.
② 刘恒怡，宋晓薇.基于金融支持视角的全球科创中心建设路径研究［J］.科学管理研究，2018，36（4）：101－104.

40%的创业风险投资。从而使之成为美国最重要的创业风险投资（venture capital）中心①。

世界著名的斯坦福大学坐落于硅谷地区，该大学于1909年出资500美元，与一位著名科学家进行合作，研究开发真空管，这是世界上资金与科技的首次结合，该次结合被视为首例创业风险投资。风险投资真正发展成为一个独立的行业始于20世纪40年代，第一家公司是成立于1946年的美国研究与开发公司（ARDC）。风险投资发展到1958年，开始出现了合伙制风险投资公司。风险投资的发展经历了诸多坎坷，主要根源是没有建立完善的退出机制，因此，到1970年，美国全部风险投资机构的社会融资总额度仅仅只有几亿美元。

1971年美国的纳斯达克上市平台宣告搭建完成，其主要目的是为高新技术企业提供融资服务，企业通过该平台股票市场，在完成社会融资的同时，有力推动美国创业风险投资行业的迅猛发展。仅2000年，美国风险投资机构社会融资的资本额度高达1045亿美元，其中，投资额就高达1005亿美元；风险投资机构管控的资本规模高达2248亿美元。影响风险投资行业发展的因素有很多，近几年在科技股泡沫破灭，以及金融危机直接影响下，该行业发展受到较大影响，并呈现一定程度的萎缩，依据世界专业机构统计的数据信息，2009年美国所有风险投资机构管理管控的资本规模仅有1794亿美元②。另外，依据美国风险投资协会1970～2001年相关材料，30年间，风险投资机构对美国经济发展的促进作用主要体现在以下三方面：（1）30年间美国的风险投资机构向各类企业共投资4560亿美元，其中，主要是科技创新型企业，共有27000家公司受益；（2）30年间得到风险资本支持的公司每年为美国贡献的就业岗位以千万计；（3）美国的风险投资行业在有力提升国家科技整体实力的同时，也为美国经济的创新发展做出巨大贡献。

目前，美国旧金山科技金融中心的风险投资行业、传统金融行业和创业板市场之间已经形成了相互促进的共赢关系，从而进一步优化配置了各

① 胡苏迪. 科技金融中心的形成机理与发展模式研究 [D]. 南京：南京师范大学，2017.
② 温锋华，张常明. 粤港澳大湾区与美国旧金山湾区创新生态比较研究 [J]. 城市观察，2020（2）：39－46.

类社会资源，并在此基础上最大限度地满足科技企业的发展需求，例如，为创新企业的科技成果转化提供最优质的金融服务。

伴随着美国风险投资行业的兴起、发展和不断完善壮大，旧金山湾区一改传统商业银行服务业中心形象，而一跃发展成为以风险投资为核心的世界性科技金融中心。

二、旧金山科技金融中心模式的特点

美国是资本市场上最为健全的发达国家，其资本市场主要有四个方面优势：（1）发达的多层次资本市场；（2）领先的风险投资市场；（3）全球顶级的科技银行；（4）相对完善的政策性金融支持。美国多层次资本市场结构如图 4-1 所示。

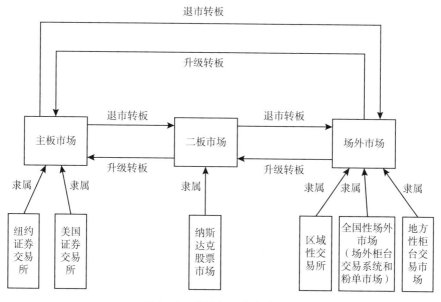

图 4-1 美国多层次资本市场

资料来源：徐润．我国科技型小微企业的金融支持模式研究［D］．南京：东南大学，2018．

目前，旧金山科技金融中心发展模式的主要特征如下：（1）经营管理过程中突显市场的主导作用；（2）科技股权投资机构是该中心的市场主体；（3）科技金融中心市场内拥有专业性科技信贷机构；（4）科技金融中心内风险投资、科技银行、纳斯达克资本市场紧紧围绕着科技资本市场，为其良性发展提供优质服务，最终形成了相互促进的共赢关系。该发展模式不仅充分展现了科技金融对各类资源的优化配置能力，而且能够最大限度地满足科技企业在各个发展阶段的融资需求，例如，成果应用转化阶段及产品市场推广阶段等。因此，该发展模式具有鲜明的市场特色。

（一）创业风险投资成为科技金融中心发展的主导力量

创业风险投资（venture capital）兴起于 20 世纪，回看其兴起与发展历程可以称之为 20 世纪最伟大的金融创新之一。其创新之处在于以下四方面：（1）融资方式创新；（2）投资方式创新；（3）资本管理创新；（4）资本退出创新[1]。美国硅谷成立于 20 世纪 60～70 年代，其最大特色就是新技术革命，在其推动下风险投资业得到快速发展。同时风险投资业对该中心的助推作用主要体现在以下两个方面：一方面，风险投资业为市场中高端技术的领先发展提供充足的资本保障；另一方面，旧金山科技金融中心的发展和完善，能够促进国内其他高新技术产业实现同步发展。创业风险投资不仅具有高风险偏好，而且是对融资契约的一种创新，也是对权益类投资制度的创新和完善，因此，创业风险投资需要新技术手段下的一系列新型金融工具和投资方法与之匹配，进而促进其快速成长发展。例如，可转换证券、股票、债券等。也正是可转换证券的广泛使用，吸引了大批企业家和风险投资家纷纷加入创业风险投资行业。因此，目前美国硅谷集聚了全国超过 40% 的风险投资资本。

天使投资（angel investment）是美国科技创新最主要推动者，其虽然是一种风险投资，但是是一种具有公益性质的风险投资，其公益性在于参与天使投资的风险资本家都是利用自有资金来满足创业者对创业初始资金的需求。因此，许多天使投资家可能与创业者素未谋面，但是这些天使投资家仍无怨无悔地为其开出以万计的美元支票支持其创业，其目的是最终获得几百万股潜力原始股，这样的股票需要等待一定时日，更无法排除创业者创业失败现象的发生。目前来看，正是天使投资的存在和发展有力助推

---

① 白雪静. 科技金融对技术创新效率的影响［D］. 北京：北京邮电大学，2019.

了硅谷的成功和发展，同时，天使投资也已成为硅谷科技创新模式的核心组成。在天使投资的支持推动下，硅谷的无数创业者凭借技术创新或者金点子起步，最后成长为举世闻名的大企业家。

近年来，互联网金融发展迅猛，互联网金融的众筹融资平台上，涌现出大批拥有创新活力的天使投资服务组织。这些互联网金融服务机构其主要业务是为创业者与天使投资家提供优质的中介服务，不仅能够最大限度地降低创业者与天使投资家之间的信息不对称，而且能够帮助天使投资家提高投资效率，同时有力促进了天使投资的良性发展。

（二）专业化的科技银行是科技金融中心发展的有效补充

科技金融中心市场中的绝大多数创业者都是初创期的科技型中小企业，由于可抵押物少，从商业银行直接融资的可能性很小，在此背景下，"硅谷银行"在美国硅谷地区应运产生了，该银行简称"SVB"，其创新之处在于，为科技创新企业提供专业性强的优质金融服务，因此，也被称为"科技银行"，该银行对传统商业银行的各项业务进行了业务创新，如产品开发设计、产品市场定位，以及产品风险监控等。正是源于硅谷银行独特创新，从而有力助推了科技金融的迅猛发展。硅谷银行凭借自身拥有的资金优势，为风险资本和创业企业提供信贷服务，并在此过程中与其建立共享、共赢、共同发展的合作关系①。

（三）纳斯达克股票市场的建立为风险投资提供了良好的退出渠道

美国风险投资行业自 1970 年进入了发展的快车道，主要得益于支持创新的纳斯达克市场，并帮助其于 1971 年走向证券市场。目前，美国湾区的风险资本通过完善的纳斯达克股票市场，不仅能顺利退出风险型企业实现投资收益，而且能够充分利用投资收益完成滚动投资，因此，纳斯达克股票市场吸引世界各国社会资本进入风险投资领域。

---

① 刘恒怡，宋晓薇. 基于金融支持视角的全球科创中心建设路径研究 [J]. 科学管理研究，2018，36（4）：101 - 104.

（四）有限合伙的运作机制使风险投资行业更加成熟

20 世纪 40 年代左右，美国风险投资业诞生并发展；20 世纪 70 年代，有限合作制逐渐确立并被采用之后，美国风险投资业开始得到了极大的发展。因此，有限合伙制作为一种企业制度，其具有十分重要的意义。有限合伙制度的确立能够使机构以知识、节能，以及管理经验等方式获取相应的投资收益，然而机构、企业与具有较强承受能力的富裕家庭则需要进行风险投资资本的提供，从而推动风险投资行业资本向着来源多元化，以及经营管理专业化的方向迅速发展，从而构建起完善有效的激励约束制度，在风险投资行业的发展当中发挥着重要的作用[①]。

（五）政府扶持为科技金融中心的发展创造了良好的环境

美国政府以高新技术开发及产业化发展为基础，制定了大量的支持风险投资行业发展的政策法案，例如，美国《小型企业投资公司计划》，对于风险投资行业的环境改善具有重要意义。

在美国，创业投资与政府支持之间有着紧密地联系。《小企业投资公司计划》的出台，确立了风险投资基金的法律主体地位，使不同行业的公司都能从风险投资基金中获得初步融资。在此基础上，美国政府又做出规定：第一，国家科学基金会和国家研发基金应将它们中的 10% 用于推动小型企业技术的发展，并设立了小型企业风险研究基金，以便为风险投资者和科技企业提供无偿性资金。第二，为了实现风险资本收益税率的有效降低，从 1978 年起，美国政府就采取相应措施，对风险收益税率进行有效控制，从 49% 降至 28%，此后，该数字在 1981 年又降至 20%，使风险投资业的税收大大减少[②]。第三，通过实行包括放松基金和直接投资限制在内的各种方式，有效地吸引风险投资参与者，美国证券监管机构要求银行、保险公司和证券公司等将大约 5% 的资金流入和收益用于风险投资，同时支持外国投资机构进入国内市场。

---

① 冯芸，林丽梅. 科技进步、金融服务与国际金融中心建设 [J]. 中国软科学，2009（S1）：112 – 117.

② 胡芮迪. 科技金融中心的形成机理与发展模式研究 [D]. 南京：南京师范大学，2017.

（六）完善的信用担保体系给美国科技融资提供了良好的支撑

科技型企业的信用体系不健全，一直是其融资过程中遇到的重要问题。除去道德因素，科技型企业还存在前期投入成本高、科研周期长、科研成果难以转化等问题，因此，建立一个健全的信用担保体系，是解决科技型企业融资的必要问题[①]。美国的信用担保体系十分发达，并且具有商业信用评级准确、客观和信用担保业务分工明确这两大特点。美国中小企业管理局（SBA）每年为科技创新项目担保的贷款额超过百亿美元，并逐年增长。其主要运作程序有：受理担保申请、项目评审、担保费用协商、签订项目合同四个步骤，每个步骤都有专门人员负责，并且信用担保项目的负责人员大多都是来自各个行业技术领域的权威人士，对科技项目的评审、预估都相当的专业。为了降低机构的担保风险，SBA专门制定了相关的担保标准，包括：对于15.5万美元下的贷款所需要提供的担保为90%，而贷款范围在15.5万~75万美元所需要提供的担保为85%，同时也需要提供一定程度的抵押等。明确的担保标准和完善的担保服务，是美国科技企业能够获取融资的必要保证。

（七）合理的科技评估体系也是美国科技项目得以高效实现的重要环节

科技评估是利用专业科技人员和学者对一个科技项目的可行性、长远性、高效性和实用性做出准确评价的重要环节，美国的科技评估体系无论从硬件配置（相关科技人员、评估数据、评估报告等）还是软件环境（评估方式、评估规范等）都有很多值得借鉴的地方。

1. 健全的评估机构

联邦评估机构、州政府评估机构、高校和研究院评估机构这三大类评估机构能够全面、有针对性地对各个级别、种类的科技项目进行评估，许多大的评估公司和机构同时作为大的咨询公司、律师事务所和风险投资公司而存在，经营的业务更是越来越广泛。

---

① 罗婷婷. 科创型中小企业发展金融服务体系构建研究［J］. 湖北经济学院学报（人文社会科学版），2020，17（1）：41–43.

2. 丰富的评估内容

科技评估的内容包括科技政策、科技计划、科技项目、科技机构和科技人员五大类，并根据科技项目的具体情况按照事前评估、事中评估和事后评估这三种评估方式对项目是否开始、是否需要计划调整、是否达到预期目标作出详细的评价。

3. 详细的项目分类

按照项目的资金来源进行分类，帮助政府对所有科技项目进行系统化的管理，并针对每种类别的项目给予特殊的政策引导和支持，帮助项目高效完成。按照资金来源将科技项目分为政府资助项目和私有部门资助项目两大类，对每类科技项目都有相应的法律和政策来对项目进行预算审核、运行监督和评估管理。除此之外，美国还有一系列独特的科技奖励评估计划，设有国家技术奖、国家科学奖、物理学会奖等鼓励和奖励政府或民间科技项目的奖项，并通过具体详细的流程对科技项目进行评估。

第二节　政府主导型科技金融中心发展模式

在特拉维夫科技金融中心的发展中，政府是一个不可忽略的主要推手，或多或少都发挥着重要作用。与市场主导型不同的是，政府主导型科技金融中心发展模式中的政府，在科技金融资源配置过程中起到主导作用。目前，国际上采用政府主导型模式发展科技金融中心的国家有很多，以以色列、印度和韩国最具代表性。当前，我国科技金融中心发展采用的也多是政府主导型发展模式。

一、特拉维夫科技金融中心的发展概况

特拉维夫科技中心与地中海邻近，其地理位置是在以色列西海岸。特拉维夫市创建的时间是在 1909 年，该市区是由于部分犹太移民为了避难而兴建的，特拉维夫在此之后保持着十分快速的发展状态。1950 年，特拉维夫与雅法合并，成立特拉维夫—雅法市。该城市已成为以色列最具国际化的经济中心。该市区的总面积是 51.8 平方公里，作为以色列的第二大城

市，其人口的数量在 40.3 万人左右，占以色列总人口的比率大约是 5%。根据 2005 年的统计数据，特拉维夫城市群主要包括以下几个城市：巴特亚姆、霍隆、拉马特甘、佩塔提克瓦、里雄莱锡安、拉马特沙龙、赫兹利亚等城市，这些城市的人口约为 304 万人，对以色列的经济发展具有重要意义。以特拉维夫为中心的城镇群的高技术企业产值占全以色列的 2/3 以上，是以色列科技创新的"龙头"。特拉维夫是全球资本、金融驱动科技创新的典范①，其人均风险投资居世界第 1 位，在 2005～2014 年实现了总额近 190 亿美元的融资，成为纳斯达克上市企业数量全球排名第 2 位的地区和"世界高科技的动力源"。

特拉维夫是全球主要的科技中心，在世界上都受到了广泛的认可。以色列是全球技术最为先进的国家之一。因为国家缺乏自然资源，所以其对于科学技术的投资十分重视。1999～2010 年，以色列研发资金在国内生产总值（GDP）当中所占据的比重处于世界第 1 位，因此，以色列人均科学家及工程师的数量在世界上处于相对领先的状态，每 1 万名的雇员中，科学家和工程师在其中所占的数量为 140 人。美国、日本的这一数字分别是 85 人、83 人。特拉维夫的研发中心有数百家，研发的重点主要包括：计算机硬件技术创新、通信科技创新等。这一地区的高科技企业在以色列当中的占比达到了 23%，初创企业的数量在 800 家左右。与欧洲大陆相比，纽约纳斯达克证券交易市场上，以色列企业的总数要多得多。

特拉维夫证券交易所是以色列唯一的证券交易所，其位置设在特拉维夫金融中心，该中心对区域科技发展产生了重大影响。该交易所持有的交易基金共有 622 只，共有 180 种类型，其中 60 种是国库券，500 种是公司债券。特拉维夫科技中心充分聚集了大陆风险投资和创投基金，是全球风险投资密度最高的地区，这主要是由于以色列巨大的、活跃的风险投资市场。据调查数据显示：2008 年，以色列人均风险投资超过 270 美元，约为美国的 2.5 倍，超过 50 倍。以色列钻石交易所也在特拉维夫设立，对钻石交易产生重大影响。特拉维夫在伦敦金融城发布的全球金融中心指数中排

---

① 刘恒怡，宋晓薇. 基于金融支持视角的全球科创中心建设路径研究［J］. 科学管理研究，2018，36（4）：101－104.

名第 25 位,排名相对较高①。

二、特拉维夫科技金融中心模式的特点

特拉维夫的科技金融中心发展模式有自身的典型特征,主要是以政府为主导,特拉维夫科技发展的每一个阶段,政府参与的程度都比较高,特拉维夫政府参与了科技型企业团队成长的全程,面对企业的成长,政府会采用种子基金引导计划,以及相关的风险投资。特拉维夫政府对于此类型企业的发展十分重视,并且投入大量的资金,以及金融帮助,充分保障了特拉维夫地区科技型企业的发展②。

(一) 政府发起设立创业投资引导基金

特拉维夫政府对于金融创新企业极为重视。特拉维夫地区是全球创业投资密度最大的地方,但同时还有一个地区的金融发展也较为先进,那就是旧金山的硅谷区域,但硅谷的投资模式与特拉维夫不同,特拉维夫企业主要的资金来源于政府,政府会设立相关基金吸引社会的资本,由于社会对于政府的信任度比较高,因此,会有较多的资金跟随政府资金流入,并且也在一定程度上降低了该区域企业发展的风险。如著名的启动(YOZMA,希伯来语)计划其主要目的是吸引境外的风险投资资本。该计划的主要方式是设立政府引导基金计划,计划中设立 10 个风险投资基金,政府会在这 10 个基金上进行投入,各个基金的投资额是一样的,占总体投资额的40%,其余 60% 的基金来源都是由创业投资机构投入。因为 60% 的额度来源于投资机构,所以政府对相关机构的组成进行了规定,能够参与投资机构的内部人员必须由境外和境内的合伙人共同组成才能够参与。来源于金融创业机构的资金较多,以色列政府还采取了一个手段刺激私人投资方参与,在未来 5 年内,私人投资方可以较为优惠的价格购买政府的基金份额,以色列政府不能以任何理由拒绝这一购买请求。

---

① 王倩.《以色列科技经济》(节选) 英汉翻译实践报告 [D]. 济宁:曲阜师范大学,2020.
② 宗喆. 对以色列科创模式及中以合作的思考 [J]. 国际金融研究,2020 (2):26 - 35.

（二）政府设立科技孵化器

特拉维夫成立科技创新的"孵化器"，并作为"控火器"参与到资本投资科技创新的过程中，统筹调配管理资本。"控火器"在调控资本"燃烧方向"、调节"火量大小"等方面均发挥着重要作用。

首先，孵化器让真正懂科技的专家统筹资金分配，把资本之火引向合理燃烧方向。1968年，以色列政府成立了首席科学家办公室（OCS，现升级为国家技术创新总局），由其下属管理多个孵化器。孵化器汇聚了优秀的专家学者，由他们负责挑选支持科技项目的发展，并对资本进行统一调配投资（其中，孵化器获得的私人融资是政府初期投资的2倍以上）。各孵化器以开放的态度和简洁的流程受理"任何公司、任何产品线"的新点子，同时关注投资风险最高、最难获取市场投资的、"脆弱"的初创前端，为选中的项目予以高达85%的研发费用支持。这样，通过将资本火种交在孵化器的手中，让专业的人来淘金"点火"，不仅温暖孵化了更多好的科技创意，也为他们争取了足够的成长空间。

其次，辅导科创公司早期成长，合理"送风"，呵护资本火苗越烧越旺。孵化器计划在为科技公司提供资金支持之余，还为创业者提供适宜的引导，帮助他们走好最难的第一步。孵化器不仅为创业者提供相应的装置和基础设施，同时还成立专业的导师团队，陪同创业公司成长——来自工业、商界和学术界的专业人士组成总经理和项目委员会，为创业项目提供引导、监督和定向咨询服务。孵化器通过对科技初创项目提供包括技术环境、资金支持、专家建议、行政协助等在内的多方支持，为投资的小火苗"合理送风"，促成项目的成长壮大。

最后，早期承担风险、后期让利退出，实现资本之火持续燃烧。政府引导的孵化器参与项目早期投资成长，但并未与私营企业和市场资本形成竞争。在投资项目步入正轨、资本火苗正常燃烧之后，政府便从中退出，让利于市场和企业。在创业早期，政府承担了失败风险——若创业失败，创业团队无须偿还贷款，若创业成功，则仅须以3%的低利率偿还贷款；在初创后期，将孵化支持落到实处后，政府及时从中退出，例如，政府扶持的种子基金（Heznek）项目，约定了项目投资者在项目实施7年内的任何时间，均可以"以最初的价格加利息"来购买政府股份。这样可以通过有限合伙、及时退出、让利于人，孵化器成功把已经理性燃烧的"资本之火"交回到市场手中，让其持续获益燃烧。

总之，通过孵化器计划，把赌注压在专业人士和组织上，而非资本和创业者身上，以色列在资本投资科技创新的过程中实现了合理"送风控火"，孵化出超过 1700 个项目，且成功率高达 88%。

（三）提供科技直接对接资本的平台

举办全球盛事，搭建资本和科技的"路演场"，是让资本"认识"以色列科技、吸引资本进入以色列的有效途径。特拉维夫通过多种多样的创新活动和节庆，吸引了创业公司、投资人、风投基金、企业代表等从世界各地汇聚而来，建立起科技与国际投资者间的交流纽带。在特拉维夫著名投资盛会"走向以色列"（GO4 Israel）中，不仅邀请各界领袖围绕高新科技和跨国投资等内容展开演说讨论，为资本与科技创造更多合作兴趣点；同时，还举办了为精选科技公司提供展示机会的特别会议。在搭建"路演场"之外，特拉维夫还精心组织资本的"考察团"，让资本火种"走进"本地科技。特拉维夫全球办公室推出的"创业城市之旅"项目，会带领感兴趣的投资者实地参观考察城市中的创业公司、研发中心、孵化器等；而在特拉维夫创新节（DLD）中，资本方还会受邀参加独特的"创新之旅"，走进百余家创业企业完全开放的办公场所，亲眼见证特拉维夫城市的科技活力。通过"全球路演"和"实地考察"，特拉维夫不仅搭建起科技与资本对接的强大人际关系网络；更通过让全球资本对话、了解、亲眼见证以色列科技，成功引进全球"资本火种"，促进以色列科技与国际市场之间的资本流动。

（四）营造良好的科技金融中心市场环境

为保证对投资者的吸引力，以色列培育了非常有利于国内外投资者的大环境。一方面，以色列通过开放私有化和立法，从根本上保证了资本投资科技的自由。如《以色列税收改革法案（2002）》中对主动性资本（风险投资、证券交易等）的收益税的调整、《天使法（2014）》中对投资人赋税优惠制度的规定等，均激发了投资人的积极性；另一方面，以色列高素质的人力资本、对民间研发的看重也成为资本火种对投资以色列科技的信心之源。总之，这些对"资本"友好的市场制度、法律保障、良好的创新要素等，共同筑起以色列吸引资本火种的"燃火之薪"，成为资本不断燃烧的前提。

（五）　提供多样的创新创业公共服务

特拉维夫政府给自身的定位是服务型政府，主要目的是匹配全球科技创新中心的城市工作主题。特拉维夫对于外来人口较为欢迎和包容，欢迎全世界各地的人来他们的国家。在 2010 年，特拉维夫政府将一个旧的公共图书馆进行重新修葺，该图书馆所处的位置较为特殊，位于该城市最繁华的商业中心，因此，特拉维夫政府将该公共图书馆建设为一个知识共享与创业办公相融合的中心区域。该图书馆重新修葺之后也被特拉维夫政府利用起来，每年政府会在该处举办创业大赛，从中挑选出较有发展潜力的 10 家公司，并且会免费给他们提供一些场地。特拉维夫政府全力支持创新型企业的发展，并会为该种类的企业提供更多的便利与服务，为了方便他们的发展，甚至还设置了相关的信息咨询部，以及培训机构。

总结来看，在特拉维夫，来自世界各地的天使资本、风投基金、机构投资者、跨国公司及个人被有效连接起来，组成了丰富的优质火种；以色列也通过对优质科技项目的筛选培育、卓有成效地实施孵化器计划，将火种成功引燃，并使其理性、持久地燃烧，温暖着科技项目的成长转化，最终保证了科技发展的持久活力，实现了金融对科技创新的驱动①。

第三节　市场与政府相结合的中间型科技金融中心发展模式

市场与政府共同发挥作用，这是一种市场与政府相结合的中间型发展模式。市场对资源进行配置，因为目前大力发展金融科技，所以市场会将大量的金融资源配备给科技资源，并且政府也对此部分较为重视，促进他们发展。以下内容主要是以北京科技金融中心为例，介绍其对于该部分建

---

① 孟祺. 金融支持与全球科创中心建设：国际经验与启示［J］. 科学管理研究，2018，36（3）：106 – 109.

设的现状和相关经验。

一、北京科技金融中心的发展概况

北京市的中关村是中国的第一个国家高新技术开发区和自主进行开创新事业的示范基地，是中国有着战略方针和致力于高新科技发展的源头。几年以来，国务院先后出台了支持中关村的"1+6"政策、"新四条"政策等一系列先行先试政策。2013年9月30日，中共中央政治局在北京中关村以实施创新驱动发展战略为题，举行第九次集体学习。习近平总书记在会议上强调，实施创新驱动发展战略决定着中华民族前途命运。全党全社会都要充分认识科技创新的巨大作用，敏锐把握世界科技创新发展趋势，紧紧抓住和用好新一轮科技革命和产业变革的机遇，把创新驱动发展作为面向未来的一项重大战略实施好。

经过20多年的发展，中关村已经形成一区多园、各具特色、重点建设"两城两带"的发展格局，规划面积488平方公里，拥有中关村高新技术企业近2万家。在第十二个五年计划期间，该领域全面开创以"1+6"政策为表率的管理模式的改变，以及以"走在最前带动最先"为指针的发展战略部署，形成一切让利于高新科技发展的、积极的生态体系，战略支撑能力、创新引领能力、辐射带动能力、全球影响力进一步增强，实现了"四个新突破"：一是引领首都创新驱动发展实现新突破；二是体制机制改革和政策创新实现新突破；三是构建创新创业生态系统实现新突破；四是提高对外辐射和全球影响力实现新突破。2015年中关村企业总收入4.08万亿元，比2010年翻一番，战略性新兴产业占比达65%以上，高精尖经济结构加快形成，引领首都创新驱动发展实现新突破；企业专利申请量突破6万件，较2010年翻两番；签订高新科技协议的成交资金达2005.5亿元人民币，将近80%的投资延伸到北京之外的一些地区，是2010年的两倍。近年来，中关村整体发展呈现出新的特点：

第一，发展方式形成"六大转变"①：一是在发展壮大的总体趋势上，

———————

① 李留宇. 中关村：建设科技金融和互联网金融创新中心［J］. 国际融资，2013（12）：11-12.

从高新技术开创和新兴的产业中的普通一员变成在多个行业领域也能发展并壮大的先行者，并且在某个领域短时间内做到了行业老大。二是作用能力突飞猛进，之前只是在科学技术制约试验项目和高端技术的产业建设，成为国际上颇具一定影响力的高端技术创业核心，逐渐进化为推进全面创新改革试验，打造国家创新平台和新经济的强大引擎，率先建成具有全球影响力的科技创新中心。三是在发展方向从之前的只着重把企业规模不断扩大，把企业框架进行不断转换和调整，改变成创新科技对供给侧结构改革的支撑作用。四是在决策上少走弯路，把依托企业自身生机和培养老旧发展空间的原生动力方面，转移到寻求外源帮助和带动，寻求更多的资金投入和有针对性地开发项目的投入。五是在营商环境方面，改变策略，把之前致力于打造局部的科技创新生态体系，着眼于延伸到区域外的相应体系，并放眼世界，打开视野，在新网络发展中寻求一席之地，并为之奋斗成为行业龙头产业。六是在开创高新技术全面整治机制方面，以政府的决定部署为主线，全面转换观念，形成主导主流市场，带动政府设立项目和发动全员参与的良性机制发展新局面。

第二，原创性"新技术"不断涌现。近两年来，这里的高等学府和公司中有很多的科研成果成为中国高新科技发明规模较大的项目，主要体现在人工智能技术主导和蛋白质组成框架等最尖端研究课题，以及航空航天和高速铁路等诸多中国科技战略的高新科技开发项目。这里的资金投入以每年递增20%的速度上升，公司开办的各种以高新科技核心为主的公司等分支机构也以30%的递增率迅速壮大。中关村企业积极承接国家重大科技专项和重大科技工程，催生了一批自主创新成果。

第三，技术创新与经济发展紧密结合，"新经济"形态初步形成。中关村率先构建起以创新为主要引领和支撑的新经济体系。"互联网＋"向各行业广泛渗透，促进传统产业转型升级。小米、京东、奇虎360等企业从小型创业团队迅速成长为改造传统行业的巨头，尖端科技开创崭新的局面和以营销战略发展的不断探索，还有经济金融科学技术在创新领域的相互配合，加快了移动数据网络中的教育和经济领域的快速发展，带动了家居智能化和各种以AI为主的制造业发展。目前，环境智能化、医疗卫生智能化等网络时代已然来临，并形成新的增长点。制造业与服务业融合发展，产业占据"微笑曲线"两端，以国内龙头三大企业为例，以生产电子产品为主的利亚德和通信制造业的中国普天，还有电子信息产业的北斗星通等最先发展起来的大型企业，统统转为社会全面提供服务的企业。以"众创、众筹、众包、众扶"为特色的分享经济模式引领"大众创业、万众创新"进入新时代。创新工场、车库咖啡、36氪等创新型孵化器蓬勃兴起，在中关村掀起大众创业、万众创新的热潮。

第四，金融创新驱动科技创新，"新金融"助力新经济①。中关村成为我国创业投资最活跃、企业投入资金顶级的区域。中国80%的天使投资资金，都在此崭露头角并全面运作，资金投入金额和数量超过中国整体投资额的40%，开创各项新技术产业达1/3以上。涌现出40余家上市前估值已超过10亿美元的"独角兽"型创业企业，全球仅次于硅谷。据美国知名创投研究机构商业洞察公布的世界102个特殊行业先驱目录里，我国的小米稳居第一，估定价值达460亿美元。我国共有11家公司入选，而从这里走出去的滴滴和美团外卖，还有小米和便捷的口袋购物，以及凡客等5家公司，都是从其中发展壮大起来的，公司以繁多的资金投入来引领资本市场创新的不断发展，形成独特的板块模式并产生积极效应，上市的公司越来越多，据统计现已达到295家，是中国汇集上市公司最多的市场，而其中有1/6的企业是已经上市的公司，所说的中关村板块就是由此得来。在新三板挂牌的中关村企业超过1400家。一大批企业通过跨境并购，调整、利用世界性的开创新技术能源，例如，联想把万国商业机器公司（IBM）的X86终端机服务和移动手机（摩托罗拉）等业务收入囊中②；紫光集团相继收购展讯、锐迪科，在国际上产生了广泛的影响③。积极支持互联网金融健康发展，建设互联网金融创新中心。中关村成立了全国首家互联网金融专业的自我约束和中关村移动数据网经济特定组织，完全兼容网络信息发展平台，推动中国互联网金融核心运营机构落户中关村，积极探索在网络时代的评估和隐患治理机制，带动网络经济趋于平衡健康发展的良好态势。

---

① 何存. "中关村板块"科技与金融结合实践 [J]. 中国科技投资，2011（5）：35－38.

② 张昊，沈建缘. 联想买到了什么 [EB/OL]. （2014－1－25）[2020－1－20]，https://business. sohu. com/20140/25/n394164594. shtml.

③ 顾文军. 连锁反应引发产业大变革——论紫光收购展讯和锐迪对中国集成电路产业的深远影响 [EB/OL]. （2013－11－25）[2020－2－1]，http://blog. sina. com. cn/s/blog_670d772d0101cl3t. html.

第五，创新资源高度聚合，创新成果辐射全国的"新平台"功能得以充分发挥。中关村形成政府公共服务和政策创新平台，市场化的技术成果交易转化平台，在政治和产出、学习和调研，以及应用全面协调的平台上，甚至是整个地域经济及科技开创高新领域融合的创新平台体系。新组建了中国国际技术转移中心，已有100余项国际技术转移项目转移落地。近年来，北京市及中关村技术合同成交额年均增长10%以上，占全国的比重提高到36.6%，1500多家中关村企业在天津市、河北省设立了分支机构或研发中心，在交通一体化、生态环境保护、产业升级转移等京津冀协同发展3个率先突破的重点领域开展技术示范应用项目。在江苏省、福建省、广西壮族自治区、宁夏回族自治区等长江经济带、"一带一路"的重要节点地区共同建设60余个特色园区和产业基地。

二、北京市科技金融中心模式的特点

（一）协调聚集各类金融服务资源

创新创业企业持续增加的融资需求，不断完善的科技金融服务体系，吸引了大量优质的金融资源在中关村高度聚集。中关村通过组建跨系统、跨部门的科技金融工作体系，以及出台一系列补贴支持政策，以中关村核心区为重点，建设国家科技金融功能区，引导银行、创业投资、担保、保险、融资租赁、小额贷款等各类金融资源在中关村聚集发展[①]。北京市完成了在金融街有中型金融机构的聚集和发展、在中央商务区（CBD）有外国金融机构的聚集和发展、在中关村有科技金融机构的聚集和发展的前期成长目标要求。

1. 创业投资持续引领战略性新兴产业发展

中关村天使投资人达到2万名以上，全国80%的天使投资人活跃在中关村。"天使投资＋合伙人制＋众筹"已成为主流投资模式，为初创企业提供了金融支点。2016年前3个季度产生的股权投资事例高达1418件，

---

① 厉诗. 创新与发展——聚焦中关村科技园区投融资体系建设 [J]. 国际融资，2007（11）：17 - 22.

占同一时间全国股权投资案例总数的 33.47%，投资金额共 782.06 亿元，占全国股权投资金额的 38.41%。中关村的创业投资和天使投资的引导基金与技术创业投资基金（IDG）进行了合作，共同设立了 72 只子基金，基金总额达 376 亿元。

2. 信贷专营机构缓解企业贷款难题

北京银行、农业银行、建设银行在中关村设立了分行，还有其他 20 家银行也纷纷在中关村设立支行，为科技企业提供专项信贷服务。

华夏银行成立了中关村管理部。中关村示范区每平方公里有 1.09 个银行网点是全市平均值的 7 倍，企业信贷融资环境明显改善。各银行纷纷开展金融业务创新，如担保融资；贷款方面，则提供信用贷款，知识产权质押和股权质押等服务，还提供了小额贷款保证保险。截至 2016 年 9 月末，中关村高新技术企业贷款余额 2231.9 亿元。中关村信用贷款、知识产权质押贷款、股权质押贷款累计发放金额分别为 1107.6 亿元、59.4 亿元和 65.9 亿元。

3. 多层次资本市场支持企业做强做大

资本市场在创业金融体系中处于核心和枢纽位置，通过其独特的市场化发展和筛选机制，发挥资源配置功能，引导人才、资金、技术和中介服务等各类社会经济资源聚集到竞争力较高的新型产业领域，为创新创业企业的成长和发展提供了经济支持，形成高端产业集群聚集效应。

经国务院批准，中关村代办股份报价转让试点于 2006 年 1 月正式启动。到 2013 年 1 月，在中关村试点 7 年期间，总体运行平稳有序，基本实现了预期目标。挂牌企业严格履行信息披露义务，规范运作。股份报价转让系统的优势在于发现价值和低成本按需融资的高效性，代办系统可以达到创投和股权私募基金的聚集[1]，保障非上市股份公司股权的顺利流转，还可以为多层次资本市场上市起到最基础的孵化作用。对于建立统一监管的全国场外交易市场而言，试点积累了经验，成为全国场外交易市场发展的基础[2]。

与此同时，中关村与上海证券交易所、深圳证券交易所、纳斯达克、

① 乐隐. 中关村：金融创新　护航企业发展 [J]. 中国科技财富，2009（3）：66 - 73.
② 石洋. 中关村：国家科技金融创新中心地位确立 [J]. 国际融资，2012（10）：22 - 27.

纽约证券交易所、香港交易所、德国证券交易所等建立了战略合作机制，通过整合多方服务资源，完善企业改制上市培育的工作体系，达到"培育、改制、辅导、送审、上市"的目标，激发企业改制上市积极性，集中培育高科技、高成长企业，以此增加国际竞争力，促进其发展，使其经营规模不断壮大，可以尽快进入境内外证券市场。截至 2016 年 11 月末，中关村上市公司总数达到 295 家（境内 198 家，境外 97 家），其中，创业板上市公司数量为 85 家，占全国创业板上市公司总数的 1/6，成就了"中关村板块"。2015 年末，上市公司总收入达到 2.3 万亿元，同比增长 28%；净利润为 902 亿元，同比增长 18%，连续 5 年保持较快增长；总市值达到 4.8 万亿元，同比增幅为 54%，连续 3 年实现 50% 以上的增长。

（二）构建促进科技金融发展的政策供给体系

金融是高度市场化的资源配置机制，发展科技金融，重要的是要坚持市场化方向，尊重市场机制的基本特性和运作机理，充分调动微观金融主体参与制度创新的积极性。政府在推动科技金融过程中要立足完善市场机制，既要做到"不缺位"，更要做到"不越位"。政府制定科技金融政策导向，应该借力市场化激励与约束机制，引导市场机制充分发挥作用，激发市场主体的创新活力，带动社会资本向科技产业聚集。中关村通过公共政策创新，从促进企业潜在金融需求向有效需求转化，以及促使金融机构潜在科技金融供给向有效供给转化两个维度，实施中关村十大金融服务工程，促进辖内科技金融生态不断优化①。

1. 企业信用培育工程

中关村被国家发展和改革委誉为全国科技创业企业信用体系建设的"示范标准"，正是因为中关村做到了把信用视为重点，是科技金融工作的基本，通过以信用促融资、以融资促发展的经营模式，设立了中关村信用首善之区。2012 年，中国人民银行批准中关村成为全国首批小微企业信用体系建设试验区。一是在政府公共政策方面提高对企业信用的要求，利用企业信用报告来了解企业信用状况，鼓励金融及相关机构在融资服务中使

---

① 李留宇.中关村：建设科技金融和互联网金融创新中心 [J].国际融资，2013（12）：11 - 12.

用企业信用报告。对企业使用信用报告发生的费用给予 50% 的补贴。截至目前，共有 1 万多家/次企业使用各类信用产品，使用数量高达 2 万余份。二是努力实施科技创业企业流动资金贷款的解决方案，把企业信用视为企业流动资金贷款的基础，通过判别信用良好与否来达到是否进行企业贷款，越是信用良好、信用等级高，企业就越可以得到更大的贷款利息补贴，以此来达到信用激励机制的目的，更进一步地展现信用产品对于银行信贷决策和风险管理产生的影响。三是支持行业协会实施的"企业信用培育双百工程"。所谓"双百工程"，就是在中关村企业信用促进会中分别选择"影响最大"和"发展潜力最佳"的 100 家公司，为这些公司提供便利。每年一选的双百公司都可以享受金融机构提供融资服务的便利，以此凸显企业信用独特的价值。四是鼓励民间资本进入征信行业，培育发展一批有竞争力的征信龙头企业。五是鼓励和支持企业紧跟时代潮流，利用互联网和大数据的便利，进行企业信用信息的征集，通过互联网大数据为企业提供更为优质化的管理。在互联网大数据时代中，利用整合共享权威数据和企业信用信息来进行深入的数据挖掘分析已成为常态，极大地推动了信用审核标准化。

2. 科技担保融资服务工程

而对于企业信用不足或企业无信用记录的问题，中关村也有自己的解决办法。信用等级和贷款数目挂钩，没有信用或者信用等级不高就意味着没有办法进行贷款或贷款数目不多等诸如此类的困难。中关村就这些问题积极搭建科技担保的服务机构，让重点企业为这些有困难的企业进行担保，设立了绿色贷款通道。中关村科技担保有限公司就是中关村于 1999 年末推动成立的，是全国第一家专门为科技企业提供信用担保的公司；随后，中关村又于 2003 年推动成立了中关村企业信用促进会，成为全国第一家企业信用自律组织。在此基础上，基于政策引导、信用等级评定、第三方担保、银行提供贷款、财政进行补贴资助的基本运行模式，建立起了企业担保融资平台，最大限度上囊括了银行企业、担保公司、信用中介机构、信用促进会和相关政府部门。企业担保融资平台结合了信用奖励机制、信用约束机制、企业信用评价和担保贷款业务，以此设立起低成本高效率的担保贷款通道，取得多方共赢的局面。而其中以"瞪羚计划"为主的 4 条绿色通道，其贷款代偿率远低于其他的企业群体，中关村科技担保公司和 30 多家银行的 600 多家分支机构合作，累计为 2.4 万家/次企业提供担保，融资超过 1500 亿元，保证了银行贷款的全部安全。同时，也培育了一大批创新型企业，中关村的近 60 家上市公司和近百家代办系统挂牌公司的首笔融资都是通过该公司提供的担保。在数十年的发展中，中关村科技担保公司资产规模在不断发展中翻了一番，并且通过担保融资服务平台，中关村科技担保公司共组织了 637 家企业发行融资产品，包括集合债券、集合票据、企业私募债，以及集合信托计划等，得到的融资额高达 103 亿元，更是极大地开拓了企业进行直接融资的渠道。

3. 创新性金融服务机构培育工程

大力支持创新型金融机构在中关村设立和发展。建立为金融服务机构服务的项目信息、政策协调、人才支持、培训辅导等综合支持服务体系[①]。因中关村独特的金融功能地位，更多的机构都汇集于此，包括银行、各种事务所、各种机构在内的金融企业和相关服务机构（以下统称"金融服务机构"），将中关村建设成为我国创新型金融服务机构的聚集区。以中关村为核心，围绕其西区和其他区域，是国家科技金融功能区建设的最好的地域，在此基础上，通过加强中关村"一区多园"的科技金融服务功能，汇聚更多的科技金融机构，形成紧急效应。一是要推动设立融资平台，建立含有科技担保公司、小额贷款公司、创业投资发展公司和科技租赁公司在内的中关村发展集团，凝聚一众金融机构，整合创新性科学技术，推动中介机构在中关村集聚和发展。二是积极争取监管机构在中关村设立分局和办事处。2014 年，中国人民银行中关村国家自主创新示范区中心支行（国家外汇管理局中关村国家自主创新示范区中心支局）正式成立，主要面向中关村科技企业开展信用、货币信贷、外汇管理等相关业务。支持深圳证券交易所设立中关村创新创业企业培育中心，加强对区域内企业的培育。三是支持天使投资、创业投资、担保、小额贷款、融资租赁、保险等相关机构在中关村聚集，区县政府给予一定的房租和业务补贴支持。四是鼓励民间资本参与和发起设立为创新创业企业服务的金融机构及组织。支持具备条件的中关村企业发起设立民营银行、金融租赁公司、消费金融公司、商业保理公司等新型金融机构，丰富金融市场体系和层次。五是积极引导

---

① 何存．"中关村板块"科技与金融结合实践［J］．中国科技投资，2011（5）：35 – 38.

各大银行在中关村设立信贷专营机构和特色分行，来支持科技创业企业的不断发展。中关村管委会会同北京银监局等部门对各银行在示范区设立的信贷专营机构进行统一规范，将其作为开展各项金融创新试点的实施载体；引导更多银行在中关村"一区十园"范围内设立信贷专营机构，实现银行机构在中关村的科学合理布局；推动信贷专营机构进一步提升专业化管理水平，加强产品创新，增强差异化服务能力，扩大信贷规模。对于信贷专营机构，政府和银行都提供了各种优惠。海淀区区政府提供了一定的住房补贴和业务风险补贴，各银行则有单独的考核机制和奖励机制。对于信贷专营机构，银行还优化了贷款审批的流程，加快了房款的速度、风险容忍程度也在不断提升、还设定了授信尽职免责制度。由于创新力度的不断攀升，信贷专营机构的客户群体也在不断增加，创新产品的数目更是持续增长，成为各银行进行金融产品创新的主要载体①。

建立金融服务机构联系机制和座谈会制度。中关村创新平台科技金融工作组建立面向金融服务机构的定期调研制度，每季度举办一次金融服务机构座谈会，听取金融服务机构对政府部门和区域发展环境的意见，有针对性地安排市领导和金融服务机构负责人进行座谈。建立金融服务机构需求落实反馈机制。中关村创新平台科技金融工作组建立专人联络员制度，定期征集金融服务机构的需求，分类汇总后提交给相关部门进行办理，在此基础上集中反馈给金融服务机构。目前，北京市初步完成了中资金融机构集聚金融街、科技金融机构聚集中关村和外资金融机构集聚 CBD 的发展局面，企业融资环境明显改善。

4. 科技金融产品和服务创新工程

中关村始终秉承先行先试的创新理念，通过政策引导和体制机制创新，支持金融机构开展符合创业企业需求特点的制度创新、产品创新和服务创新，拓宽企业融资渠道，实现在科技金融创新领域的持续引领。全国第一只政府创业投资引导基金、第一家有限合伙创业投资企业、第一家专门开展科技担保业务的担保机构、第一只科技创业企业集合信托计划、第一只科技创业企业集合债券、第一家企业信用自律组织、第一家互联网金融行

---

① 厉诗. 创新与发展——聚焦中关村科技园区投融资体系建设 [J]. 国际融资，2007（11）：17－22.

业协会等，包括新三板的前身——中关村代办股份报价转让系统，都起步于中关村。在科技信贷领域，中关村的主要职责就是推动相关创新试点的工作，这些试点的相关内容对于企业发展都有非常重要的影响力，例如，银行的信用贷款活动、一些小型企业的小额贷款、面向中小型企业的小额贷款保证保险、认股权贷款、公司的并购贷款、知识产权质押贷款、交易过程中的信用保险及贸易融资。2011 年，刘延东同志在新华社内参《国内动态清样》上批示，中关村对于中小型企业发展的模式探索较为深入，并且最终得出的结果有较大的参考价值，在某些地区，一些科技创新企业贷款较难，而中关村目前已经解决了这些困难，因此，相关部门可以在全国的高新区推展该方法，帮助一些中小型科技创新企业渡过难关。近两年来，中关村积极推动建立科技保险创新示范区，探索"互联网＋保险"新兴业务模式，保险机构根据当前高新区中小型企业的发展状况，开展符合他们自身特点的保险产品和服务，利用保险资金对相关科创企业投资，并可参与企业并购重组和示范区基础建设。

深入推进中关村小额贷款，保证保险试点建设。2014 年起，深入推进外汇管理改革试点。开展境外并购外汇管理改革试点，允许符合条件的企业在获得发展改革部门和商务部门核准之前申请并购款项的预先支付。目前，已经有合众思壮等 9 家企业办理 10 笔境外并购试点业务，累计核准额度 2.27 亿美元，办理快速汇款 8507.03 万美元。积极开展外债宏观审慎管理改革试点，实施外债借用比例自律管理，允许中外资企业在净资产的 2 倍范围内借用外债。

截至 2016 年 10 月末，已为用友、爱奇艺等 67 家企业办理外债宏观审慎试点业务 130 笔，签约金额 41.08 亿美元，试点企业 1 年可节约财务成本约 7.63 亿元，业务笔数和金额在全国试点范围内均居第 1 位。2016 年 4 月，中国银行保险监督管理委员会、中华人民共和国科学技术部、中国人民银行联合发布了《关于支持银行业金融机构加大创新力度 开展科创企业投贷联动试点的指导意见》，将中关村纳入科创企业投贷联动首批试点区域，国家开发银行、中国银行、北京银行等纳入首批试点银行。中关村管委会联合市金融局、北京银监局在全国率先发布了《关于支持银行业金融机构在中关村国家自主创新示范区开展科创企业投贷联动试点的若干措施（试行）》，提出支持银行业金融机构在中关村开展投贷联动试点的十条措施，根据科技企业当前发展的自身特点开设创新试点，优化该区域的融资环境，拓宽整个渠道，解决中小微企业融资难问题，在全国起到了先行先试的示范效应。

5. 政府公共政策创新和风险补偿机制搭建工程

金融是高度市场化的资源配置机制，发展科技金融，一定要坚持市场化方向，尊重市场机制的基本特性和运作机理，要充分调动微观金融主体参与制度创新的积极性。政府在推动科技金融过程中要立足于完善的市场机制，既要做到"不缺位"，更要做到"不越位"。政府制定科技金融政策的导向，应该借力市场化的激励与约束机制，引导市场机制充分发挥作用，激发市场主体的创新活力，带动社会资本向科技产业聚集。中关村将不断创新财政资金使用方式，加强财政资金和金融手段的协调配合，进一步完善财政资金支持科技项目的机制，更加注重采用市场化的支持方式，从直接补贴方式为主向搭建政府投融资平台、设立创业投资引导资金、实施风险补贴等模式转变，通过设立和进一步扩大政府天使投资和创业投资引导资金、小微企业担保基金、小微企业债权基金、小微企业信贷风险补贴支持资金（正向激励）、小微企业信贷风险补偿支持资金（风险分担）等方式，引导财政资金的正确投入使用，提高整个过程的效率，引导金融机构和相关融资促进机构增强对科技型小微企业服务的内在动力。

大力实施风险补偿机制搭建工程，企业在得到财政资金的同时也进一步发展，这被称为"杠杆效应"，因此国家需要实施风险补贴政策①。一是财政资金设立中关村小微企业债务性融资机构风险补贴支持资金，企业在向政府进行贷款时不需要支付相应利息，大大降低了融资成本。部分银行机构会为企业提供相关的信用贷款、知识产权质押贷款等内容，政府可以按照企业借款的额度给予企业一定的补贴支持，但同时也规定了相关补贴的额度最高不超过 500 万元。二是财政资金设立中关村小微企业信贷风险补偿资金，对银行、担保机构为小微企业贷款发生的不良贷款本金部分给予 40% ~ 50% 的风险分担。三是财政资金设立创业投资机构风险补贴资金。并且根据企业在中关村的成立年限发放风险补贴，例如，成立 5 年的企业所得到的风险补贴为企业实际向银行借款额度的 10%，但是总体额度

---

① 严亦斌. 高新技术中小企业融资制度创新研究 [D]. 武汉：武汉大学，2011.

不能够超过 100 万元。对于一些生物医药企业，年限可以相应地放宽，最长可达 8 年。四是推动建立市场化的长效风险分担机制，银行为小型企业贷款是存在风险的，因此，建立该机制可以承担一定的风险。担保机制主要是为银行承担贷款风险，而再担保机制是分担公司的风险。也可以开展发放小额贷款试点，相应降低企业及银行的贷款风险程度；而股权贷款试点可以将创新投资业务和信贷业务相结合，促进科技创新型企业的发展①。

　　下一步，中关村还将围绕共享经济开展相关研究，目前的经济领域与其他行业也有接触，所以要推进金融科技创新、商业模式的创新，以及技术创新三者的结合，根据实际情况来推动他们的发展，探索建立京津冀信用信息共享机制，以企业信用体系建设为基础整合金融服务资源，对于以往传统的金融发展模式进行修改，建立新经济的金融系统。根据中关村最新发展对金融创新的需求，重点从以下五个方面推动国家、北京市层面的政策创新和体制机制创新：一是围绕中关村这一最具活力的创业中心，在构建创新创业生态系统时产生的对金融创新的需求，重点推动金融支持小微企业差异化监管试点、鼓励中小金融机构发展等方面的政策突破。二是围绕中关村行业领军企业，通过产业资本和金融资本融合发展产生的对金融创新的需求，重点推动民营资本参与金融业发展，完善多层次资本市场建设等方面的政策突破。三是围绕中关村企业全球配置创新资源，实现国际化发展产生的对金融创新的需求，重点推进外汇管理创新试点、企业境外投资管理政策创新等方面的工作。四是围绕中关村互联网金融等新业态和新模式发展对金融创新的需求，重点推动中关村信用信息共享机制试点、支持中关村企业获得金融相关业务牌照等方面实现政策突破。五是围绕中关村园区开发和建设对金融创新的需求，重点推动中关村科技载体——不动产投资信托公司（REITs）试点、保险资金参与园区重点基础设施建设等方面实现政策突破。

　　6. 企业首次融资综合服务工程

　　对科技创业企业来讲，首次融资意义重大。着眼于将中关村建设成为全球具有吸引力的创业中心，中关村管理委员会会同相关部门，通过政策引导、资源聚集、产品创新、服务创新，鼓励银行、担保等机构提高对小

①　李焱. 中关村引领创投潮流［J］. 投资北京，2012（4）：78-81.

微企业服务的不良容忍度，提高金融服务小微企业的覆盖面。一是实施"展翼计划"。通过融资担保渠道，重点解决年收入在人民币 100 万～2000 万元的企业融资难问题。二是中关村管理委员会联合人民银行营业管理部开展"零信贷"小微企业金融服务拓展工作。以发放贷款卡为切入点，鼓励银行为没有贷款记录的中关村企业提供授信和贷款支持。从 2013 年末启动，截至目前，12 家银行累计为 900 余家企业办理贷款卡，为近 500 家企业发放信贷融资总额 8.9 亿元，户均贷款 170 万元。三是支持担保机构开展融资担保业务创新，推出面向微型企业的"普惠保"。即向符合中关村产业政策、无不良信用记录、成立两年内的初创期企业，推出全覆盖的小额主动授信产品"普惠保"，提供 10 万元担保融资额。免事前审查，直接作出"信用推定"，同时，加强事后信用跟踪与披露，更好地降低门槛、扩大担保服务覆盖面。四是开展中关村小额贷款保证保险试点。出台《中关村国家自主创新示范区小额贷款保证保险试点办法》，引导保险公司与银行合作开展金融创新，共同服务中关村企业。五是开展商业承兑汇票融资模式试点。出台《关于支持中关村国家自主创新示范区推广商业承兑汇票融资模式的指导意见》，进一步提升小微企业信用价值，拓宽小微企业融资渠道。

7. 天使投资和创业投资引领工程

对于高科技产业和新兴产业发展较为重要的有天使投资和创业投资，创业者在创业初期最需要的就是资金来源，而这些投资可以为创业者解决资金困难的问题，并且还可以提供成功的管理经验①，以及各种战略资源，帮助创业者更好地发展。所以中关村为了带动自身区域发展，非常重视这两种投资。2001 年，在全国开展了试点工作，并且最终表现出来的效果也较为满意。

一是要聚集资源，带动企业发展。在中关村聚集著名的投资机构和天使投资人。结合中关村国家科技金融功能区建设，以中关村西区等为重点，引导天使投资和创业投资机构聚集。

二是引导资金，设立创业投资和天使投资子基金。目前，设立了众多的子基金引导企业之间合作，主要分为以下四类：（1）与社会上知名的投资机

---

① 何存．"中关村板块"科技与金融结合实践［J］．中国科技投资，2011（5）：35－38．

构合作的子基金；（2）与行业内较为领先的一些企业进行合作，对于固定产业进行投资，例如，产业链上下游的一些中大型企业；（3）与中关村区域的高校院进行合作，主要投资目标是有重大研究成果的项目；（4）与知识产权代理公司进行合作，设立相关基金，对于推动战略企业发展有重大意义。

三是设立风险补偿机制。对于创新投资机构进行投资是有一定风险的，不仅对于企业而言，对于相关投资机构也是同样的，因此，对投资机构制定相应风险补贴政策，可以极大减轻投资机构的投资顾虑，提高投资资金的投资效率①。

四是搭建投资机构和企业的对接机制。通过组织开展相关活动，与外界进行金融沟通，完善中关村的投资机构，拓宽投资渠道。（1）可以与一些机构进行合作，征集相关项目。他们可以定期为中关村提供某些有强烈融资需求的企业，如大学科技园、相关分园协会、孵化器等。（2）对于相关的项目进行审核，可以建立一批科学性高、专业性强的专家顾问团队，其中的组成人员可以由创业投资家和企业家组成，对于中关村的创业公司进行培训和辅导，指导相关工作，安排某些基本的运行活动，帮助中关村的创业公司得到较好的发展。（3）组织开展融资活动，在活动过程中可以选定 5 家刚进入创新发展阶段的公司，这些公司可在活动上展示自己的项目内容，投资人就可对于这些内容进行指导。

五是对于投资机构进行投资的企业进行考察，对这些企业给予一定的支持，投资机构进行投资的企业应该着重给予政策上的帮助，例如，开展产业化项目、实行人才引进战略等，帮助该批企业快速发展，与其他企业相比其可以获得较多的帮助。

在各方的大力推动下，中关村企业带动了高新技术的发展，是中国创新投资最活跃的区域。中关村天使投资进一步组织化，开始探索联盟化形式运作，为创业者提供资金的同时，还会进行企业家管理经验的输送和辅导。越来越多的上市公司创始人开始加入天使投资的队伍，涌现出了雷军、邓锋、徐小平等一批活跃的天使投资人和连续的创业者。天使投资不仅解决创业资金问题，更重要地体现在对创新项目的培育、对创业团队的培训与指导、对创业投资产业链的补充完善。优秀的创业投资机构高度聚集，创

---

①　乐隐．中关村：金融创新　护航企业发展［J］．中国科技财富，2009（3）：66－73．

业投资案例和金额持续增长。红杉投资公司、技术创业投资基金（IDG）、君联资本、北极光风险投资、联创策源投资咨询（北京）有限公司、北京金沙江创业投资管理有限公司、启迪创业投资管理（北京）有限公司、深圳市创新投资集团等一批境内外知名机构成为中关村的合作伙伴①。一大批专门从事创业投资的优秀管理团队在中关村聚集。中关村创业投资成效显著，实现了在中关村聚集一批优秀的创投管理机构、培育一批高成长的创新创业企业的工作目标，并形成了先行先试效应：一是资金规模放大效果显著；二是投资中关村企业的引导效果显著；三是支持战略性新兴产业发展效果显著。创业投资也极大地带动创新创业，支持企业做大做强。在天使投资和创业投资的带动下，中关村涌现出了"车库咖啡""创新工场""联想之星""据篮计划"等多种创业服务模式，一批战略性新兴产业的平台型公司和行业龙头企业也开始通过"创投＋孵化"的模式，为初创期企业提供资金、平台与业务相结合的组合支持②。此外，一大批企业通过创业投资的支持实现快速发展，近几年中关村新增的上市公司中，75%以上的企业获得过创业投资的支持。创业投资在支持企业走向资本市场和做强做大方面发挥了重要的作用。

8. 多层次资本市场建设和服务工程

实践表明，完善的资本市场是实现科技与资本有效对接，促进创新型企业和高新技术产业又好又快发展的重要条件③。中关村根据国内外证券市场发展状况和园区发展的需要，一直将促进企业改制上市作为科技金融工作的重点。经国务院批准，中关村代办股份报价转让试点于2006年1月正式启动。它是我国多层次资本市场建设的一个重要创新举措，对满足企业多元化融资需求、增强自主创新能力和促进高新技术产业发展具有重要意义。从2006年1月到2013年1月，在中关村试点7年以来，总体运行平稳有序，基本实现了预期目标。挂牌企业严格履行信息披露义务，规范运作。股份报价转让系统的价值发现功能和高效低成本按需融资的优势初步显现，部分挂牌企业多次连续融资，形成良性发展循环。代办系统成为非

---

① 李诗洋. 中关村：打造创业投资示范区 [J]. 国际融资，2012（4）：20 - 22.
② 李焱. 中关村引领创投潮流 [J]. 投资北京，2012（4）：78 - 81.
③ 何存. "中关村板块"科技与金融结合实践 [J]. 中国科技投资，2011（5）：35 - 38.

上市股份公司股权顺畅流转的平台、创业投资与股权私募基金的聚集中心、多层次资本市场上市资源的"孵化器"和"蓄水池"。总体来看，试点取得了两方面的成果：一是支持创新型企业发展的作用初步显现，方便了创业资本退出，适应了多元化的投融资需求，在公司建立现代企业制度、完善法人治理结构、提升综合融资能力和规范运作水平等方面发挥了积极作用[1]，挂牌企业业绩实现大幅增长。二是试点依托我国证券市场现有的技术系统和券商，遍布全国的营业网络，建立了非上市股份公司股份转让的技术网络体系、监管制度安排和基本运行模式，有效控制了市场风险，为探索建立统一监管下的全国性场外交易市场积累了经验[2]。

2012年3月27日，王岐山同志在中关村调研和视察时，对中关村代办股份报价转让试点工作给予了充分肯定，明确表示试点为建立统一监管下的全国场外交易市场积累了宝贵的经验、奠定了基础[3]。2012年8月，试点扩大到上海市张江高科技园区、天津市滨海新区、武汉市东湖新技术开发区。2012年9月，全国中小企业股份转让系统有限责任公司在北京市正式注册成立。2013年1月16日，全国中小企业股份转让系统有限责任公司正式揭牌运营[4]。截至2016年11月末，中关村新三板挂牌企业总数1409家，约占全国的1/7；符合创新层标准企业达到170家，约占全国的17.8%，居全国首位；累计共有11家新三板挂牌企业在中小板或创业板上市成功。

为支持企业改制上市，自2002年起，中关村园区通过与证券机构及相关中介服务机构合作，整合各方面上市资源，设立园区企业"改制上市资助资金"，实施"中关村海外融资行动计划"；2005年，率先开展"科技型科技创业企业成长路线图计划"试点，积极促进园区企业快速发展和到境内外证券市场上市融资。通过加大资金资助力度、政策着力点前移等措施，进一步激发企业改制上市积极性。同时，整合创业投资、技术创新、重大

---

① 郭洪．代办股份转让试点经验与政策建议［J］．中国金融，2011（5）：46－47．
② 厉诗．创新与发展——聚焦中关村科技园区投融资体系建设［J］．国际融资，2007（11）：17－22．
③ 乐隐．中关村：金融创新　护航企业发展［J］．中国科技财富，2009（3）：66－73．
④ 符晓燕．新三板企业终极控制权衡量的股权结构与经营绩效的统计分析［D］．广州：暨南大学，2013．

产业化项目、贷款担保等方面的政策资源，集中培育具有国际竞争力的高科技、高成长企业使其尽快发展壮大，登陆境内外证券市场①。

总体来看，中关村支持企业利用多层次资本市场创新发展的主要做法包括：一是进一步完善与各证券交易所、券商和专业服务机构的联合工作机制与上海证券交易所、深圳证券交易所、纳斯达克、纽约证券交易所、香港证券交易所、德国证券交易所等建立战略合作关系，构建企业培育体系，发掘、培育上市企业资源。二是组织开展多种形式的培训和辅导。包括大规模的普及性培训、针对企业特定阶段的专项辅导、一对一辅导等。三是培育壮大天使投资和创业投资，支持企业引入创业投资资金②。近几年，中关村新增上市公司中，75%以上是创业投资机构投资过的企业。四是实施改制上市资助政策，对于企业改制、在新三板挂牌和境内外上市，给予一定资助。五是协调政府相关部门，搭建企业上市绿色服务通道，协调解决企业在改制上市过程中的政府审批相关事项。六是加强对上市公司的支持力度，按照"需求梳理、项目对接、促进落地"的工作思路，支持上市公司重大产业化项目对接落地，鼓励上市公司开展兼并重组，形成高端产业聚集效应。七是支持企业利用全国科技创业企业股份转让系统、中关村股权交易集团和互联网股权众筹平台创新发展。2014年，北京股权交易中心更名为中关村股权交易服务集团，中关村专门出台支持企业利用中关村股权交易服务集团等区域股权交易市场实现创新发展的专项支持政策，对中关村企业在区域股权交易市场展示、挂牌和融资给予相应的补贴和融资支持。截至2016年6月末，中关村股权交易服务集团已累计服务中小微企业超过3300家，其中挂牌企业2509家，登记托管企业747家，累计共44家企业实现在新三板挂牌。

中关村园区还将进一步加快发展多层次股权融资市场，继续加强与上海证券交易所、深圳证券交易所，以及全国科技创业企业股份转让系统的战略合作；大力支持北京市区域股权交易市场建设，支持启动科技创新板、大学生创业板，支持科技型科技创业企业发行私募债权，进一步降低融资

---

① 厉诗. 创新与发展——聚焦中关村科技园区投融资体系建设 [J]. 国际融资，2007（11）：17–22.

② 郭洪. 代办股份转让试点经验与政策建议 [J]. 中国金融，2011（5）：46–47.

成本；完善科技企业改制挂牌上市服务工作体系；建设中关村创新创业企业上市培育基地，推动中关村创新创业企业与资本市场对接；发挥上市公司龙头和示范带动作用，促进中关村企业间融合发展，提升创新能力。推动设立与科技型中小微企业特点相匹配的科技券商，支持科技企业利用公司债、企业债、短期融资券、项目收益债等融资工具快速发展，探索开发适应科技型中小微企业成长及资信特点的金融创新产品，满足不同发展阶段企业的股份转让、债务融资、资产重组、并购等金融需求。

9. 互联网金融创新引领工程

随着以互联网为代表的现代信息技术，特别是移动支付、大数据、搜索引擎、社交网络和云计算等的发展，诞生了诸多基于互联网的金融服务模式，将对传统金融模式产生根本的影响。互联网金融是对现有金融体系的有益补充和有力促进。根据经济学的长尾理论，互联网金融的服务对象是曲线尾部那些传统金融业没有覆盖的小微企业、个体工商户、"三农"等金融市场需求。互联网金融的诞生源于这种需求，发展更是取决于如何更好地提供基于这种个性化需求的特色服务。

总体来看，中关村具有建设中国互联网金融创新中心的五大优势：一是创新创业企业有融资需求旺盛的优势。新兴产业的发展不断催生新的金融服务需求，为互联网金融提供了大量的市场机遇。二是互联网相关产业领先的优势。作为我国互联网发展的中心，中关村聚集了一大批互联网、移动支付、搜索引擎、大数据、社交网络和云计算等行业的领军企业，为互联网金融发展提供了良好的技术支撑。三是创新型金融机构聚集的优势。中关村已形成了与互联网金融相关的创新型金融机构和科技中介机构集聚态势，金融创新的协同优势明显。四是良好的信用环境和金融服务体系优势。中关村信用首善之区建设和国家科技金融创新中心建设，为发展互联网金融提供了良好的信用基础和科技金融服务体系基础，形成了有利于互联网金融发展的生态环境。五是先行先试的政策优势。中关村是我国体制机制创新和政策先行先试的试验田。长期以来，国家关于科技创新的政策都在中关村先行试点[①]。

---

① 李留宇. 中关村：建设科技金融和互联网金融创新中心［J］. 国际融资，2013（12）：11－12.

中关村高度重视互联网金融产业发展，自2012年末以来，陆续开展了六个方面的主要工作：一是加强政策研究、出台支持措施。2013年出台的《关于支持中关村互联网金融产业发展的若干措施》《北京市海淀区人民政府关于促进互联网金融创新发展的意见》《石景山区支持互联网金融产业发展办法（试行）》等一系列支持政策，通过市区两级联动，进一步完善对互联网金融的政策支持体系。二是大力支持互联网金融企业在中关村设立和发展。支持企业在名称中使用"金融信息服务"字样。为企业提供高效、便捷的准入服务，鼓励企业围绕互联网和金融的结合大力开展技术创新和商业模式创新。三是成立协会组织，推动行业自律。2013年8月，推动成立了全国首家互联网金融行业协会——中关村互联网金融行业协会。协会立足于整合互联网金融行业发展资源，加强企业间的沟通交流，实现优势互补、合作共赢、协同创新、规范自律。四是规划产业布局，建设互联网金融功能区。推动海淀区、石景山区等区政府结合本区功能定位，建设互联网金融产业基地。海淀区启动建设互联网金融产业基地、互联网金融创新中心和宝蓝互联网金融产业园；石景山区以北京保险产业园、盛景国际大厦和新首钢高端产业综合服务区为载体，建设石景山区互联网金融产业基地。五是聚焦信用信息搭建基础设施。启动中关村互联网金融信用信息平台建设，为企业提供基本信息查询服务、良性信用记录和黑名单失信记录查询服务，引入信用评分技术，提供针对不同业务特点、不同用户需求的个性化的评分评级服务。六是创新商业模式、实现数据交易。2014年启动了全国首个大数据交易平台——中关村数海大数据交易平台建设，推动成立工信部电信研究院、京东等近70家单位参加的中关村大数据交易产业联盟，组建联盟专家顾问委员会，探索数据交易的商业化模式。

10. 金企交流公共服务平台建设工程

深入推进对金融机构的服务机制建设，完善金融机构与科创企业的交易对接[1]。

一是选择一批具有核心知识产权的高成长性企业进行重点培育，并推荐给银行。中关村管委会从示范区企业中选择出收入在100万~2000万元（含），收入增长率在10%以上的2000多家企业作为"展翼企业"；选择出

---

[1] 何存."中关村板块"科技与金融结合实践 [J]. 中国科技投资，2011（5）：35-38.

收入在 2000 万（不含）~5 亿元，收入增长率或利润增长率达到一定指标的 3000 多家企业作为"瞪羚企业"，选择出从未在银行办理过贷款卡的 6000 多家企业作为"零信贷企业"，进行重点培育，并推荐给银行，减少银行的客户选择成本。

二是围绕银行信贷、企业上市、创投发展、信用体系四方面的工作，推出"信贷创新中关村""走进中关村""创业中关村""信用中关村"四大系列的中关村科技金融品牌活动，建立中关村企业和各类金融机构、投资机构、科技中介服务机构之间的沟通机制，促进技术与资本的高效对接。"信贷创新中关村"系列活动旨在建立中关村企业和商业银行之间的沟通渠道，发布银行信贷创新产品，促进银企交流对接。活动主要面向中关村的企业和商业银行。"走进中关村"系列活动旨在建立中关村上市公司和机构投资者之间的沟通渠道，通过发布中关村上市公司投资价值分析报告、开展机构投资者与中关村上市公司高管交流活动，以及组织机构投资者到中关村上市公司实地调研，全面展示中关村上市公司的投资价值，提升资本市场中的"中关村板块"形象。活动主要面向示范区上市公司、基金公司基金经理、证券公司分析师、资产管理公司投资总监、投资机构负责人和相关专业媒体。"创业中关村"系列活动旨在建立中关村初创期企业和创业投资机构、天使投资人之间的沟通渠道，每次推出 5 家左右的初创期企业，向投资人进行创业项目展示和发布。活动主要面向示范区初创期企业、创业投资机构、天使投资人。"信用中关村"系列活动旨在建立中关村企业和信用中介服务机构、金融机构之间的沟通渠道，通过推出"中关村信用星级评定计划"、发布中关村信用星级企业、实施"中关村信用培育双百工程"、发布年度中关村信用报告等方式，树立中关村信用品牌，培育企业信用意识，促进信用融资。活动主要面向中关村企业、信用中介服务机构、银行、保险机构、投资机构、担保机构等。

三是开展"新经济·新金融"交流对接会、融资路演等活动，搭建企业与金融机构交流对接平台，精准服务企业融资需求，促进技术与资本高效对接。

四是定期组织开展对企业的培训，围绕公司治理、投融资、信用管理、知识产权保护等主题开展培训，提高企业融资能力。

五是定期组织开展针对银行等从业人员的战略性新兴产业系列专题培

训。邀请专业咨询机构和投资机构进行讲解，定期邀请中关村企业负责人、投资机构负责人等面向金融服务机构讲授中关村战略性新兴产业发展情况和融资需求，促进金融服务机构对企业发展的了解，进一步增强银行等管理人员和一线员工对战略性新兴产业和高科技领域企业发展特点、经营模式、融资需求风险特征的认识和理解。

六是加强金融机构之间的经验交流和借鉴，为金融机构间的横向交流提供平台。促进中关村示范区内的金融服务机构与国内外金融服务机构在业务方面的交流和沟通。邀请国际知名金融服务机构到中关村访问和交流。通过上述中关村十大科技金融服务工程的实施，中关村凝聚整合各类创新资源向科技领域进行配置，形成了科技创新和金融创新相互促进的新态势，区域资本活跃度大幅提升，为"大众创业、万众创新"加油助力，取得显著成效①。

第四节　经验与启示

我国科技金融中心建设尚处于起步阶段，在很多方面仍存在较大提升空间。本书在详细总结科技金融中心成功发展模式的基础上，结合国际经验从以下几个方面提出促进我国科技金融中心发展的经验启示。

一、发达的风险投资是科技金融中心发展的主要力量

基于历史反思现实，回顾世界各国和其他地区经济发展和产业结构升级的过程，可以清晰地认识到，世界主要的经济大国都是基于制造业的不断升级、不断发展而随之发展的，制造业的核心竞争力也不是一蹴而就的，是一个持续性提升的过程。波特提出的重要的竞争优势发展四阶段论认为，国家的发展通常会经历四个阶段：第一个阶段是要素驱动；第二个阶段是投资驱动；第三个阶段是创新驱动；第四个阶段是财富驱动。在投资驱动阶段，制造业需要关注的重点是实现资本的集中、生产要达到一定规模化、

① 乐隐. 中关村：金融创新　护航企业发展 [J]. 中国科技财富，2009（3）：66–73.

企业之间要进行一系列的兼并重组，只有这样，才可以使企业完成组织形式的再次构造；创新驱动阶段中，制造业要把关注点放到如何提高金融服务的水平和如何提高研发技术和综合技术上。所以，判断上述两个阶段驱动力的强弱的关键在于，判断金融业是否发达、金融工具是否有所创新，以及资本市场是否达到成熟。由此看出，作为支持技术创新和促使高新技术得以产业化工具的风险投资，早已成为影响区域制造业发展的关键因素①，也成为支持金融中心发展的核心动力。

二、多层次资本市场是科技金融中心发展的重要保障

由旧金山和新竹两个科技金融中心的经验可知，多层次资本市场对于科技金融中心的可持续发展起着重要的作用，是科技金融中心的重要保障②。在 20 世纪 90 年代，硅谷科技产业得以高速发展，完善的多层次资本市场发挥了极其显著的作用，尤其纳斯达克市场更是重要。在巨额资本的推动下，科技企业早已成为新兴产业产生的主导，也是创业型经济发展的核心动力。

美国的资本市场早就达到了层次多样化和功能完备化的标准，具备了化解经济增长产生风险的能力。种种实践说明，在这种机制下，更有利于科技金融中心的发展。美国多层次资本市场提供了成功经验。

首先，多层次的资本市场适应于规模差异较大的企业和不同企业分别产生的融资风险和融资成本。因为上市的门槛较高，可创企业在发展初期无法完成进入"高层次"资本市场，科创企业普遍做法是先在"底层"资本市场中完成资本积累，筹集到应对风险的资本，等到企业有所发展，进一步壮大后，再进入到更高层次的市场，直到可以申请到全国性资本市场挂牌③。

其次，建立创业板和科创板市场对于科技企业有着极大的促进作用，

①　史恩义. 风险资本发展与高技术产业成长 [J]. 财经问题研究，2014 (5)：53 - 58.

②　冯芸，林丽梅. 科技进步、金融服务与国际金融中心建设 [J]. 中国软科学，2009 (S1)：112 - 117.

③　丁一兵，钟阳. 资本流动活性与国际金融中心形成 [J]. 商业研究，2013 (5)：119 - 124.

可以极大地推动高新技术中小企业的发展和成长。纳斯达克市场就是一个很好的例子，大批知名的公司在其创业初期通过纳斯达克市场完成了基础资本的筹集，并得以快速发展。也正是因为纳斯达克市场的高效率和活跃的交易，所以促进了其他科技产业的不断发展和升级，也为现有的资本市场注入了鲜活的生命力，对于资本市场的发展起到了极大的推动作用。

最后，地方性证券交易市场对于区域经济发展而言更是十分重要。地方性证券交易市场在美国广阔的地域和发展不平衡的区域经济下展现了其独特作用。地方科技企业在地方性证券交易优惠政策和便利支持下，找到了资金来源，地方的居民和投资者也不再局限于原有的投资，可以进行更多新的尝试。

地方政府在扶持本地企业和增加当地税收方面都可以依赖地方性证券交易市场，以达到吸收本地资本和利用地方性资本的目的。

三、政府在科技金融中心发展中应"有所为有所不为"

科技金融发展的过程中，政府要时刻谨记"有所为有所不为"。政府的基本职责是为市场发展提供积极的制度保障和保证良好的市场经济环境。种种实践证明，政府不同于其他经济主体，政府能够汇集大量的国民收入，且可以对国民收入进行支配，对于市场政府还具有管理的权利，还可以基于市场的不断发展进行相关政策的调整，对于其他经济主体而言，管理权和制度设定是被政府所垄断独享的。所以由此可知，政府在经济运行中处于十分重要的地位，拥有独特的作用，这些作用在科技金融，也就是所谓的现代经济增长"发动机"中发挥出独具一格的作用①。从世界科技金融中心发展的过程来看，对于科技金融中心比较发达的国家和地区，政府就如顶梁柱发挥着它引导支撑的特殊作用。如果没有了政府，科技金融很难在各个微观经济主体的推动下得到迅速发展，政府的作用展现在任何方面、科技金融发展的任何阶段和任何途径上。美国是当今世界上最先开始风险投资的国家，作为风险投资最为出众的国家，也离不开政府在风险投资中

---

① 尹洁，李锋. 政府主导型产学研合作与科技金融协同发展模式［J］. 中国高校科技，2015（3）：26－27.

产生的作用。无论是 1953 年小企业局（SBA）的成立，还是小企业法案（SBIA）的建立和不断完善，美国政府都做出了它的努力：提供优惠贷款、进行信用保障、支持股权等。美国政府不但以直接参与风险投资的方式来帮助科技金融的发展，还以间接支持的形式推动了风险投资的繁荣。比如制定相关的法律法规，以此来提供制度方面的保障，养老基金被允许在风险投资中使用，还在风险投资的税收方面提供优惠，并建立了纳斯达克市场等。

由于科技金融中心发展的主要目的和现代政府的大目标相一致，所以才有政府介入科技金融中心，并发挥其独特作用的事实。现代政府想通过促进经济和科技的不断发展来达到增强国际竞争力的目的，所以本书认为，在国外发达且充足的经验上，政府应该利用政策来引导不同国家资本流入科技金融领域，而不是直接介入科技金融发展的微观活动中，同时，在科技金融中心建设发展的过程中，少一些直接运作，多一些优惠政策扶持，并积极进行制度建设，为科技产业和科技企业的建设和发展汇入能量，提供发展动力①。

① 胡锦娟. 科技金融创新实践与政府作用边界 ［J］. 财会月刊，2014（20）：38－41.

第五章　区域科技金融发展 水平综合评价

科技和金融的结合，是支撑经济发展方式转变、培育战略性新兴产业的驱动力量，也将引导社会资本积极参与创新，大幅提高科技成果转化成效，大力弘扬科学精神和工匠精神。党的十九届五中全会提出，坚持创新在我国现代化建设全局中的核心地位，把科技自立自强作为国家发展的战略支撑。完善金融支持创新体系，促进新技术产业化规模化应用。构建金融有效支持实体经济的体制机制，提升金融科技水平，增强金融普惠性。科技金融的发展将推动完善创新体系，强化科技力量。深化科技和金融深度融合改革，促进科技创新与现代金融有机结合，创新优化金融支持科技产业工具，通过加强统筹协调、协同联动，推动构建全方位、多层次、多渠道的科技金融体系，引导金融机构加大对创新领域的支持力度，推动高新产业高质量发展。因此，深入推动科技金融发展是新时代立足科技自立自强、建设科技强国的重要支持。完善金融支持科技创新的体制机制，可以助推中小微科创企业发展壮大，畅通创新企业的融资渠道，可以更好地支持企业关键性技术研发，推动新兴产业升级①。目前，国内缺乏衡量科技金融发展水平的研究，尚未有系统的衡量体系，使得科技金融发展过程的问题与不足难以及时发现和改正。因此，要进一步提升科技金融的发展水平，需要对其建立科学性、合理性、及时性的评价体系，在系统的评估中，找到问题和不足，加以改进和弥补，逐步完善科技金融的发展体系。

---

① 丁日佳，刘瑞凝. 科技金融对制造业结构优化的双重效应研究——基于省级制造业面板数据的 GMM 估计 [J]. 科技进步与对策，2020，37（12）：55–63.

第一节　相关理论分析

一、科技金融的概念

"科技金融"在国外学术界并没有一个科学、完整的定义，而国内"科技金融"的提出则源自为促进科技创新发展的一系列金融体系改革。科技金融作为独立概念出现在 1993 年，中国科技金融促进会首届理事扩大会议中提出。目前，科技金融已成为理论界与实务界探索的热点。昂（Ang，2010）认为金融是提升知识生产率的重要影响因素①。金和莱文（1993）将金融体系纳入内生增长模型分析框架，证明了良好的金融体系能提升创新的成功率，加速提升经济增长②。金融体系的扭曲能使创新成功率降低，进而减缓经济增长。我国学者赵昌文等（2009）首次对科技金融给出较为清晰的定义，科技金融是促进科技开发，成果转化和高新技术产业发展的一系列金融工具、金融制度、金融政策和金融服务的系统性、创新性安排③。2011 年，《国家"十二五"科学和技术发展规划》对科技金融的定义进一步拓展，指出科技金融是通过创新财政科技投入方式，引导和促进银行业、证券业、保险业金融机构及创业投资等资本创新金融产品，改进服务模式，搭建服务平台，实现科技创新链条与金融资本链条的有机结合，为初创期到成熟期各发展阶段的科技企业提供融资支持和金融服务的一系列政策和制度的系统安排。

科技金融的本质是通过各类金融资源支持与促进科技创新的发展，但科技金融与科技创新并非简单的线性关系，而是非线性耦合相互促进、相辅相成的关系④。一方面，科技金融为科技创新多元化融资渠道与服务，有

---

① Ang J B. Research，technological change and financial liberalization in South Korea [J]. Journal of Macroeconomics，2010，32（1）：457–468.

② King R G，Levine R. Finance and Growth：Schumpeter Might Be Right [J]. The Quarterly Journal of Economics，1993，60（108）：717–738.

③ 赵昌文，陈春发，唐英凯. 科技金融 [M]. 北京：科学出版社，2009.

④ 宁晓林，张德环. 科技金融内涵、金融成长周期与科技金融体系研究 [J]. 北京财贸职业学院学报，2017，33（3）：10–15.

效降低创新融资难度与成本，提高科技创新成功率[①]。另一方面，科技创新又能为金融提供新技术，促进金融服务升级，提升金融服务效能，有效促进金融的高质量发展[②]。郑磊等（2018）以经济发展水平为门槛变量研究科技金融与科技创新的关系时发现，当经济发展水平低于门槛值时，科技金融减缓了科技创新能力的提升；当经济发展水平跨过门槛值时，科技金融促进了科技创新能力的提升[③]。

二、科技金融的测量

科技金融作为我国专有名词[④]，国外学者较少建立综合指标体系对科技金融发展水平进行动态评价分析，国内学者建立科技金融评价体系主要是从指标选择与评价方法上进行研究[⑤]。我国多元化科技金融体系中，主要以金融中介为主导，风险投资、天使投资和多层次资本市场等融资平台为重要补充，发展成熟且稳定，而相对而言科技金融发展水平的测量体系，明显处于滞后水平。在测量指标设置方面，一般而言，测量科技金融发展水平分为几个测量维度来作为一级指标，并一次延伸下设多个二级指标，每个二级指标由相应统计指标对应表示，再通过算术平均法、专家赋值法、熵值法和层次分析法等方式测算各个指标的数值和权重，最后汇总得出科技金融发展水平的指数数值。在指标体系设置方面，李文森（2014）认为，科技金融发展水平除了总量指标，还应针对科技金融的维度设置相应的结构性指标[⑥]；赵昌文从衡量科技金融发展整体情况的角度，建立科技金融指数指标体系；杨晓丽（2015）通过分析各个金融主体在科技金融发展

---

① 井明禹．科技金融运作模式与绩效研究［D］．天津工业大学，2019．

② 何芸，贝政新．长三角经济圈科技创新与金融发展的耦合研究［J］．技术经济与管理研究，2019（3）：20－24．

③ 郑磊，张伟科．科技金融对科技创新的非线性影响——一种U型关系［J］．软科学，2018，32（7）：16－20．

④ 刘军民，财政部财政科学研究所课题组，贾康．科技金融的相关理论问题探析［J］．经济研究参考，2015（7）：13－26．

⑤ 王海芸，刘杨．区域科技金融发展水平测度与分析［J］．技术经济，2019，38（4）：50－56．

⑥ 李文森，李红玲，曹小艳，等．科技金融统计体系的构建及其实践［J］．金融发展研究，2014（4）：28－35．

中的角色及定位，将科技金融体系划分为不同的发展层次，包括科技、金融、企业、政府等层次，多角度构建科技金融发展水平的指标体系[1]；张玉喜和张倩（2018）基于科技生态系统，构建了科技金融市场、基础设施环境、科技资源配置、政府参与、科创企业等方面的指标体系[2]；梁伟真等（2014）则从科技金融的结构、发展、效果、环境四个方面出发，构建科技金融综合评价指标体系。在指标测量方法方面，评价科技与金融深度融合水平，评价经常采用数据包络分析法（DEA）或 BP 神经网络模型[3]。韩威（2015）对河南省 18 个地级市采用了 DEA－Tobit 模型来评价科技金融结合效率及其影响因素；华玉燕等通过 DEA 模型对安徽省科技金融结合效率进行测算，发现优化科技金融内部结构，对比扩大金融投入更能提高科技产出效率。但是，DEA 和 BP 都存在一定的局限性，如 DEA 无法依据指定参考集提供评价信息，导致决策者无法根据测量结果进行针对性的修正和改进；BP 神经网络对训练样本要求较高，不同阈值的设定会导致结果出现差异，普适性较差[1]。

　　综上所述，可见现有相关文献的指标体系的维度各不相同，评价方法也存在差异。对于指标体系的构建，较多学者采用的是投入产出思维，鲜有文献全面考虑科技金融的发展规模、结构与政府支持力度等指标，且具体指标数量较少，难以全面衡量科技金融发展的整体状况。而指标权重大多采用算术平均法计算，难以测量每一个指标的真实贡献状况，具有一定局限性。基于此，从科技金融发展规模、科技金融发展结构、科技金融支持力度与科技金融效率 4 个维度出发，采用熵值法对指标客观赋予相应的权重，来实现对区域科技金融发展的评估与分析。

　　① 杨晓丽，孙凌杉. 基于金融产业链的科技金融发展研究——苏州模式的借鉴与启示［J］. 科学管理研究，2015，33（2）：52－55.
　　② 张玉喜，张倩. 区域科技金融生态系统的动态综合评价［J］. 科学学研究，2018，36（11）：1963－1974.
　　③ 梁伟真，梁世中. 科技金融的综合评价指标体系研究［J］. 科技创业月刊，2014，27（10）：64－67.
　　④ 韩威. 基于 DEA－Tobit 模型的科技金融结合效率实证分析——以河南省为例［J］. 金融发展研究，2015（9）：36－40.

第二节　科技金融指标体系构建与方法

一、科技金融指标体系构建

区域科技金融中心指标评价体系应该全面涵盖和客观反映该地区的科技创新和金融功能的发展现状及未来潜力。在构建区域科技金融中心指标体系时，除了要考虑科技金融中心的形成机理及构成要素，也需要考虑该地区构建区域科技金融中心的现实意义，除此之外，所选指标数据的可获得性也是重要考虑因素。不同区域、级别的区域科技金融中心在演化过程中，功能实现和发展具有异质性。因此，区域科技金融中心评价应更多从功能演化的角度出发，在遵从可行性、可比性、系统性、科学性等原则的基础上，对区域科技金融中心功能实现效能全面评价。基于此，区域科技金融指标评价体系主要从科技金融发展规模、科技金融发展结构、科技金融支持力度、科技金融发展效率4个维度对区域科技金融综合指数进行测量。根据系统论的思想，将科技金融评价指标以目标层、准则层、指标层的形式进行逐级分解，将科技金融分解为各有侧重、彼此联系的指标体系。具体指标体系构建如表5-1所示。

表5-1　　　　　　　　区域科技金融水平评价指标体系

目标层	准则层	指标层	指标解释
区域科技金融水平	科技金融发展规模（TFSC）	研究与试验发展（R&D）人员全时当量（人年）（X_1）	科技金融人才资源水平
		研究与开发机构数/地区总人口数（X_2）	科技金融创新活动资源存量水平
		高技术企业数/地区总人口数（X_3）	
		上市公司数/地区总人口数（X_4）	科技资本市场潜在容量

续表

目标层	准则层	指标层	指标解释
区域科技金融水平	科技金融发展规模（TFSC）	金融业增加值/地区生产总值（X_5）	金融竞争力
		金融业从业人员数/地区总人口数（X_6）	
		全部保险机构保险密度（X_7）	
		全部保险机构保险深度（X_8）	
	科技金融发展结构（TFST）	银行业金融机构各项贷款/地区生产总值（X_9）	银行业对科技融资规模
		股票市价总值/地区生产总值（X_{10}）	证券市场融资规模
		证券市场公司信用类债券发行额/地区生产总值（X_{11}）	
		全部保险机构期缴保费总收入/地区生产总值（X_{12}）	保险机构融资规模
		社会融资规模/地区生产总值（X_{13}）	多层次资本市场融资水平
		小贷公司各项贷款/地区生产总值（X_{14}）	
		私募投资总额/地区生产总值（X_{15}）	创业风险投资
		私募投资案例数（X_{16}）	
	科技金融支持力度（TFSI）	科学技术财政支出/地方财政一般预算支出（X_{17}）	政府对科技支持力度
		全社会对研究与试验发展（R&D）经费内部支出/地区生产总值（X_{18}）	全社会对研发投入的支持强度
		企业资金研究与试验发展（R&D）经费内部支出/地区生产总值（X_{19}）	企业自有资金对研发投入支持强度
		政府资金的R&D经费内部支出/地区生产总值（X_{20}）	政府对研发投入支持强度
		研究与试验发展（R&D）经费投入强度（%）（X_{21}）	区域经费投入强度
		新产品开发经费支出/地方财政一般预算支出（X_{22}）	新产品研发经费投入

目标层	准则层	指标层	指标解释
区域科技金融水平	科技金融发展效率（TFCE）	发表学术论文/科学技术财政支出（X_{23}）	科技金融产出效率
		专利申请授权数/科学技术财政支出（X_{24}）	
		高技术产业新产品销售收入/科学技术财政支出（X_{25}）	
		高技术产业利润/科学技术财政支出（X_{26}）	
		高技术产业主营业务收入/科学技术财政支出（X_{27}）	
		银行业金融机构各项贷款/银行业金融机构各项存款（X_{28}）	科技金融自身发展效率
		上市公司平均净资产收益率（X_{29}）	
		上市公司每股收益（X_{30}）	

资料来源：笔者根据资料整理所得。

由表5-1可知，科技金融发展规模（TFSC）、科技金融发展结构（TFST）、科技金融支持力度（TFSI）、科技金融发展效率（TFCE）四个维度共涵盖30个指标。下面对部分指标计算进行简单说明。

二、指标说明

（一）科技金融发展规模

科技金融发展规模是科技金融总量与发展相关指标的对比，以此来测量科技金融发展规模相对水平，以及合理程度。一般地，发展规模分为绝对规模和相对规模。区域科技金融中心的评价更多关注的是相对规模。借鉴刘悦（2017）[①]的做法：科技金融发展规模的测量选取从科技金融人才

① 刘悦. 区域金融中心演化机理的统计研究［D］. 长沙：湖南大学，2017.

资源水平、科技金融创新活动资源存量水平、科技资本市场潜在容量，以及金融市场竞争力四个方面进行指标选取。其中，科技人才资源水平采用研究与试验发展（R&D）人员全时当量（X_1）进行量化；科技金融创新活动资源存量水平用研究与开发机构数占地区总人口数（X_2）和高技术企业数占地区总人口数（X_3）进行量化；以沪深主板市场境内上市公司数量占地区总人口的比率（X_4）刻画科技资本市场潜在容量；金融市场竞争力采用金融业增加值占地区生产总值的比重（X_5）、金融从业人员占比（X_6）、保险密度（X_7）、保险深度（X_8）共同量化，金融业增加值越大，说明金融资本越丰富，金融从业人员反映了金融产业人力资本水平，金融机构保险密度为地区总保费占总人口的比重，金融机构保险深度为地区总保费占地区生产总值的比重。

（二）科技金融发展结构

科技金融发展结构是指区域内金融与实体经济间的适配性，金融机构间发展均衡性和金融资产跨时合理性的总和，是区域科技金融中心内部优化的重要指标。金融的本质特征是服务实体经济，随着金融发展深化，在金融市场发挥的作用越来越大的同时，金融体系内部的衍生化和虚拟化加剧了市场信息不对称，使金融与实体经济发展不匹配。因此，评价区域科技金融与实体经济的匹配度往往选取科技金融发展的资产与地区生产总值的比值来衡量。鉴于数据的可得性，本章从银行、保险、证券、多层次资本市场科技融资规模，以及风险投资规模对科技金融发展结构进行量化。银行业金融机构各项贷款占地区生产总值的比重（X_9）反映了银行业的科技融资规模；股票市价总值占地区生产总值的比重（X_{10}）、证券市场信用类债券发行额占地区生产总值的比重（X_{11}）反映了证券市场融资规模；全部保险机构期缴保费总收入占地区生产总值的比重（X_{12}）反映了保险机构融资规模；社会融资规模占地区生产总值比重（X_{13}）、小贷公司各项贷款占地区生产总值比重（X_{14}）用以反映多层次资本市场融资水平；创业风险投资用私募投资总额占地区生产总值的比重（X_{15}）和私募投资案例数（X_{16}）进行量化，创业风险投资反映了科技资本市场对于科技金融的贡献程度，也是科技型企业重要融资渠道。

（三）科技金融支持力度

地方科技财政拨款越大，说明地方政府对科技活动的支持力度越大，从而有利于吸收更多的社会资金今天科研领域，有利于科技金融的发展，全社会 R&D 内部经费规模反映了全社会对科技研发的支持力度。本章分别从政府、地方、企业等对科技研发投入和新产品研发投入的支持力度对科技金融支持力度分别进行量化，共涉及 6 个指标。

（四）科技金融发展效率

科技金融发展效率表现为金融支持创新活动的投入与产出效率，即金融支持对创新活动的贡献[①]。基于区域科技金融中心层面出发，从科技金融产出效率和科技金融自身发展效率层面对科技金融发展效率进行量化，科技金融产出效率分别采用每万元科学技术财政支出发表学术论文数、专利申请数量、高新技术产业新产品销售收入、高新技术产业主营业务收入、高新技术产业利润进行量化，并且上述指标均为正向指标；企业自身科技金融发展效应包括银行金融效率和上市企业盈利能力，其中金融效应采用银行贷款占存款余额的比重（X_{28}）进行量化，反映了银行储蓄—投资的转化效率，盈利能力采用上市企业净资产收益率（X_{29}）和每股收益（X_{30}）进行量化。

三、数据来源

科技金融发展规模、科技金融发展结构、科技金融支持力度与科技金融发展效率等一级指标下的 30 个二级指标均来源于《中国统计年鉴》《中国科技统计年鉴》、国家统计局网站，以及 EPS 数据库的中国宏观数据库、中国区域经济数据库（省级）和中国金融数据库等，考虑数据的可得性，选择中国 31 个省（区、市）的 2007 ~ 2018 年期间的数据。对于个别数据的缺失，采用插值法进行补充。

---

① 刘立霞. 我国科技金融效率研究——基于 DEA – Malmquist 模型分析 [J]. 天津商业大学学报, 2017, 37（3）: 27 – 32.

四、指标权重确定

由于所构建指标系统包含指标数量较多，本章主要通过对每个指标赋予权重的方法对科技金融发展进行综合评价，赋权方法有层次分析法、主成分分析法，以及熵值法，其中，层次分析法属于主观赋权、后两种方法为客观赋权法。为了避免主观因素的影响，本章采用客观赋权法进行加权。相对于熵值法，主成分分析法并不能保留原始变量的全部信息，且对每个主成分的解释其含义带有一定的模糊性，不像原始变量的含义那么清楚、确切。为此，借鉴张芷若（2020）等①的做法，采用客观的熵值法对每个指标赋予一定的权重，然后通过公式（5-1）线性加权的方式对科技金融发展综合水平进行测算。具体度量公式如下所示：

$$U_i = \sum_{j=1}^{p} w_{ij} U_{ij}, \quad \sum_{j=1}^{p} w_{ij} = 1 \qquad (5-1)$$

其中，U_i 表示系统 i 的综合发展得分，p 为系统 i 中指标的个数，w_{ij} 为系统 i 中第 j 项指标经熵值法测算后的权重。U_{ij} 为系统 i 中 j 项指标的值。为避免量纲的影响，对各指标进行标准化处理，采用规范化方法，对原始数据进行线性变换，使结果映射到 [0，1] 之间。对于正向指标和负向指标的标准化公式如下所示：

$$U_{ij} = \frac{X_{ij} - \min[X_j]}{\max[X_j] - \min[X_j]} \times 0.99 + 0.01 \qquad (5-2)$$

$$U_{ij} = \frac{\max[X_j] - X_{ij}}{\max[X_j] - \min[X_j]} \times 0.99 + 0.01 \qquad (5-3)$$

式（5-2）为正向指标的标准化，式（5-3）为负向指标的标准化。其中，X_{ij} 为第 j 项指标第 i 个样本原始值，$\min[X_j]$ 为第 j 项指标原始数据的最小值，$\max[X_j]$ 为第 j 项指标原始数据的最大值。式（5-1）中 w_{ij} 为熵值法得到的指标权重，具体计算步骤如下所示：

（1）计算指标的信息熵： $P_{ij} = \dfrac{U_{ij}}{\sum\limits_{i=1}^{n} U_{ij}}$ \qquad (5-4)

① 张芷若，谷国锋. 中国科技金融与区域经济发展的耦合关系研究 [J]. 地理科学，2020，40（5）：751-759.

（2）计算 J 项指标的效应值：$E_j = -K \sum\limits_{i=1}^{m} P_{ij} \ln P_{ij}$ （5 – 5）

（3）计算指标权重： $W_j = \dfrac{1 - E_j}{\sum\limits_{j=1}^{p}(1 - E_j)}$ （5 – 6）

其中，式（5 – 5）中 K = 1/ln（n），n 为样本个数，p 为指标个数。

科技金融发展指标权重如表 5 – 2 所示。

表 5 – 2　　　　　　　　　　　科技金融发展指标权重

科技金融发展规模		科技金融发展结构		科技金融支持力度		科技金融发展效率	
指标	权重	指标	权重	指标	权重	指标	权重
X_1	0.0353	X_9	0.0143	X_{17}	0.0203	X_{23}	0.0232
X_2	0.0260	X_{10}	0.0634	X_{18}	0.0197	X_{24}	0.0341
X_3	0.0281	X_{11}	0.0619	X_{19}	0.0131	X_{25}	0.1080
X_4	0.0385	X_{12}	0.0068	X_{20}	0.0506	X_{26}	0.0233
X_5	0.0143	X_{13}	0.0156	X_{21}	0.0274	X_{27}	0.0160
X_6	0.0231	X_{14}	0.0197	X_{22}	0.0198	X_{28}	0.0006
X_7	0.0229	X_{15}	0.1323			X_{29}	0.0064
X_8	0.0071	X_{16}	0.1254			X_{30}	0.0028

资料来源：笔者根据计算统计数据所得。

第三节　区域科技金融综合评价

一、区域科技金融发展水平综合评价分析

根据表 5 – 2，并结合公式（5 – 1）可得 2007 ~ 2018 年中国 31 个省（区、市）科技金融发展水平综合指数，表 5 – 3 披露了中国 31 个省（区、市）2007 ~ 2018 年科技金融发展水平综合指数，以及各项分指数平均值，指数越大，说明该地区科技金融发展水平相对越高。通过分析各分项指数

可以分析导致各地区科技金融发展水平呈现差异的原因，掌握降低科技金融发展失衡的方向。

表5-3　　2007～2018年中国31个省（区、市）科技金融发展综合评价

地区	科技金融综合指数	排名	科技金融发展规模	科技金融发展结构	科技金融支持力度	科技金融发展效率
北京	0.4574	1	0.1201	0.1848	0.1171	0.0288
上海	0.2562	2	0.0922	0.0780	0.0691	0.0169
广东	0.2060	3	0.0660	0.0483	0.0437	0.0480
江苏	0.1762	4	0.0629	0.0237	0.0413	0.0481
浙江	0.1643	5	0.0617	0.0355	0.0385	0.0287
天津	0.1594	6	0.0504	0.0233	0.0520	0.0336
福建	0.1233	7	0.0322	0.0149	0.0281	0.0481
重庆	0.1153	8	0.0246	0.0268	0.0226	0.0413
陕西	0.1132	9	0.0237	0.0154	0.0453	0.0287
四川	0.1112	10	0.0251	0.0179	0.0285	0.0397
山东	0.1109	11	0.0340	0.0106	0.0294	0.0369
西藏	0.0991	12	0.0223	0.0471	0.0044	0.0218
湖北	0.0972	13	0.0258	0.0141	0.0319	0.0253
辽宁	0.0895	14	0.0311	0.0135	0.0274	0.0175
安徽	0.0869	15	0.0228	0.0176	0.0305	0.0161
宁夏	0.0801	16	0.0237	0.0172	0.0181	0.0211
甘肃	0.0780	17	0.0174	0.0194	0.0177	0.0235
江西	0.0779	18	0.0188	0.0134	0.0180	0.0277
河南	0.0746	19	0.0199	0.0072	0.0152	0.0323
海南	0.0746	20	0.0209	0.0182	0.0144	0.0200
湖南	0.0742	21	0.0200	0.0089	0.0200	0.0253
吉林	0.0733	22	0.0235	0.0085	0.0163	0.0250
山西	0.0719	23	0.0242	0.0190	0.0151	0.0137
黑龙江	0.0673	24	0.0218	0.0093	0.0193	0.0169
青海	0.0667	25	0.0192	0.0262	0.0097	0.0117

地区	科技金融综合指数	排名	科技金融发展规模	科技金融发展结构	科技金融支持力度	科技金融发展效率
贵州	0.0651	26	0.0127	0.0186	0.0162	0.0177
河北	0.0628	27	0.0184	0.0105	0.0137	0.0202
新疆	0.0579	28	0.0197	0.0199	0.0077	0.0105
云南	0.0567	29	0.0139	0.0178	0.0108	0.0142
广西	0.0515	30	0.0143	0.0115	0.0105	0.0152
内蒙古	0.0481	31	0.0179	0.0112	0.0076	0.0112

资料来源：笔者根据统计数据整理所得。

表 5-3 第一列披露的是各地区科技金融发展水平的综合指数，第二列为对应地区的科技金融水平排名。首先，2007~2018 年，北京市、上海市、广东省、江苏省、浙江省科技金融发展水平指数较大，且排名位居前 5 位，说明上海市、北京市、广东省、江苏省、浙江省科技金融中心起步较早，发展水平较高，目前已成为全国性领先的科技金融中心，在地区科技和金融产业相互融合和渗透方面具有引领和示范作用。其次，天津市、福建省、重庆市、陕西省、四川省、山东省这些地区科技金融发展水平排名比较靠前，说明这些地区作为经济比较发达的沿海地区，以及 2019 年末，中国人民银行、国家发展和改革委、科学技术部、工业和信息化部、人力资源和社会保障部和卫生健康委员会部等六部批准的科技金融应用试点区域科技金融中心，对周边地区的科技金融发展起到积极地带动作用。此外，西藏自治区、湖北省、辽宁省、安徽省、宁夏回族自治区、甘肃省、江西省、河南省、海南省、湖南省等地区科技金融发展水平位居前 21 位，上述地区基本为中部和西部地区，说明这些地区正在成为科技金融中心，开始带动周边地区科技金融行业的发展。同时，吉林省、山西省、黑龙江省、青海省、贵州省、河北省、新疆维吾尔自治区、云南省、广西壮族自治区、内蒙古自治区的地区科技金融发展水平相对较低，排名比较靠后。

二、区域科技金融发展水平的聚类分析

为了更加直观清晰地分析我国科技金融中心发展层级，借助 Geoda 软件采用 K-means 聚类对中国 31 个省（区、市）科技金融综合得分进行聚类分析。

区域科技金融中心发展模式可以分为七大类区域：

第一类为北京市。该类地区科技金融发展综合指数相对最高，说明北京市科技金融中心水平居于全国首位。北京市作为我国的首都，是我国经济、政治、文化中心，在科技人才质量、科技环境、金融市场、政府投入、市场规模、科研成果，以及产业发展等方面具备较强能力。另外，北京市人民政府也在不断鼓励和推动北京市科技金融的发展，并逐步完善科技金融创新服务体系。因此，北京市凭借丰富的科技金融人力、物力和财力资源，成为全国科技金融中心发展的标杆。

第二类为上海市。该类城市科技金融发展综合指数仅次于北京市，是我国科技金融中心的先锋。随着上海市政府各种促进地区科技金融发展的政策出炉，上海市不断完善创新治理体系和治理能力，营造良好的创新创业营商环境，加快高质量创新成果转化，提高科技金融创新辐射力，运用科技金融等新兴产业推动城市经济转型升级。

第三类为广东省。作为珠三角地区，科技金融实力雄厚，科技金融建设及高新技术产业等处于我国领先地位，尤其是深圳市，将国际先进的高新技术与深圳证券交易所、中小企业板、创业板为核心的多层次金融中心相融合，已经成为全国科技创新领军区域，带动了周边地区的科技金融创新发展。

第四类为江苏省、浙江省、天津市。江苏省、浙江省、天津市的科技金融发展相对较早，作为我国科技金融创新发展的先锋军，善于运用政府资源吸引社会资本流入科技金融领域。且当地政府通过创业风险投资，引导基金、科技银行等各类资本加入科技创业领域，促进科技创新与金融发展相互融合，成为科技金融中心的先锋力量。

第五类为福建省、重庆市、陕西省、四川省、山东省、西藏自治区、湖北省。该类地区科技金融发展综合指数处于较前列。重庆市、四川省、

陕西省作为西南、西北地区科技金融发展的领航区域，对推动周边地区科技金融创新发展具有一定的贡献。山东省和福建省作为东部沿海地区，科技金融发展水平相对较高，当地政府出台一系列利好政策，促进金融创新实现跨越发展，同时，强化科技与金融结构体制的建设，实现多元化科技金融发展体系。湖北省具有"九省通衢"的交通优势，且高校众多，具有较大的人才储备潜力，有利于科技人才和金融资本的流动。上述地区成为科技金融中心发展的重要力量。

第六类为山西省、宁夏回族自治区、辽宁省、江西省、吉林省、湖南省、河南省、海南省、甘肃省、安徽省。该类地区中湖南省、安徽省、辽宁省的科技金融发展已经具备了一定的科技金融中心实力，也具有地区基础人才质量和基础环境的支撑，可以实现科技金融产业融合的提升，是科技金融中心的潜在力量。

第七类为云南省、新疆维吾尔自治区、青海省、内蒙古自治区、黑龙江省、贵州省、广西壮族自治区、河北省。该类地区主要为中西部地区，科技金融发展综合指数相对较低，无论是科技金融实力还是基础环境均显一般，整体科技金融中心发展水平尚有较大进步空间。

第四节　区域科技金融发展水平的演化分析

一、全国层面科技金融中心演化分析

前面对区域科技金融中心进行了排名，以及聚类分析，下面进一步对 2007～2018 年区域科技金融发展综合指数进行演化分析，对科技金融发展综合指数，以及各分项指数（科技金融发展规模、科技金融发展结构、科技金融支持力度、科技金融发展效率）进行时序图分析。具体结果如图 5 - 1 所示。

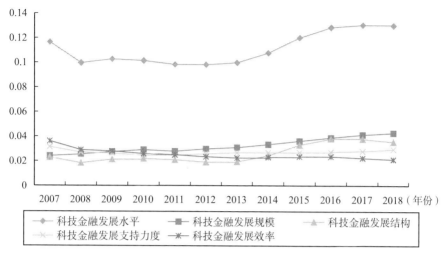

图 5－1 2007～2018 年科技金融中心发展趋势图分析

资料来源：笔者根据统计数据整理所得。

由图 5－1 可知，2007～2018 年我国科技金融发展综合指数呈现波动上升趋势，且 2014 年以后，科技金融发展呈现较大幅度的上升。从分指数来看，科技金融发展规模和科技金融发展结构在 2013 年之前呈现微弱的变化，这与科技金融发展综合指数的变动趋于协同。2014 年之后科技金融发展规模和科技金融发展结构均呈现上扬的趋势，尤其是科技金融发展规模。整个样本期间内，科技金融支持力度呈现微弱的变化，虽然科学技术财政支出、政府和企业研发 R&D 内部支出，以及高新技术产业产品开发经费每年都持续上涨，但尚未实现量变到质变的跨越。科技金融发展效率在整个样本期间内呈现缓慢地变化，说明科技产出发展推动科技金融发展的渠道阻塞。

结合表 5－2 可知，科技金融发展子系统中，首先，科技金融发展结构权重（0.4393）相对最高；其次，是科技金融发展效率（0.2145）、科技金融发展规模（0.1953）；最后，是科技金融支持力度（0.1509），但是我们发现科技金融发展结构对科技金融发展综合指数的贡献却低于科技金融发展规模。表 5－2 中，创业风险投资占科技金融发展结构权重比重较大，说明科技金融的发展对创业风险投资具有较高的依赖性，但是由于我国风险投资起步较晚，创业风险投资对科技金融发展的贡献相对较低，从而拉低了科技金融发展结构对科技金融发展的贡献。科技金融发展效率对在科技金融发展中占有较高的权重，但是，科技金融发展效率对科技金融发展的贡献相对较低，可能的原因是科技研发投入产能较低，较低的科技产出并不足以推动科技金融的发展。

二、区域层面科技金融中心演化分析

由于主要研究对象为粤港澳大湾区科技金融中心，为了便于比较，绘制了京津冀经济圈、长三角经济圈的科技金融发展综合指数 2007～2018 年时序图（见图 5-2）。长三角经济圈主要包括上海市、江苏省、浙江省、安徽省 4 个地区。粤港澳大湾区包括广东省、香港特别行政区和澳门特别行政区，由于数据的可得性及统计口径的不同，采用广东省地区科技金融发展综合指数反映粤港澳大湾区科技金融中心。

图 5-2　京津冀、长三角、粤港澳三大经济圈科技金融中心发展趋势图

资料来源：笔者根据统计数据整理所得。

图 5-2 可知，在 2016 年之前，京津冀经济圈的科技金融发展综合指数明显高于粤港澳大湾区、长三角地区；2017 年开始，粤港澳大湾区科技金融发展综合指数高于京津冀经济圈和长三角经济圈，说明粤港澳大湾区成为全国科技金融中心的领跑者。整个样本区间来看，三大区域科技金融

发展综合指数均呈现明显的上升趋势，现阶段京津冀经济圈的科技金融发展相对最好、其次是粤港澳大湾区，但是长三角经济圈的科技金融发展相对更加稳定，京津冀地区科技金融发展相对波动最大。整个样本区间，三大区域科技金融中心可以分为三个阶段：2007～2008 年由于金融危机的影响，科技金融发展综合指数呈现下滑的趋势；2009～2013 年金融危机复苏，但是科技金融发展综合指数呈现缓慢上升趋势；2014～2018 年三大区域科技金融中心发展较为迅速，尤其是粤港澳大湾区和长三角区。

第五节　科技金融发展子系统间的耦合协调分析

由于影响科技金融发展的子系统，科技金融发展规模、科技金融发展结构、科技金融支持力度，以及科技金融发展效率之间可能会相互作用、相互影响。例如，科技金融支持力度会影响科技金融发展规模和科技金融发展结构，而科技金融发展规模和科技金融发展结构又会影响科技金融发展效率，科技金融发展效率又会影响科技金融支持力度。因此，科技金融发展 4 个子系统必须保持协调发展才能推动科技金融中心的快速发展。表 5-3 也揭示了，当科技金融发展的 4 个准则层均较大时，借鉴先前研究者的做法，采用耦合协调度对 4 个子系统耦合协调度进行测算。根据现有耦合度函数，科技金融发展 4 个子系统的耦合协调函数为：

$$C = \left(\frac{u_1 \times u_2 \times u_3 \times u_4}{\prod (u_i + u_j)} \right)^{\frac{1}{4}} \qquad (5-7)$$

其中，$i = 1, 2, 3, 4$；$j = 1, 2, 3, 4$；$C \in [0, 1]$；u_1，u_2，u_3，u_4 为 4 个准则层，C 越大，说明科技金融发展规模、科技金融发展结构、科技金融支持力度、科技金融发展效率之间的耦合强度越大，即 4 者之间的相互作用越强。式（5-7）虽然可以计算 4 个准则层的耦合强度，但不能反映 4 个子系统的耦合协调水平。因为即使，u_1，u_2，u_3，u_4 均比较小时，仍然可以得到较高的耦合度，但科技金融发展的 4 个子系统是不协调的。因此，需要对该模型进一步改进，得到式（5-8）的耦合协调模型，该模型不仅能反映系统之间的耦合强度，还可以反映协调水平的高低。具体模型见式（5-8）：

$$D = \sqrt{C \times T}, \quad T = au_1 + bu_2 + cu_3 + du_4 \qquad (5-8)$$

其中，D 为耦合协调度，C 为耦合度，T 为 4 个子系的综合指数，反映了 4 者的整体效益水平。a，b，c，d 为待定参数，且满足 a + b + c + d，借鉴张芷若等（2020）的做法，在实证中将 4 个子系统视为具有同等重要性的子系统，因此取 a = b = c = d。耦合协调度越大，说明系统协调发展水平越高。

根据公式（5-8）可得 2007~2018 年 4 个子系统耦合协调度（见表 5-4）。

表 5-4　　　　　　　2007~2018 年科技金融发展子系统耦合协调度

年度	u_1	u_2	u_3	u_4	C	D
2007	0.0241	0.0228	0.0314	0.0361	0.4502	0.1098
2008	0.0253	0.0183	0.0269	0.0289	0.4575	0.1022
2009	0.0274	0.0212	0.0261	0.0279	0.4685	0.1052
2010	0.0290	0.0219	0.0247	0.0259	0.4739	0.1048
2011	0.0278	0.0209	0.0246	0.0250	0.4650	0.1018
2012	0.0298	0.0191	0.0259	0.0235	0.4593	0.1010
2013	0.0310	0.0194	0.0268	0.0226	0.4594	0.1022
2014	0.0335	0.0243	0.0268	0.0231	0.4674	0.1067
2015	0.0363	0.0331	0.0270	0.0236	0.4781	0.1139
2016	0.0390	0.0382	0.0274	0.0237	0.4789	0.1181
2017	0.0414	0.0379	0.0281	0.0225	0.4822	0.1199
2018	0.0429	0.0357	0.0296	0.0214	0.4748	0.1186

资料来源：笔者根据统计数据整理所得。

表 5-4 表明，2007~2018 年科技金融发展 4 个子系统之间的耦合度呈现微弱上升趋势，整个样本期间内，4 个子系统的变动比较缓慢，耦合度均围绕在 0.45~0.48 范围内波动。样本期间内，科技金融发展规模、科技金融发展结构、科技金融支持力度、科技金融发展效率 4 个准则层的耦合协调度虽然呈现上扬趋势，但是变动比较缓慢，且耦合协调度偏低，说明4 个准则层未呈现协调发展，因此，要想打造科技金融与金融产业高度融

合的科技金融中心，科技金融发展规模、科技金融发展结构、科技金融支持力度、科技金融发展效率必须相互协调发展。

为了进一步比较京津冀、长三角、粤港澳三大经济圈科技金融子系统耦合协调度的变动关系，笔者绘制了图5-3的时序图。从图来看，整个样本期间，三大经济圈的科技金融子系统耦合协调度均呈现上升趋势，其中粤港澳大湾区上升更加明显。2007~2018年长三角地区科技金融子系统耦合协调度相对最低，京津冀地区仅在2010年之前科技金融子系统的耦合协调度高于粤港澳大湾区，说明粤港澳大湾区具备打造科技金融中心的条件，且科技金融发展的后劲较足。

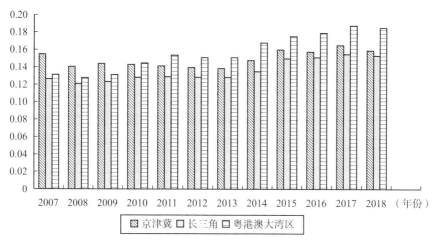

图5-3 2007~2018年京津冀、长三角、粤港澳三大经济圈
科技金融子系统耦合协调度趋势

资料来源：笔者根据统计资料整理所得。

第六节 本 章 小 结

一、研究结论

运用熵值法对区域科技金融发展水平进行综合评价，并对科技金融的

分布，以及空间特征进行分析。结果表明：北京市、上海市、广东省的科技金融发展水平位于前 3 位，领先于其他地区；我国科技金融中心呈现严重的分布失衡状态，东部沿海地区科技金融发展水平较高，中西部地区相对较低；虽然样本期间内我国科技金融发展水平呈现上升趋势，但是上升速度比较缓慢，主要原因在于我国科技金融发展效率对科技金融发展水平的贡献较低，科技产出促进科技金融发展效率的渠道受阻，科技金融发展对创业风险投资的依赖比较大，虽然创业风险投资在科技金融发展结构的权重占比较高，但是我国创业风险投资起步较晚，创业风险投资对科技金融发展的贡献不高。另外，通过耦合协调度模型可知科技金融发展规模、科技金融发展结构、科技金融支持力度、科技金融发展效率 4 个子系统的耦合协调度较低，上述是制约我国科技金融发展的主要原因之一。通过比较京津冀、长三角、粤港澳三大经济圈的科技金融发展水平，以及科技金融发展子系统的耦合协调度发现，粤港澳大湾区近年来科技金融发展比较迅速，且科技金融 4 个子系统间的耦合协调度具有显著优势，说明粤港澳大湾区具备打造科技金融中心的条件，科技金融发展的后劲较足。

二、政策建议

第一，健全科技金融市场机制。目前，科技金融市场缺乏相应的制度保障，发展面临诸多障碍。由于全国各区域的科技金融发展水平差异化较大，无法从国家层面推动顶层设计，而应由各区域根据经济发展水平和科技金融市场成熟度，逐步建立健全科技金融市场机制，推动完善多层次资本市场，促进风险投资和天使投资更加自由高效地接入科技创新活动。同时，推出完善科技金融市场的制度政策，并对市场中各个参与主体的投资收益、风险补偿、期间管理等问题进行规范化管理，以确保各个主体的合法权益。

第二，围绕产业链构建科技金融体系。科技金融推动产业创新发展，推动技术不断更新迭代。不同产业的创新链条存在差异，所处的技术迭代时期也不尽相同，因此，科技金融体系的建设，需要根据不同产业进行指向性的制度设计，根据产业发展规律和技术更新周期对资本的不同需求，进行针对性的战略规划，结合创新企业在不同类型和阶段的发展经验，提供系统化、针对性的融资服务，促进创新企业相关孵化集群同步发展。投资机构针对科技融资产品、服务模式，以及运行机制进行不断创新，适应科技企业发展需求，推动科技金融工具投资组合的多元化，提高科技金融的支持效率，高质量发挥金融支持产业创新发展的作用。

第三，发挥政府导向作用，引入更多长期资金。政府可出台风险投资补偿机制，通过政策性资金形成风险准备金，与金融机构进行有效合作，构建债权融资平台，并在企业、政府，以及金融机构之间实现融资和投资的信息交流、供求对接、风险分担。同时，引导包括金融机构、养老基金、捐赠基金、私人资本在内的长期资金成为科技金融资本的主要来源。长期资金占比越高，资本投入越能够脱离短期业绩要求的压力，保障资本专注投资于有潜力的创新项目。

第六章　科技金融中心驱动因素的探索性研究

本章在第一章的基础上，进一步对科技金融中心驱动因素进行探索性研究。科技金融中心的动力机制可以分为内部动力机制和外部动力机制，前者是指科技金融中心随时空演化而形成，主要体现在自组织演化上；外部动力机制是科技金融中心在演化过程中，相关因素对科技金融中心发展的驱动。现有研究对区域金融中心演化的驱动因素研究较多，但是少有文献探究科技金融中心发展的驱动因素。主要针对影响科技金融中心发展的外部动力机制进行实证分析。

第一节　变量选取与数据说明

基于先前研究者的研究，针对本章的研究主题，笔者认为影响科技金融中心发展的外部因主要包括：区位优势、制度环境、人力资本、开放水平、金融发展，以及区域创新等。下面分别对驱动科技金融中心演化的外在因素进行量化说明。

一、区位优势（LOCA）

根据最新的区位理论，区位是科技金融中心的驱动力之一，区位优势包括自然区位和经济区位，主要研究自然区位对科技金融中心的影响。科技金融中心的形成往往始于具有优良的港口、河流等地理位置较好的地区。基于优越的地理位置，科技金融中心可以便利地与周边、国内其他城市进行货物与服务的交易往来，有利于物流、资本，以及信息在科技金融中心集聚，并为各项金融交易活动提供良好的环境。自然区位对科技金融中心演化驱动具有天然的优势,借鉴刘悦等(2017)[①]的做法,采用客运周转量和货运周转量加权形成综合的区位指标进行量化,并以地区总人口进行调整。

二、制度环境

如果说区位优势是科技金融中心发展的自然环境,制度环境则是科技金融中心发展的市场环境。从市场化程度、营商环境、政策环境对影响科技金融中心演化发展的制度环境进行量化。市场化程度(Market)采用樊纲市场化指数进行量化;营商环境(BUSE)采用本年应交平均增值税占三产产业产值的比重进行量化;政策环境运用财政支持力度(FSI)进行量化,具体通过一般预算收入占地区生产总值的比重进行计算得到。一般而言,完善的市场化程度、良好的营商环境和政策环境均有利益于科技金融活动的顺利进行,并吸引更多的科技金融产业的进入,形成自我不断强化,驱动科技金融中心的演化发展。

三、人力资本(HC)

科技金融中心的发展除了应拥有良好的环境,还依赖于科技金融创新人才。从科技金融产业特征来看,科技金融业属于知识密集型产业类型,人力资本的质量和规模对科技金融产业的影响显著,并成为构成科技金融中心的核心内容。人力资本采用平均受教育年限进行量化,具体计算见公式(6-1):

$$HUC = Primary \times 6 + Middle \times 9 + High \times 12 + Junior \times 16 \qquad (6-1)$$

式(6-1)中,Primary、Middle、High 和 Junior 分别为小学、初中、高中、中专和大专以上居民受教育程度占地区 6 岁及以上人口的比重。

四、地区开发水平(OPEN)

地区开发程度越高,则该地区经济发展水平相对也较高,同时,区域

---

① 刘悦. 区域金融中心演化机理的统计研究 [D]. 长沙:湖南大学,2017.

生产技术水平相对比较领先，有利于吸引高学历人才和高新技术产业的进入，采用进出口总额占地区生产总值的比重对地区开发水平进行量化。

五、金融发展水平（FAGG）

完善的金融发展体系和较高的金融发展水平，加速了科技金融产业融合，提高了金融产业能力和金融服务的效率，进一步促进科技金融中心的演化发展。采用金融集聚水平对地区金融发展水平进行量化，基于数据的可得性，通过计算金融集聚区位熵指数，得到地区金融发展水平。具体计算公式如下：

$$FAGG_{it} = \frac{\frac{FIN_{it}}{SER_{it}}}{\frac{AFIN_t}{ASER_t}} \qquad (6-2)$$

式（6-2）中，FIN_{it} 表示 t 时期 i 省金融业增加值，SER_{it} 表示 t 时期 i 省第三产业增加值，$AFIN_t$ 表示 t 时期全国金融业增加值，$ASER_t$ 表示 t 时期全国第三产业增加值。

六、区域创新（INNV）

区域创新对驱动科技金融中心演化发展的作用是不言而喻的。采用新产品销售收入占地区生产总值的比重对区域创新水平进行量化。

第二节　模型设定

由于驱动力对不同区域科技金融中心产生差异影响，同时，在不同时间点上也会对科技金融发展综合指数产生影响，基于数据的可得性，面板数据模型能够处理受时空双重影响的经济现象。因此，通过构建面板数据模型对科技金融中心驱动因素进行探索性研究。线性面板数据模型可设定如下所示：

$$y_{it} = \alpha_{it} + \beta_{it}X_{it} + \varepsilon_{it} \qquad (6-3)$$

$$\varepsilon_{it} = \mu_i + \lambda_t + \xi_{it} \qquad (6-4)$$

式（6-3）中，$i=1$，2，$\cdots$，N，表示中国 31 个省（区、市），$t=1$，2，$\cdots$，T 表示 2007~2018 年的数据。y_{it} 为被解释变量科技金融发展综合指数，由前面的熵值法测算得到。X_{it} 为科技金融中心驱动因素向量；α_{it} 为常数项，β_{it} 为驱动力因素构成的参数向量，为待估参数；μ_i 为不随时间变化的难以观测的个体效应；λ_t 为时间效应；ξ_{it} 为随机扰动项。本章以 2007~2018 年中国 31 个省（区、市）的面板数据为研究样本。

表 6-1 披露了科技金融发展综合指数 TFC 和驱动因素的数字统计特征。需要说明的是，为了避免极端值对研究的影响，书中变量均进行了 1% 和 99% 的缩尾处理，且后续的分析均采用处理后的数据。表 6-1 披露了各变量的均值、标准差、最小值、最大值、偏度以及峰度等统计特征。

表 6-1 变量描述性分析

变量	Obs.	Mean	Std.	Min	Max	Skew.	Kurt.
TFC	372	0.111	0.082	0.041	0.536	2.951	13.171
Open	372	0.297	0.352	0.033	1.552	2.061	6.571
BUSE	372	0.017	0.011	0.006	0.06	1.824	6.608
FAGG	372	0.841	0.264	0.323	1.493	0.386	2.682
LOCA	372	0.589	0.614	0.114	3.505	3.516	15.655
Market	372	6.393	2.164	0.44	11.204	-0.142	3.09
INNV	372	0.03	0.036	0	0.169	1.76	5.773
FSI	372	0.105	0.031	0.058	0.217	1.209	4.611
HC	372	8.697	1.114	4.62	11.84	-0.536	6.258

资料来源：笔者根据统计数据整理所得。

第三节 模型相关的检验

在进行面板数据回归之前，为了避免"伪"回归，需要对驱动因素与科技金融发展综合指数的相关性进行检验，以及驱动因素变量间是否存在多重共线性进行检验。同时，还需要对模型的类型进行筛选和检验。

一、相关性分析

由表 6 - 2 的相关系数矩阵可知，驱动因素变量在 0.05 的显著性水平下与科技金融发展综合指数（TFC）均呈现显著的相关关系，且相关系数为正，数值比较大，说明相关系数矩阵表明驱动因素变量与科技金融发展综合指数呈现显著正相关关系，但是具体的关系还需要进一步通过面板数据回归进行检验。表 6 - 2 的相关系数矩阵还表明驱动因素变量间也存在显著的相关性，区域创新（INNV）与市场化程度（Market）间的相关系数高达 0.671。

表 6 - 2 相关系数矩阵

变量	（1）	（2）	（3）	（4）	（5）	（6）	（7）	（8）	（9）
（1）TFC	1.000								
（2）Open	0.782*	1.000							
（3）BUSE	0.468*	0.260*	1.000						
（4）FAGG	0.529*	0.506*	0.536*	1.000					
（5）LOCA	0.297*	0.510*	0.307*	0.406*	1.000				
（6）Market	0.571*	0.570*	0.327*	0.367*	0.364*	1.000			
（7）INNV	0.667*	0.717*	0.194*	0.384*	0.275*	0.671*	1.000		
（8）FSI	0.594*	0.547*	0.548*	0.655*	0.447*	0.226*	0.282*	1.000	
（9）HC	0.555*	0.557*	0.278*	0.405*	0.452*	0.639*	0.425*	0.435*	1.000

注：*表示在 0.05 水平上显著。
资料来源：笔者根据统计数据整理所得。

二、共线性诊断

为了避免多重共线性对研究的影响，还需要对驱动因素变量进行多重共线性检验，采用方差膨胀因子（VIF）法进行共线性诊断，并将检验结果整理至表 6 - 3 中。表 6 - 3 中各变量的 VIF 值均小于 10，说明驱动因素变量间不存在严重的多重共线性。

表 6 – 3　　　　　　　　　　　　　　共线性诊断

变量	方差膨胀因子（VIF）
Open	3.38
Market	2.94
INNV	2.88
FSI	2.66
HC	2.16
FAGG	2.09
BUSE	1.76
LOCA	1.55

资料来源：笔者根据统计数据整理所得。

三、F 检验和 Hausman 检验

面板数据在进行回归之前还需对模型的类型进行检验，截距不变的情形下，面板数据回归可以分为混合效应（OLS）、固定效应（FE）、随机效应（RE）3 种类型。F 检验用于混合效应和固定效应的检验；Hausman 检验用于随机效应和固定效应的检验。固定效应认为不随个体变化的、难以观测的个体异质性与解释变量相关，随机效应认为与解释变量不相关。表 6 – 4 披露了 F 检验和 Hausman 检验的结果。

表 6 – 4　　　　　　　　　　Hausman 检验与 F 检验

豪斯曼（1978）设定检验	系数
卡方检验值	131.69
P 值	0.0000
F 检验设定所有 $\mu_i = 0$	系数
F 检验值	91.83
P 值	0.0000

资料来源：笔者根据统计数据整理所得。

F 检验表明，个体之间的特征存在差异，因此拒绝了选择混合效应的

原假设。Hausman 检验的统计量值为 131.69，其对应的 p 值为小于 0.05，故应拒绝随机效应优于固定效应的原假设，因此应当选择个体固定效应。

第四节　科技金融中心驱动因素
探索性研究实证分析

由于各驱动因素在不同机制下对科技金融中心的影响可能存在差异，因此，在实证的时候分成 3 步对科技金融中心演化发展的驱动因素进行探索。首先，对唯一驱动力因素进行检验；其次，采取逐步引入的影响对多驱动力因素独立影响进行检验；最后，对多驱动力因素交互影响进行检验，并进行比较分析，最终得到科技金融中心演化发展的驱动力机制。

一、科技金融中心的单因素驱动效应分析

根据前面的分析，先进行单因素下科技金融中心的驱动效应分析，并将最终的估计结果整理至表 6 - 5 中，并控制了省份和年度的影响。

表 6 - 5　　　　　　　单因素回归分析

变量	(1)	(2)	(3)	(4)	(5)	(6)	(7)	(8)
Market	0.007 *** (3.518)							
FAGG		-0.046 *** (-5.117)						
INNV			0.174 ** (2.270)					
FSI				0.137 (1.268)				
HC					-0.001 (-0.211)			

续表

变量	(1)	(2)	(3)	(4)	(5)	(6)	(7)	(8)
BUSE						2.000 *** (8.882)		
Open							−0.120 *** (−11.544)	
LOCA								0.017 *** (4.158)
Cons	0.066 *** (5.115)	0.150 *** (19.728)	0.106 *** (42.412)	0.097 *** (8.480)	0.122 ** (2.343)	0.077 *** (19.208)	0.147 *** (46.026)	0.101 *** (39.597)
省份	控制	控制	控制	控制	控制	控制	控制	控制
年度	控制	控制	控制	控制	控制	控制	控制	控制
Obs.	372	372	372	372	372	372	372	372
Root MSE	0.0184	0.0180	0.0186	0.0187	0.0187	0.0168	0.0158	0.0183
F-statistic	12.38 ***	26.18 ***	5.15 **	1.61	0.04	78.89 ***	133.27 ***	17.29
R^2	0.9553	0.9570	0.9543	0.9538	0.9536	0.9626	0.9670	0.9559

注：括号中为 T 统计值。*** $p < 0.01$，** $p < 0.05$。
资料来源：笔者根据统计数据整理所得。

表 6-5 中：第一列 Market 的系数为 0.007，并通过了 0.01 显著性水平的检验，说明市场化程度对科技金融中心的演化发展具有显著的驱动效应，市场化程度每提高 1 个单位，科技金融中心发展综合指数相对上升 0.07 个百分点。第二列在 0.01 显著性水平下 FAGG 的系数显著为负，说明金融集聚对科技金融发展综合指数呈现负向影响，与预期不符。第三列 INNV 的系数为 0.174，并在 0.05 显著性水平显著，说明区域创新对科技金融中心具有显著的推动动作用，区域创新每提高 1 个单位，科技金融发展综合指数相对提高 0.174 个单位。第四列 FSI 的系数为 0.137，但未通过显著性检验，说明财政支出对科技金融中心的驱动效应不明显。第五列 HC 的系数为负，但是不显著，说明人力资本对科技金融发展综合指数的影响不显著。第六列 BUSE 的系数在 0.01 的显著性水平显著为正，说明良好的营商环境有利于推动科技金融中心的演化发展。第七列 Open 的系数显著为

负，说明开放水平对科技金融发展综合指数具有显著负向影响。最后一列LOCA 的系数为 0.017，说明区位优势对打造科技金融中心具有显著的正向影响。由 F 统计量和均方误差根可知，方程（4）和方程（5）的拟合效果较差，并且方程（2）的估计结果与预期不符，说明科技金融中心的演化发展是呈现复杂性的，单一的驱动因素难以对其进行完整的解释，需要通过多驱动因素进一步检验。

二、科技金融中心的多因素驱动效应分析

在单因素检验的基础上，进一步采用逐步回归法将每个变量逐步引入，根据单因素模型中 F 统计量和均方误差根的大小确定变量的引入次序，并将最终的估计结果整理至表 6 - 6 中，并控制了省份和年度效应。

表 6 - 6　　　　　　　　　　多因素回归分析

变量	（1）	（2）	（3）	（4）	（5）	（6）	（7）	（8）
Open	- 0.096 *** (- 8.752)	- 0.084 *** (- 7.281)	- 0.091 *** (- 8.319)	- 0.087 *** (- 8.160)	- 0.097 *** (- 9.427)	- 0.097 *** (- 9.519)	- 0.096 *** (- 9.387)	- 0.096 *** (- 9.471)
BUSE	1.199 *** (5.386)	1.277 *** (5.758)	1.256 *** (6.002)	1.321 *** (6.441)	1.557 *** (7.859)	1.821 *** (8.341)	1.561 *** (7.862)	1.834 *** (8.367)
FAGG		- 0.023 *** (- 2.929)	- 0.021 *** (- 2.859)	- 0.017 ** (- 2.243)	- 0.012 * (- 1.667)	- 0.010 (- 1.392)	- 0.011 (- 1.586)	- 0.009 (- 1.268)
LOCA			0.020 *** (6.446)	0.022 *** (7.022)	0.019 *** (6.218)	0.018 *** (6.156)	0.019 *** (6.198)	0.019 *** (6.188)
Market				0.006 *** (4.028)	0.006 *** (3.785)	0.005 *** (3.429)	0.006 *** (3.775)	0.005 *** (3.407)
INNV					0.358 *** (6.149)	0.370 *** (6.402)	0.361 *** (6.153)	0.375 *** (6.440)
FSI						- 0.238 *** (- 2.751)		- 0.244 *** (- 2.807)
HC							- 0.002 (- 0.464)	- 0.003 (- 0.737)

续表

变量	（1）	（2）	（3）	（4）	（5）	（6）	（7）	（8）
Cons	0.119*** (19.747)	0.134*** (17.135)	0.123*** (16.231)	0.075*** (5.435)	0.065*** (4.941)	0.087*** (5.693)	0.082** (2.118)	0.115*** (2.857)
省份	控制	控制	控制	控制	控制	控制	控制	控制
年度	控制	控制	控制	控制	控制	控制	控制	控制
Root MSE	0.0152	0.0150	0.0141	0.0138	0.0131	0.0130	0.0131	0.0130
F-统计量	86.81***	62.07***	62.71***	55.76***	58.03***	51.83***	49.65***	45.35***
Obs.	372	372	372	372	372	372	372	372
R^2	0.9697	0.9704	0.9738	0.9750	0.9776	0.9782	0.9777	0.9782

注：括号中为 T 统计值。*** $p < 0.01$，** $p < 0.05$，* $p < 0.1$。
资料来源：笔者根据统计数据整理所得。

由表 6 - 6 前六列的参数估计结果可知，随着营商环境（BUSE）、金融集聚（FAGG）、区位（LOCA）、市场化程度（Market）、区域创新（INNV）、财政支出（FSI）的逐步引入，模型的拟合优度逐步增强，且均方误差根逐渐减小，说明整个模型的拟合效果逐渐增强，相对于单因素模型，多因素模型对科技金融中心演化发展的驱动效应解释力度更大。我们发现，第 6 列引入 FSI 后，金融集聚对科技金融发展综合指数的影响不显著。第七列为引入人力资本后的估计结果，发现人力资本和金融集聚的系数均不显著，最后一列为全体变量的估计结果，发现模型的拟合效果没有得到显著改善。

三、科技金融中心多驱动因素的交互效应分析

多因素驱动效应回归表明，引入财政支出后，金融集聚对科技金融发展综合指数的影响不显著，可能的原因是金融集聚对科技金融的影响受到财政支出的影响，为此，引入财政支出和金融集聚的交互项。表 6 - 6 第 5 列和第 7 列的结果表明，引入人力资本后金融集聚和人力资本的系数均不显著，与理论不符，这可能是因为金融集聚和人力资本对科技金融的影响比较复杂，金融集聚对科技金融的影响依赖于人力资本，人力资本对科技

金融的影响依赖于人力资本水平，为此，构造了人力资本与金融集聚的交互效应回归，并将最终的参数估计结果整理至表6-7中。

表6-7 交互效应回归分析

变量	（1）	（2）
Open	-0.0904*** (-8.7718)	-0.0795*** (-7.9198)
BUSE	1.7971*** (8.5734)	1.5833*** (7.5087)
FAGG	-0.1198*** (-3.4186)	-0.1007*** (-6.1266)
LOCA	0.0190*** (6.3742)	0.0186*** (6.6383)
Market	0.0039** (2.4732)	0.0033** (2.3144)
INNV	0.3844*** (6.5921)	0.4439*** (7.9051)
HC	-0.0129** (-2.3355)	
HC×FAGG	0.0133*** (3.1593)	
FSI		-1.0647*** (-6.6831)
FSI×FAGG		0.9126*** (6.0545)
Cons	0.1734*** (3.6147)	0.1729*** (8.5217)
省份	控制	控制
年度	控制	控制
Root MSE	0.0129	0.0123
F-统计量	45.90***	54.94***

续表

变量	(1)	(2)
Obs.	372	372
R – squared	0.9783	0.9804

注:括号中为 T 统计值。*** p < 0.01,** p < 0.05。
资料来源:笔者根据统计数据整理所得。

由表 6 - 7 第一列可知,HC × FAGG 的系数为 0.0133,并通过了 0.01 显著性水平检验,且人力资本和金融集聚的主效应项均显著,结合表 6 - 6 中第 7 列的结果可知,人力资本和金融集聚的共同效应对科技金融发展综合指数具有显著的正向影响。第一列结果表明:人力资本和金融集聚均会对科技金融产生影响,但是金融集聚对科技金融的影响需要借助人力资本作为路径,人力资本对科技金融的影响需要借助金融集聚作为路径;推动科技金融中心演化发展的力量包括人力资本和金融集聚相互促进形成的合力;交互效应系数为正,但人力资本和金融集聚的系数均显著为负,结合交互系数的偏效应特征可知,人力资本对科技金融发展综合指数影响的总效应满足式(6 - 5):

$$HE = \alpha_7 + \alpha_8 FAGG_{it} = - 0.0129 + 0.0133 FAGG_{it} \qquad (6 - 5)$$

HE 是人力资本驱动科技金融中心演化发展的总效应,当 $FAGG_{it} >$ 0.9699 时,HE 为正,说明当金融集聚达到一定值(0.9699)时,人力资本对科技金融表现为驱动效应,若低于该值时,人力资本对科技金融中心的演化发展具有负向影响。梳理 FAGG 的 372 个观察值发现,样本期间内(2007 ~ 2018 年)仅有北京市、上海市、天津市的金融集聚水平跨过了 0.9699,表明北京市、上海市、天津市的人力资本对科技金融中心的演化发展始终表现为驱动效应。重庆市 2009 年以后 FAGG 均大于 0.9699,四川省、青海省均在 2012 年以后跨过 FAGG 门槛值,浙江省、江苏省、广东省、福建省、安徽省、辽宁省、湖北省、山西省、广西壮族自治区、西藏自治区等地区后续年份金融集聚水平均逐渐跨过了 1.031 这一门槛。同理可知,金融集聚对科技金融发展综合指数影响的总效应满足式(6 - 6):

$$FE = \alpha_3 + \alpha_8 FAGG_{it} = - 0.1198 + 0.0133 HC_{it} \qquad (6 - 6)$$

式（6-6）中，FE 是金融集聚驱动科技金融中心演化发展的总效应，当 $HC_{it} > 9.0075$ 时，FE 为正，说明当人力资本达到一定值（9.0075）时，金融集聚对科技金融表现为驱动效应，若低于该值时，金融集聚对科技金融中心的演化发展具有负向影响。梳理 HC 的 372 个观察值发现，样本期间内（2007~2018 年）仅有北京市、上海市、天津市的人力资本水平跨过了 9.0075，表明北京市和上海市、天津市的金融集聚对科技金融中心的演化发展始终表现为驱动效应。2010 年开始广东省、辽宁省、吉林省、黑龙江省、山西省、内蒙古自治区等地区金融集聚对科技金融中心的演化发展表现为驱动效应。随后，江苏省、浙江省、山东省、湖北省、陕西省等地区的人力资本水平逐渐跨过 9.0075 这一门槛值。

由表 6-7 第二列可知，FSI × FAGG 的系数为 0.9126，并通过了 0.01 显著性水平检验，且金融集聚的主效应项均显著，结合表 6-6 中第 6 列的结果可知：金融集聚均会对科技金融产生影响，但是金融集聚对科技金融的影响需要借助财政支出作为路径；推动科技金融中心演化发展力量包括财政支出和金融集聚相互促进形成的合力；交互效应系数显著为正，但金融集聚的系数显著为负，结合交互系数的偏效应特征可知，金融集聚对科技金融发展综合指数影响的总效应满足式（6-7）：

$$FE^* = \alpha_3 + \alpha_{10}FAGG_{it} = -0.1198 + 0.9126FSI_{it} \quad (6-7)$$

式（6-7）中，FE^* 是金融集聚驱动科技金融中心演化发展的总效应，当 $FSI_{it} > 0.1313$ 时，FE^* 为正，说明当财政支出达到一定值（0.1313）时，金融集聚对科技金融表现为驱动效应，若低于该值时，金融集聚对科技金融中心的演化发展具有负向影响。梳理 FSI 的 372 个观察值发现，样本期间内（2007~2018 年）仅有北京市、上海市的财政支出占比跨过了 0.1313，表明北京市和上海市的金融集聚对科技金融中心的演化发展始终表现为驱动效应。天津市、海南省、重庆市、广东省、云南省、宁夏回族自治区、西藏自治区、新疆维吾尔自治区等地区在后续年份的财政支出占比均陆续跨过门槛值。

综合上述分析可知，对比单因素模型、多因素模型，以及交互效应模型的估计结果可知，交互效应模型的解释能力更强，均方误差根相对最小，且对科技金融中心演化发展的驱动规律可以较好地解释。

四、内生性问题

上一部分内容对科技金融中心驱动因素进行了探索性研究，发现科技金融中心演化发展的驱动效应比较复杂，运用多驱动因素交互效应可以较好地诠释。由于上述研究均采用的是静态面板的 OLS 估计，可能存在内生性引起的估计偏误，因此，需要针对模型可能存在的内生性问题进行模型的稳健性检验。采用动态广义矩估计法（GMM）对科技金融中心的多驱动因素交互效应再次估计，并将最终的估计结果整理至表 6 – 8 中。

表 6 – 8　　　　　　　　　　稳健回归参数估计

变量	（1）	（2）
L. tfc	0. 1086 * （1. 6922）	0. 1768 *** （4. 7842）
Open	− 0. 0764 *** （ − 14. 6815）	− 0. 0721 *** （ − 14. 2433）
BUSE	1. 7688 *** （4. 5952）	1. 1712 *** （5. 2765）
FAGG	− 0. 0720 ** （ − 2. 4804）	− 0. 0495 *** （ − 4. 8163）
LOCA	0. 0075 ** （2. 2438）	0. 0042 * （1. 7945）
Market	0. 0044 *** （2. 6903）	0. 0030 *** （2. 7708）
INNV	0. 2144 *** （3. 0385）	0. 1898 *** （4. 5095）
HC	− 0. 0124 *** （ − 3. 3272）	
HC × FAGG	0. 0083 ** （2. 3753）	

变量	(1)	(2)
FSI		− 0.4429 *** (− 4.6354)
FSI × FAGG		0.5044 *** (5.5995)
Cons	0.1188 *** (4.4533)	0.0753 *** (3.9647)
AR (2)	0.0879	0.1023
Sargan 检验	0.9998	0.9761
Obs.	310	310

注：括号中为 T 统计值。*** $p < 0.01$，** $p < 0.05$，* $p < 0.1$。
资料来源：笔者根据统计数据整理所得。

由表 6 - 8 可知，两个方程中科技金融发展综合指数滞后一期的系数均显著为正，说明上一期科技金融对当期科技金融的发展具有显著的积极影响。第一列 HC × FAGG 的系数在 0.05 的显著性水平下为正，且 FAGG 和 HC 的系数均显著为负，其他驱动因素对科技金融发展综合指数的影响与基准回归一致。第二列，FSI × FAGG 的系数在 0.01 的显著性水平下为正，FSI 的系数显著为负，与基准回归的结论基本一致。AR (2) 检验的 P 值均大于 0.05，说明 GMM 估计不存在二阶自相关。Sargan 检验的 P 值均大于 0.05，说明工具变量过度识别是有效的。综合上述分析可知，GMM 估计结果是有效的，且各变量的系数方向与基准回归基本一致，且通过了显著性检验，说明模型具有一定的稳健性。

第五节　本 章 小 结

本章以 2007 ~ 2018 年中国 31 个省（区、市）的数据为研究样本，运用面板数据动对科技金融中心驱动因素进行探索性研究。研究结果表明：科技金融中心演化发展的驱动效应呈现复杂化，单因素和多因素独立影响均不能较好地解释科技金融中心的驱动效应，而多驱动因素的交互效应模型能够较好地诠释科技金融中心演化发展的驱动效应机制，地区开放水平对科技金融发展综合指数呈现负向影响，营商环境、市场化程度、区域创新，以及区位优势对科技金融中心的演化发展均呈现显著的驱动效应；人力资本对科技金融中心的驱动效应需要借助金融集聚作为路径；推动科技金融中心演化发展的力量包括人力资本和金融集聚相互促进形成的合力。人力资本对科技金融发展的影响并不是始终为正，只有地区金融集聚水平跨过 0.9699 这一门槛值时，人力资本对科技金融中心演化发展表现为推动作用；金融集聚对科技金融的影响需要借助人力资本或财政支出作为路径，推动科技金融中心演化发展的力量包括人力资本与金融集聚的合力，以及财政支出与人力资本的合力，金融集聚对科技金融的影响并非始终为正，只有当人力资本水平跨过门槛值 9.0075，或财政支出占比跨过门槛值 0.1313 时，金融集聚对科技金融中心的演化发展表现为驱动效应。

第七章 科技金融中心集聚效应研究

科技金融中心形成以后，一方面能够吸引相应的资源，更重要的是能够促进自身和周边的经济增长和产业结构升级，我们将对自身发展的影响称之为集聚效应，对周边发展的影响称之为溢出效应。本章主要对科技金融中心的集聚效应进行实证研究。

第一节 科技金融中心集聚的经济增长效应

循环累积因果理论认为，在某一地区经济增长的过程中，各种经济要素之间存在着循环累积因果关系。在一个动态行业集聚变化过程中，某一经济要素的变化，通过循环累积因果关系对其他经济要素产生巨大的吸引作用，引起另外经济要素的变化，并进一步增强该地区经济增长的动量，使其成为经济增长中心，如此循环积累，形成积累性的循环发展趋势。由此，建设科技金融中心的重要目的之一就是促进科技金融中心辐射范围内的区域经济增长，因此科技金融中心的选择和布局应该考虑经济增长效应的最大化。本章从科技金融中心的经济效应入手，建立面板数据模型，以期对科技金融中心的合理规划和布局提供参考。

第二节 科技金融中心集聚的产业结构效应

产业结构优化升级的过程中必然要淘汰掉产能过剩、重复建设、高污染高消耗、比例配置不协调的产业，发展新兴的高新技术产业、现代服务业和现代制造业，建设现代化经济体系。那么在这个过程中需要科技金融的支持，一方面，通过科技金融市场的自发调节机制，资金通过科技信贷市场和资本市场流向效益好、收益高的新兴行业；另一方面，通过政府对科技金融的政策性干预，通过政策性银行、信贷投向配给、资本市场融资优惠等引导资金的流向，最终促使产业结构向高级化方向发展。金融中心意味着大量的货币资金、金融机构、金融工具、金融人员等金融资源的聚集，这将有利于增加融资渠道，提供投融资便利，带动其他产业的发展。

由此，建设科技金融中心，一方面，是为了促进区域内经济增长；另一方面，是为了促进区域内产业结构升级。产业结构的优化升级离不开货币金融的支持，科技金融中心的形成能够更好地为产业结构的优化升级筹集资金，能够更好地引导资源的配置，实现创新链价值链向高端迈进。

第三节 科技金融中心集聚效应模型设定

基于先前研究者的研究，结合前面的理论分析可知，科技金融中心集聚的经济增长效应主要是通过金融中心的各个维度产生，即科技金融发展规模、科技金融发展结构、科技金融支持力度，以及科技金融发展效率。首先，通过面板数据的多元线性回归对科技金融中心集聚的经济增长效应和产业结构效应进行研究；其次，进一步对科技金融中心集聚与经济增长、产业结构之间的非线性关系进行检验。

一、普通面板数据回归模型设定

与大多文献做法一样，先对科技金融中心集聚与经济增长和经济结构的线性关系进行了检验，具体模型设定如式（7-1）、式（7-2）：

$$\text{PGDPG}_{it} = \alpha_0 + \alpha_1 \text{TFAGG}_{it} + \sum \text{Control} + \mu_i + v_t + \varepsilon_{it} \quad (7-1)$$

$$\text{INDS}_{it} = \alpha_0 + \alpha_1 \text{TFAGG}_{it} + \sum \text{Control} + \mu_i + v_t + \varepsilon_{it} \quad (7-2)$$

其中，i = 1，2…，31，表示全国 31 个省（区、市，不含港、澳、台地区），t＝2007，2008…，为时间跨度。模型（7－1）用以检验科技金融中心集聚的经济增长效应，PGDPG$_{it}$为人均生产总值增长率；TFAGG$_{it}$为科技金融中心的各个维度，即分别为科技金融发展规模（TFSC）、科技金融发展结构（TFST）、科技金融支持力度（TFSI），以及科技金融发展效率（TFCE）。模型（7－2）用以检验科技金融中心集聚的经济规模效应，INDS$_{it}$为第三产业增加值占国内生产总值的比重，用以量化经济结构优化。为了控制其他因素对经济增长和经济结构的影响，借鉴先前研究者的做法，选取了人力资本、市场化程度、万人国际互联网网络用户数、地区开放水平和固定资产投资规模。μ_i 为不随时间变化的、难以观测的个体异质性，v_t 为时间效应，ε_{it} 为随机扰动项。

二、面板门槛模型的设定

现实中科技金融发展规模、结构、支持力度，以及效率与经济增长、产业结构之间可能存在非对称效应，比如，科技金融发展规模扩展对经济增长的影响可能大于金融规模收缩。研究此类问题常用机制转换模型，主要包括平滑转换回归模型、门限模型，以及马尔科夫区制转换模型等。由于为31个省（区、市）跨度为12年的面板数据，因此，采用 Hansen 提出的面板门槛模型进行研究。具体模型设定如式（7－3）：

$$y_{it} = \alpha_0 + \alpha_1 x_{it} I(q_{it} \leq \gamma) + \alpha_2 x_{it} I(q_{it} > \gamma) + \mu_i + \varepsilon_{it} \qquad (7-3)$$

其中，i 表示地区，t 表示时点；α_1 和 α_2 为待估参数，q_{it} 为门槛变量，门槛变量可以是解释变量 x_{it} 的一部分。本章中，门槛变量为科技金融发展规模、结构、支持力度、效率，也可以是其他变量。γ 为待估门槛值，I（·）为指标函数。μ_i 为个体效应，ε_{it} 为随机误差。模型（7－3）只是单门限模型设定的一般形式，二重和三重门槛模型的设定类似，但是具体几重门槛还需要对门槛变量的门槛值进行确定和检验。

为了得到参数的估计量，需要将每个观察值的组内估计量去除，以消除个体效应 μ_i，当给定门槛值时，用普通最小二乘法就可以将处理后的模型进行一致估计，得到估计系数 $\hat{\alpha}(\gamma)$，以及残差平方和 SSR(γ)。根据研究，实际门槛值与估计值越接近，回归的残差平方和越小（Chan，1993）。因此，真实门槛值是经过不断地筛选、比较模型残差值的大小，残差值最小时对应的模型的门槛值即为真实门槛值。得到真实门槛值后，还需要对门槛值的显著性和真实性进行检验。

门槛效应的显著性就是检验 α_1，α_2 是否存在显著性差异，检验的原假设为：H0：$\alpha_1 = \alpha_2$，备择假设为：H1：$\alpha_1 \neq \alpha_2$。如果不接受原假设，表明原模型存在明显的门槛效应。检验的统计量为：

$$F = \frac{S_0 - S(\hat{\gamma})}{\hat{\sigma}^2}, \quad \hat{\sigma}^2 = \frac{1}{T}\hat{e}(\gamma), \quad \hat{e}(\gamma) = \frac{1}{T}S(\gamma) \qquad (7-4)$$

其中，S 是残差平方和，采用自助抽样法（Bootstrap）进行模拟构造相应 P 值，以检验其显著性。

当门槛效应检验验证确实存在即 $\hat{\gamma} = \gamma$，为了避免多余参数的影响，Hansen（1996）采用极大似然法来获得检验统计量：

$$LR(\gamma) = \frac{S(\gamma) - S(\hat{\gamma})}{\hat{\sigma}^2} \qquad (7-5)$$

其中，$S(\gamma)$，$\hat{\sigma}^2$ 表示原假设下的残差平方和残差方程。当 LR 统计量满足 $LR(\gamma) > -2\log\left[1 - (1-\alpha)^{\frac{1}{2}}\right]$ 时（α 为显著性水平），拒绝原假设 $\hat{\gamma} = \gamma$，从而确定门槛置信区间。

第四节 变量选取与数据来源

下面对科技金融中心集聚效应模型中的被解释变量、解释变量，以及控制变量的量化方式进行说明。被解释变量与研究目标直接相关，基于先前研究者的研究、针对的主题，科技金融中心的集聚效应主要体现在经济发展上，经济发展主要体现在规模和经济结构优化两方面。经济规模采用地区人均生产总值进行量化，为了确保数据具有可比性，采用人均生产总值增长率（PGDPG）进行测算。经济结构文中采用经济结构优化指数（INDUS）进行量化，借鉴先前研究者的做法，采用第三产业增加值占国内生产总值的比重进行测算。解释变量或门槛变量为科技金融中心的 4 个维度。

为了避免其他因素对研究的影响，选取了地区人力资本水平（HC）、市场化程度（Market）、地区开放水平（Open）、基础设施（FINV）、信息技术基础（INTN）作为控制变量。其中，人力资本、市场化程度，以及地区开放水平的量化方式与第二章一致，不再赘述。基础设施水平，采用固定资产投资占国内生产总值的比重进行量化。信息技术基础，采用每万人互联网用户数进行量化。

基于数据的可得性，研究样本为 2007～2018 年中国 31 个省（区、市），各变量数据来源于中国经济社会大数据研究平台，并经过相应的整理得到。为了避免极端值对研究的影响，对各变量均进行了 1% 和 99% 的缩尾处理，且后续分析均采用处理后的数据。表 7-1 报告了书中变量的统计特征，主要包括变量的均值、标准差、最大值、最小值、偏度以及峰度等统计信息。

表 7-1 描述性统计分析

变量	Obs.	Mean	Std.	Min	Max	Skew.	Kurt.
PGDPG	372	9.53	3.287	3.1	21.8	0.727	3.891
INDS	372	0.437	0.095	0.293	0.797	1.517	6.037
TFSC	372	0.032	0.025	0.009	0.133	2.111	7.157
TFST	372	0.026	0.036	0.006	0.249	4.183	22.054
TFSI	372	0.027	0.022	0.003	0.121	2.341	9.559
TFCE	372	0.025	0.014	0.007	0.065	0.941	3.133
HC	372	8.697	1.114	4.62	11.84	-0.536	6.258
Market	372	6.393	2.164	0.44	11.204	-0.142	3.09
INTN	372	3.937	2.102	0.959	11.283	1.235	4.548
Open	372	0.297	0.352	0.033	1.552	2.061	6.571
FINV	372	0.743	0.247	0.253	1.417	0.167	2.854

资料来源：笔者根据统计数据整理所得。

第五节　科技金融中心集聚的经济增长效应实证分析

根据前面的分析，本节主要针对科技金融中心集聚的经济规模效应展开实证研究，先通过静态面板对科技金融中心各维度对经济增长的线性关系进行检验，然后，进一步对科技金融中心各维度对经济增长的影响是否存在阈值进行检验。

一、静态面板数据回归分析

在进行面板数据回归前，进行了 F 检验和 Hausman 检验，结果表明应采用固定效应回归进行参数估计，说明不随个体变化的、难以观测的个体异质性是与科技金融中心的各维度呈现相关性，与实际情况相符。由于科技金融发展规模、结构、支持力度，以及效率之间可能存在共线性，通过 VIF 检验发现，科技金融发展规模与结构之间呈现一定的共线性，为了避免多重共线性对研究的影响，对科技金融中心各维度变量分别进行回归，并将最终的估计结果整理至表 7 – 2 中。

表 7 – 2　　　　　科技金融中心集聚规模效应的静态面板回归

变量	科技金融发展规模	科技金融发展结构	科技金融支持力度	科技金融发展效率
TFSC	46. 8413 (1. 5708)			
TFST		33. 6738 *** (4. 0904)		
TFSI			18. 0523 (0. 6753)	
TFCE				1. 3123 (0. 1003)
HC	0. 1401 (0. 2522)	0. 2347 (0. 4355)	0. 2505 (0. 4536)	0. 2471 (0. 4418)
Market	– 0. 0315 (– 0. 1651)	– 0. 0230 (– 0. 1235)	– 0. 0118 (– 0. 0620)	– 0. 0086 (– 0. 0450)
INTN	0. 1176 (0. 3867)	0. 0275 (0. 0939)	0. 2226 (0. 7514)	0. 2338 (0. 7871)
Open	– 5. 8320 *** (– 4. 0509)	– 3. 3545 ** (– 2. 1571)	– 6. 2744 *** (– 4. 4042)	– 6. 2550 *** (– 4. 2807)

变量	科技金融发展规模	科技金融发展结构	科技金融支持力度	科技金融发展效率
FINV	2.7382 *** (3.0792)	2.7280 *** (3.1341)	2.7724 *** (3.1056)	2.7582 *** (3.0701)
Cons	6.2367 (1.1489)	5.6200 (1.0572)	5.8671 (1.0720)	6.2928 (1.1494)
F – statistic	6.91 ***	9.57 ***	6.54 ***	6.45 ***
Obs.	372	372	372	372
R – squared	0.7739	0.7833	0.7725	0.7721

注：T – values are in parenthesis *** $p < 0.01$，** $p < 0.05$。
资料来源：笔者根据统计数据整理所得。

表 7 – 2 第一列 TFSC 的系数为 46.8413，虽然为正，但是并未通过 0.05 显著性水平的检验，说明科技金融发展规模与经济增长的线性不显著。第二列 TFST 的系数为 33.6738，并通过了 0.01 显著性水平的检验，说明科技金融发展规模与经济增长呈现显著的正向关系。第三列 TFSI 的系数为 18.0523，系数并未通过 0.05 显著性水平的 t 检验，说明科技金融支持力度与经济增长的正向线性关系不显著。第四列 TFCE 的系数为 1.3123，t 统计量为 0.1003，说明科技金融发展效率对经济增长的正向关系不显著。从控制变量来看，4 个方程 FINV 的系数均显著为正，说明加大基础设施投资促进了我国经济增长；Open 的系数均显著为负，说明贸易开放程度对经济增长的刺激作用不明显，这可能是因为开放通常带来技术与贸易的外溢，引起产业结构的转变，产业结构由劳动密集型转向技术密集型，导致短期结构性失业，将不利于经济的增长。

二、门槛面板数据回归分析

科技金融中心各维度的线性回归结果表明，科技金融中心集聚与经济增长可能存在非线性关系，即科技金融发展规模、结构、支持力度，以及效率对经济增长的影响可能存在门槛效应。为此，分别以上述 4 个变量作为门槛变量，进行门槛面板数据的回归。

（一）门槛效应检验

在进行面板门槛回归之前，需要对变量是否存在门槛效应进行检验，借助 Stata15.1 软件，得到科技金融发展规模、结构、支持力度，以及效率为门槛变量的门槛效应检验结果，并整理至表 7－3 中。

表 7－3　　　　　　　　　　门槛效应检验

门槛变量	门槛类型	F 值	P 值	10% 临界值	5% 临界值	1% 临界值
TFSC	单一门槛	28.62 ***	0.0033	16.3673	19.1003	26.925
	双重门槛	18.91 **	0.0467	14.4464	18.1964	27.9633
	三重门槛	10.38	0.4633	23.6046	27.1587	33.4347
TFST	单一门槛	14.82 **	0.0500	13.0384	14.4668	17.1942
	双重门槛	6.12	0.6200	12.3745	13.738	18.7034
TFSI	单一门槛	32.29 ***	0.0000	17.5803	20.6718	27.8223
	双重门槛	9.16	0.5700	17.23	20.6629	25.7752
TFCE	单一门槛	4.41	0.9000	15.624	18.8982	23.1098

注：标注各检验结果均为自助法抽样（Bootstrap）300 次模拟而得；** 、*** 分别表示在 10% ，5% ，1% 显著性水平下显著。

资料来源：笔者根据统计数据整理所得。

由表 7－3 可知，门槛变量科技金融发展规模（TFSC）在 0.05 的显著性水平下存在双重门槛，科技金融发展规模（TFST）在 0.05 的显著性水平下存在单一门门槛，科技金融支持力度（TFSI）在 0.01 的显著性水平下存在单一门槛效应，科技金融发展效率（TFCE）F 统计量较小，且 P 值大于 0.05，说明 TFCE 不存在门槛效应。

（二）门槛值的估计和 LR 检验

通过门槛效应检验以后，下面进一步对门槛值进行估计和检验，由于科技金融发展效率（TFCE）不存在门槛效应，因此表 7－4 中仅披露了 3 个门槛变量的门槛值估计结果。

表 7 - 4   门槛值估计

门槛变量	门槛类型	门槛值	95% 置信区间
科技金融发展规模（TFSC）	单一门槛	0.0154 **	[0.0153 0.0154]
	双重门槛	0.0227 **	[0.0226 0.0227]
科技金融发展结构（TFST）	单一门槛	0.0186 **	[0.0181 0.0188]
科技金融支持力度（TFSI）	单一门槛	0.0076 ***	[0.0070 0.0076]

注：标注各检验结果均为自助法抽样（Bootstrap）300 次模拟而得；** 、*** 分别表示在 5%，1% 显著性水平下显著。
资料来源：笔者根据统计数据整理所得。

表 7 - 4 表明，TFSC、TFST、TFSI 3 个门槛变量的门槛值均落在了 95% 置信区间内，且门槛值均通过了 0.05 显著性水平的检验。在确定了门槛值以后，我们还需要对各门槛值进行检验，根据前面的解释，采用极大似然函数进行检验，图 7 - 1 至图 7 - 3 分别为 3 个门槛回归的 LR 函数图，3 幅图都反映了各门槛值的回归及置信区间的分布结果。

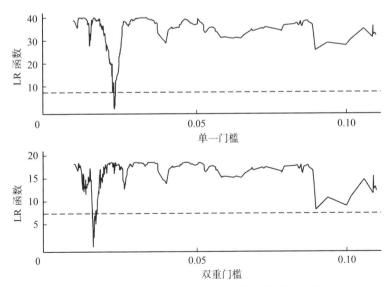

图 7 - 1   以科技金融发展规模为门槛变量的 LR 检验

资料来源：笔者根据统计数据整理所得。

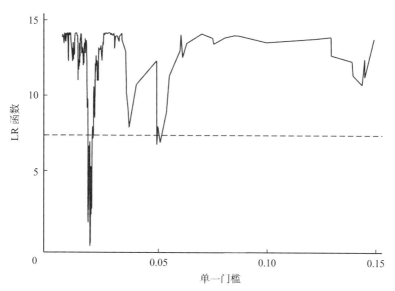

图7-2　以科技金融发展结构为门槛变量的 LR 检验

资料来源：笔者根据统计数据整理所得。

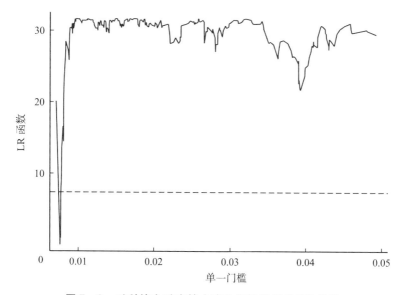

图7-3　以科技金融支持力度为门槛变量的 LR 检验

资料来源：笔者根据统计数据整理所得。

结合表 7-4 和 LR 似然函数图可知，虚线为 95% 显著性水平下 LR 统计量的临界值线，门槛变量 TFSC 的单一门槛值为 0.0153，门槛值落在区间 [0.0153，0.0154] 内，存在 LR 检验值小于 95% 的临界值的区间，即落在虚线下方，故不拒绝原假设，说明门槛变量 TFSC 的单一门槛值与真实值近似相等。同理，门槛变量 TFSC 的二重门槛值也落在置信区间内，存在 LR 检验值小于 95% 的临界值的区间，即落在虚线下方，说明 TFSC 二重门槛值与真实值近似相等。同理，可知门槛变量 TFST 和 TFSI 的门槛值与真实值近似相等。综合上述分析可知，门槛变量的门槛值是显著存在的。

（三）门槛面板回归结果分析

经过前面的检验可知，科技金融发展规模（TFSC）、科技金融发展结构（TFST）、科技金融支持力度（TFSI）存在门槛效应，门槛值显著存在，下面进一步进行门槛面板回归分析门槛变量对经济增长的影响，最终结果披露在表7-5中。

表7-5　　　　　　　　　门槛面板回归参数估计

模型类型	变量	系数	标准误	T 值	P 值
科技金融发展规模	TFSC（TFSC≤0.0153）	23.42	33.62	0.70	0.486
	TFSC（0.0153＜TFSC≤0.0227）	129.77***	39.95	3.25	0.001
	TFSC（TFSC＞0.0227）	263.61***	56.83	4.64	0.000
	控制变量	控制			
	Within－R^2	0.5981			
科技金融发展结构	TFST（TFST≤0.0186）	85.32***	19.16	4.45	0.000
	TFST（TFST＞0.0186）	38.30***	8.61	4.45	0.000
	控制变量	控制			
	Within－R^2	0.7116			
科技金融支持力度	TFSI（TFSI≤0.0076）	421.12***	140.67	2.99	0.003
	TFSI（TFSI＞0.0076）	－13.59	31.72	－0.43	0.669
	控制变量	控制			
	Within－R^2	0.5605			

注：*** 表示在1%显著性水平下显著。
资料来源：笔者根据统计资料整理所得。

由表 7-5 可知，在科技金融发展规模（TFSC）跨过第一道门槛值之前，科技金融发展规模对经济增长的影响虽然为正，但是并未通过显著性水平的检验，样本期间内只有广西壮族自治区、云南省、贵州省地区科技金融发展规模未跨过第一道门槛，上述地区科技金融发展规模对经济增长的刺激作用不显著。当 TFSC 跨过第一道门槛值（0.0153）未跨过第二道门槛值（0.0227）时，科技金融发展规模对经济增长的影响系数为 129.77，并通过了显著性水平的检验，落在该区间内的地区有西藏自治区、黑龙江省、海南省、湖南省、河南省、新疆维吾尔自治区、青海省、江西省、河北省、内蒙古自治区、甘肃省，上述地区科技金融发展规模对经济增长表现出低速增长。当 TFSC 跨过第二道门槛值（0.0227）时，科技金融发展规模对经济增长的影响系数为 263.61，并通过了 0.01 显著性水平的检验，跨过第二重门槛的地区为北京市、上海市、广东省、江苏省、浙江省、天津市、山东省、福建省、辽宁省、湖北省、四川省、重庆市、山西省、陕西省、宁夏回族自治区、吉林省、安徽省，上述地区科技金融发展对经济增长的促进作用比较强劲，尤其是京津冀、长三角，以及粤港澳三大经济圈。

科技金融发展结构（TFST）对经济增长的影响存在单门槛效应，跨过门槛值（0.0186）之前，科技金融发展结构对经济增长的影响系数为 85.32，并通过了 0.01 显著性水平的检验，落在该区间内地区有河南省、吉林省、湖南省、黑龙江省、河北省、山东省、内蒙古自治区、广西壮族自治区、江西省、辽宁省、湖北省、福建省、陕西省、宁夏回族自治区、安徽省、云南省、四川省、海南省、贵州省。跨过门槛值之后，科技金融发展结构对经济增长的影响系数下降至 38.30，并在 0.01 的显著性水平下显著，跨过门槛值的地区为山西省、甘肃省、新疆维吾尔自治区、江苏省、青海省、重庆市、浙江省、西藏自治区、广东省、上海市和北京市，上述地区科技金融发展结构对经济增长的促进力度都有所下滑，但是仍然表现出明显的刺激作用。

科技金融支持力度（TFSI）在跨过门槛值（0.0076）之前，对经济增长的影响系数为 421.12，并通过了显著性水平的检验，跨过门槛值之后，TFSI 对经济增长的影响系数为 -13.59，并未通过显著性水平的检验，说明科技金融支持力度在跨过门槛值之前对经济增长表现为强促进，跨过门槛值之后对经济增长的影响不显著。

（四）进一步研究

根据前面章节的分析，科技金融中心 4 个准则层之间会相互联系，下面进一步考虑门槛效应变量对科技金融中心各维度的依赖性进行检验。门槛效应检验表明 TFSC、TFST 和 TFSI 为门槛变量，与前面检验方法相同，通过检验发现，科技金融发展结构（TFSC）对经济增长的门槛效应依赖于科技金融发展结构（TFST）的合理化差异，科技金融发展结构对经济增长的门槛效应依赖于科技金融发展效率（TFCE）的合理化差异。

图 7 - 4 为以科技金融发展规模为门槛变量、以科技金融发展结构为依赖变量的 LR 函数图，结果表明科技金融发展规模具有双重门槛效应，且门槛值显著存在。图 7 - 5 表明科技金融发展效率为依赖变量时，科技金融发展结构仍然存在单门槛效应。

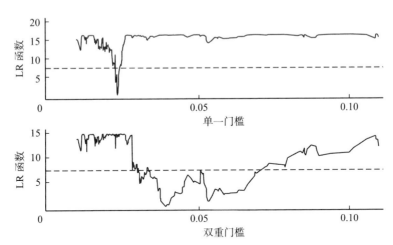

图 7 - 4 以 TFST 为依赖变量的 TFSC 双重门槛 LR 函数

资料来源：笔者根据统计数据整理所得。

为此再次进行了门槛面板数据的回归，并将参数估计结果整理至表 7 - 6 中。在科技金融发展规模（TFSC）跨过第一道门槛值之前，科技金融发展结构（TFST）对经济增长的影响系数为 89.88，并通过了 0.05 显著性水平的检验，落在该区间的地区包括西藏自治区、黑龙江省、海南省、湖南省、

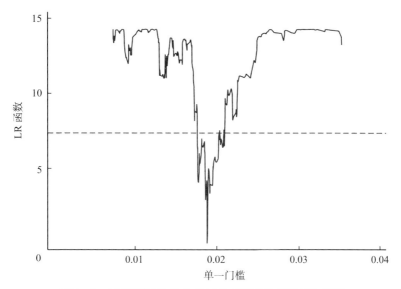

图 7 - 5　以 TFCE 为依赖变量的 TFST 单门槛 LR 函数

资料来源：笔者根据统计数据整理所得。

河南省、新疆维吾尔自治区、青海省、江西省、河北省、内蒙古自治区、甘肃省、广西壮族自治区、云南省、贵州省等地区，上述地区在科技金融发展规模较低的情形下，科技金融发展结构对经济增长表现出强劲地促进作用。TFSC 跨过第一道门槛（0.0227）到达第二道门槛（0.0388）之前，科技金融发展结构对经济增长的影响系数虽然为正，但是并未通过 0.05 显著性水平的检验，说明安徽省、吉林省、宁夏回族自治区、陕西省、山西省、重庆市、四川省、湖北省、辽宁省、福建省地区在科技金融发展规模比较大时，科技金融发展结构对经济增长的影响不显著。

表 7 - 6　　　　　　　　含依赖变量的门槛面板回归结果

模型类型	变量	系数	标准误	T 值	P 值
科技金融发展结构	TFST（TFSC ≤ 0.0227）	89.88 **	33.13	2.71	0.011
	TFST（0.0227 < TFSC ≤ 0.0388）	3.42	9.64	0.35	0.726
	TFST（TFSC > 0.0388）	71.97 ***	13.04	3.42	0.000
	控制变量	控制			
	Within – R^2	0.6130			

续表

模型类型	变量	系数	标准误	T 值	P 值
科技金融发展效率	TFCE（TFST≤0.0188）	26.56 *	13.85	1.92	0.056
	TFCE（TFST＞0.0188）	−5.35	15.20	−0.35	0.725
	控制变量	控制			
	Within－R^2	0.6969			

注：*、**、***分别表示在10%、5%、1%显著性水平下显著。
资料来源：笔者根据统计数据整理所得。

当 TFSC 跨过第三道门槛值（0.0388）时，科技金融发展结构对经济增长的影响系数为71.97，并在0.01的显著性水平下显著，落在该区间的地区为山东省、天津市、浙江省、江苏省、广东省、上海市、北京市，说明上述地区科技金融发展规模庞大，但是科技金融发展结构对经济增长的促进作用反而受到一定程度的削弱。通过比较样本期间3个区间科技金融发展规模与科技金融发展结构的均值发现，第一个区间之所以 TFST 对经济增长的促进力度更加强劲是因为，该区间下的区域科技金融发展结构与科技金融发展水平耦合协调性更高，而第二区间下的区域科技金融发展规模明显领先科技金融发展结构，呈现高度不协调，而第三区间区域科技金融发展规模虽然仍然领先科技金融发展结构，但是科技金融发展结构也处于相对较高水平。上述结果说明，科技金融发展结构与科技金融发展呈现协调发展时，科技金融中心集聚的经济规模效应才更加明显。

当 TFST 未跨过门槛值（0.0188）之前，科技金融发展效率（TFCE）对经济增长的影响系数为26.56，并通过显著性检验，落在该区间的地区包括河南省、吉林省、湖南省、黑龙江省、河北省、山东省、内蒙古自治区、广西壮族自治区、江西省、辽宁省、湖北省、福建省、陕西省、宁夏回族自治区、安徽省、云南省、四川省、海南省、贵州省，上述地区在科技金融发展结构相对较低时，科技金融发展效率对经济增长表现出明显的促进作用。跨过门槛值（0.0188）后，科技金融发展效率对经济增长的影响不显著，此时，科技金融发展结构显著领先于科技金融发展效率，这再次说明了科技金融结构与科技金融发展效率呈现协调发展时，才能更好地发挥科技金融中心集聚的经济增长效应。

第六节　科技金融中心集聚的经济结构效应分析

与前面的方法类似，先通过静态面板对科技金融中心各维度对产业结构的线性关系进行检验，然后，进一步对科技金融中心各维度对产业结构的影响是否存在阈值进行检验。

一、静态面板回归分析

排除共线性对研究的干扰后，进一步运用个体固定效应模型对科技金融中心集聚对经济结构的影响进行面板数据线性回归分析，并将最终的估计结果整理至表7-7中。

表7-7　　　　　　　　　　静态面板回归参数估计

变量	科技金融发展规模	科技金融发展结构	科技金融支持力度	科技金融发展效率
TFSC	0.9322 （1.4085）			
TFST		-0.5018 *** （-3.0649）		
TFSI			0.3721 * （1.8777）	
TFCE				0.6914 ** （2.0851）
HC	-0.0228 ** （-2.5674）	-0.0252 *** （-2.8729）	-0.0224 ** （-2.7319）	-0.0211 ** （-2.2056）
Market	0.0121 *** （6.0356）	0.0143 *** （8.2428）	0.0126 *** （13.1404）	0.0122 *** （6.0326）
INTN	0.0281 *** （7.6272）	0.0330 *** （7.5439）	0.0316 *** （5.8159）	0.0326 *** （6.8335）
Open	0.0797 （1.3051）	0.0269 （0.5196）	0.0720 （1.2069）	0.0634 （1.3235）

变量	科技金融发展规模	科技金融发展结构	科技金融支持力度	科技金融发展效率
FINV	0.0103 (0.6042)	0.0118 (0.7850)	0.0145 (0.9499)	0.0206 (1.3878)
Cons	0.3853*** (6.4695)	0.4309*** (7.1490)	0.3848*** (6.9894)	0.3623*** (4.9267)
Obs.	372	372	372	372
R^2	0.6960	0.7035	0.6933	0.7018

注: T-values are in parenthesis *** p<0.01, ** p<0.05, * p<0.1。
资料来源：笔者根据统计数据整理所得。

表7-7第一列TFSC的系数为0.9322，但t统计量为1.4085，并未通过显著性检验，说明科技金融发展规模对产业结构优化的促进作用不明显。第二列TFST的系数为-0.5018，并通过了0.01显著性水平的t检验，说明科技金融发展结构对产业结构优化具有负向作用，这与理论不符。第三列TFSI的系数为0.3721，并在0.1的显著性水平下显著，说明加大科技金融支持力度有利于产业结构的升级，但是促进效果比较弱。第四列TFCE的系数为0.6914，并在0.05显著性水平下显著，说明科技金融发展效率的提升能够促进产业结构的转型升级。从控制变量来看，市场化程度、信息技术基础对产业结构转型升级均呈现促进作用，而对外开放程度和固定资产投资规模对产业结构优化影响系数虽然为正，但是不显著。

二、门槛面板回归分析

上述科技金融中心各维度的线性回归结果表明科技金融中心集聚与经济结构可能存在非线性关系，即科技金融发展规模、结构、支持力度，以及效率对经济结构的影响可能存在门槛效应。为此，分别以上述4个变量为门槛变量进行门槛面板数据的回归。

（一）门槛效应检验

借助Stata15.1软件，通过自助法抽样300次得到科技金融中心各维度为门槛变量的门槛效应检验结果，并整理至表7－8中。

表7－8   门槛效应检验结果

门槛变量	门槛数	F值	P值	10%临界值	5%临界值	1%临界值
TFSC	单一门槛	39.8 *	0.0567	31.612	40.4305	51.7222
TFST	单一门槛	35.69 **	0.0433	27.6327	34.7822	42.8454
	双重门槛	20.08	0.1833	23.4323	27.9919	36.3896
TFSI	单一门槛	13.17	0.54	22.5691	27.3498	36.6507
TFCE	单一门槛	19.82	0.1467	21.3193	25.1048	27.9374

注：标注各检验结果均为自助法抽样（Bootstrap）300次模拟而得；＊、＊＊分别表示在10%、5%显著性水平下显著。
资料来源：笔者根据统计数据整理所得。

表7－8表明，科技金融发展规模（TFSC）在0.1的显著性水平下存在单一门槛效应，科技金融发展结构在0.05显著性水平下存在单一门槛效应，而科技金融支持力度（TFSI）和科技金融发展效率（TFCE）均不存在门槛效应，因此，科技金融中心集聚的经济结构效应仅存在两个维度的门槛变量。

（二）门槛值的估计与检验

确定了门槛变量存在门槛效应以后，进一步对门槛值和门槛区间进行估计，并将结果整理至表7－9中。

表7－9   门槛值估计

门槛变量	门槛类型	门槛值	95%置信区间
科技金融发展规模（TFSC）	单门槛	0.0190 *	[0.0188，0.0190]
科技金融发展结构（TFST）	单门槛	0.0365 **	[0.0346，0.0398]

注：＊、＊＊分别表示在10%、5%显著性水平下显著。
资料来源：笔者根据统计数据整理所得。

确定了门槛值以后，我们还需要对各门槛值进行检验，根据前面的解释，采用极大似然函数进行检验，图7－6、图7－7分别为两个门槛回归的LR函数图，每幅图都反映了各门槛值的回归及置信区间的分布结果。

结合表7-9和图7-6可知,科技金融发展规模的门槛值为0.019,门槛值落在区间 [0.0188,0.0190] 内,即存在 LR 检验值小于95%的临界

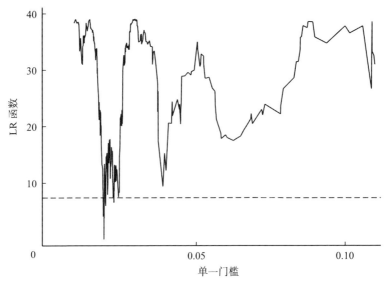

图7-6 以科技金融发展规模为门槛变量的 **LR** 检验

资料来源:笔者根据统计数据整理所得。

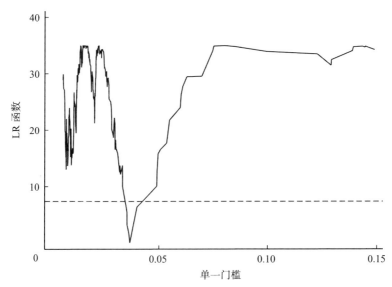

图7-7 以科技金融发展结构为门槛变量的 **LR** 检验

资料来源:笔者根据统计数据整理所得。

值的区间，即落在虚线下方，故不拒绝原假设，说明门槛变量科技金融发展规模（TFSC）的门槛值与真实值近似相等。同理，当科技金融发展结构（TFST）存在单门槛效应，门槛值为 0.0365，并落在 95% 置信区间 [0.0346，0.0398] 内，且存在 LR 检验值小于 95% 的临界值的区间，即落在虚线下方，说明门槛变量 TFST 的门槛值与真实值比较接近。综合上述分析可知，门槛变量 TFSC 和 TFST 门槛效应存在且显著。

（三）门槛面板回归分析

经过前面的检验可知，科技金融发展规模（TFSC）、科技金融发展结构（TFST）存在门槛效应，门槛值显著存在，下面进一步进行门槛面板回归分析门槛变量对经济结构的影响，最终结果披露在表 7-10 中。

表 7-10　　　　　　　　　门槛面板回归结果

模型	变量	系数	标准误	T 值	P 值
科技金融发展规模	TFSC（TFSC≤0.019）	-1.096	0.573	-1.91	0.057
	TFSC（TFSC>0.019）	0.771	0.466	1.65	0.099
	控制变量	控制			
	Within-R^2	0.7262			
科技金融发展结构	TFST（TFST≤0.0365）	1.459	0.376	3.88	0.000
	TFST（TFSC>0.0365）	-0.180	0.149	-1.21	0.228
	控制变量	控制			
	Within-R^2	0.7290			

资料来源：笔者根据统计资料整理所得。

科技金融发展规模（TFSC）跨过门槛值（0.019）之前，科技金融发展规模对产业结构优化的影响系数为 -1.096，并通过了 0.1 显著性水平的检验，落在该区间的地区包括河南省、新疆维吾尔自治区、青海省、江西省、河北省、内蒙古自治区、广西壮族自治区、云南省、贵州省，上述地区科技金融发展规模（TFSC）水平比较低，不利于产业结构的转型升级。TFSC 跨过门槛值（0.019），科技金融发展规模对产业结果的影响系数为 0.771，并在 0.1 的显著性水平下显著，落在该区间的地区包括北京市、上海市、广东省、江苏省、浙江省、天津市、山东省、福建省、辽宁省、湖北省、四川省、重庆市、山西省、宁夏回族自治区、吉林省、安徽省、西藏自治区、黑龙江省、海南省、湖南省上述地区科技金融发展规模水平相对较低，对产业结构的转型升级具有显著的积极影响。

科技金融发展结构（TFST）跨过门槛值（0.0365）之前，科技金融发展结构对产业结构优化的影响系数为 1.459，并通过了 0.01 显著性水平的检验，当 TFST 跨过门槛值（0.0365）时，科技金融发展结构对产业结构转型升级的影响不显著。样本期间内仅有北京市、上海市、广东省、西藏自治区地区科技金融发展结构跨过了门槛值，其他地区科技金融发展结构对产业结构优化具有显著的积极影响。

第七节　本章小结

本章以 2007～2018 年中国 31 个省（区、市）的数据为研究样本，运用面板线性回归和门槛面板回归对科技金融中心集聚的经济规模效应和经济结构效应的影响进行实证分析。静态面板数据回归表明，科技金融中心集聚对经济增长的线性关系不显著，只有科技金融规模对经济增长呈现显著的刺激作用；科技金融中心集聚对经济结构效应呈现一定的线性关系，并且科技金融支持力度和科技金融发展效率对产业结构转型升级具有显著的促进作用。为了检验科技金融各维度变量对经济规模效应和经济结构效应的影响是否存在阈值，运用了 Hansen 提出的门槛面板回归进行了门槛效应检验，结果表明科技金融发展规模、科技金融发展结构、科技金融支持力度对经济增长的影响存在显著的门槛效应，科技金融发展规模和科技金融发展结构对产业结构优化的影响存在显著的门槛效应。在此基础上，进一步进行门槛面板数据回归，结果表明科技金融发展规模水平较低时（跨过第一门槛值之前），科技金融发展规模对经济增长的促进作用不显著，随着科技发展规模水平的提高，其对经济增长的拉动作用逐渐增强；科技金融发展结构和科技金融支持力度水平并不是越大越有利于经济增长，而是维持在一定的水平（门槛值以内），科技金融发展结构和科技金融支持力度对经济增长的促进作用才能更加明显。通过深入研究发现，科技金融中心各维度变量间存在一定的联系，科技金融发展规模的门槛效应依赖于科技金融发展结构的合理化差异，科技金融发展结构的门槛效应依赖于科技金融发展效率的合理化差异，只有科技金融发展规模和科技金融发展结构之间和科技金融发展结构与科技金融发展效率之间均呈现协调发展时，科技金融结构和科技金融发展效率对经济增长促进作用会愈发强劲。科技金融发展规模和科技金融发展结构均对产业结构优化的影响存在单门槛效应，科技金融发展规模水平较低时（跨过门槛值之前），其不利于产业结构的优化，只有科技金融发展规模达到一定水平时，其对产业结构转型升级的催化作用才得以显现。科技金融发展规模并非越大越有利于产业结构的优化，而是应控制在合理范围（门槛值以内），科技金融发展结构推动产业结构转型升级的效果越好。

第八章　科技金融中心空间溢出效应研究

在前面有提到，科技金融中心的效应包括集聚效应和溢出效应。第三章对科技金融中心演化发展的集聚效应进行了详细研究，而科技金融中心对外部是否产生影响，以及影响的强度，需要对科技金融中心的溢出效应进行分析。因此，本章通过运用空间滞后（SLM）和空间杜宾（SDM）模型对科技金融中心演化发展的溢出效应进行实证研究。

第一节　变量选取与数据说明

通过前面科技金融中心的指标体系构建章节的分析可知，科技金融中心发展的区域存在非均衡和非连续分布的特点，科技金融中心区域对周边地区科技金融的演化发展呈现一定的差异，因此，科技金融中心对周边地区经济和产业结构的刺激作用也呈现差异性。因此，本章科技金融中心的溢出效应定义为：由于科技金融中心之间、科技金融中心与其他区域之间发展的优势要素转移、流动和传播，科技金融中心会推动周边区域的经济发展，而经济发展主要体现在经济增长和经济结构优化上。基于此，被解释变量为经济增长和经济结构的优化。

现有研究中，对区域经济增长的量化方式比较多，有地区生产总值和人均国内生产总值等，由于部分变量采用了国内生产总值进行调整，因此，采用人均国内生产总值进行量化，为了保证数据的可比性，运用人均国内生产总值的增速作为区域经济增长的衡量指标，同时考虑地区经济增长率共同对区域经济增长进行量化。

经济结构优化，也采用两种量化方式，第一种量化方式与第七章一致，即采用第三产业增加值占国内生产总值的比重（INDS）进行量化；由于我国产业结构升级呈现第三产业不断发展壮大，而第一产业的比重逐次减少的特征。因此，借鉴邹建国和李明贤（2018）[①] 的做法，采用产业结构升级系数法对产业结构升级进行量化，具体量化方式如式（8-1）所示。

$$UIS = IP_1 \times 1 + IP_2 \times 2 + IP_3 \times 3 \qquad (8-1)$$

其中，IP_1 为第一产业增加值占国内生产总值的比重，IP_2 和 IP_3 的含义类似。UIS 的其中为 [1，3]，反映了三次产业之间相互作用产出的机制效应。

核心解释变量为科技金融中心综合发展指数（TFC），通过前面章节指标体系构建，并运用熵值法测算得到。

为了控制其他因素对研究的影响，选取了地区人力资本水平（HC）、市场化程度（Market）、地区开放水平（Open）、基础设施（FINV）、信息技术基础（INTN）作为控制变量，变量的量化方式与前面章节相同，不再赘述。

本章数据均来自 EPS 数据库，并经过相应的整理得到。基于数据的可得性，研究样本依然采用 2007~2018 年中国 31 个省（区、市）的数据。表 8-1 披露了本章变量的数字特征。为了避免极端值对研究的影响，文中各变量均进行了 1% 和 99% 缩尾处理，后续分析均采用处理后的数据。

表 8-1　　　　　　　　　描述性统计分析

变量	Obs.	Mean	Std.	Min	Max	Skew.	Kurt.
PGDPG	372	9.53	3.287	3.1	21.8	0.727	3.891
GDPG	372	10.306	3.017	3.6	17.1	0.13	2.327
INDS	372	0.437	0.095	0.293	0.797	1.517	6.037
UIS	372	2.324	0.134	2.034	2.79	1.068	5.11
TFC	372	0.111	0.082	0.041	0.536	2.951	13.171
HC	372	8.697	1.114	4.62	11.84	-0.536	6.258

[①] 邹建国，李明贤. 科技金融对产业结构升级的影响及其空间溢出效应研究 [J]. 财经理论与实践，2018，39（5）：23-29.

续表

变量	Obs.	Mean	Std.	Min	Max	Skew.	Kurt.
Market	372	6.393	2.164	0.44	11.204	−0.142	3.09
INTN	372	3.937	2.102	0.959	11.283	1.235	4.548
Open	372	0.297	0.352	0.033	1.552	2.061	6.571
FINV	372	0.743	0.247	0.253	1.417	0.167	2.854

资料来源：笔者根据统计数据整理所得。

第二节　模型的设定

针对的研究主题，采用空间计量经济学模型对科技金融中心的空间溢出效应进行实证研究。因此，构建空间滞后（SLM）和空间杜宾模型（SDM）对科技金融中心对区域经济发展的影响进行分析。

一、空间滞后模型（SLM）的设定

$$PGDPG_{it} = \alpha_0 + \alpha_1 TFC_{it} + \beta \sum X_{it} + \rho \sum_j w_{ij} PGDPG_{it}$$
$$+ \mu_i + \delta_t + \varepsilon_{it} \quad (8-2)$$

$$GDPG_{it} = \alpha_0 + \alpha_1 TFC_{it} + \beta \sum X_{it} + \rho \sum_j w_{ij} PGDP_{it}$$
$$+ \mu_i + \delta_t + \varepsilon_{it} \quad (8-3)$$

其中，i 表示中国 31 个省（区、市），t 表示样本选取的年份。PGDPG 和 GDPG 分别为人均国内生产总值增长率和国内生产总值增长率。式（8-2）和式（8-3）用以检验科技金融中心对经济增长的影响。TFC 为科技金融发展综合指数，w_{ij} 为空间权重矩阵。X 为的控制变量，包括人力资本水平（HC）、市场化程度（Market）、地区开放水平（Open）、基础设施（FINV）、信息技术基础（INTN）。μ_i 为不随时间变化的、难以观测的个体异质性，δ_t 为时间效应，ε_{it} 为随机扰动项。INDS 和 UIS 为两种不同量化方式下的产业结构优化指数。

二、空间杜宾模型（SDM）的设定

$$INDS_{it} = \alpha_0 + \alpha_1 TFC_{it} + \beta \sum X_{it} + \rho \sum_j w_{ij} INDS_{it} + \theta W TFC_{it}$$
$$+ \gamma W X_{it} + \mu_i + \delta_t + \varepsilon_{it} \qquad (8-4)$$
$$\varepsilon_{it} = \lambda \sum_j w_{ij} \times \varepsilon_{jt} + \varphi_{it}$$
$$UIS_{it} = \alpha_0 + \alpha_1 TFC_{it} + \beta \sum X_{it} + \rho \sum_j w_{ij} UIS_{it}$$
$$+ \theta WTFC_{it} + \gamma WX_{it} + \mu_i + \delta_t + \varepsilon_{it} \qquad (8-5)$$
$$\varepsilon_{it} = \lambda \sum_j w_{ij} \times \varepsilon_{jt} + \varphi_{it}$$

其中，W 为空间权重矩阵，i 和 j 表示两个不同的地区，t 表示年份，$WTFC_{it}$ 为科技金融综合发展指数的空间滞后项，用以反映科技金融中心对周边经济发展的影响。WX_{it} 为控制变量的空间滞后项。

第三节 空间自相关性检验

进行空间计量建模需要对空间效应是否存在，以及如何存在进行检验。空间自相关可理解为位置相近的区域具有相似的变量取值。若高值与高值聚集在一起，低值与低值聚集在一起，则说明存在正的空间自相关；若高值与低值集聚在一起，则说明存在负的空间自相关；若高值与低值完全随机分布，则说明不存在空间自相关。空间自相关检验分为全域空间自相关性检验和局域空间自相关性检验。

一、全域空间自相关性检验

全域检验某种现象的整体分布情况，判断在特定区域内是否具有集聚存在，最常用于全域空间自相关性检验的方法为"莫兰指数 I"（Moran's I）检验（Moran，1950），计算公式如式（8-6）所示：

$$I = \frac{\sum\limits_{i=1}^{n} \sum\limits_{j=1}^{n} w_{ij}(x_i - \bar{x})(x_j - \bar{x})}{S^2 \sum\limits_{i=1}^{n} \sum\limits_{j=1}^{n} w_{ij}} \qquad (8-6)$$

其中，$S^2 = \dfrac{\sum\limits_{i=1}^{n}(x_i - \bar{x})^2}{n}$ 为样本方差，w_{ij} 为二进制邻近空间权重矩阵的元素（i 和 j 用来度量区域 i 与区域 j 的距离），用邻近矩阵和距离矩阵，定义空间对象的相互邻近关系。"莫兰指数 I"的取值介于 -1 到 1 之间，大于 0 表示正的自相关，即高值与高值聚集、低值与低值聚集；小于 0 表示负相关，即高值与低值聚集。"莫兰指数 I"接近于 0，说明空间分布是随机的，不存在空间自相关。

运用 Stata15.1 软件对 2007～2018 年经济增长、产业结构和科技金融中心进行全域空间自相关性检验，并将历年 Moran's I 值和对应的显著性水平披露在表 8-2 中。

表 8-2　2007～2018 年科技金融、经济增长和产业结构的 Moran's I 检验

年份	TFC		GDPG		PGDPG		UIS	
	Moran's I	P 值	Moran's I	P 值	Moran's I	P 值	Moran's I	P 值
2007	0.102	0.057	-0.063	0.392	0.126	0.061	0.024	0.060
2008	0.111	0.047	-0.039	0.481	0.128	0.062	0.008	0.136
2009	0.091	0.068	-0.019	0.446	0.074	0.156	0.023	0.055
2010	0.099	0.059	-0.021	0.453	-0.032	0.493	0.031	0.035
2011	0.092	0.071	0.212	0.010	0.347	0.000	0.034	0.029
2012	0.115	0.045	0.269	0.002	0.359	0.000	0.035	0.027
2013	0.116	0.046	0.262	0.003	0.346	0.000	0.041	0.019
2014	0.086	0.081	0.299	0.001	0.343	0.000	0.035	0.025
2015	0.088	0.074	0.250	0.003	0.228	0.005	0.039	0.020
2016	0.064	0.136	0.204	0.010	0.138	0.048	0.054	0.007
2017	0.081	0.093	0.405	0.000	0.362	0.000	0.062	0.004
2018	0.090	0.081	0.352	0.000	0.174	0.026	0.062	0.004
2007～2018 均值	0.097	0.063	0.141	0.051	0.256	0.003	0.046	0.012

资料来源：笔者根据统计数据整理所得。

表 8 - 2 表明,在 2007 ~ 2018 年科技金融发展综合指数的 Moran's I 值在 0.09 ~ 0.12 之间变动,说明科技金融发展综合指数存在正的空间自相关,除了 2016 年外,所有年份均在 0.1 的显著性水平下显著。2007 ~ 2018 年 Moran's I 值为 0.097,并且显著,说明样本期间内,科技金融发展综合指数存在显著的空间效应。国内生产总值增长率在 2010 年之前不存在自相关,2011 年之后 GDPG 的 Moran's I 值在 0.212 ~ 0.405 之间变动,说明国内生产总值增长率存在正的空间自相关,并且均通过了 0.05 显著性水平的检验,2007 ~ 2018 年国内生产总值增长率的 Moran's I 值为 0.141,并通过了 0.1 显著性水平的检验,说明 GDPG 存在显著的空间相关性。人均国内生产总值增长率除了 2009 ~ 2010 年 Moran's I 值不显著外,其余年份显著为正,并且 2007 ~ 2018 年的 Moran's I 值为 0.256,通过了 0.01 显著性水平检验,说明人均国内生产总值增长率存在显著的正向自相关,综合上述分析可知,经济增长存在明显的空间效应。产业结构优化指数 UIS 的 Moran's I 值均为正,只有 2008 年未通过显著性水平的检验,2007 ~ 2018 年产业结构升级存在显著的正的空间自相关。全域空间自相关性检验表明科技金融发展综合指数、经济增长,以及产业结构升级均存在显著的空间自相关。

二、局域空间自相关性检验

全局空间自相关性检验可以从整体上反映各地区经济增长的空间集聚关系,下面进一步对区域内部的空间分布关系进行检验,限于篇幅,仅对 2007 ~ 2018 年科技金融发展综合指数、经济增长,以及产业结构升级进行检验。

由全局的 Moran's I 检验和局域的 LISA 检验结果可知,2007 ~ 2018 年科技金融发展综合指数(TFC)在 0.05 显著性水平显著的有 5 个区域,在 0.01 和 0.001 显著性水平下显著的均有 1 个区域。北京市属于"高—高"集聚型地区,说明北京市科技金融发展水平较高,同时也被周边科技金融发展水平较高的区域围绕;四川省属于"低—低"集聚型,说明四川省金融科技发展水平相对偏低,同时被周边科技金融发展水平较低的区域包围;属于"低—高"集聚类型的有 6 个区域,分别为山东省、辽宁省、湖北省、河南省、安徽省、河北省,这些地区在空间上呈现明显的连片分布格局,且科技金融发展水平相对偏低,但是被周边科技金融发展水平较高的区域包围。

2007～2018 年人均国内生产总值增长率在 0.05 显著性水平显著的有 7 个区域，在 0.01 显著性水平下显著的有 3 个区域。属于"高—高"集聚型的区域有 5 个，分别为四川省、重庆市、湖南省、贵州省、广西壮族自治区，这些地区在空间上呈现明显的连片分布格局，说明上述地区人均国内生产总值增长率相对较高，同时也被周边人均 GDP 增长率较高的区域围绕；辽宁省属于"低—低"集聚型，说明该地区人均国内生产总值增长率相对偏低，同时被周边人均国内生产总值增长率较低的区域包围；属于"低—高"集聚类型有 2 个区域，分别为宁夏回族自治区和广东省，上述地区人均国内生产总值增长率相对偏低，但是被周边人均国内生产总值增长率较高的区域包围。属于"高—低"集聚类型的地区有 2 个，分别为江苏省和内蒙古自治区，这两个地区人均国内生产总值增长率相对较高，但是被周边人均国内生产总值增长率较低的区域围绕。

2007～2018 年国内生产总值增长率在 0.05 显著性水平显著的有 7 个区域，在 0.01 显著性水平下显著的仅有 1 个区域。LISA 聚类图可知，属于"高—高"集聚型的区域有 5 个，分别为四川省、重庆市、云南省、贵州省、广西壮族自治区，这些地区在空间上呈现明显的连片分布格局，说明上述地区 GDP 增长率相对较高，同时也被周边 GDP 增长率较高的区域围绕；辽宁省属于"低—低"集聚型，说明该地区 GDP 增长率相对偏低，同时被周边 GDP 增长率较低的区域包围；属于"低—高"集聚类型只有广东省 1 个区域，该地区人均 GDP 增长率相对偏低，但是被周边 GDP 增长率较高的区域包围。属于"高—低"集聚类型的只有内蒙古自治区，该地区 GDP 增长率相对较高，但是被周边 GDP 增长率较低的区域围绕。

2007～2018 年产业结构优化在 0.05 显著性水平显著的有 10 个区域，在 0.01 显著性水平下显著的有 1 个区域。属于"高—高"集聚型的区域有 3 个，分别为山东省、江苏省、辽宁省，这些地区在空间上呈现明显的连片分布格局，说明上述地区产业结构优化相对较高，同时也被周边产业结构优化较高的区域围绕；属于"低—低"集聚型的地区有 4 个，分别为云南省、贵州省、四川省、重庆市，说明西南地区产业结构转型升级力度不够，同时周边区域产业结构优化相对偏低；属于"低—高"集聚类型有 4 个区域，分别为内蒙古自治区、河南省、安徽省、河北省，上述地区产业结构优化相对偏低，但是被周边产业结构优化较高的区域包围。

综合以上检验结果，可证明科技金融发展综合指数与经济增长和产业结构升级之间存在明显的空间相关性。

第四节　科技金融中心对区域经济增长的溢出效应研究

在进行空间面板数据回归之前，需要对模型进行筛选，经过 Hausman 检验发现，固定效应模型优于随机效应模型。此外，还需要对空间模型类型进行诊断检验，判断应选择空间滞后模型还是空间误差模型。

一、空间模型的选择诊断检验

在不考虑空间相关性的前提下，采用 OLS 估计法进行分析，并进行相关性检验，根据 LM - lag 和 LM - err 的显著性判断模型的选择。若 LM - lag 和 LM - err 仅有一个显著，则选取经验显著的模型；若 LM - lag 和 LM - err 均不显著，说明选择 OLS 估计即可；若 LM - lag 和 LM - err 均显著，则需要进一步根据稳健的 LM - lag 和 LM - err 显著性进行判断。表 8 - 3 披露了具体的诊断检验结果。

表 8 - 3　　　　　　　　　空间模型类型诊断检验

检验方法	统计值	P 值
空间误差：		
拉格朗日乘数	10.61	0.001
强拉格朗日乘数	0.675	0.411
空间滞后：		
拉格朗日乘数	15.767	0.000
强拉格朗日系数	5.832	0.016

资料来源：笔者根据统计数据整理所得。

由检验结果可知，LM - lag 和 LM - err 检验的 P 值均小于 0.05，Robust

LM – lag 检验 P 值为 0.016，Robust LM – err 检验 P 值为 0.411 大于 0.05，说明相对于空间误差模型（SEM），空间滞后模型（SDM）相对更优。

二、科技金融中心对区域经济增长溢出效应的回归分析

根据前面的检验可知，空间滞后模型（SLM）适用于讨论科技金融中心对经济规模的空间溢出效应。表 8 – 4 披露了以人均国内生产总值增长率为被解释变量，科技金融发展综合指数（TFC）为解释变量的 SLM 模型参数估计结果，并报告了 3 种空间固定效应模型下的直接效应和间接效应的估计结果。

表 8 – 4　　　　科技金融中心对区域经济增长溢出效应的回归结果

变量	(1) 空间固定效应			(2) 空间时期固定效应			(3) 空间双向固定效应		
	SLM	直接效应	间接效应	SLM	直接效应	间接效应	SLM	直接效应	间接效应
TFC	19.81*** (3.46)	21.92*** (3.39)	23.29*** (2.85)	5.62*** (2.61)	5.74*** (2.58)	0.98 (1.55)	22.12*** (3.93)	22.47*** (3.86)	3.97 (1.61)
HC	0.84*** (2.66)	0.91*** (2.72)	0.96** (2.37)	– 0.30** (– 2.39)	– 0.31** (– 2.52)	– 0.05 (– 1.53)	0.10 (0.19)	0.08 (0.15)	0.02 (0.19)
Market	– 0.37*** (– 3.05)	– 0.40*** (– 3.08)	– 0.42*** (– 2.93)	0.37*** (5.20)	0.38*** (5.54)	0.07* (1.86)	– 0.06 (– 0.35)	– 0.04 (– 0.26)	– 0.01 (– 0.20)
INTN	– 0.96*** (– 6.61)	– 1.05*** (– 7.18)	– 1.10*** (– 5.42)	– 0.03 (– 0.28)	– 0.04 (– 0.30)	– 0.01 (– 0.27)	– 0.09 (– 0.31)	– 0.10 (– 0.36)	– 0.02 (– 0.37)
Open	– 5.24*** (– 3.80)	– 5.68*** (– 3.84)	– 6.00*** (– 3.31)	– 3.72*** (– 6.78)	– 3.76*** (– 7.26)	– 0.65* (– 1.95)	– 4.41*** (– 3.25)	– 4.44*** (– 3.29)	– 0.77 (– 1.60)
FINV	– 0.53 (– 0.80)	– 0.53 (– 0.72)	– 0.54 (– 0.69)	2.06*** (2.81)	2.12*** (2.87)	0.37 (1.52)	2.65*** (3.23)	2.70*** (3.36)	0.46 (1.62)
空间滞后系数（ρ）	0.55*** (12.27)			0.15** (2.38)			0.15** (2.24)		
Hausman	90.59***			73.89***			90.59***		
对数似然函数	– 729.7826			– 737.6034			– 684.8916		
Obs.	372			372			372		
Within R²	0.6000			0.2419			0.1502		

注：T – values are in parenthesis ***p < 0.01，**p < 0.05，*p < 0.1。
资料来源：笔者根据统计数据整理所得。

表8-4的回归结果表明，3种模型下的Hausman检验均拒绝了随机效应优于固定效应的原假设，说明应采用空间固定效应模型。3种空间固定效应模型的空间滞后系数ρ为正，并通过了0.05显著性水平的检验，说明选择空间滞后模型是合理的。综合比较模型（1）~模型（3）的拟合优度、对数似然函数、空间滞后系数，并考虑模型解释变量在经济学上的合理性，最终选择空间固定效应模型作为解释模型。

表8-4模型（1）的第一列TFC的系数为19.81，并通过了0.01显著性水平的检验，说明科技金融中心对推动区域经济增长具有显著的影响。第二列TFC的系数为21.92，第三列TFC的系数为23.92，并通过了1%显著性水平的检验，说明科技金融中心对经济增长影响的直接效应和间接效应均显著，表明科技金融中心的演化发展不仅能够推动本区域的经济增长，而且还能对邻近身份经济增长产生溢出效应。从其他变量来看，人力资本、开放程度、市场化水平等直接效应和间接效应系数均显著，说明人力资本、市场化程度等对周边省（区、市）域经济增长具有一定的溢出效应。

表8-5是以经济增长率为被解释变量的空间滞后模型结果，不难发现空间固定模型第一列TFC的系数显著为正，直接效应和间接效应仍然显著为正，再次证明了科技金融中心的演化发展推动了区域经济增长，并且对周边省市的经济增长具有明显的溢出效应，说明模型具有一定的稳健性。

表8-5　　　　　　　　　　稳健回归参数估计

变量	(1) 空间固定效应			(2) 空间时期固定效应			(3) 空间双向固定效应		
	SLM	直接效应	间接效应	SLM	直接效应	间接效应	SLM	直接效应	间接效应
TFC	15.52*** (3.55)	17.32*** (3.50)	19.88*** (3.02)	5.44*** (2.97)	5.55*** (2.94)	1.15* (1.80)	18.42*** (4.19)	18.91*** (4.11)	6.42** (2.40)
HC	0.86*** (3.56)	0.94*** (3.66)	1.08*** (3.04)	-0.27** (-2.53)	-0.28*** (-2.67)	-0.06* (-1.72)	0.22 (0.56)	0.21 (0.53)	0.08 (0.51)
Market	-0.27*** (-2.92)	-0.29*** (-2.95)	-0.33*** (-2.88)	0.29*** (4.86)	0.30*** (5.17)	0.06** (2.04)	-0.13 (-0.96)	-0.12 (-0.90)	-0.04 (-0.81)
INTN	-1.07*** (-9.12)	-1.19*** (-10.23)	-1.35*** (-6.64)	0.00 (0.02)	0.00 (0.00)	0.00 (0.03)	-0.57*** (-2.63)	-0.59*** (-2.75)	-0.20* (-1.95)

续表

变量	（1）空间固定效应			（2）空间时期固定效应			（3）空间双向固定效应		
	SLM	直接效应	间接效应	SLM	直接效应	间接效应	SLM	直接效应	间接效应
Open	-3.71^{***} (-3.54)	-4.06^{***} (-3.57)	-4.64^{***} (-3.17)	-1.39^{***} (-3.02)	-1.41^{***} (-3.23)	-0.30^{*} (-1.78)	-2.96^{***} (-2.79)	-3.00^{***} (-2.82)	-1.02^{**} (-2.02)
FINV	0.42 (0.83)	0.50 (0.89)	0.60 (0.87)	3.91^{***} (6.31)	3.99^{***} (6.36)	0.84^{**} (2.10)	2.80^{***} (4.34)	2.88^{***} (4.52)	0.96^{***} (2.70)
空间滞后系数（ρ）	0.57^{***} (13.54)			0.18^{***} (2.78)			0.26^{***} (4.26)		
Hausman	29.04^{***}			52.98^{***}			129.44^{***}		
对数似然函数	-629.8412			-675.8188			-594.2438		
Obs.	372			372			372		
Within R^2	0.7227			0.4239			0.1252		

注：括号中为 T 统计量；*** p<0.01，** p<0.05，* p<0.1。
资料来源：笔者根据统计数据整理所得。

第五节　科技金融中心对产业结构升级溢出效应分析

　　下面进一步对科技金融中心对产业结构升级的溢出效应进行研究，上一节通过空间滞后模型（SLM）的效应分解验证了科技金融中心对经济规模的溢出效应。本节借鉴韩军强等（2019）[①] 的做法，采用空间杜宾模型（SDM）对科技金融中心、对经济结构的溢出效应进行检验。

一、科技金融中心对产业结构升级溢出效应回归

　　表 8-6 披露了产业结构优化为被解释变量，一阶反距离矩阵为空间权

---

① 韩军强. 科技金融发展能够提高中国经济增长质量吗？——基于空间杜宾模型的实证研究 [J]. 科技管理研究，2019，39（14）：42-47.

重的空间杜宾模型估计结果。由表 8 - 6 可知，无论是以 INDS 还是以 UIS
为被解释变量量化产业结构升级，Hausman 检验表明应选择时期固定效应
或者空间双向固定效应模型，综合比较来看，空间时期固定效应模型得出
的结果更加合理，为此，将空间时期固定效应模型作为解释模型。

表 8 - 6　　　　科技金融中心对产业结构升级溢出效应回归结果

变量	被解释变量：INDS			被解释变量：UIS		
	空间 固定效应	时期 固定效应	空间双向 固定效应	空间 固定效应	时期 固定效应	空间双向 固定效应
TFC	- 0. 12 （ - 1. 35）	0. 77 *** （14. 54）	- 0. 14 （ - 1. 56）	- 0. 25 * （ - 1. 79）	0. 89 *** （12. 70）	- 0. 26 * （ - 1. 96）
HC	- 0. 01 （ - 1. 26）	- 0. 00 （ - 0. 35）	- 0. 01 （ - 0. 74）	- 0. 00 （ - 0. 17）	- 0. 01 *** （ - 3. 23）	0. 00 （0. 05）
Market	0. 00 （0. 50）	- 0. 02 *** （ - 11. 15）	- 0. 00 （ - 0. 20）	0. 01 ** （2. 55）	- 0. 02 *** （ - 6. 01）	0. 01 ** （2. 26）
INTN	0. 01 * （1. 65）	- 0. 01 ** （ - 2. 56）	0. 01 *** （3. 46）	0. 01 （0. 97）	0. 00 （0. 47）	0. 02 ** （2. 47）
Open	0. 05 ** （2. 15）	0. 09 *** （7. 51）	0. 08 *** （3. 62）	0. 07 ** （2. 15）	0. 14 *** （8. 77）	0. 11 *** （3. 40）
FINV	- 0. 05 *** （ - 3. 94）	- 0. 10 *** （ - 6. 19）	- 0. 05 *** （ - 4. 20）	- 0. 06 *** （ - 2. 97）	- 0. 07 *** （ - 2. 96）	- 0. 06 *** （ - 3. 01）
WTFC	0. 54 （1. 38）	1. 17 *** （3. 05）	- 0. 44 （ - 0. 80）	0. 66 （1. 09）	2. 08 *** （4. 24）	- 0. 23 （ - 0. 28）
WHC	- 0. 00 （ - 0. 15）	- 0. 04 ** （ - 2. 43）	0. 13 ** （2. 27）	0. 02 （1. 07）	0. 07 *** （3. 07）	0. 15 * （1. 66）
WMARKET	0. 01 （1. 39）	- 0. 03 *** （ - 2. 73）	- 0. 03 ** （ - 2. 14）	- 0. 01 （ - 1. 22）	- 0. 02 （ - 1. 43）	- 0. 05 ** （ - 2. 32）
WINTN	0. 02 ** （2. 11）	0. 02 （0. 71）	0. 13 *** （3. 59）	0. 01 （0. 63）	- 0. 01 （ - 0. 19）	0. 12 ** （2. 26）
WOPEN	- 0. 20 *** （ - 2. 59）	0. 15 * （1. 85）	0. 30 ** （2. 07）	- 0. 28 ** （ - 2. 40）	- 0. 02 （ - 0. 15）	0. 37 * （1. 69）

续表

变量	被解释变量：INDS			被解释变量：UIS		
	空间 固定效应	时期 固定效应	空间双向 固定效应	空间 固定效应	时期 固定效应	空间双向 固定效应
WFINV	0.04 (1.47)	-0.26*** (-2.61)	-0.02 (-0.35)	0.13*** (2.88)	0.06 (0.47)	0.16 (1.53)
ρ	0.07 (0.48)	-1.15*** (-4.99)	-0.89*** (-3.84)	0.36*** (3.44)	-0.58** (-2.56)	-0.95*** (-4.05)
Hausman	33.67***	92.79***	65.91***	18.01	85.36***	101.41***
对数似然函数	855.8179	677.3564	878.7492	691.3207	578.8529	722.0636
Obs.	372	372	372	372	372	372
Within R²	0.7736	0.4177	0.5019	0.7476	0.6489	0.5777

T – values are in parenthesis *** p < 0.01， ** p < 0.05， * p < 0.1。
资料来源：笔者根据统计数据统计所得。

第三产业增加值占国内生产总值的比重为被解释变量时，TFC 的系数为 0.77，通过了 0.01 显著性水平的检验；UIS 为被解释变量时，TFC 的系数为 0.89，在 0.01 的显著性水平下显著，上述结果表明科技金融中心的演化发展对产业结构升级具有显著的促进作用。第二列 WTFC 的系数为1.17，第五列 TFC 的系数为 2.08，均通过了显著性水平的 t 检验，说明科技金融中心对邻近省市的产业结构升级具有显著的溢出效应。

二、稳健性检验

为了检验模型的稳健性，改变空间权重矩阵的量化方式，由原来的反距离矩阵改为空间相邻矩阵，并再次进行空间杜宾模型的参数估计，并将结果整理至表 8 - 7 中，Hasuman 检验表明，空间时期固定效应和空间双向固定效应模型相对更优。综合比较后，空间时期固定效应模型更加符合经济理论。稳健回归结果表明，科技金融中心推动了产业结构的转型升级，科技金融中心对周边区域的产业升级具有显著的溢出效应，验证了模型的稳健性。

表 8 - 7　　　　　　　　　　　稳健回归参数估计

变量	被解释变量：INDS			被解释变量：UIS		
	空间 固定效应	时期 固定效应	空间双向 固定效应	空间 固定效应	时期 固定效应	空间双向 固定效应
TFC	- 0. 10 (- 1. 04)	0. 73 *** (14. 96)	- 0. 11 (- 1. 22)	- 0. 26 * (- 1. 82)	0. 64 *** (10. 30)	- 0. 28 ** (- 1. 99)
HC	- 0. 02 ** (- 2. 48)	- 0. 00 (- 1. 19)	- 0. 01 (- 1. 46)	- 0. 01 (- 0. 70)	- 0. 01 *** (- 3. 69)	0. 00 (0. 05)
Market	0. 00 (0. 60)	- 0. 03 *** (- 11. 33)	0. 00 (0. 19)	0. 01 (1. 11)	- 0. 02 *** (- 8. 27)	0. 01 (1. 38)
INTN	0. 01 ** (2. 22)	- 0. 00 (- 1. 11)	0. 01 *** (2. 70)	0. 00 (0. 69)	0. 02 *** (4. 46)	0. 01 (1. 59)
Open	0. 05 ** (2. 21)	0. 09 *** (7. 58)	0. 05 ** (2. 45)	0. 07 ** (2. 09)	0. 16 *** (9. 91)	0. 09 *** (2. 75)
FINV	- 0. 04 *** (- 2. 88)	- 0. 10 *** (- 5. 90)	- 0. 04 *** (- 3. 35)	- 0. 06 *** (- 2. 76)	- 0. 05 ** (- 2. 48)	- 0. 05 ** (- 2. 42)
WTFC	- 0. 03 (- 0. 16)	0. 46 *** (3. 32)	- 0. 11 (- 0. 48)	- 0. 23 (- 0. 73)	0. 80 *** (4. 72)	- 0. 28 (- 0. 81)
WHC	- 0. 00 (- 0. 25)	0. 02 *** (3. 04)	0. 05 ** (2. 45)	- 0. 01 (- 0. 44)	0. 05 *** (7. 44)	0. 05 (1. 56)
WMARKET	0. 01 ** (2. 25)	- 0. 00 (- 0. 06)	- 0. 00 (- 0. 05)	0. 01 (1. 06)	0. 01 *** (2. 67)	0. 01 (1. 60)
WINTN	0. 01 ** (2. 20)	- 0. 02 *** (- 3. 07)	0. 01 (1. 22)	0. 03 *** (2. 75)	- 0. 04 *** (- 4. 20)	0. 03 * (1. 90)
WOPEN	- 0. 03 (- 0. 69)	0. 01 (0. 24)	0. 03 (0. 59)	- 0. 10 (- 1. 53)	- 0. 12 *** (- 4. 33)	0. 04 (0. 59)
WFINV	0. 05 ** (2. 38)	- 0. 13 *** (- 3. 78)	- 0. 05 * (- 1. 78)	0. 11 *** (3. 50)	0. 01 (0. 28)	0. 05 (1. 24)
ρ	0. 31 *** (4. 89)	- 0. 18 ** (- 2. 09)	- 0. 13 (- 1. 49)	0. 35 *** (5. 61)	0. 07 (0. 84)	- 0. 03 (- 0. 33)
Hausman	16. 37	90. 46 ***	116. 63 ***	15. 13	55. 05 ***	81. 70 ***
对数似然函数	836. 2507	683. 8952	871. 0329	684. 6194	598. 1031	712. 7060
Obs.	372	372	372	372	372	372
Within R^2	0. 7376	0. 5640	0. 4392	0. 7241	0. 5138	0. 6525

注：T - values are in parenthesis *** p < 0. 01 ，** p < 0. 05 ，* p < 0. 1。
资料来源：笔者根据统计数据整理所得。

第六节 本章小结

本章运用空间计量经济学模型对科技金融中心的空间溢出效应进行实证研究。空间自相关性检验表明，全局的 Moran's I 检验和局域的 LISA 检验可知，科技金融发展综合指数与经济增长和产业结构升级之间存在明显的空间相关性。空间模型类型诊断表明，空间滞后模型（SLM）可以对科技金融中心、对经济规模溢出效应进行较好地刻画，通过模型的分解发现，科技金融中心对经济规模直接效应和间接效应的影响系数均显著为正，说明科技金融中心的演化发展推动了本区域的经济增长，同时，打造科技金融中心对周边省市的经济增长具有显著的促进作用，即科技金融中心具有空间溢出效应，并通过稳健性检验，验证了模型的稳健性。进而借鉴先前研究者的做法，采用空间杜宾模型（SDM）对科技金融中心对经济结构的空间溢出效应进行实证研究，研究结果表明，打造科技金融中心推动了产业结构的转型升级，并将带动周边省（区、市）的产业结构升级，验证了科技金融中心在经济结构的空间溢出效应，并且这一结论不会随着空间权重的不同而不同，说明了模型具有一定的稳健性。

第九章 广州市科技金融中心
辐射力研究

本章以粤港澳大湾区科技金融中心为主要辐射中心，基于数据的可得性，以广州市为中心城市，运用威尔逊模型对广州市科技金融中心辐射力进行度量和分析。目前，学术界对科技金融中心辐射效应的内涵并没有给出统一的界定，辐射效应概念其原于物理学中的传递过程，即能量较高的物体向能量低的物体发生的一种能量传递过程。经济学研究中常借助该概念，用于研究区域经济非均衡过程中，发展程度较高区域对较低区域产生的正向效应称之为辐射效应，而科技金融中心对其他区域产生的效应强弱即为科技金融中心的辐射效应。

第一节 科技金融中心辐射效应模型构建

以广州市为中心城市，通过构建威尔逊模型，以广州市科技金融中心，对 26 个省会城市和 4 个直辖市的辐射半径，并根据辐射半径进一步分析广州市科技金融中心对各区域的辐射力。威尔逊模型最初主要被用于经济地理学研究中，根据威尔逊模型假定，科技金融中心 i 和 j 会直接经常发生金融科技资源和其他相关要素的流动，而这种流动取决于科技金融中心城市直接的距离、规模和各种资源与要素的流动性。

威尔逊模型源于牛顿引力定律，科技金融中心 i 对 j 的吸引力可以表示为：

$$T_{ij} = KO_iP_je^{-\beta r_{ij}} \tag{9-1}$$

其中，T_{ij} 表示科技金融中心 i 吸收来自 j 的资源数及其产生的效应。O_i

为科技金融中心 i 资源强度。P_j 为科技金融中心 j 的科技金融发展指数，与前面章节科技金融发展指数测算方法一致。r_{ij} 为两个地区的距离，β 为衰减因子，决定了区域影响力衰减速度的快慢。K 是系数，用以反映辐射效应的非对称效应，由于文中均为省会城市或直辖市，非对称效应较弱，因此，不考虑科技金融中心辐射效应的非对称性，并且当两区域距离为 0 时，$T_{ij} = KO_i P_j e^{-\beta r_{ij}} = P_j$，所以式（9 – 1）隐含 $KO_i = 1$，基于此，式（9 – 1）可进一步简化为：

$$T_{ij} = \alpha P_j = P_j e^{-\beta r_{ij}} \qquad (9-2)$$

借鉴王铮（2002）的做法，式（9 – 2）可以进一步简化为：

$$\theta = P_j e^{-\beta r_{ij}} \qquad (9-3)$$

根据式（9 – 2）可进一步得到：

$$\alpha = e^{-\beta r_{ij}} \qquad (9-4)$$

由式（9 – 4）可知，当已知科技金融中心 i 和科技金融中心 j 之间的距离，以及科技金融中心 j 得到科技金融资源占科技金融中心 i 的比重 α，即可求出各个地区科技金融资源阻碍系数 β。式（9 – 3）θ 为阈值，借鉴刘悦等（2018）的做法。θ 取 0.001，其含义为科技金融能量筛减至该值以下时，可近似认为中心城市对这个范围以外的区域就没有影响了。

第二节　各城市资源阻尼系数的测量与分析

根据威尔模型可知，影响资源流动的主要因素为距离和衰减因子，即阻尼系数，接下来对各个城市到广州市之间的资源阻尼系数，以及对政府的工作效率进行评价。大多数文献假设是一定的，然后计算其他的量，借鉴陈浩等（2005）[①] 的做法，采用逆过程进行计算，由其他变量计算出值，并认为不同城市之间 β 值存在一定的这种差异是政府能力的体现，β 值越小说明资源阻碍越小，政府科技金融工作能力越强。借鉴王铮等（2002）研究人口辐射成果中对进行简易测算的方法，各个城市所占金融资源的比

[①] 陈浩. 关于网络经济下企业理论创新的几个问题［J］. 科技进步与对策，2005（11）：165 – 176.

例定义为各个城市占 301 个城市总规模的百分比。为比较政府能力，定义 $\xi = 1/\beta$，反映了正接轨广州市能力的测度。需要说明的是，广州市与各个城市的距离并非直线距离，采用的是公路距离，因为部分城市之间隔海，采用直线距离将导致测算不精确。城市金融资源采用各个地区金融业增加值。表 9－1 披露了 2007～2018 年各个城市接受广州市资源流动的阻尼系数，以及政府效率。

表 9－1　　　　　　各城市资源阻碍系数和政府接轨广州力度测量

城市	各城市活动资源占比	各城市与广州市公路距离	资源流动阻尼系数 β	政府接轨广州市能力 ξ	接轨广州市能力排名
北京市	0.171313	2123.9	0.000834	1199.3160	1
天津市	0.062424	2098.6	0.001329	752.3456	5
石家庄市	0.014125	1848.9	0.002317	431.6459	19
太原市	0.017662	1865.1	0.002175	459.6882	14
呼和浩特市	0.012290	2324.5	0.001898	526.8522	9
沈阳市	0.022582	2757.7	0.001385	721.8669	6
长春市	0.010098	3034.0	0.001521	657.4202	7
哈尔滨市	0.016652	3372.0	0.001221	819.2000	4
上海市	0.188056	1497.3	0.001130	885.0956	3
南京市	0.045408	1361.9	0.002280	438.5270	18
杭州市	0.050603	1306.9	0.002319	431.2838	20
合肥市	0.015351	1211.7	0.003471	288.1304	24
福州市	0.019534	866.5	0.004555	219.5151	25
南昌市	0.012500	781.5	0.005625	177.7646	27
济南市	0.027345	1825.3	0.001983	504.4104	11
郑州市	0.028823	1448.6	0.002460	406.5744	21
武汉市	0.037064	977.9	0.003384	295.5428	23
长沙市	0.018968	671.3	0.005935	168.4934	28

续表

城市	各城市活动资源占比	各城市与广州市公路距离	资源流动阻尼系数 β	政府接轨广州市能力 ξ	接轨广州市能力排名
南宁市	0.013149	557.5	0.007822	127.8388	29
海口市	0.005329	605.3	0.008674	115.2835	30
重庆市	0.057473	1297.0	0.002218	450.7885	16
成都市	0.046884	1572.2	0.001971	507.4414	10
贵阳市	0.010353	930.6	0.004954	201.8427	26
昆明市	0.025189	1340.6	0.002760	362.3475	22
拉萨市	0.002256	3524.9	0.001752	570.6824	8
西安市	0.025407	1664.8	0.002214	451.7056	15
兰州市	0.005810	2284.9	0.002272	440.2204	17
西宁市	0.004922	2500.1	0.002132	469.0147	12
银川市	0.006748	2349.1	0.002135	468.3020	13
乌鲁木齐市	0.010237	4191.9	0.001097	911.8226	2

资料来源：笔者根据统计数据整理所得。

由表 9-1 可知，剔除距离因素后，各个城市接轨上海市的人为因素存在明显的差异。北京市接受广州市的辐射的绝对量虽然不是第 1 位，但是 ξ 值突出，说明北京市与广州市之间的资源流动阻尼系数较小，并且北京市政府接轨广州市的能力较强。乌鲁木齐市接受广州市辐射的绝对量相对较小，但是乌鲁木齐市政府接轨广州市的效率是值得肯定的。上海市接受广州市辐射的绝对量居第 1 位，并且 ξ 值比较突出，说明上海市既具有地理优势，市政府接轨广州市积极性也比较高。我们可以看到，哈尔滨市、天津市、沈阳市、长春市、拉萨市、呼和浩特市、成都市虽然总量不突出，但是上述市政府接轨广州市的积极性排在前 10 位，位于第一梯队。济南市、西宁市、银川市、太原市、西安市、重庆市、兰州市、南京市、石家庄市、杭州市上述地区政府接轨广州市的能力高于郑州市、昆明市、武汉市、合肥市、福州市、贵阳市、南昌市、长沙市、南宁市、海口市地区，成为第二梯队。第三梯队虽然与广州市距离较近，但是资源流动阻力较大，政府接轨广州市的积极性不高。

第三节　科技金融中心辐射半径的测算与分析

本章以广州市为中心城市，来分析广州市对其他 30 个城市的科技金融辐射情况。将各个城市历年的科技金融发展指数和测算的资源流动阻尼系数，并结合公式（9－3）即可得到广州市对各城市的科技金融辐射半径。需要说明的是，广州市对各城市的辐射效应是一种相对科技金融辐射力，对于不同城市，不同年份具有不同的科技金融辐射半径，科技金融辐射力只是两个城市之间的相对比较。为了直观地对广州市对各城市科技金融辐射半径进行动态分析，通过表 9－2 展示了 2007～2018 年广州市对中国 30 个城市辐射半径的动态变化。

表 9－2　　　2007～2018 年广州市对中国 30 个城市辐射半径动态变化　　单位：公里

城市	2007年	2008年	2009年	2010年	2011年	2012年	2013年	2014年	2015年	2016年	2017年	2018年
北京市	383	620	577	621	647	659	676	698	718	751	752	770
天津市	191	320	330	451	397	429	446	465	476	501	509	507
石家庄市	110	182	187	236	233	239	255	264	273	293	301	313
太原市	134	217	213	268	243	250	260	266	277	298	300	307
呼和浩特市	146	239	232	275	258	291	310	324	334	354	361	374
沈阳市	208	339	344	433	394	401	413	430	442	437	455	465
长春市	176	298	308	380	352	367	377	393	407	430	431	438
哈尔滨市	241	386	378	472	431	453	468	488	501	521	526	534
上海市	257	423	437	671	463	455	466	485	523	562	571	583
南京市	112	196	194	258	232	248	256	267	274	290	292	299
杭州市	122	204	214	288	246	246	249	248	249	259	259	269
合肥市	72	123	130	166	152	158	163	173	183	198	196	211
福州市	59	100	100	126	118	122	125	132	135	143	147	149
南昌市	49	80	82	100	93	95	99	106	110	119	121	125
济南市	132	230	235	304	268	281	287	300	311	331	332	338

续表

城市	2007年	2008年	2009年	2010年	2011年	2012年	2013年	2014年	2015年	2016年	2017年	2018年
郑州市	107	180	182	232	208	218	231	241	253	278	287	294
武汉市	84	137	133	174	152	162	166	173	180	193	196	204
长沙市	47	76	78	96	87	89	93	97	103	114	118	121
南宁市	32	54	59	74	66	69	73	78	83	87	88	91
海口市	30	51	53	63	63	65	67	70	72	77	78	78
重庆市	111	189	195	273	248	258	265	275	282	304	307	312
成都市	119	200	215	303	281	289	301	318	328	350	356	365
贵阳市	51	86	86	114	105	110	118	125	132	140	142	144
昆明市	92	156	170	211	191	198	209	223	228	242	244	248
拉萨市	138	229	268	320	307	310	327	348	363	398	408	415
西安市	119	200	204	260	237	247	257	273	286	302	306	313
兰州市	115	188	206	245	226	229	236	275	285	306	310	319
西宁市	124	207	211	260	248	260	270	282	293	313	319	330
银川市	124	205	214	264	248	259	270	283	295	312	315	321
乌鲁木齐市	257	423	418	519	479	500	517	541	560	594	604	615

资料来源：笔者根据统计数据整理所得。

由表9-2可知，2007～2018年广州市对各城市科技金融辐射半径呈现上升趋势，说明打造广州市科技金融中心对其他城市科技金融的拉动效应逐渐显现，其中北京市、上海市、乌鲁木齐市、天津市等地区样本期间内科技金融辐射半径增加了300公里以上，而海口市、南宁市、长沙市、南昌市、福州市、贵阳市地区科技金融辐射半径增加相对较少，均在100公里以内。从2018年来看，科技金融辐射半径位于前5位的城市包括北京市、乌鲁木齐市、上海市、哈尔滨市、天津市，上述地区科技金融中心辐射半径均在500公里以上。辐射半径小于150公里的城市包括海口市、南宁市、长沙市、南昌市、福州市、贵阳市，广州市科技金融中心对上述地区辐射半径较小。

为了进一步分析广州市科技金融中心对不同区域辐射半径的差异，笔者绘制了图 9 - 1，从趋势图来看，广州市科技金融中心对各区域辐射半径均呈现上升趋势，但是存在明显的差异。广州市对京津冀地区的科技金融辐射半径明显高于长三角地区和全国平均水平，主要原因在京津冀地区政府接轨广州市的积极性高于长三角地区。广州市科技金融中心对全国平均辐射半径相对最小，2011 年以后，广州市对长三角地区科技金融辐射半径与其他区域的差异正在逐步缩小，说明随着科技金融辐射效应的逐渐显现，各大城市均逐步加大接轨广州市科技金融中心的积极性。

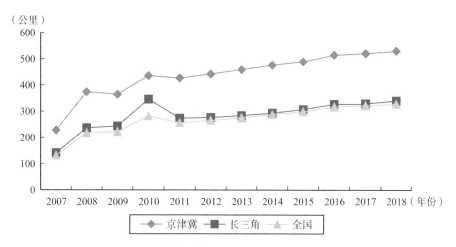

图 9 - 1　2007～2018 年广州市科技金融中心辐射半径的区域差异分析

资料来源：笔者根据统计数据整理所得。

第四节　广州市科技金融中心对
各城市辐射效应分析

由于受区域之间距离的影响，因此仅从辐射半径并不能清晰地诠释打造广州市科技金融中心对各城市的辐射效果。借鉴王仁祥等（2008）① 的做法，通过计算样本期间内广州市科技金融中心对各城市辐射半径与距离的

① 王仁祥，安子铮，安子祎. 武汉城市圈金融辐射力实证研究 [J]. 武汉金融，2008（8）：25 - 26.

比值来反映广州市科技金融中心的辐射效果。具体结果整理至表9－3中。

表9－3　　　　　　广州市科技金融中心对各城市辐射效应

城市	公路距离（公里）	辐射半径均值	辐射效应	排名
上海市	1497.3	491.33650	0.328148	1
北京市	2123.9	655.85510	0.308798	2
天津市	2098.6	418.51550	0.199426	3
重庆市	1297.0	251.47710	0.193891	4
杭州市	1306.9	237.76620	0.181931	5
成都市	1572.2	285.41420	0.181538	6
南京市	1361.9	243.30970	0.178655	7
武汉市	977.9	162.95740	0.166640	8
郑州市	1448.6	225.89790	0.155942	9
济南市	1825.3	279.03590	0.152871	10
西安市	1664.8	250.24180	0.150313	11
昆明市	1340.6	201.07730	0.149991	12
沈阳市	2757.7	396.74630	0.143869	13
福州市	866.5	121.27190	0.139956	14
长沙市	671.3	93.21163	0.138852	15
太原市	1865.1	252.70040	0.135489	16
哈尔滨市	3372.0	449.94390	0.133435	17
合肥市	1211.7	160.50070	0.132459	18
石家庄市	1848.9	240.50490	0.130080	19
南宁市	557.5	71.15590	0.127634	20
南昌市	781.5	98.23910	0.125706	21
呼和浩特市	2324.5	291.72680	0.125501	22
贵阳市	930.6	112.73450	0.121142	23
乌鲁木齐市	4191.9	502.25030	0.119814	24
长春市	3034.0	362.98750	0.119640	25
银川市	2349.1	259.23450	0.110355	26
兰州市	2284.9	244.99220	0.107222	27

城市	公路距离（公里）	辐射半径均值	辐射效应	排名
海口市	605.3	63.84572	0.105478	28
西宁市	2500.1	259.75000	0.103896	29
拉萨市	3524.9	319.29210	0.090582	30

资料来源：笔者根据统计数据整理所得。

由表9－3可知，打造广州市科技金融中心会给个城市带来不同的辐射效应，辐射效应排在前5位的为上海市、北京市、天津市、重庆市、杭州市，上述地区自身科技金融中心发展程度相对比较高，科技金融资源比较丰富，并且依据地理优势，资源流动阻力较小，因此资源流动较强，科技金融辐射效应较强。除此之外，成都市、南京市、武汉市、郑州市、济南市地区接受的广州市科技金融中心辐射效应明显，而广州市科技金融中心对长春市、银川市、兰州市、西宁市，以及拉萨市等偏远的西部地区辐射效应相对较差，这些地区科技金融资源总量不突出，并且距离较远，资源流动阻力较大。南宁市、南昌市、贵阳市、海口市地区虽然具有距离优势，但是接受广州市辐射的科技金融资源较低，并且政府接轨广州市的积极性有待提高。而一些具有距离优势且科技金融资源相对比较丰富的城市包括武汉市、福州市、长沙市、合肥市等受到广州市科技金融中心的拉动效果较好。

第十章　广州市科技金融与科技创新的耦合协同发展研究

第一节　研究背景

随着经济供给侧结构性改革不断推进，科技创新作为促进经济结构调整与产业升级的第一动力越趋明显，而科技创新离不开金融的支持[①]，金融是科技创新驱动发展的重要支撑因素[②]，科技金融是推动金融服务基于创新的科技，为促进科技开发、科技成果转移转换与产业化金融资源的注入[③]。杜江等（2017）通过实证分析指出，科技金融对科技创新有显著且积极的促进影响作用，并存在空间溢出效应[④]。反之，科技引领的金融创新更能迸发出强劲的动力[⑤]，科技创新能促进科技金融资本深化[⑥]、促进金融工具与

---

①　NEFF C. Corporate Finance, Innovation, and Strategic Competition [M]. Springer Berlin Heidelberg, 2003.

②　胡苏迪. 中国科技金融中心发展水平研究——基于科技金融中心指数的构建与测算 [J]. 金融与经济, 2018 (9): 76 - 81.

③　李雅丽. 基于 DEA 模型的科技金融投入产出效率研究 [D]. 南昌: 江西师范大学, 2013.

④　杜江, 张伟科, 范锦玲等. 科技金融对科技创新影响的空间效应分析 [J]. 软科学, 2017, 31 (4): 19 - 22 + 36.

⑤　刘继兵, 马环宇. 战略性新兴产业科技金融结合评价研究 [J]. 科技管理研究, 2014, 34 (15): 115 - 119.

⑥　REVILLA A J, FERNáNDEZ Z. The relation between firm size and R&D productivity in different technological regimes [J]. Technovation, 2012, 32 (11): 609 - 623.

模式创新①、提升金融市场运营效率②和金融发展效益③，以及扩大金融发展规模④。因此，如何促进科技金融与科技创新深度融合，进一步引导与强化科技金融对科技创新的优化配置，进一步提升科技金融与科技创新的耦合协调发展水平，是深入推进供给侧结构性改革、实施创新驱动战略和实现经济高质量发展的重要前提。

近年来，广州市出台了《广州市促进科技金融发展行动方案（2018－2020）》《广州市科技型中小企业信贷风险损失补偿资金池管理办法》《广州市进一步加快促进科技创新的政策措施》和《关于支持广州区域金融中心建设若干规定的通知》等一系列支持科技与金融结合的综合性政策，金融支持科技创新政策的覆盖面更广，科技金融参与科技创新的形式越发多样，满足不同行业不同类型的科技型企业的资金需求。广州市把科技与金融结合程度的重要性提升到前所未有的高度，把科技与金融紧密结合作为实施创新驱动战略的重要保障⑤。目前，广州市已形成政府创新资本投入、服务平台方式和多层次资本市场参与等科技金融模式。在科技信贷上，广州市有8家银行为全市1217家科技企业提供贷款，授信超过144亿元，实际发放贷款超过88亿元，已有72家融资担保企业，已初步形成多层次、广覆盖的科技信贷产品和服务体系⑥。在多层次资本市场建设上，广州市继续优化多层次资本市场战略性布局。2019年，上海证券交易所南方中心、深圳证券交易所广州服务基地、新三板广州服务基地、中证报价南方总部等4家国家级资本市场金融基础设施全部在广州市设立机构，广东股权交易中心也落户广州市。2019年新增上市公司20家，年度增速达历年之最，其中科创板上市5家。显然，广州市已初步建立了科技金融与科技创新良

① 姚永玲，王翰阳. 科技创新与金融资本融合关系研究——基于北京市的实证分析 [J]. 中国科技论坛，2015（9）：103－108.

② SCHINCKUS C. The financial simulacrum：The consequences of the symbolization and the computerization of the financial market [J]. Journal of Socio Economics，2008，37（3）：1076－1089.

③ 柏建成，高增安，严翔等. 长江经济带科技创新与金融发展互动关系研究 [J]. 科技进步与对策，2020，37（9）：61－68.

④ 戚湧，郭逸. 江苏科技金融与科技创新互动发展研究 [J]. 科技进步与对策，2018，35（1）：41－49.

⑤ 岑猷辉. 广州科技金融发展政策研究 [D]. 广州：华南理工大学，2015.

⑥ 孙波，张雅婷，王非凡. 广州科技金融形式及其未来发展趋势 [J]. 科技创新发展战略研究，2020，4（1）：41－46.

性互动机制，但已有文献未对其科技金融与科技创新之间的耦合协调发展程度与水平进行测度，两者之间的协同发展机制尚未实证研究，由此，以科技金融与科技创新之间的耦合协调发展为研究视角，有效测度广州市科技金融与科技创新的耦合协调发展程度，对于科学研判广州科技与金融结合发展程度，其优势与不足，对于进一步提升广州市科技创新能力，拓展金融业发展的深度与广度，推动经济高质量发展提供理论支撑。

第二节 研究设计

在先前研究者研究的基础上，以广州市 2000～2018 年的数据为样本，首先，对科技金融与科技创新进行指标体系构建；其次，通过熵值法对科技金融和科技创新综合指数进行评价；再次，运用耦合协调度模型对科技金融和科技创新两个子系统的耦合协调类型进行分析；最后，运用向量误差修正模型（VECM）对科技金融与科技创新协同发展的机制进行动态研究。

一、科技金融与科技创新综合指数评价方法介绍

基于先前研究者的研究，采用客观赋权法对每个指标赋予一定的权重，然后通过公式（10－1）线性加权的方式对广州市科技金融和科技创新综合指数进行测算。具体度量公式如下式（10－1）所示：

$$U_i = \sum_{j=1}^{p} w_{ij} U_{ij}, \sum_{j=1}^{p} w_{ij} = 1 \qquad (10-1)$$

其中，U_i 表示系统 i 的综合发展得分，p 为系统 i 中指标的个数，w_{ij} 为系统 i 中第 j 项指标经熵值法测算后的权重。U_{ij} 为系统 i 中 j 项指标的值。为避免量纲的影响，首先对各指标进行标准化处理，采用规范化方法，对原始数据进行线性变换，使得结果映射到 $[0,1]$ 之间。对于正向指标和负向指标的标准化公式如式（10－2）、式（10－3）所示：

$$U_{ij} = \frac{X_{ij} - \min[X_j]}{\max[X_j] - \min[X_j]} \times 0.99 + 0.01 \qquad (10-2)$$

$$U_{ij} = \frac{\max[X_j] - X_{ij}}{\max[X_j] - \min[X_j]} \times 0.99 + 0.01 \qquad (10-3)$$

式（10-2）为正向指标的标准化，式（10-3）为负向指标的标准化。其中，X_{ij}第 j 项指标第 i 个样本原始值，$\min[X_j]$ 为第 j 项指标原始数据的最小值，$\max[X_j]$ 为第 j 项指标原始数据的最大值。式（10-1）中 w_{ij} 为熵值法得到的指标权重，具体计算步骤如式（10-4）、式（10-5）、式（10-6）所示：

计算指标的信息熵：
$$P_{ij} = \frac{U_{ij}}{\sum_{i=1}^{n} U_{ij}} \qquad (10-4)$$

计算 J 项指标的效应值：
$$E_j = -K \sum_{i=1}^{m} P_{ij} \ln P_{ij} \qquad (10-5)$$

计算指标权重：
$$W_j = \frac{1 - E_j}{\sum_{j=1}^{p}(1 - E_j)} \qquad (10-6)$$

其中，式（10-5）中 $K = 1/\ln(n)$，n 为样本个数，p 为指标个数。

二、耦合协调评价模型

为了研究科技金融和科技创新综合指数的协调关系，借鉴先前研究者的做法，将物理学中的耦合协调模型运用到两个子系统的研究中。两个子系统的耦合度计算公式如式（10-7）所示：

$$C = \frac{2\sqrt{U_1 \times U_2}}{U_1 + U_2} \qquad (10-7)$$

其中，U_1，U_2 分别为科技创新和科技金融两个子系统的综合发展得分，C 为 U_1 和 U_2 的耦合强度。式（10-7）虽然可以计算 U_1，U_2 间的耦合度，但不能反映两个子系统的耦合协调水平。因为即使 U_1 和 U_2 均比较小时，仍然可以得到较高的耦合度，此时科技金融和科技创新是不协调的。因此，需要对该模型进一步，得到式（10-8）的耦合协调模型，该模型不仅能反映系统之间的耦合强度，还可以反映协调水平的高低。具体模型如式（10-8）所示：

$$D = \sqrt{C \times T}, \quad T = \alpha U_1 + \beta U_2 \qquad (10-8)$$

其中，D 为耦合协调度，C 为耦合度，T 为两个子系的综合发展指数，反映的科技金融和科技创新的整体效益水平。α，β 为待定参数，且满足

α + β = 1，借鉴张芷若等（2019）的做法，在实证中将科技金融和科技创新视为两个具有同等重要性的子系统，因此 α = 0.5，β = 0.5。耦合协调度越大，说明系统协调发展水平越高。为了更加直观地反映科技金融与科技创新的耦合协调发展水平，给出了耦合协调发展"绝对等级"评价表，如表 10 - 1 所示。

表 10 - 1　　　　科技金融与科技创新耦合协调度等级划分标准

耦合协调度	协调等级（序号）	耦合协调度	协调等级（序号）
0.00 ~ 0.09	极度失调（一）	0.50 ~ 0.59	勉强协调（六）
0.10 ~ 0.19	严重失调（二）	0.60 ~ 0.69	初级协调（七）
0.20 ~ 0.29	中度失调（三）	0.70 ~ 0.79	中度协调（八）
0.30 ~ 0.39	轻度失调（四）	0.80 ~ 0.89	良好协调（九）
0.40 ~ 0.49	濒临失调（五）	0.90 ~ 1.00	优质协调（十）

资料来源：笔者根据统计数据整理所得。

借鉴祝金钊（2017）[①] 的做法，以耦合协调度 D = 0.5 为临界值，划分为科技创新与科技金融系统综合指数良性协调发展和恶性失调发展；以系统综合指数比值 R = 0.8 和 R = 1.2 为临界值，划分科技金融主导发展型、平衡同步发展型和科技创新主导发展型，具体评价标准如表 10 - 2 所示。

表 10 - 2　　　　　　科技金融与科技创新主导类型评价

系统综合指数比值 R	主导发展类型
R < 0.8	科技金融主导发展型
0.8 ≤ R ≤ 1.2	平衡同步发展型
R > 1.2	科技创新主导发展型

资料来源：笔者根据统计数据整理所得。

① 祝金钊. 长江经济带科技创新与科技金融协同发展研究 [D]. 蚌埠：安徽财经大学，2017.

三、综合指标体系的选择与构建

1. 科技创新指标体系构建

科技金融为科技创新提供资金供给，为科技创新提供风险分担，为科技创新提供审查监控。科技创新为科技金融提供业务创造，为科技金融提供技术支持，为科技金融提供资本增值。相对平行独立的科技金融与科技创新组合构成复合系统，形成科技金融与科技创新耦合机制（见图 10 – 1）。

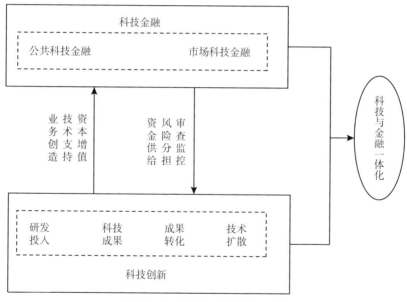

图 10 – 1　科技与金融耦合机制

资料来源：凡蓉，邵雨潇，吴尚泽. 长三角地区科技金融与科技创新耦合协调研究［J］. 时代金融，2020（1）：88 – 92.

根据先前研究者的研究，科技创新主要分为投入和产出两个阶段，因此，借鉴先前研究者的做法，从上述两个阶段进行科技创新指标体系的构建。科技创新投入主要包括劳动投入和资本投入，分别采用规模以上工业企业 R&D 人员数和 R&D 经费内部支出进行量化；科技创新产出主要是科技成果等，借鉴张芷若等（2017）[①]、张童（2019）[②] 的做法，得到科技创新指标体系表（见表 10 – 3），并依据前面介绍的熵值法对各指标赋权权重。

表 10 – 3 科技创新评价指标体系

一级指标	二级指标	三级指标	权重
科技创新	科技创新产出	专利授权量 X_1（项）	0.1631
		专利申请受理量 X_2（项）	0.1754
		技术市场交易合同数 X_3（项）	0.0374
		技术市场交易成交额 X_4（万元）	0.1266
		规模以上工业企业新产品产值 X_5（万元）	0.0851
		规模以上工业企业新产品销售收入 X_6（万元）	0.0867
	科技创新投入	规模以上工业企业 R&D 人员数 X_7（人）	0.1169
		规模以上工业企业 R&D 人员折合全时当量 X_8（人年）	0.1020
		规模以上工业企业 R&D 经费内部支出 X_9（万元）	0.1068

资料来源：笔者根据统计数据整理所得。

2. 科技金融指标体系构建

科技金融主要来自政府和市场，因此，将科技金融分为公共科技金融和市场科技金融。公共科技金融主要是指政府部门财政支持，市场科技金融是指自由市场化体制下的金融机构、资本市场、创业风险投资公司等，目的是获得高风险带来的高收益。选取政府部分投入、金融机构科技信贷、资本市场融资等维度对科技金融评价指标体系进行构建，具体结果整理至表 10 – 4 中。

---

① 张芷若，谷国锋. 科技金融与科技创新耦合协调度的空间格局分析 [J]. 经济地理，2019，39（4）：50 – 58.

② 张童. 陕西省科技金融——科技创新系统动态耦合关系研究 [D]. 西安：西安理工大学，2019.

表 10 - 4   科技金融评价指标体系

一级指标	二级指标	三级指标	权重
科技金融	公共科技金融	财政科技支出 Y_1（万元）	0.2438
		金融机构本外币各项贷款余额 Y_2（亿元）	0.1482
		金融机构从业人员 Y_3（人）	0.1623
		金融机构数量 Y_4（个）	0.0549
	市场科技金融	科技型上市公司市场流通市值 Y_5（亿元）	0.2150
		科技型上市公司总市值 Y_6（亿元）	0.1758

资料来源：笔者根据统计数据整理所得。

第三节　实证研究与结果分析

一、科技金融与科技创新耦合协调评价

根据前面的指标体系构建，最终根据式（10 - 1）测算出科技创新和科技金融综合指数 U_1 和 U_2。下面采用耦合协调度模型对科技创新与科技金融耦合协调度进行评价，并根据协同发展类型评价表对历年科技创新与科技金融间的耦合协调关系进行评价（见表10 - 5）。

表 10 - 5   2000～2018 年科技创新与科技金融耦合协调评价

年份	U_1	U_2	C	D	R 值	耦合协调评价类型
2000	0.0132	0.0437	0.8449	0.1551	0.3021	严重失调科技金融主导型
2001	0.0349	0.0307	0.9980	0.1810	1.1368	严重失调科技创新主导型
2002	0.0365	0.0455	0.9940	0.2019	0.8022	中度失调同步发展型
2003	0.0608	0.0386	0.9748	0.2201	1.5984	中度失调科技创新主导型
2004	0.0617	0.0705	0.9978	0.2568	0.8752	中度失调同步发展型
2005	0.1074	0.0425	0.9016	0.2599	2.5271	中度失调科技创新主导型
2006	0.1295	0.1028	0.9934	0.3397	1.2597	轻度失调科技创新主导型

年份	U₁	U₂	C	D	R 值	耦合协调评价类型
2007	0.2130	0.2531	0.9963	0.4819	0.8416	濒临失调同步发展型
2008	0.2437	0.1809	0.9890	0.4582	1.3472	濒临失调科技创新主导型
2009	0.2568	0.2882	0.9983	0.5216	0.8910	勉强协调同步发展型
2010	0.3099	0.3488	0.9983	0.5734	0.8885	勉强协调同步发展型
2011	0.3828	0.3543	0.9993	0.6069	1.0804	初级协调同步发展型
2012	0.4039	0.3978	1.0000	0.6331	1.0153	初级协调同步发展型
2013	0.4481	0.4390	0.9999	0.6660	1.0207	初级协调同步发展型
2014	0.5126	0.5560	0.9992	0.7307	0.9219	中度协调同步发展型
2015	0.5662	0.7294	0.9920	0.8017	0.7763	良好协调科技金融主导型
2016	0.6513	0.8238	0.9931	0.8558	0.7906	良好协调科技金融主导型
2017	0.7642	0.9614	0.9934	0.9258	0.7949	优质协调科技金融主导型
2018	0.9967	0.8955	0.9986	0.9720	1.1130	优质协调科技创新主导型

资料来源：笔者根据统计数据整理所得。

由耦合协调评价表 10 - 5 可知，2000～2018 年广州市科技创新与科技金融综合指数均呈现上升趋势，说明科技创新与科技金融综合发展水平呈现上升趋势。从第三列 C 的值来看，样本期间内 C 值均较大，且呈现上升趋势，说明 2000～2018 年科技金融与科技创新两个子系统耦合度较高，且呈现上升趋势。第四列的结果表明，科技金融与科技创新两个子系统耦合协调度呈现上升趋势。2009 年之前，科技金融与科技创新呈现失调状态，且主要呈现科技创新主导型，说明 2009 年之前，科技金融与科技创新并未实现协同发展，科技创新对科技金融具有反哺作用。从 2009 年开始，科技金融与科技创新呈现协调发展态势，且在 2014 年之前科技金融与科技创新实现协同发展。2014 年以后，科技金融与科技创新呈现优良协调科技金融主导型，说明 2014～2017 年广州市科技创新与科技金融呈现优良协调发展，且科技金融带动了科技创新的发展。2018 年广州市科技创新与科技金融优质协调，科技创新再次反哺科技金融的发展。

二、科技金融与科技创新耦合的动态分析

前面的耦合协调度模型表明，随着科技金融服务体系的日趋完善，以及科技创新能力的逐渐提升，科技创新与科技金融的耦合协调性逐渐提高。但是耦合协调度模型难以从动态的角度刻画科技金融与科技创新两者之间的长、短期关系，为此，笔者借助 EViews 8.0 软件，采用协整回归下的DOLS 估计，以及误差修正模型对科技金融与科技创新的长期关系和短期修正关系进行检验。

（一）ADF 单位根检验

为了消除可能存在的异方差性，对科技创新综合指数和科技金融综合指数进行自然对数处理，分别记为 LNU_1 和 LNU_2。在进行协整回归之前，为了避免"伪"回归问题，需要对两个指数进行平稳性检验，采用 ADF 单位根检验，具体结果整理至表 10 – 6 中。

表 10 – 6　　　　　　　　　ADF 检验

变量	模型类型	ADF 值	1% 临界值	5% 临界值	平稳性
LNU_1	（c, t, 3）	– 2.132258	– 4.728363	– 3.759743	非平稳
$DLNU_1$	（c, t, 0）	– 9.847620	– 4.616209	– 3.710482	平稳
LNU_2	（c, t, 0）	– 3.202151	– 4.571559	– 3.690814	非平稳
$DLNU_2$	（c, 0, 0）	– 6.556695	– 3.886751	– 3.052169	平稳

注：模型类型（c, t, k）中 c 表示截距项，t 表示线性趋势，k 表示滞后长度。
资料来源：笔者根据统计数据整理所得。

由 ADF 检验可知，LNU_1 的 ADF 值为 – 2.1322，大于 5% 显著性水平的标准值 – 3.7597，故应接受存在单位根的原假设，说明 LNU_1 为非平稳序列，而一阶差分后的序列 $DLNU_1$，其 ADF 值小于 0.05 显著性水平的临界值，说明一阶差分后的序列平稳。同理可知，LNU_2 非平稳，$DLNU_2$ 平稳，说明科技金融与科技创新综合指数为一阶差分平稳序列。

（二）协整回归的 DOLS 估计

ADF 检验表明科技金融与科技创新为同阶单整序列，故可能存在协整关系，下面采用协整回归的 DOLS 估计对科技金融与科技创新的长期关系进行检验。采用 EG 法进行双变量的协整检验，检验结果整理至表 10 - 7 中。

表 10 - 7　　　　　　　　　　EG 协整检验

检验方法	统计量	P 值
恩格尔—格兰杰　T 统计量	- 6.667637	0.0002
恩格尔—格兰杰　Z 统计量	- 19.72814	0.0070

资料来源：笔者根据统计数据整理所得。

由 EG 协整检验可知，tau 统计量的值为 - 6.6676，对应的 P 值为 0.0002 小于 0.05，拒绝了不存在协整关系的原假设，说明科技金融与科技创新存在协整关系，即在长期内具有稳定的均衡关系。DOLS 估计的方程即为科技金融与科技创新的协整方程，具体估计结果如表 10 - 8。

表 10 - 8　　　　　　　　　　协整方程的 DOLS 估计

变量	系数	标准误	t - 统计量	P 值
LNU_{2t}	0.866965	0.031637	27.40323	0.0000
C	0.368667	0.116270	3.170780	0.0089
$Adj - R^2$	0.983974		残差平方和	0.151685
DW 值	1.290084			

资料来源：笔者根据统计数据整理所得。

由 DOLS 估计表 10 - 8 可知，LNU_2 的系数为 0.8670，且对应的 P 值为 0，通过了 0.01 显著性水平的 t 检验，说明科技金融对科技创新在长期内具有显著的促进作用，且科技金融提高 1%，科技创新相对提高 0.8670%。

（三）误差修正模型（ECM）

协整关系反映了科技金融与科技创新的长期均衡关系，误差修正模型刻画的时短期内科技金融与科技创新的修正关系。为此，先生成科技金融和科技创新的一阶差分项，从而消除变量间的长期性，然后根据误差修正模型的原理，将 OLS 估计残差的一阶滞后项引入模型中，最终的参数估计表整理至表 10 - 9 中。

表 10 - 9　　　　　　　　　　ECM 模型参数估计

变量	系数	标准误	t - 统计量	P 值
ΔLNU_{2t}	0.147736	0.170853	0.864698	0.4008
ECM_{t-1}	- 0.521138	0.162564	- 3.205742	0.0059
C	0.209164	0.052367	3.994169	0.0012
$Adj - R^2$	0.444678		DW 值	1.378306
F - 统计量	7.806442		F 检验 P 值	0.004747

资料来源：笔者根据统计数据整理所得。

由误差修正模型的参数估计表可知，误差修正系数 ECM_{t-1} 的值为 - 0.5211，对应的 P 值为 0.0059，系数为负，符合相反修正机制，P 值小于 0.05，说明误差修正系数通过了显著性检验。上述估计结果表明，短期内科技金融与科技创新偏离均衡，会受到 52.11% 的修正力度，将偏离态拉回均衡态，修正力度较大，从而维持了科技金融与科技创新长期稳定的均衡关系。

（四）格兰杰因果关系检验

根据格兰杰（Granger）定理，科技金融与科技创新在长期内存在稳定的均衡关系，则至少存在单向的格兰杰因果关系，为此，进一步对科技金融与科技创新之间的因果关系进行检验，具体结果整理至表 10 - 10 中。

表 10 - 10　　　　　　　　　格兰杰因果关系检验

原假设	F - 统计量	P 值	结论
科技金融不是科技创新的格兰杰成因	12.4205	0.0031	拒绝
科技创新不是科技金融的格兰杰成因	19.6260	0.0005	拒绝

资料来源：笔者根据统计数据整理所得。

在 0.01 的显著性水平下拒绝了科技金融不是科技创新格兰杰成因的原假设，说明科技金融是促进科技创新的格兰杰原因；同理，科技创新也是科技金融的格兰杰成因，即科技创新对科技金融的发展具有拉动作用，说明科技金融与科技创新互为格兰杰因果关系。

三、科技金融与科技创新协同发展机制研究

为了进一步研究科技金融与科技创新两个子系统内部相互影响的机理，采用向量自回归模型（VAR）对科技金融与科技创新协同发展的作用机制进行动态分析。为此，分别对公共科技金融（PSTF）、市场科技金融（MSTF）、科技创新投入（TECI）、科技创新产出（TECO）间的关系进行动态分析。

（一）平稳性检验

与前面的处理方式一样，对科技金融与科技创新两个子系统内部变量进行自然对数处理，并采用 ADF 单位根法进行平稳性检验，检验结果整理至表 10 – 11 中。

表 10 – 11　　　　　　　　子系统内部变量的 ADF 单位根检验

变量	模型类型	ADF 值	1% 临界值	5% 临界值	平稳性
LNTECO	（c，t，2）	– 2.021236	– 4.667883	– 3.733200	非平稳
DLNTECO	（c，0，0）	– 12.47357	– 3.886751	– 3.052169	平稳
LNTECI	（c，0，2）	– 1.193761	– 3.920350	– 3.065585	非平稳
DLNTECI	（0，0，3）	– 2.229726	– 2.740613	– 1.968430	平稳
LNMSTF	（c，t，0）	– 2.396713	– 4.728363	– 3.759743	非平稳
DLNMSTF	（c，0，1）	– 3.946767	– 3.920350	– 3.065585	平稳
LNPSTF	（c，0，1）	– 0.763703	– 3.886751	– 3.052169	非平稳
DLNPSTF	（c，0，0）	– 11.10930	– 3.886751	– 3.052169	平稳

注：模型类型（c，t，k）中 c 表示截距项，t 表示线性趋势，k 表示滞后长度。
资料来源：笔者根据统计数据整理所得。

根据 ADF 检验可知，科技创新投入、科技创新产出、市场科技金融、公共科技金融均为原序列非平稳，一阶差分后平稳，即上述 4 个序列具有同阶单整性。

（二）Johansen 协整检验

科技创新与科技金融子系统内部变量均为同阶单整序列，可能存在协整关系。采用 Johansen 协整检验法进行检验，在进行检验之前，先构建 VAR 模型，根据 AIC 和 SC 准则，对最优滞后阶数进行选择，具体结果见表 10 - 12。

表 10 - 12　　　　　　　　　　　　滞后阶数选择

Lag	LogL	LR	FPE	AIC	SC	HQ
0	- 49. 44725	NA	0. 006326	6. 287912	6. 483962	6. 307400
1	25. 37485	105. 6312 *	6. 71e - 06	- 0. 632336	0. 347915	- 0. 534897
2	50. 68558	23. 82185	3. 37e - 06 *	- 1. 727715 *	0. 036737 *	- 1. 552325 *

注：* 表示在 10% 显著性水平下显著。
资料来源：笔者根据统计数据整理所得。

由 AIC 和 SC 最小准则可知，最优滞后阶数为 2 阶，因此进行滞后 1 阶的 Johansen 协整检验，检验结果整理至表 10 - 13 中。

表 10 - 13　　　　　　　　　　　Johansen 协整检验

原假设	Trace 检验		Max - Eigen 检验		检验结果
	统计量	5% 临界值	统计量	5% 临界值	
R = 0	87. 05470 ***	47. 85613	35. 79276 ***	27. 58434	
R ≤ 1	51. 26194 ***	29. 79707	28. 64184 ***	21. 13162	
R ≤ 2	22. 62010 ***	15. 49471	20. 84364 ***	14. 26460	存在协整
R ≤ 3	1. 776454	3. 841466	1. 776454	3. 841466	

注：*** 表示在 1% 显著性水平下显著。
资料来源：笔者根据统计数据整理所得。

协整检验结果表明无论是特征根迹检验还是最大特征根法检验均拒绝了不存在协整关系的原假设，说明科技金融与科技创新子系统内部变量存在协整关系，即在长期内具有稳定的均衡关系。

（三）脉冲响应函数分析

根据前面的滞后阶数选择表可知，最优滞后阶数为 2 阶，因此，构造 VAR(2) 模型，并用 AR 根图对模型的稳定性进行检验（见图 10 – 2），只有稳定的模型才能进行脉冲响应函数分析和方差分解分析。

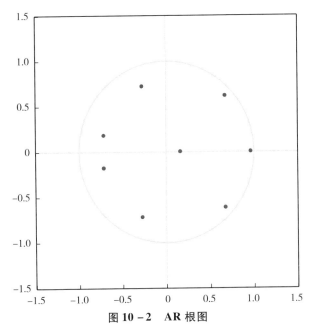

图 10 – 2　AR 根图

资料来源：笔者根据统计数据整理所得。

由图 10 – 2 可知，所有根模的倒数均落在单位圆内，说明模型是稳定的。

下面将对科技创新投入和科技创新产出对公共科技金融和市场科技金融冲击的脉冲响应进行分析。图 10 – 3 ~ 图 10 – 6 中横轴代表响应期数，纵轴代表脉冲响应强度，虚线表示标准误差线，实线为脉冲响应曲线。

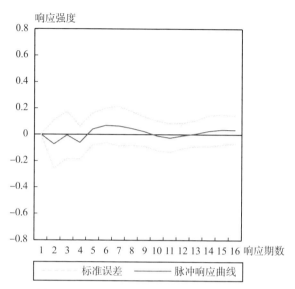

图 10 - 3　TECI 对 MSTF 冲击的脉冲响应

资料来源：笔者根据统计数据整理所得。

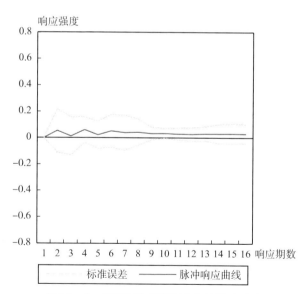

图 10 - 4　TECI 对 PSTF 冲击的脉冲响应

资料来源：笔者根据统计数据整理所得。

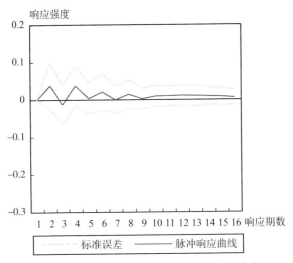

图 10 - 5 TECO 对 MSTF 冲击的脉冲响应

资料来源：笔者根据统计数据整理所得。

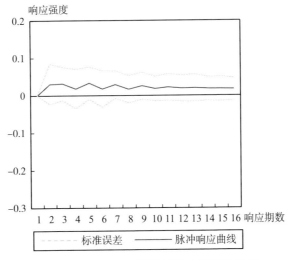

图 10 - 6 TECO 对 PSTF 冲击的脉冲响应

资料来源：笔者根据统计数据整理所得。

从科技创新投入对市场科技金融冲击的脉冲响应图来看（见图 10 - 3），给市场科技金融一个标准差的正向冲击，科技创新投入先呈现负向响应，第 5 期开始呈现正向响应，响应力度先上升至最大响应 0.07 后开始下滑，并

第四节 本 章 小 结

利用 2000～2018 年广州市的时间序列数据，在构建科技金融与科技创新评价指标体系基础上，通过熵值法对科技金融和科技创新综合指数进行测量，运用物理学耦合协调模型对科技金融和科技创新两个子系统的耦合协调类型进行分析，并运用向量误差修正模型（VECM）对广州市科技金融与科技创新协同发展的机制进行动态研究，得到如下结论：

第一，广州科技创新与科技金融综合发展水平呈现上升趋势，2009 年之前，科技金融与科技创新并未实现协同发展；从 2009 年起，科技金融与科技创新呈现协调发展，2014～2017 年期间，广州市科技金融与科技金融呈现优良协调发展态势，且科技金融带动了科技创新的发展，2018 年年广州市科技创新与科技金融优质协调，显现科技创新反哺科技金融的发展的态势。

第二，通过向量误差修正模型（VECM）实证分析，广州市科技金融与科技创新综合指数为一阶差分平稳序列，存在协整关系即在长期内具有稳定的均衡关系，存在科技金融对科技创新在长期内具有显著的促进作用，虽然科技金融与科技创新短期内偏离均衡，但其修正力度较大，从而维持了科技金融与科技创新长期稳定的均衡关系，科技金融与科技创新存在互为格兰杰因果关系。

第三，在科技金融与科技创新协同发展机制的实证研究上，脉冲响应函数表明，市场科技金融的正向冲击对科技创新投入的影响呈现复杂化，并存在一定的滞后性，但是长期来看，市场科技金融的发展会刺激科技创新投入的增加。公共科技金融的正向冲击对科技创新投入具有明显地促进作用，且表现出较好地持续性。从科技创新产出对市场科技金融冲击的脉冲响应图来看，市场科技金融的正向冲击对科技创新产出呈现显著的正向促进作用，并且在短期促进力度相对最强，且表现出较好地持续性。公共科技金融的正向冲击即公共科技金融的发展有利于科技创新产出的上升，并且具有良好的持续性。相对于科技创新投入，科技金融对科技创新产出的方差贡献相对更大；相对于市场科技金融，公共科技金融对科技创新产出的方差贡献相对更大；相对于公共金融，市场科技金融对科技创新投入的方差贡献相对更大。

总体看来，广州市的科技金融与科技创新耦合协调发展成效逐步显现，存在长期稳定的均衡关系，广州市公共科技金融与市场科技金融均能有效带动科技创新发展，其主要特征是：广州市公共科技金融对科技创新的支持效果，主要集中在科技创新产出上，如会产出更多的专利量、具有更大的技术市场交易额；市场科技金融对科技创新支持效果，主要集中在科技创新投入上，如当科技型上市公司数量越多，市值越高时，则科技创新的投入则越大。但广州市金融市场对科技创新的支持效果并不显著，公共科技金融对科技创新投入与市场科技金融对科技创新产出作用仍需加强，广州市科技金融与科技创新耦合协调发展尚未达到最佳状态。

基于以上研究结果，为进一步提升科技金融与科技创新耦合协调发展水平，提出以下政策建议：（1）继续加大对公共科技金融的投入规模，提高财政科技支出的资源配置效率，优化政府创新投入方式，提高政府对科技创新的支持与引导效果。（2）建立多层次、广覆盖的科技信贷、科技保险与融资担保的服务体系，探索"投贷联盟"等创新业务模式。（3）探索与拓展多层次、多方位的科技创新融资方式，充分发挥多层次资本市场对科技创新的作用，引导风险投资和创业投资等进入科技创新的各个阶段，广泛吸纳各类金融资本涌入科技创新领域，充分发挥多层次资本市场支持科技创新的长效机制，使广州市科技金融与科技创新耦合协调发展进入更高水平。（4）进一步强化企业对科技创新的主体地位，构建"政府＋高校＋科研院所＋产业联盟＋企业"的成果转化链条，注重提高成果转化阶段的金融支持效果。（5）完善科技融资激励机制、科技融资风险补偿机制和科技金融发展机制，增强科技金融内生发展动力。

第十一章　广州市建设粤港澳大湾区科技金融中心的展望

第一节　粤港澳大湾区科技金融中心的展望

根据《全球金融中心报告（2020）》显示，排行榜上位列全球前 10 位的金融中心城市依次为：纽约、伦敦、上海市、东京、中国香港、新加坡、北京市、旧金山、深圳市、苏黎世①。其中，纽约、伦敦稳居前 2 位；上海市综合得分排名再次上升，超过东京首次进入全球 3 强行列。在最近的 3 期排名中，上海连升 3 级，中国香港滑落至第 4 位、深圳市升至第 9 位，广州市位居第 19 位。《全球金融中心报告（2020）》是根据全球金融中心指数（GCFI）进行排名的，全球金融中心指数是基于 Z/Yen Group 与中国综合开发研究院合作进行的调查编制的，该调查从 8549 位行业专业人士手中收集了超过 54500 份评估。评估关注政治稳定性、监管环境、熟练员工可获得性、生活质量、基础设施、资本可获得性、市场流动性、声誉和文化多元性。

当前，全世界的社会经济发展已经完全过渡到一个崭新的发展时代。2008 年次贷债务危机和随之而来的欧洲国债债务危机，以及当今世界上持续长达近 10 年的各国宏观经济政策体制的结构调整，使世界各国的政治经济社会发展似乎一直处于"长期停滞"时期。全球人口的老龄化，技术革命的姗姗来迟，通货膨胀和利率水平的持续低位运行，原油价格的屡次暴

---

① 阳晓霞. 上海国际金融中心　砥砺奋进　磅礴不息——2020 年第 7 期封面回眸［J］. 中国金融家，2021（Z1）：80 – 81.

跌，美联储加息每每低于预期，仿佛都在印证经济停滞的说法。但这些现象都仅仅是一种社会经济发展中某一段时间的表现，回想当下世界经济发展历史上的一些突破和表现，科技创新和工业化技术革命每一次都发挥了重要的作用。尤其是在全球经济发展陷入暂时的停滞之际，科技创新和工业技术革命指引着全球经济从迷雾中寻找机遇，选择适合的方向进行新的发展。

当前，世界各国的新型科技革命和行业改革变化正在酝酿中兴起，这将会深远地影响未来几年全球各国的发展与竞争趋势。而当下的世界性经济问题也仅仅是经济改革过程中存在的一个阵痛，新的世界性经济增长模式正在孕育，新的经济增长点也正在进一步地形成，我们党和国家用科学发展的视野去认识和看待当前全球化经济情况和未来发展中要面临的变化，强调必须把科学技术摆在党和国家经济社会发展战略全局中最为重要的核心地位。《国家中长期科学和技术发展规划纲要（2006～2020年）》对我国在21世纪的前20年里的科学领域的发展方针、目标及总体部署作了清晰的规划与设定，对关系国计民生和国家长远发展的重点科技领域，比如，能源、水和矿产、环境、制造业、交通运输、信息产业、人口健康等，以及生物、信息、新材料等前沿技术和基础科学作了极富前瞻性的部署。其中，还对关系科技创新发展的科技体制改革、国家创新体系、科技投入与科技基础条件平台等具有决定性意义的方面作了阐述。体现出党和国家积极投身世界科技快速发展的步伐中，屹立于世界经济发展浪潮顶端的决心与毅力。

党中央国务院在2012年召开了全国科技创新大会，大会通过了《关于深化科技体制改革加快国家创新体系建设的意见》，并颁发实施，标志着我国科技创新的发展拥有的完整的体系，这一思路与本书第三章第三节中的"国内外科技金融发展的经验启示"中的第一点相吻合，即重视科技金融系统化和体系化对科技创新的促进作用①。

落实好创新驱动发展战略，强化含有高新技术的金融才是最重要的。研究工业科技革命和工业金融革命的理论和实践发现，只有将科技创新与工业金融革命的趋势的重要性紧密联系在一起是历次社会生产力发展大变

---

① 黄运红. 国外科技金融创新发展经验研究［J］. 商场现代化，2019（19）：146-147.

革的重要引擎。可以毫不夸张地说，科技金融结合得成功与否，关系着科技创新系统有效运行与否，关系着国家创新体系建立的顺利与否，因此，科技金融创新关系国家长远发展。我国通过改变财政在科技创新上的投入模式，将全社会用于发展科技的所有资源进行调动配置，将我国的科技领域努力打造成具有市场化和金融性的科技空间，建立科技投入和产出具备多面化、渠道广泛、生产效率高体系，是推动科技和金融创新发展的重要环节。

与科技金融创新发展远大前景相对应的是，当前我国科技金融服务体系的建设仍旧处于起步阶段，科技与金融的深度融合还有很大空间。一些处于初期发展阶段的科技类企业，在投入生产上需要解决融资途径受阻、融资费用成本高等困难。解决这些问题需要全面深化金融体制改革，推进金融创新，打造含有高新技术且安全的金融环境，目前最主要的一步是提高金融对科技产业发展的支撑能力和水平，完善相关制度和机制安排，更好地发挥金融在支持科技创新中的引领作用①。

在营造良好科技金融环境方面，需要着重解决科技创新在不同商业化阶段所呈现出的不同科技金融需求的问题。科技型企业发展一般经历孵化期、成长期和成熟期三个阶段，处于孵化期和成长期的企业面临着特殊的融资难度。处于孵化期的企业由于资金来源不明、前景不明，极难获得贷款资格，因而研发投入更多地依赖自有资本或者风险资本；处于成长期的企业需要较大量的资金用来扩大生产、开拓市场，由于风险较高难以吸引银行资金进入，因而往往融资成本较高；成熟期的企业具有一定的市场认知度和稳定的现金流，也就可以较容易获得银行信贷资金。不同阶段的科技型企业融资需求不同，因此需要在科技金融环境上大力创新，首先，增加了金融领域内各大行业所提供的金融技术服务的方式；其次，加强多层次资本市场建设，让符合条件的科技型企业可以通过股票和债券融资，加速自身发展和成熟。

在完善科技金融制度和机制方面，需要高度重视和解决互联网金融公司在科技创新过程中容易发生市场失败等方面的问题。国外的科技金融之

---

① 蔡玉兰，张柳金. 基于钻石模型的粤港澳大湾区科技金融发展分析 [J]. 全国流通经济，2020（25）：142 – 145.

所以最终能够在推动科技创新中获得长远发展，其关键正是因为在当地金融环境中采取了一些可以解决科技创新过程中出现的市场失败问题的措施，有效地提高了金融市场的使用秩序①。具体而言，就是要着重解决好以下三个方面的问题：

（1）构建科技金融风险分担体系。现代科技活动往往具有前期投入大、资金密集的特点，而从科技研发到成果运用并取得回报，往往需要耗费漫长的过程，其间面临巨大的不确定性，因而一项完备的科技风险分担机制显得尤为必要。一种是通过政府财政资金发挥杠杆作用，比如通过设立政策性担保公司、科技专项扶持基金或者创业引导基金等；另一种是从商业化的担保出发提供融资能力，以科技产品创新的方式提供科技企业贷款保证保险，实现科技风险互保和分摊风险②。

（2）健全科技创新知识产权保护制度。科技创新的集中体现就是创新成果，能否收回前期研发投入的关键就是成果能否顺利商业化，而在这个环节中还存在一个关键的问题，就是科技知识产权保护，倘若知识产权保护不力，将可能导致科技创新和产品一经问世就被仿制，科技创新的收益大打折扣，研发投入回收无望。在这种环境下，即便金融体系看好该技术创新的市场前景，也难以给予支持。因此，只有完善科技创新知识产权保护机制，让科技创新者享受到创新带来的收益，才能使整个科技金融体系有效运行。

（3）完善科技人员的股权机制。科技创新具有高度的知识密集性和人员密集性特点，在科技金融机制建设中，需要建立一套有效、持续和兼容的制度安排，使创新者的贡献与收益相匹配，让金融在追逐科技创新成果的同时，也对科技创新者形成品牌效应，体现金融市场价值。

只要重视科技金融在推动科技创新中的引擎作用，营造良好的科技金融环境，建立完善的科技金融制度和机制安排，科技金融与科技创新必定会迎来相互促进、共同繁荣发展的良好局面，我国也必将跻身世界科技强国之列。

---

① 黄运红. 国外科技金融创新发展经验研究 ［J］. 商场现代化，2019（19）：146 – 147.
② 吴莹. 中国科技金融的体系构建与政策选择 ［D］. 武汉：武汉大学，2010.

第二节 广州市建设粤港澳大湾区科技
金融中心的思考

国务院对区域改革创新的态度是优胜劣汰，即区域改革创新中初步取得成效的改革项目要加快推进；已取得成效的要适时推广、全国复制；成效不显著的将会逐步清理和退出。具体的评估工作由中国人民银行负责。因此，粤港澳大湾区科技金融改革创新项目具有时不我待的紧迫感。虽然目前科技金融改革创新取得了一定成绩，但就整个改革项目推进而言，仍存在一定不足和困难。

（一）推进思路有待转变

当前，科技金融改革创新的推进工作基本上遵循普通改革创新项目的推进思路，采取行政式的政府主导推进方式，即政府以科技金融专项扶持资金的方式，直接介入到具体科技项目的评估和推进工作中。这种方式在科技金融改革创新中不太适用，因为科技金融改革创新的成败更多地取决于科技创新主体发展活跃程度，还取决于科技金融体系与科技活动所形成的良性互动循环。因此，科技金融改革创新的推进思路应当转而依靠市场，政府职能退为其次，仅发挥引导功能。

（二）政府引导配合工作有待加强

推动科技金融需要聚集政府、金融和科技企业多方力量，面对科技型企业多元化、多样式的金融需求，科技金融改革创新中存在着"三多三不足"的问题。一是政策多，部门合力不足，政府扶持科技金融的政策名目繁多，但多个部门存在认识偏见，形成了"九龙治水"的局面，有限的财政资金被分散使用，缺乏协调，无法形成合力撬动金融杠杆。二是融资机构多，但分工不足，包括创投基金在内的多数金融机构都把眼光瞄准了处于成熟期的中大型科技企业，对处于萌芽期和初创期的科技型企业则关注不够，金融支持缺乏分工。三是金融资源多，但产融结合渠道不足，一端是游离于实体经济之外的大量富余资金，截至 2016 年末，湖北省登记备案的私募基金、创投基金和股权投资基金等私募管理机构达220家，共管理基金444只，资金规模达到1329.96亿元；另一端是急需资金支持的初创期科技型企业，产融结合渠道的不畅限制了科技金融发展壮大。

（三） 经验推广工作有待强化

自专项方案获批以来，科技金融改革创新工作已经取得初步成效，其中，不乏在全国具有影响力的工作经验和发展模式。例如，以汉口银行为代表的科技金融专营机构及科技金融专营机制；以东湖信用促进会及武汉光谷征信管理有限公司为基础的科技金融信用信息服务平台；以人民银行武汉分行为主导的城市圈科技金融专项统计监测制度。这些经验做法即便放在全国范围也是极具推广复制价值的，但在武汉城市圈范围的推广却有所不足，除武汉外的绝大多数城市圈城市仍在单打独斗，缺乏经验引入和复制，因而科技金融改革创新工作推进较为缓慢。

（四） 创新工作着力点有待增强

改革创新的推进需要不断以新的创新项目为着力点来推动。当前，科技金融改革创新中新的工作着力点就是科技金融投贷联动试点，以及专业化的科技金融支持机构。作为全国第一批科技金融投贷联动试点银行，汉口银行此次上报的投贷联动具体实施方案延迟获批，使武汉城市圈科技金融改革创新在全国推广上有所迟滞。此外，作为全国首个科技金融改革创新项目，武汉城市圈科技金融改革创新需要在科技金融机构中独树一帜，因此，迫切需要设立专业性的科技银行，整合科技金融支持的间接融资和直接融资模式，形成金融支持合力。

（五） 推进工作的针对性有待加强

在近两年的改革创新工作推进后，方向性的政策支持框架、体系化的科技金融模式已经基本成型，改革创新工作也进入"深水区"。考验改革创新定力和决定创新项目成败的关键，更多地取决于具体推进工作的针对性和细致性。政府部门需要更加密切地关注科技型企业，了解其多元化的政策诉求，推动科技金融政策提档升级；金融机构需要贴近科技型企业，完善多元化的科技金融服务体系，建立覆盖科技型企业全生命周期的融资格局。

第三节　广州市建设粤港澳大湾区科技金融中心的政策建议

当前，世界正面临百年未有之大变局，但我国的金融发展还是长期面临着并一直处在一个重要的战略性机遇时期。广州市作为我国重要的经济开发城市，也进入了新旧动能转换的攻关期和滚石上山、爬坡过坎的关键时期，机遇与挑战并存[①]。面对错综复杂的国内外经济金融环境和艰巨繁重的改革发展任务，广东省银保监局全面贯彻党的十九大精神，以习近平新时代中国特色社会主义思想为指导，按照中国银保监会党委和广东省委、省政府要求，以机构改革为契机全面加强辖区银行保险监管工作，凝心聚力、攻坚克难，引导辖内银行保险机构主动作为、强化担当，金融服务拉动广州市经济社会发展的能力显著增强，以高质量发展助力广州市建设成为国家中心城市，为广州市在全省实现"四个走在全国前列"、当好"两个重要窗口"中勇当排头兵提供有力的金融支撑。

一、强化党对科技金融改革创新工作的领导

坚持党对金融工作的集中领导，确保金融改革发展正确方向——党是最高政治领导力量，是我国政治稳定、经济发展、民族团结、社会稳定的根本所在。当前，金融改革发展进入深水区、关键期。越是形势复杂、挑战严峻，越需要加强党对金融工作的领导。做好新时代金融工作，就要坚决维护以习近平同志为核心的党中央权威和集中统一领导，自觉把广东省金融改革发展稳定各项工作放在党和国家全局中来思考、谋划和定位，保证金融改革必须在法律允许的范围内进行，保证国家的金融安全得到保障。

---

① 孙波，张雅婷，王非凡.广州科技金融形式及其未来发展趋势 [J].科技创新发展战略研究，2020，4（1）：41 – 46.

在发展中将人民的利益放在首位，摆正金融发展与保障改善民生的关系，关注人民群众所思所想，解决人民群众资金融通、支付结算等领域的实际问题。坚持党管干部原则，发挥党管人才优势，大力培养、选拔、使用政治过硬、作风优良、业务精通的金融人才，努力建设一支庞大的、德才兼备的高素质金融人才队伍。

强化广州市委市政府对科技金融改革创新工作的领导，完善政策体系，健全政府服务机构，不定期召开专题会议研究部署科技金融工作，对重大跨部门事务进行协调，建立科技金融政策落实会商、会办机制，制定推进科技金融的路线图和时间表，明确相关部门的工作责任。高新开发区要设立科技金融服务局（或处），加强对科技金融创新的领导、协调、推动。

二、全力推进粤港澳大湾区科技金融中心建设

贯彻落实《粤港澳大湾区规划纲要》和省、市实施意见，结合广州市实际，提出创新性、统领性、突破性的重要项目，确保《粤港澳大湾区国际金融枢纽建设实施意见和三年行动计划》顺利推动实施。加强穗港澳金融在合作方面的力度，争取国家尽快批准在广州市设立创新型期货交易所，大力推动设立粤港澳大湾区国际商业银行，促进穗港、穗澳地区两地企业在彼此金融领域成立相关机构，达到和粤港澳大湾区的国际金融市场之间的业务相互沟通和发展的目的。建立中国粤港澳大湾区国际金融贸易交流合作联盟及其他国际智库合作团队。全面推进金融开放合作，加快引进外资金融机构及外商投资股权投资企业，落实国家放宽外资在广州市设立金融机构的股比、经营范围等准入限制，以更大力度的金融对外开放促进广州市金融改革发展。

加快南沙自贸试验区金融改革创新，快速发展南沙自由贸易试验区的金融体制制度改革和金融创新拓展试验，在各类跨境企业的金融、投资服务租赁、航空运输和国际海洋信用金融等多个领域坚持先行先推，开展了各类国内外人民币金融业务的改革创新和拓展试点工作，进一步有效推动了在跨境机构人民币金融业务的双向直接融资、跨境金融单位发行人民币双向资金池、跨境机构发行外国人民币小额债券等多个服务

行业的有效合作。加快南沙国际金融岛建设，打造高水平国际金融交流平台。

加快推进广州市"五彩一路"绿色金融体制改革和创新试验区的建设。争取在绿色金融确定的标准和制度，绿色金融的统计体系，金融机构的绿色金融服务的考核等领域先行实施。推动在广州市金融机构发挥市场主体作用，围绕绿色企业和项目需求积极开展绿色金融业务流程、特色产品和服务模式创新。打造绿色企业和项目融资对接平台。加强港澳绿色金融合作，会同中国香港品质保证局、中国澳门银行公会制定绿色金融改革创新试验区碳排放权抵质押融资实施方案。拓宽大湾区绿色项目融资渠道，支持港澳地区机构投资者合规参与境内绿色私募股权投资基金和绿色创业投资基金投资等。

加强与相关政府部门、金融机构和企业的沟通交流，强化科技金融与高新技术产业政策协调配合，优化对制造业转型升级的金融服务，探索金融支持关键领域自主创新的长效机制，做好科技、文化、现代服务业、战略性新兴产业等领域的金融服务。进一步发挥广东省中小微企业信用信息和融资对接平台（粤信融）、应收账款融资服务平台和小额票据贴现中心作用，组织银行机构开展"企业走访"专项行动，持续推进民营企业债券融资支持工具试点，提升民营企业、小微企业金融服务的主动性和有效性。

三、完善科技金融服务机构服务体系

向有关部门积极争取，早日设立全省第一家民营银行，加快设立科技证券公司、科技保险公司等新兴金融机构，积极主动申请支持成立和大力支持引入非大型银行性的小贷金融产品租赁服务公司、企业财务管理公司等小额贷款非银行金融机构，鼓励中小企业法人主动发起申请成立具有科技创新性质的金融担保服务公司、科技性小额信用贷款服务公司，丰富其具有科技创新性质的小额贷款金融服务业态。鼓励在我国有经济条件的市区及其他国家级科技高新区内投资建设由市级财政拨款资金引领、具备人才培养和发展主要职责服务功能的科技创新型企业培育加速器、科技创新企业培育孵化器、可以推动升级生产力的研究中心、创新型金融服务管理中心等机构，整合农村银行、创业投资机构、保险公司、担保公司，以及其他科技类企业金融服务中心等可以使用的各类金融中介资源，构建和完善促进我国居民所有产权的出让交易、评价和服务管理制度，以及科技人才培养服务合作机制①。

四、健全科技金融改革创新工作考核奖励机制

设立科技金融的统计和监测评价体系，有目标地制订职责考核方案，加大对目标职责完成程度的考核力度，对在发展科技金融与试点行业工作中取得显著成果的地区、单位、个人等给予表扬②。及时总结在试点工作推进过程中的成功和失败的原因，向群众大力宣传具有说服力的案例，让带头示范作用发挥更大的效果。鼓励有条件的地区围绕企业的规划发展期、稳定成长期、成熟期等不同阶段给予不同程度的扶持和帮助，从产业开发、技术研究和合作、适合企业发展的人才的聘用、知识产权、自主创新等多个方面设立扶持和激励的优惠政策。

五、打造科技金融生态圈的实施策略

目前，越来越多的银行在商业生态系统（business ecosystem）战略思维下构建互联网科技金融生态圈③。如工商银行在"e – ICBC"战略指引下，推出了作为电子商务平台的"融易购"，作为直销银行的"融易行"和作为即时通信软件的"融易联"，三者组成一个金融业务与非金融业务交融的、闭环运行的生态圈。又如，兴业银行在构建"信息化供应链生态圈"中，使用"三大直通车"实现资金的闭环管理，其中"收付直通车"的功能是留存低成本的资金，累积交易数据；"融资直通车"的功能是满足企业的融资需求；"财资直通车"的功能是满足资金增值需求。2016 年 7 月公布的《关于深化投融资体制改革的意见》指出，风险投资机构和私募股

---

① 张洪铭. 功能性金融中心建设路径 [J]. 银行家，2016（11）：67 – 68.
② 运红. 国外科技金融创新发展经验研究 [J]. 商场现代化，2019（19）：146 – 147.
③ 张明喜. 我国科技金融生态及其绩效实证研究 [J]. 科技进步与对策，2017，34（16）：14 – 19.

权基金是引导民间资本大规模投资股权的主要金融工具。近 3 年来，基金的数目和募集金额、规模都呈稳步上升的态势。2016 年上半年，共有 696 只私募股权投资基金募集完毕，其中，已披露的募集金额共 0.32 万亿元，同比增长 6.7%，在政策支持下，风险投资机构和私募股权基金有较大增长潜力。然而，风险投资机构和私募股权基金方面的金融需求目前没有得到商业银行的充分满足，尤其是闲置资金的理财、有限合伙人（LP）份额转让和流动性支持这些关键需求与银行业的服务能力存在较大落差。由于股权一级（发起创设）市场的繁荣依赖发达的二级（流通转让）市场，因此，目前地方性股权交易市场流通功能不发达的现状无形中削弱了风险投资机构和私募股权基金的长远发展潜力。

科技金融生态圈是科技资源与金融资源从自发性结合向系统的生态型配置演进的体现①。其要求结构如图 11 - 1 所示。广州市应以生态圈互联，延伸产业链上下游对接商机，围绕产业链部署创新链、帮助各类创新主体开展更加契合市场的定向研发和研发协作，探索科技创新指数评价体系，直观量化创新能力，让拥有"好项目、好技术、好团队"的优质科技企业"脱颖而出"。科技金融生态圈集银行、创业投资、保险、担保、科技信贷、租赁、券商等机构资源，构建基于不同风险偏好的、金融机构互相衔接的阶梯级科技金融产业链。政策支持是科技金融生态圈的重要一环，打造科技金融中心应以科技金融政策为引导，打造科技金融创新产品首发地，依托平台大数据分析，精细化推进科贷通的"一行一品牌"、科技保险创新券、天使投资阶段参股等项目，支持金融机构科技类金融产品服务"出海"生态圈平台，汇聚成更加契合科技创新研发特征的科技金融创新产品集群。一般而言，科技金融生态圈包含了科技金融供需双方。资金供给方包括：政府、科技贷款机构、科技资本市场、科技保险、风险投资和科技担保机构多元供给主体。政府在系统中起到引导和调控作用，各类金融机构（如科技信贷、科技保险、风险投资、天使投资和多层次资本市场）则是调剂金融服务的供给和需求，最大程度缓解企业融资难题。

---

① 白玉娟，于丽英. 我国科技金融生态系统评价及空间演化趋势分析 [J]. 科技管理研究，2019，39（23）：67 - 74.

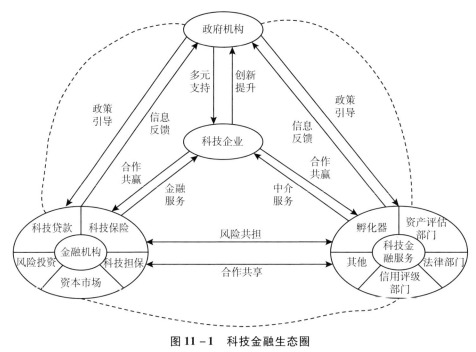

图 11 - 1   科技金融生态圈

资料来源：钱燕，魏伟. 苏州科技金融生态圈发展现状及对策研究 ［J］. 苏州科技大学学报（社会科学版），2019，36（6）：16 - 23.

六、推进科技金融综合服务平台建设

搭建由当地政府、金融机构、行业技术部门、技术研发单位、科技投资公司、移动端和互联网服务公司等众多组织所参与的省级以上高端信息科技产业金融资源整合信息服务平台[①]。平台提供服务的方式有线上和线下两种渠道：线上给客户提供科技相关的产业政策和金融服务的多元化产品、投资市场需要、科技融资信贷市场的推荐、融资中介咨询服务等各个方面的服务信息。线下根据广大客户实际需求，及时进行资源的有效统筹整合；结合市场规模，为客户量身定做一套个性化的科技融资服务解决方案。加强推动我国全市、县（包括直辖市、经济区）、国家级科技高新区及各类科技重点金融科技示范园区企业金融信息服务平台的综合建设，畅通促进

---

①   游达明，朱桂菊. 区域性科技金融服务平台构建及运行模式研究 ［J］. 中国科技论坛，2011（1）：40 - 46.

科技金融资源和其他金融信息融合的服务渠道，有效地解决金融科技和其他金融信息在结合过程中出现的不对称的问题。

七、建设较为完善的科技金融政策体系

提高科技法规层级和修法频率，保证法条刚性和适应性[①]。支持创业投资行业发展时，不仅要重视多层次资本市场建设和税负平衡等问题，还可以借鉴美国和英国的经验，引导养老金成为重要的投资来源。根据互联网环境下资本市场与风险投资行业发展新趋势，优化众筹融资的监管体制；商业银行要发挥基础作用，进一步黏合、联结各种支持科技创新的社会资源；利用证券化、再保险、风险衍生品等技术，分散科技型中小企业信贷风险，将保险市场、信贷市场和资本市场结合起来；建议多种金融工具交叉发展，包括：将发行科技国债与委托贷款相结合，为科技型中小企业提供长期优惠贷款；鼓励商业银行发展合同和技术贸易融资，支持技术收储机制和平台的建设；鼓励知识产权质押贷款与知识产权保险这两类业务交叉支持等。

八、对标国际金融中心，营造金融发展优势环境，优化科技金融营商环境

对标伦敦、纽约、东京等国际金融中心，加快营造现代化、法制化、国际化金融营商环境。全面落实营商环境综合改革试点实施方案，推进审批制度改革，真正做到审批更简、监管更强、服务更优[②]。支持各类金融类协会有序发展，充分发挥其自律、维权、协调、服务作用。加强社会信用体系建设，提升金融企业获取企业和个人信用信息的便利性、准确性，提升民营小微企业申请贷款的获得率。加强金融消费者权益保护。

在互联网科技金融生态圈战略下，商业银行通过建立开放式平台，快

---

① 何勇军，刘群芳．科技金融政策与区域科技企业发展——以京津冀区域为例［J］．科技与金融，2020（5）：12-16.

② 刘帷韬．我国国家中心城市营商环境评价［J］．中国流通经济，2020，34（9）：79-88.

速聚集用户，向以风险投资机构和私募股权基金为核心的产业链提供完善的金融与非金融服务，实现多边网络效应，并提高客户黏性，从经济意义上降低整个生态圈内的交易成本、资金成本、风险成本和运营成本，促成各方收入的多元化，从而为圈内的风险投资机构、私募股权基金、上下游企业、政府机构等相关方创造更高价值，形成以商业银行为主导的、各方相互依赖的共生局面。

其中，可以将银行业金融机构投贷联动作为维系生态圈中各方共生局面的黏合剂。这是由于银行的"投"和"贷"具有增信效应，被投资企业股权、风险投资机构或私募股权基金的有限合伙人（LP）份额转让更快、估值更高，交易成本大幅降低，使圈内用户更具凝聚力，对圈外企业更具吸引力。因此，对科技创业企业的投资贷款联动创新是商业银行构建风险投资机构和私募股权基金生态圈应迈出的第一步。

附录 1

关于促进科技和金融结合加快实施
自主创新战略的若干意见

国科发财〔2011〕540 号

各省、自治区、直辖市、计划单列市科技厅（委、局）、财政厅（局），中国人民银行上海总部、各分行、营业管理部、省会（首府）城市中心支行、副省级城市中心支行，各省、自治区、直辖市、计划单列市国资监管机构、国家税务局、银监局、证监局、保监局，各中央企业：

为贯彻党的十七届五中全会精神，落实《国家中长期科学和技术发展规划纲要（2006－2020 年)》和《国家"十二五"科学和技术发展规划》，促进科技和金融结合，推进自主创新，培育发展战略性新兴产业，支撑和引领经济发展方式转变，加快建设创新型国家，提出以下意见：

一、充分认识科技和金融结合的重要意义

科技创新能力的提升与金融政策环境的完善是加快实施自主创新战略的基础和保障。促进科技和金融结合是支撑和服务经济发展方式转变和结构调整的着力点。

（一）科学技术是第一生产力，金融是现代经济的核心。科技创新和产业化需要金融的支持，同时也为金融体系健康发展拓展了空间。就全球产业革命而言，每一次产业革命的兴起无不源于科技创新，成于金融创新。实践证明，科技创新和金融创新紧密结合是社会变革生产方式和生活方式的重要引擎。在当前全球孕育新一轮创新竞争高潮、我国加快转变经济发展方式的关键时期，加强引导金融资源向科技领域配置，促进科技和金融结合，是加快科技成果转化和培育战略性新兴产业的重要举措，是深化科技体制和金融体制改革的根本要求，是我国提高自主创新能力和建设创新

型国家的战略选择。要站在全局和战略的高度，充分认识促进科技和金融结合对于转变经济发展方式和经济结构战略性调整，实现科学发展的重要意义。深化科技、金融和管理改革创新，实现科技资源与金融资源的有效对接，加快形成多元化、多层次、多渠道的科技投融资体系，为深入实施自主创新战略提供重要保障。

二、优化科技资源配置，建立科技和金融结合协调机制

（二）创新财政科技投入方式与机制。推动建立以企业为主体、市场为导向、产学研相结合的技术创新体系，加快推进科技计划和科技经费管理制度改革，促进政产学研用结合，综合运用无偿资助、偿还性资助、创业投资引导、风险补偿、贷款贴息以及后补助等多种方式，引导和带动社会资本参与科技创新。中央财政设立国家科技成果转化引导基金，通过设立创业投资子基金、贷款风险补偿和绩效奖励等方式，引导金融资本和民间资金促进科技成果转化，地方可以参照设立科技成果转化引导基金。

（三）建立和完善科技部门与金融管理部门、财税部门、国资监管机构的科技金融协调机制。重点围绕促进科技创新和产业化的目标制定和落实相关支持政策和措施。加强中央层面与地方层面的科技金融工作联动，构建以政府投入为引导、企业投入为主体，政府资金与社会资金、股权融资与债权融资、直接融资与间接融资有机结合的科技投融资体系。各地要加强对科技和金融结合工作的指导，推进科技部门、高新区与地方金融管理部门的合作，统筹协调科技金融资源，搭建科技金融合作平台，优选优育科技企业资源，推动创业投资机构、银行、券商和保险机构等创新金融产品及服务模式，优化金融生态环境，提升区域经济活力和创新能力。

三、培育和发展创业投资

（四）充分发挥创业投资引导基金的重要作用。扩大科技型中小企业创业投资引导基金规模，综合运用阶段参股、风险补助和投资保障等方式，引导创业投资机构向初创期科技型中小企业投资，促进科技型中小企业创新发展。鼓励和支持地方规范设立和运作创业投资引导基金，逐步形成上下联动的创业投资引导基金体系，引导更多社会资金进入创业投资领域，促进政府引导、市场运作的创业投资发展。

（五）充分发挥国有创业投资的重要作用，推动国有创业投资机构加大对初创期科技型中小企业投资力度。创新国有创业投资管理制度，探索建立适合创业投资发展规律的资本筹集、投资决策、考核评价、转让退出和激励约束等制度。国有创业投资机构和国有创业投资引导基金投资于未上市中小企业，符合条件的，可申请豁免国有股转持义务。

各类国有及国有控股科技型企业应根据自身特点探索整体或按科技成果转化项目引入私募股权基金、风险资本等，组合各类社会资本，实现投资主体多元化，改善治理结构，创新发展体制，增强自主创新能力，加快科技成果转化。

（六）鼓励民间资本进入创业投资行业。逐步建立以政府资金为引导、民间资本为主体的创业资本筹集机制和市场化的创业资本运作机制，完善创业投资退出渠道，引导和支持民间资本参与自主创新。

探索科技项目与创业投资的对接机制，引导金融资本进入工业、现代农业、民生等领域。

（七）加强创业投资行业自律与监管。充分发挥全国性创业投资行业自律组织的作用，加强行业自律，规范引导创业投资行业健康发展。完善全国创业投资调查统计和年报制度，加强和完善全国创业投资信息系统建设。

四、引导银行业金融机构加大对科技型中小企业的信贷支持

（八）优化信贷结构，加大对自主创新的信贷支持。金融机构要把落实自主创新战略放在突出位置，加强对重点科技工作的信贷支持和金融服务。金融机构要加强与科技部门合作，在国家科技重大专项、国家科技支撑计划、国家高技术研究发展计划（863 计划）、星火计划、火炬计划等国家科技计划以及国家技术创新工程、国家高新区基础设施及地方科技重大专项和科技计划、科技型企业孵化抚育、科技成果转化、战略性新兴产业培育等重点科技工作领域内，进一步加大对自主创新的信贷支持力度。

（九）加强信用体系建设，推进科技型企业建立现代企业制度。在加强信用环境和金融生态建设的基础上，依托国家高新区建立科技企业信用建设示范区，优化区域投融资环境。发挥信用担保、信用评级和信用调查等信用中介的作用，利用中小企业信用担保资金等政策，扩大对科技型中小企业的担保业务，提升科技型中小企业信用水平。按照创新体制、转换机

制的原则，推动科技型企业进行股份制改造，建立现代企业制度，更新投融资观念，为科技和金融结合奠定基础。

（十）引导政策性银行在风险可控原则下，积极支持国家科技重大专项、重大科技产业化项目，加大对科技成果转化项目以及高新技术企业发展所需的核心技术和关键设备进出口的支持力度，在其业务范围内为科技型企业提供金融服务。

（十一）鼓励商业银行先行先试，积极探索，进行科技型中小企业贷款模式、产品和服务创新。根据科技型中小企业融资需求特点，加强对新型融资模式、服务手段、信贷产品及抵（质）押方式的研发和推广。对处于成熟期、经营模式稳定、经济效益较好的科技型中小企业，鼓励金融机构优先给予信贷支持，简化审贷程序；对于具有稳定物流和现金流的科技型中小企业，可发放信用贷款、应收账款质押和仓单质押贷款。扩大知识产权质押贷款规模，推进高新技术企业股权质押贷款业务。综合运用各类金融工具和产品，开展信贷、投资、债券、信托、保险等多种工具相融合的一揽子金融服务。

（十二）鼓励商业银行创新金融组织形式，开展科技部门与银行之间的科技金融合作模式创新试点。依托国家高新区，鼓励商业银行新设或改造部分分（支）行作为专门从事科技型中小企业金融服务的专业分（支）行或特色分（支）行，积极向科技型中小企业提供优质的金融服务。完善科技专家为科技型中小企业贷款项目评审提供咨询服务的工作机制。

（十三）依托国家高新区等科技型企业聚集的地区，在统筹规划、合理布局、加强监管、防控风险的基础上，建立科技小额贷款公司。鼓励科技小额贷款公司积极探索适合科技型中小企业的信贷管理模式。推动银行业金融机构与非银行金融机构深入合作，鼓励民间资本进入金融领域，形成科技小额贷款公司、创业投资机构、融资租赁公司、担保公司、银行专营机构等资源集成、优势互补的创新机制，做好科技型中小企业从初创期到成熟期各发展阶段的融资方式衔接。

（十四）通过风险补偿、担保业务补助等增信方式，鼓励和引导银行进一步加大对科技型中小企业的信贷支持力度。建立科技型中小企业贷款风险补偿机制，形成政府、银行、企业以及中介机构多元参与的信贷风险分担机制。综合运用资本注入、业务补助等多种方式，提高担保机构对科技型中小企业的融资担保能力和积极性，创新担保方式，加快担保与创业投资的结合，推进多层次中小企业融资担保体系建设。

（十五）鼓励金融机构建立适应科技型企业特点的信贷管理制度和差异化的考核机制。引导商业银行继续深化利率的风险定价机制、独立核算机制、高效的贷款审批机制、激励约束机制、专业化的人员培训机制、违约信息通报机制等六项机制，按照小企业专营机构单列信贷计划、单独配置人力和财务资源、单独客户认定与信贷评审、单独会计核算等原则，加大对科技型中小企业业务条线的管理建设及资源配置力度。对于风险成本计量到位、资本与拨备充足、科技型中小企业金融服务良好的商业银行，经银行监管部门认定，相关监管指标可做差异化考核。根据商业银行科技型中小企业贷款的风险、成本和核销等具体情况，对科技型中小企业不良贷款比率实行差异化考核，适当提高科技型中小企业不良贷款比率容忍度。

五、大力发展多层次资本市场，扩大直接融资规模

（十六）加快多层次资本市场体系建设，支持科技型企业发展。探索建立科技部门和证券监管部门的信息沟通机制，支持符合条件的创新型企业上市。支持符合条件的已上市创新型企业再融资和进行市场化并购重组。加快推进全国场外交易市场建设，完善产权交易市场监管和交易制度，提高交易效率，为包括非上市科技型企业在内的中小企业的产权（股份）转让、融资提供服务。

（十七）支持科技型企业通过债券市场融资。进一步完善直接债务融资工具发行机制、简化发行流程。支持符合条件的科技型中小企业通过发行公司债券、企业债、短期融资券、中期票据、集合债券、集合票据等方式融资。探索符合条件的高新技术企业发行高收益债券融资。鼓励科技型中小企业进一步完善公司治理与财务结构，鼓励中介机构加强对其辅导力度，以促进其直接债务融资。

（十八）利用信托工具支持自主创新和科技型企业发展。推动公益信托支持科学技术研究开发。充分利用信托贷款和股权投资、融资租赁等多种方式的组合，拓宽科技型中小企业融资渠道。

（十九）探索利用产权交易市场为小微科技型企业股权流转和融资服务，促进科技成果转化和知识产权交易。建立技术产权交易所联盟和统一

信息披露系统，为科技成果流通和科技型中小企业通过非公开方式进行股权融资提供服务。建立有利于技术产权流转的监管服务机制，利用产权交易所，依法合规开展产权交易，为股权转让、知识产权质押物流转、处置等提供服务。

六、积极推动科技保险发展

（二十）进一步加强和完善保险服务。在现有工作基础上，保险机构根据科技型中小企业的特点，积极开发适合科技创新的保险产品，积累科技保险风险数据，科学确定保险费率。加快培育和完善科技保险市场，在科技型中小企业自主创业、并购以及战略性新兴产业等方面提供保险支持，进一步拓宽科技保险服务领域。

（二十一）探索保险资金参与国家高新区基础设施建设、战略性新兴产业培育和国家重大科技项目投资等支持科技发展的方式方法。支持开展自主创新首台（套）产品的推广应用、科技型中小企业融资以及科技人员保障类保险。

七、强化有利于促进科技和金融结合的保障措施

（二十二）建立有利于科技成果转化和自主创新的激励机制。在国家高新区内实施企业股权和分红激励机制，促进科技成果转移、转化和产业化。根据财政部、国家税务总局《对中关村科技园区建设国家自主创新示范区有关股权奖励个人所得税试点政策的通知》（财税〔2010〕83 号）精神，自 2010 年 1 月 1 日至 2011 年 12 月 31 日，在中关村国家自主创新示范区试点开展下列政策：对示范区内科技创新创业企业转化科技成果，以股份或出资比例等股权形式给予本企业相关技术人员的奖励，企业技术人员一次缴纳税款有困难的，经主管税务机关审核，可分期缴纳个人所得税，但最长不得超过 5 年。

（二十三）加强科技金融中介服务体系建设。建立规范的科技成果评估、定价、流转及监管等方面的中介机构，探索建立科技成果转化经纪人制度，加速科技成果转化。充分发挥各类基金以及生产力促进中心、大学科技园、科技企业孵化器、产业技术创新战略联盟、技术转移机构等的技术创新服务功能和投融资平台作用，逐步建立一批集评估、咨询、法律、

财务、融资、培训等多种功能为一体的科技金融服务中心。

（二十四）培育科技金融创新的复合型人才，吸引高端人才进入创新创业领域。结合创新人才推进计划、青年英才开发计划、海外高层次人才引进计划和国家高技能人才振兴计划等各项国家重大人才工程的实施，依托高校和社会培训机构等开展相关培训工作，加快培育一批既懂科技又懂金融的复合型人才，支持科技型企业吸引和凝聚创新创业人才。

八、加强实施效果评估和政策落实

（二十五）加强科技和金融结合实施成效的监测评估。制订科技金融发展水平和服务能力评价指标，建立相应的统计制度和监测体系，并在监测基础上建立评估体系，对科技和金融结合实施成效进行动态评估。根据评估的结果，对促进科技和金融结合、支持自主创新表现突出的人员和相关机构给予表彰。

（二十六）加强政策落实。各级科技部门会同财政、人行、国资、税务、银监、证监、保监以及金融办等部门，根据本指导意见精神，结合本地实际，制定科技和金融结合的具体实施意见或办法。

科　技　部　　财　政　部　　中国人民银行
国务院国资委　国家税务总局　中国银监会
中国证监会　　中国保监会
二〇一一年十月二十日

附录 2

关于大力推进体制机制创新　扎实
做好科技金融服务的意见

中国人民银行　科技部　银监会　证监会　保监会　知识产权局　关于大力推进体制机制创新　扎实做好科技金融服务的意见

银发〔2014〕9 号

为贯彻落实党的十八届三中全会精神和《中共中央　国务院关于深化科技体制改革　加快国家创新体系建设的意见》（中发〔2012〕6 号）等中央文件要求，大力推动体制机制创新，促进科技和金融的深层次结合，支持国家创新体系建设，现提出如下意见：

一、大力培育和发展服务科技创新的金融组织体系

（一）创新从事科技金融服务的金融组织形式。鼓励银行业金融机构在高新技术产业开发区（以下简称高新区）、国家高新技术产业化基地（以下简称产业化基地）等科技资源集聚地区通过新设或改造部分分（支）行作为从事中小科技企业金融服务的专业分（支）行或特色分（支）行。对银行业金融机构新设或改造部分分（支）行从事科技金融服务的有关申请，优先受理和审核。鼓励银行业金融机构在财务资源、人力资源等方面给予专业分（支）行或特色分（支）行适当倾斜，加强业务指导和管理，提升服务科技创新的专业化水平。在加强监管的前提下，允许具备条件的民间资本依法发起设立中小型银行，为科技创新提供专业化的金融服务。

（二）积极发展为科技创新服务的非银行金融机构和组织。大力推动金融租赁公司等规范发展，为科技企业、科研院所等开展科技研发和技术改造提供大型设备、精密器材等的租赁服务。支持发展科技小额贷款公司，按照"小额、分散"原则，向小微科技企业提供贷款服务。鼓励符合条件的小额

贷款公司、金融租赁公司通过开展资产证券化、发行债券等方式融资。积极推动产融结合，支持符合条件的大型科技企业集团公司按规定设立财务公司，强化其为集团内科技企业提供金融服务的功能。

（三）培育发展科技金融中介服务体系。指导和推动地方科技部门、国家高新区（或产业化基地）、金融机构和相关中介服务机构建立和培育发展科技金融服务中心等多种形式的服务平台，推动创业投资、银行信贷、科技企业改制服务、融资路演、数据增值服务、科技项目管理、人才引进等方面的联动合作，为科技企业提供全方位、专业化、定制化投融资解决方案。加快发展科技企业孵化、法律会计服务、人力资源管理等机构，为中小科技企业融资提供服务。

二、加快推进科技信贷产品和服务模式创新

（四）完善科技信贷管理机制。鼓励银行业金融机构完善科技企业贷款利率定价机制，充分利用贷款利率风险定价和浮动计息规则，根据科技企业成长状况，动态分享相关收益。完善科技贷款审批机制，通过建立科技贷款绿色通道等方式，提高科技贷款审批效率；通过借助科技专家咨询服务平台，利用信息科技技术提升评审专业化水平。完善科技信贷风险管理机制，探索设计专门针对科技信贷风险管理的模型，提高科技贷款管理水平。完善内部激励约束机制，建立小微科技企业信贷业务拓展奖励办法，落实授信尽职免责机制，有效发挥差别风险容忍度对银行开展科技信贷业务的支撑作用。

（五）丰富科技信贷产品体系。在有效防范风险的前提下，支持银行业金融机构与创业投资、证券、保险、信托等机构合作，创新交叉性金融产品，建立和完善金融支持科技创新的信息交流共享机制和风险共控合作机制。全面推动符合科技企业特点的金融产品创新，逐步扩大仓单、订单、应收账款、产业链融资以及股权质押贷款的规模。充分发挥政策性金融功能，支持国家重大科技计划成果的转化和产业化、科技企业并购、国内企业自主创新和引进消化吸收再创新、农业科技创新、科技企业开展国际合作和"走出去"。

（六）创新科技金融服务模式。鼓励银行业金融机构开展还款方式创新，开发和完善适合科技企业融资需求特点的授信模式。积极向科技企业提供开户、结算、融资、理财、咨询、现金管理、国际业务等一站式、系统化的金融服务。加快科技系统改造升级，在符合监管要求的前提下充分利用互联网

技术，为科技企业提供高效、便捷的金融服务。

（七）大力发展知识产权质押融资。加强知识产权评估、登记、托管、流转服务能力建设，规范知识产权价值分析和评估标准，简化知识产权质押登记流程，探索建立知识产权质物处置机制，为开展知识产权质押融资提供高效便捷服务。积极推进专利保险工作，有效保障企业、行业、地区的创新发展。

三、拓宽适合科技创新发展规律的多元化融资渠道

（八）支持科技企业上市、再融资和并购重组。推进新股发行体制改革，继续完善和落实促进科技成果转化应用的政策措施，促进科技成果资本化、产业化。适当放宽科技企业的财务准入标准，简化发行条件。建立创业板再融资制度，形成"小额、快速、灵活"的创业板再融资机制，为科技企业提供便捷的再融资渠道。支持符合条件的科技企业在境外上市融资。支持科技上市企业通过并购重组做大做强。推进实施并购重组分道制审核制度，对符合条件的企业申请实行豁免或快速审核。鼓励科技上市企业通过并购基金等方式实施兼并重组，拓宽融资渠道。研究允许科技上市企业发行优先股、定向可转债等作为并购工具的可行性，丰富并购重组工具。

（九）鼓励科技企业利用债券市场融资。支持科技企业通过发行企业债、公司债、短期融资券、中期票据、中小企业集合票据、中小企业集合债券、小微企业增信集合债券、中小企业私募债等产品进行融资。鼓励和支持相关部门通过优化工作流程，提高发行工作效率，为科技企业发行债券提供融资便利。对符合条件的科技企业发行直接债务融资工具的，鼓励中介机构适当降低收费，减轻科技企业的融资成本负担。继续推动并购债、可转债、高收益债等产品发展，支持科技企业滚动融资，行业收购兼并和创投公司、私募基金投资和退出。

（十）推动创业投资发展壮大。发挥政府资金杠杆作用，充分利用现有的创业投资基金，完善创业投资政策环境和退出机制，鼓励更多社会资本进入创业投资领域。推动各级政府部门设立的创业投资机构通过阶段参股、跟进投资等多种方式，引导创业投资资金投向初创期科技企业和科技成果转化项目。完善和落实创业投资机构相关税收政策，推动运用财政税收等优惠政策引导创业投资机构投资科技企业，支持符合条件的创业投资企业、股权投

资企业、产业投资基金发行企业债券；支持符合条件的创业投资企业、股权投资企业、产业投资基金的股东或有限合伙人发行企业债券。鼓励发展天使投资。

（十一）鼓励其他各类市场主体支持科技创新。支持科技企业通过在全国中小企业股份转让系统实现股份转让和定向融资。探索研究全国中小企业股份转让系统挂牌公司的并购重组监管制度，规范引导其并购重组活动。探索利用各类产权交易机构为非上市小微科技企业提供股份转让渠道，建立健全未上市科技股份公司股权集中托管、转让、市场监管等配套制度。加快发展统一的区域性技术产权交易市场，推动地方加强省级技术产权交易市场建设，完善创业风险投资退出机制。支持证券公司直投子公司、另类投资子公司、基金管理公司专业子公司等，在风险可控前提下按规定投资非上市科技企业股权、债券类资产、收益权等实体资产，为不同类型、不同发展阶段的科技企业提供资金支持。

四、探索构建符合科技创新特点的保险产品和服务

（十二）建立和完善科技保险体系。按照政府引导、商业保险机构运作、产寿险业务并重的原则，进一步建立和完善科技保险体系。加大对科技保险的财政支持力度，鼓励有条件的地区建立科技保险奖补机制和科技再保险制度，对重点科技和产业领域给予补贴、补偿等奖励和优惠政策，充分发挥财政资金的引导和放大作用，促进科技保险长效发展。支持符合条件的保险公司设立专门服务于科技企业的科技保险专营机构，为科技企业降低风险损失、实现稳健经营提供支持。

（十三）加快创新科技保险产品，提高科技保险服务质量。鼓励保险公司创新科技保险产品，为科技企业、科研项目、科研人员提供全方位保险支持。推广中小科技企业贷款保证保险、贷款担保责任保险、出口信用保险等新型保险产品，为科技企业提供贷款保障。加快制定首台（套）重大技术装备保险机制的指导意见，建立政府引导、市场化运作的首台（套）重大技术装备保险机制和示范应用制度，促进首台（套）重大技术装备项目的推广和科技成果产业化。

（十四）创新保险资金运用方式，为科技创新提供资金支持。根据科技领域需求和保险资金特点，支持保险资金以股权、基金、债权、资产支持计

划等形式，为高新区和产业化基地建设、战略性新兴产业的培育与发展以及国家重大科技项目提供长期、稳定的资金支持。探索保险资金投资优先股等新型金融工具，为科技企业提供长期股权投资。推动科技保险综合实验区建设，在更好地服务科技创新方面先行先试，探索建立综合性科技保险支持体系。

五、加快建立健全促进科技创新的信用增进机制

（十五）大力推动科技企业信用示范区建设。鼓励各地依托高新区和产业化基地，因地制宜建设科技企业信用示范区，充分利用金融信用信息基础数据库等信用信息平台，加大对科技企业信用信息的采集，建立和完善科技企业的信用评级和评级结果推介制度，为金融机构推广信用贷款等金融产品提供支持。充分发挥信用促进会等信用自律组织的作用，完善科技企业信用示范区管理机制，逐步建立守信激励、失信惩戒的信用环境。

（十六）积极发挥融资性担保增信作用。建立健全政府资金引导、社会资本参与、市场化运作的科技担保、再担保体系。支持融资性担保机构加大对科技企业的信用增进，提高融资性担保机构服务能力。鼓励科技企业成立联保互助组织，通过建立科技担保互助基金，为协会成员提供融资担保支持。支持融资性担保机构加强信息披露与共享，开展同业合作，集成科技企业资源，进一步增强融资担保能力。

（十七）创新科技资金投入方式。充分发挥国家科技成果转化引导基金的作用，通过设立创业投资子基金、贷款风险补偿等方式，引导金融资本和民间投资向科技成果转化集聚。进一步整合多种资源，综合运用创业投资、风险分担、保费补贴、担保补助、贷款贴息等多种方式，发挥政府资金在信用增进、风险分散、降低成本等方面的作用，引导金融机构加大对科技企业的融资支持。

六、进一步深化科技和金融结合试点

（十八）加快推进科技和金融结合试点工作。完善"促进科技和金融结合试点工作"部际协调机制，总结试点工作的成效和创新实践，研究制定继续深化试点工作的相关措施，适时启动第二批试点工作，将更多地区纳入试点范围。及时宣传和推广试点地区典型经验，发挥试点地区的示范作用。加

大资源条件保障和政策扶持力度，进一步调动和发挥地方深化试点工作的积极性与创造性。鼓励地方因地制宜、大胆探索、先行先试，不断拓展科技与金融结合的政策和实践空间，开展具有地方特色的科技和金融结合试点工作建设。

（十九）推动高新区科技与金融的深层次结合。建立完善高新区管委会、金融机构和科技企业之间的信息沟通机制，通过举办多种形式的投融资对接活动，加强科技创新项目和金融产品的宣传、推介，推动高新区项目资源、政策资源与金融资源的有效对接。支持银行业金融机构在风险可控的前提下，在业务范围内综合运用统贷平台、集合授信等多种方式，加大对高新区建设和小微科技企业的融资支持。发挥高新区先行先试的优势，加快构建科技金融服务体系，鼓励金融机构开展各类金融创新实践活动。

七、创新政策协调和组织实施机制

（二十）综合运用多种金融政策工具，拓宽科技创新信贷资金来源。充分运用差别存款准备金动态调整机制，引导地方法人金融机构加大对科技企业的信贷投入。发挥再贴现支持结构调整的作用，对小微科技企业票据优先予以再贴现支持。支持符合条件的银行发行金融债专项用于支持小微科技企业发展，加强对小微科技企业的金融服务。积极稳妥推动信贷资产证券化试点，鼓励金融机构将通过信贷资产证券化业务腾挪出的信贷资金支持科技企业发展。

（二十一）加强科技创新资源与金融资源的有效对接。探索金融资本与国家科技计划项目结合的有效方式和途径，建立科技创新项目贷款的推荐机制，支持国家科技计划项目的成果转化和产业化；建立国家科技成果转化项目库，引导和支持金融资本及民间投资参与科技创新；指导地方科技部门建立中小微科技企业数据库，与金融机构开展投融资需求对接；开展面向中小微科技企业的科技金融培训，培育科技金融复合型人才。

（二十二）建立科技、财政和金融监管部门参加的科技金融服务工作协调机制。健全跨部门、跨层级的协调沟通和分工负责机制，加强科技、财政、税收、金融等政策的协调，形成推进科技金融发展的政策合力。依托科技部门与金融管理部门、金融机构的合作机制，将科技部门在政策、信息、项目、专家等方面的综合优势与金融机构的产品、服务优势结合起来，实现科技创新与金融创新的相互促进。

（二十三）探索建立科技金融服务监测评估体系。人民银行各分支机构可根据辖区实际情况，按照地方科技部门制定的科技企业认定标准与名录，推动各金融机构研究建立科技金融服务专项统计制度，加强对科技企业贷款的统计与监测分析，并探索建立科技金融服务的专项信贷政策导向效果评估制度。

请人民银行上海总部、各分行、营业管理部、省会（首府）城市中心支行、副省级城市中心支行会同所在省（区、市）科技、知识产权、银监、证监、保监等部门将本意见联合转发至辖区内相关机构，并协调做好本意见的贯彻实施工作。

中国人民银行　　科技部　　　银监会
证监会　　　　　保监会　　　知识产权局
2014 年 1 月 7 日

附录 3

广东省人民政府办公厅关于促进科技和金融结合的实施意见

各地级以上市人民政府，各县（市、区）人民政府，省政府各部门、各直属机构：

为深入贯彻落实党的十八大以及省委十一届二次全会精神，大力实施创新驱动发展战略和推进金融强省建设，积极引导金融资源向科技领域配置，促进科技和金融结合，加快科技成果转化和培育战略性新兴产业，根据《广东省自主创新条例》、科技部等部委《关于促进科技和金融结合加快实施自主创新战略的若干意见》（国科发财〔2011〕540 号）等规定，经省人民政府同意，现就促进科技和金融结合提出以下实施意见：

一、指导思想与目标要求

（一）指导思想。坚持以邓小平理论、"三个代表"重要思想、科学发展观为指导，围绕"三个定位，两个率先"总目标，以转变发展方式、加快转型升级为主线，创新科技和金融结合体制机制，构建多层次、多渠道、多元化科技投融资体系，形成科技与金融创新协同效应，促进技术、资本、人才等要素向科技型企业集聚，发展高新技术产业和培育战略性新兴产业，为实施创新驱动发展战略、建设创新型广东提供有力支撑。

（二）目标要求。按照省委、省政府建设创新型广东和金融强省的总体部署，遵循科技创新和金融创新客观规律，建立健全以市场为导向、产业为支撑、政产学研金紧密合作的科技金融服务体系，走出一条具有广东特色的科技和金融结合道路。到 2015 年，确保科技贷款余额、科技型企业境内外上市数和融资额、创业投资管理资金规模等在"十一五"基础上翻一番，争取全省科技金融创新水平和服务能力跻身全国前列。通过开展试点示范工作，全省逐步建立促进科技和金融结合工作机制，科技投融资环境不断优化，科技型企业尤其是民营科技型中小企业融资难问题得以解决，科技金融服务业规模不断发展壮大，形成一支高素质科技金融人才队伍，科技金融产品创新取得显著进展。

二、积极培育和发展创业投资

（一）加快设立发展种子基金和科技孵化基金。省粤科金融集团设立省级种子基金，支持初创期科技型企业发展，并逐年增加种子基金规模，争取到 2015 年达到 5 亿元。鼓励各地参照省的做法，大力发展政策性种子基金。积极引导社会资本设立科技孵化基金，加强科技企业孵化器的金融支持，支持前孵化器、孵化器、加速器等公共服务平台建设，建设综合性大型孵化器。开展大中型仪器设备融资租赁等业务，投资扶持科技型企业，促进科技成果转化。鼓励各地、各有关单位采取参股、设立专项资金和科技计划项目支持等方式，引导高等院校、科研院所、科技园区以及社会资本加大对孵化体系投入。

（二）充分发挥省战略性新兴产业创业投资引导基金带动作用。建立和完善创业投资引导机制，加强省级创业投资引导基金使用和管理，优化投入结构，增强引导放大能力。鼓励各地级以上市设立创业投资引导基金，逐步形成省、市联动的创业投资引导基金体系。创业投资引导基金参股设立的创业投资基金，投资于初创期和早中期科技型企业的比例不低于基金注册资本或承诺出资额的 60%。

（三）引导创业投资机构投资科技型企业。探索建立政府科技、产业财政资金、财政经营性资金股权投资和创业投资资金共同投入科技型企业的新机制，利用财政资金引导更多的创业投资资本进入广东。探索建立创业投资机构集聚区，吸引境内外创业投资机构入驻。加强与国内外知名创业投资机构及行业组织合作，建立健全长效合作机制，积极举办创业投资机构和省内科技型企业对接合作活动。鼓励各地、各有关部门根据创业投资发展需求，研究制订财政投入、风险补偿、人才引进等政策措施。建立完善适合国有创业投资机构发展的考核评价和激励约束制度，进一步发挥国有创业投资机构政策性引导作用。

（四）探索开展科技产品金融化试点。积极开展科技型企业的专项或定向资产管理、资产证券化试点工作。鼓励采用合同能源管理、供应链融资、融资租赁等模式，帮助科技型企业筹集资金进行新技术、新设备和新产品大规模市场推广等活动，促进战略性新兴产业加快发展。

三、引导发展科技信贷

（一）鼓励金融机构创新科技型企业贷款模式、产品和服务。引导政策性银行、商业银行和非银行金融机构创新信贷工具，开展股权、专利权、商标权和版权等担保贷款业务。鼓励金融机构发展应收账款、保理等供应链融资和票据贴现业务，积极创新科技型企业流动资金贷款还款方式。支持省、市、县（区）联动设立政府科技贷款风险补偿金和科技贷款贴息资金，形成政府引导、多方参与的科技型企业贷款风险补偿机制。

（二）促进新型科技金融机构发展。鼓励社会资本借鉴国内外经验，探索创办具有独立法人资格的科技银行；支持商业银行在高新技术产业开发区、专业镇和孵化器等建立科技支行，实行专门的客户准入标准、信贷审批、风险控制、业务协同和专项拨备等政策机制。在省级以上高新技术产业开发区、经济技术开发区、大学科技园、民营科技园、农业科技园、海洋与渔业科技园以及专业镇，开展科技小额贷款试点工作。规范租赁物权属登记公示和权证办理，加大对租赁和融资租赁业务发展的财税支持，促进科技融资租赁机构发展。鼓励设立科技担保公司，为科技型企业提供担保、再担保及反担保等业务。鼓励按规定设立风险准备金、风险池资金或专项补贴资金，主要用于科技银行（支行）、科技小额贷款公司、科技融资租赁机构及科技担保公司的风险分担或补贴。

（三）推动科技保险产品创新和科技担保业务发展。不断丰富科技保险产品，通过保费补贴、专项奖励等方式，鼓励保险机构开发自主创新首台（套）产品（设备）推广应用、融资以及人员保障类等适合科技型企业的保险产品。支持广州、深圳、佛山、东莞等市开展科技保险试点和"国家专利保险试点"工作，鼓励有条件的地区和高新技术产业开发区、专业镇设立科技保险补贴、担保补偿专项资金，并适当提高补贴比例。建立完善担保、再担保、反担保机制，支持科技融资担保机构进一步开发适合科技型企业的担保新品种。通过共享项目资源、探索使用认股权证等方式建立担保与创投业务协同机制，促进科技融资性担保机构与创投机构合作。

（四）积极开展知识产权投融资服务。逐步完善知识产权质押融资贷款贴息扶持政策，对符合条件的知识产权质押融资科技型企业适当提供贷款贴息。支持知识产权质押融资中介服务机构规范行业管理，加强行业自律和合作，提高品牌影响力和信誉度。支持金融机构扩大质押物范畴，开发知识产权质押融资新品种，开展以知识产权组合为基础的资产管理、信托等业务。依托高新技术产业开发区、专业镇和行业协会，引导科技型企业建立知识产权质押融资综合授信模式，扩大质押融资规模，降低融资成本和风险。加大体制机制创新，及时总结推广成功经验，支持佛山市南海区建设"国家知识产权投融资综合试验区"、顺德区开展"国家知识产权投融资服务试点"。

四、大力发展多层次资本市场

（一）积极推动科技型企业上市。推动各地建立科技型企业上市后备资源库，稳步有序扶持企业上市。大力发展科技中介服务机构，加强对科技型中小企业上市的预辅导。引导民营科技型中小企业进行股份制改造，建立现代企业制度。各地、各有关单位共同加大扶持力度，在权益明确、发展用地保障、申报科技和产业化项目等方面，对后备上市科技型企业给予优先支持，推动符合条件的企业在主板、中小板及创业板上市。鼓励已上市的科技企业通过增发股份、兼并重组做大做强。

（二）加快发展场外交易（OTC）市场发展。支持广州、深圳、佛山等市规范发展区域场外交易市场，重点引导和支持民营科技型中小企业挂牌交易。完善非上市公司股份公开转让的标准流程，加强场内科技型企业分类指导和分层管理，鼓励区域场外交易市场结合科技型企业融资需求，不断创新交易产品和服务模式。全面推动国家级高新区进入"新三板"扩容试点。鼓励科技型企业到"新三板"挂牌融资，推动高新技术产业开发区加强与金融机构合作，为园区企业改制、"新三板"挂牌及上市提供支持和服务。

（三）鼓励科技型企业发行区域集优融资模式下的中小企业集合票据。开展战略性新兴产业区域集优集合票据试点工作，鼓励各地按规定设立区域集优集合票据政府偿债基金，扩大区域集优融资工作试点规模和范围。创新债券发行主体、发行机制和交易模式，鼓励政策性银行、商业银行、证券公司等大力发展科技型企业债券承销业务。积极支持创新能力强、经济效益好的科技型企业在银行间债券市场发行短期融资券、中期票据等债务融资工具。

鼓励科技型上市企业发行公司债券和可转换债券，加大债券市场产品创新力度。进一步推进科技型企业资产证券化产品创新，多渠道扩大债务融资规模。

（四）建立健全技术产权交易市场。依托中国（华南）国际技术产权交易中心和南方联合产权交易中心等平台，创新产权评估机制，开展专利技术评估、交易和管理保护等业务。鼓励各地建立健全技术产权交易信息平台等服务体系，落实合同登记、技术装备进出口、企业研究开发经费税前加计扣除等税收优惠政策，对符合条件的技术产权交易项目予以重点扶持。

五、完善科技金融服务体系和机制体制

（一）做大做强省粤科金融集团。充分发挥省粤科金融集团作为促进科技和金融结合的主渠道、主平台和主力军作用，提升科技金融业务核心竞争力和影响力。支持省粤科金融集团完善管理经营机制，拓宽科技金融服务领域，在原有创业投资业务基础上，积极拓展科技小额贷款、科技融资担保、科技融资租赁、科技资产评估与交易、科技产业基金、科技金融产业园区等业务，在全省国家级高新技术产业开发区设立科技金融服务机构，并逐步推广至各省级高新技术产业开发区、专业镇，形成科技金融产业发展新格局。

（二）积极推广"三资融合"模式。在民营科技园中大力推行土地资本、金融资本和产业资本相融合的建设模式。探索民营科技园创新体制机制的做法，引导产业资本向民营科技园集聚，壮大民营科技经济发展规模。增强土地资本产出效益，提升民营科技园土地集约化水平。鼓励和支持民间及社会资本投资建设民营科技园，扶持民营科技企业发展壮大，实现土地资本、金融资本和产业资本深度融合。

（三）深入开展科技金融试点示范工作。发挥广州、深圳的金融辐射带动作用，加大政策创新和专项资金支持力度，重点建设好"广佛莞"和深圳两个国家级促进科技和金融结合试点，创新促进科技与金融结合模式。以广东金融高新技术服务区和东莞松山湖高新技术产业开发区等为载体，集成土地、资金、政策、服务等优势资源，打造科技金融创新发展示范区，构建科技金融服务体系。支持有条件的专业镇、民营科技园、高新技术产业园区等产业集聚区结合自身实际，积极开展促进科技和金融结合试点示范工作。

（四）加强科技金融信用体系建设。各地、各有关单位要加强合作，促进信息资源互通共享，对科技型企业、科技金融中介服务机构和创业投资机

构的社会信用进行规范管理。鼓励有关单位组建科技金融行业协会，加强行业自律管理。鼓励高新技术产业开发区、民营科技园和专业镇等建设科技金融信用体系建设示范区。鼓励有条件的单位设立科技信用评级机构，依托人民银行企业征信系统加强科技型企业信用管理工作。

（五）建立和完善科技金融服务平台。充分发挥生产力促进中心、科技园区、孵化器、产业技术联盟和行业协会的作用，建立服务功能较完善、服务水平较高的全省性科技金融服务体系。依托中国（广州）国际金融交易博览会、中国国际高新技术成果交易会等大型会展平台，强化科技金融交易和服务功能。

（六）加强农业等领域的科技和金融结合。加大金融支持力度，鼓励高科技人才创业和提供科技服务，推动农业、林业、海洋与渔业等领域的科技成果转化推广与应用，加大相关产品研发力度，提升产品质量，延长产业链，提高产品附加值。支持文化科技核心技术研发和推广应用，培育新型文化业态，推动文化科技创新和文化产业优化升级。引导金融机构、民间资本投入农业、文化等产业，鼓励设立产业化基金，支持农业龙头企业和骨干文化科技企业做大做强，促进科技和金融与农业、文化等领域的深度融合。

六、保障措施

（一）加强组织领导，形成工作合力。建立省政府促进科技金融结合工作协调机制，明确目标任务，完善政策保障体系和监管机制，统筹各地、各有关部门资源，形成上下联动、协同推进的工作格局。省科技、金融部门要会同发展改革、经济和信息化、财政、工商、税务、人行、银监、证监、保监以及知识产权等部门，充分发挥各自优势，加快形成具有广东特色的科技和金融结合发展模式。各地要建立相应的工作机制，明确责任部门，制订工作方案，突出重点，抓好落实。各试点、示范地区要先行先试，积极创新工作思路，切实发挥示范引领作用。

（二）加大资金投入，完善人才机制。充分利用好现有的科技、金融、贷款贴息等相关专项资金，支持国家和省级科技金融工作试点、示范区建设科技金融公共服务平台，促进科技金融人才队伍建设。鼓励各地以及各高新技术产业开发区、专业镇结合实际加大对科技和金融结合的投入力度。探索与发达国家及港澳台地区建立科技金融人才交流培养机制，加大科技金融人才培养和引进力度。鼓励高等院校建立科技金融教育、培训和研究基地，加强科技金融相关学科建设，提高科技金融人才培养水平。落实和完善扶持政策，进一步完善对科技金融人才激励机制。

（三）完善科技计划管理体制，拓宽科技项目融资渠道。完善科技项目评审和经费投入机制。探索建立财政科技计划经费与创业投资协同支持科技项目的机制，进一步降低科技型企业融资成本和创业投资机构经营风险。收集科技项目投融资需求信息，加强与创业投资、银行等机构联系沟通，建立产学研金合作信息共享机制。发挥省科技咨询专家库作用，增加金融、投资、财税类入库专家数量，鼓励其参与具有明确产业化目标的科技项目评审、咨询和验收工作，增进科技界和金融界交流合作。

（四）建立评估监测机制，营造良好发展环境。开展科技金融理论和应用研究，建立完善统计指标体系，加强动态监测评估，编制发布科技金融发展规划和年度报告等。抓好促进科技和金融结合宣传工作，举办各类培训交流活动，促进有关扶持政策落实，总结推广先进经验，形成有利于创新创业的良好氛围。

广东省人民政府办公厅
2013 年 8 月 14 日

附录4

广东省科学技术厅《关于发展普惠性科技金融的若干意见》

为贯彻落实习近平总书记系列重要讲话、全国科技创新大会和《国家创新驱动发展战略纲要》精神，加快推进创新型省价珠三角国家自主创新示范区和全面创新改革试验省建设，促进科技、金融、产业全面融合发展，扩大科技金融的普惠面，有效促进科技成果转化，进一步激发全社会的创新创业活力，经省人民政府同意，提出以下意见。

一、探索设立科技服权基金，引导银行开展科技企业股权质押贷款业务

鼓励粤科金融集团等风险投资机构联合银行及社会资本，试点设立科技股权基金，引导银行金融机构积极开展科技股权质押贷款业务；鼓励银行、投资机构、担保、保险等多方联动，为企业创新活动提供股权、债权、保险相结合的融资服务，鼓励有条件的市县按规定予以支持。支持银行进一步完善创新驱动的金融服务机制，开辟科技企业股权质押贷款业务绿色专门通道。

二、用好科技企业信贷风险准备金，引导银行扩大科技信贷

发挥财政科技专项资金的杠杆作用，用好科技信贷风险准备金，为处于种子期、初创期的科技型企业融资提供政府增信，引导银行加大对科技型中小微企业的信贷支持力度。加强对省内科技企业孵化器的支持，落实科技企业孵化器信贷风险补偿资金优惠政策，促使银行信贷惠及广大科技型中小微企业和青年创客。

三、鼓励和支持金融机构开展金融创新，积极开发普惠性科技金融产品

鼓励银行机构设立科技支行或从事科技型中小微科技企业金融服务的专业分支机构、部门，改革信用评估和信贷审查办法，开发普惠性科技金融产品；在确保风险总体可控的前提下，提高科技型中小微企业和青年创客的可贷性，扩大科技金融的惠及面。加强对省内金融机构科技信贷政策导向的效果评估，依据评估结果对金融机构实施适当的激励政策。充分发挥贷款保证保险的支持作用，提高科技型中小微企业的融资能力。

四、加强科技转贷扶持工作，降低科技型中小微企业融资成本

鼓励各市设立"科技企业转贷周转金"或者"政策性担保资金"，为贷款即将到期而足额还贷出现暂时困难的科技型中小微企业按期还贷、续贷提供短期资金支持，缓解企业暂时性资金周转困难。鼓励银行对信用度高的科技型中小微企业，在其主动申请后提前开展贷款调查和评审，符合条件的予以办理续贷，有效解决贷款到期转贷问题。

五、大力发展风险投资和天使投资，引导创业投资资金投向前端

鼓励设立风险跟投资金，对确属科技型企业风险投资和天使投资的省内投资案例，按照一定比例予以直接跟投，并按本金退出让利，引导风险投资和天使投资资金投向种子期、初创期的科技企业，落实科技企业孵化器的创业投资风险补偿政策，省级和国家级众创空间享受科技企业孵化器的创业投资风险补偿政策。

六、鼓励发展科技企业并购基金，加快经济产业转型升级

鼓励在珠三角国家自主创新示范区设立科技企业并购基金，以控股或参股的方式获得国内外具有核心技术或具备发展潜力的高新技术企业股权，以并购方式，整合、重组、改造产业链上的企业、关键技术和资源配置，加快产业转型升级。

七、加强科技金融服务，完善全省科技金融服务体系

推进全省科技金融服务体系建设，发挥服务体系的专业服务和网络优势，建设科技型企业信用数据库。鼓励科技金融综合服务中心等专业机构与银行联动，提供更具特色和定制化的科技金融增值服务，为科技型中小微企业和青年创客提供创业导师、融资尽职调查，上市辅导等服务。省市科技财政资金对成效显著的科技金融服务机构按规定给予后补助支持。

八、加强科技金融人才队伍建设，实施科技金融特派员计划

加大科技金融人才培养力度，鼓励高等院校建立科技金融教育、培训和研究基地，加强科技金融相关学科建设，提高科技金融人才培养水平，支持建设科技金融类重点实验室等平台基地，鼓励符合条件的高层次科技金融人才参选国家"千人计划""万人计划"和广东省"珠江计划""特支计划"等重大人才工程。探索与发达国家及港澳台地区建立科技金胜人才交流培养机制，拓宽高层次科技金融人才引进培养渠道，实施科技金融特源员工作计划，加快培育一批既懂科技又懂金融的复合型人才，提高科技金融从业人员服务能力和服务水平。

九、引导金融服务与科技"四众"平台融合发展，为创新创业提供有力支撑

开展"互联网"创新创业示范城市、示范区镇、示范大学、示范企业等试点工作，推动科技"四众"（众创、众包，众筹，众扶）平台建设发展，支持创投机构和社会资本投向科技"四众"平台的初创期科技型全业；鼓励科技融资担保、科技小额贷款科技融资租赁、科技保险等机构与科技"四众"平台协同开展普惠性科技金融服务，鼓励银行与科技"四众"平台融合创新，为科技型中小微企业和青年创客的创新创业活动提供信贷融资，运用互联网金融促进创新创业。

十、进一步完善财政科技投入方式，提高科技政策创新与金融政策创新的契合度

创新财政科技投入方式，着力推动科技政策和金融政策的创新融合，

与人民银行再贷款、再贴现等货币金融政策相结合，加强对省内金融机构的科技信贷政策导向，与创业投资基金相结合，引导社会资本投资于初创期、成长期的科技型企业，建立和完善以财政科技投入为引导，以银行信贷和风险投资等金融资本为支撑，以民间投资为补充的多元化、多渠道、多层次的科技投入体系，形成驱动创新的强大动力。

十一、在珠三角国家自主创新示范区先行先试，加强组织保障协同推进

加强组织保障和统筹协调，建立省科技厅牵头，省发展改革委、经济和信息化委、财政厅、金融办、工商局、国税局以及人民银行广州分行、广东银监局、广东证监局、广东保监局等部门参加的协调推进工作机制，多方联动推进意见实施，加强检查督查，建立健全考核指标体系，把推进普惠性科技金融发展工作作为省创新驱动发展考核的一项重要内容，在风险可控、依法合规的条件下，鼓励地方先行先试，重点在珠三角国家自主创新示范区内开展试点示范，争取尽快形成可复制推广的经验。

广东省科技厅

2017 年 1 月 5 日

附录 5

广州市科技成果产业化引导基金管理办法

第一章 总 则

第一条 为发挥广州市科技成果产业化引导基金作用，引导社会资本推动科技成果产业化，促进科技、金融与产业融合发展，根据《中共广州市委 广州市人民政府关于加快实施创新驱动发展战略的决定》（穗字〔2015〕4号）等文件规定和精神，结合我市实际，制定本办法。

第二条 广州市科技成果产业化引导基金的申报、审批、投资、退出等管理活动适用本办法。

第三条 本办法所称广州市科技成果产业化引导基金（以下简称引导基金），是由市政府出资设立，按照市场化方式运作，不以营利为目的的政策性引导基金，通过引导社会资本进入我市科技创新领域，促进科技成果转化，培育战略性新兴产业。

第四条 引导基金规模50亿元，市财政出资部分视社会资金使用情况另行安排，所需资金在市科学技术局的科技创新发展专项资金中安排。引导基金规模视年度预算安排和引导基金实际运作情况可予以调整。

第五条 引导基金按照"政府引导、市场运作、科学决策、防范风险"原则，除本办法另有规定外，通过母基金的方式，选择股权投资机构或创业投资机构合作发起设立子基金，引导社会资本投向科技成果转化项目和科技产业领域。

第六条 子基金的组织形式根据实际情况，可采用有限合伙制或公司制的形式。在采用有限合伙制形式下，引导基金以有限合伙人（LP）身份出资参股子基金；在采用公司制形式下，引导基金以股东身份参与子基金。

第七条　子基金的发起设立、投资管理、业绩奖励等按照市场化方式独立运作，自主经营，自负盈亏。

第八条　市科学技术局负责指导引导基金受托管理机构组织开展申报、尽职调查等工作，推进对引导基金的政策目标、政策效果的落实，会同市财政局下达资金计划，并按规定拨付财政资金。

第二章　受托管理机构

第九条　引导基金受托管理机构的确定方式按照《广州市政府投资基金管理办法》的有关规定执行，通过遴选方式确定，由其直接受托管理或新设子公司作为引导基金受托管理机构。市科学技术局、市财政局根据引导基金年度资金安排计划，确定委托管理资金额度，引导基金受托管理机构按照相关法律法规、市政府有关要求及委托管理协议约定，对引导基金进行管理。市科学技术局、市财政局可视年度运行情况，对委托管理资金额度予以调整。受托管理期限原则为10年，根据实际运行情况，市科学技术局和市财政局可做调整。

第十条　受托管理机构原则上为股权投资机构或创业投资机构，须符合以下条件：

（一）具有独立法人资格的公司；

（二）注册资本不低于1亿元人民币；

（三）至少5名从事3年以上投资基金相关经历并具备基金从业资格的从业人员；

（四）有完善的投资基金管理制度；

（五）有作为出资人参与设立并管理投资基金的成功经验；

（六）最近3年以上保持良好的财务状况，没有受过行政主管机关或司法机关重大处罚的不良记录，严格按照委托管理协议管理政府出资资金；

（七）其他国家省市法律法规的规定。

第十一条　受托管理机构应按以下程序采取公开遴选确定：

（一）公开征集。按照引导基金年度资金安排计划，由市科学技术局向社会公开发布年度引导基金受托管理机构申报指南，征集引导基金受托管理机构。

（二）尽职调查。市科学技术局委托符合条件的第三方机构对经初步筛选的申请机构进行尽职调查，提出尽职调查报告。

（三）专家评审。市科学技术局、市财政局组织专家评审委员会，根据《广州市政府投资基金管理办法》有关受托管理机构的条件要求，对申请机构的尽职调查报告进行独立评审，提出评审意见。

（四）确定机构。市科学技术局、市财政局根据专家评审委员会评审结果和实际情况，对引导基金受托管理机构进行筛选并报市政府决定，并由市科学技术局、市财政局、受托管理机构签订三方协议。

第十二条　引导基金受托管理机构的职责主要包括：

（一）对引导基金的子基金申报机构开展尽职调查、入股谈判，签订合伙协议或出资协议等相关法律文本；

（二）代表引导基金以出资额为限对子基金行使出资人权利并承担相应义务，并严格按照《合伙企业法》或《公司法》等相关法律法规，有效履行引导基金投后管理，监督子基金投向；

（三）每半年向市科学技术局、市财政局报告子基金运作情况、股本变化情况及重大情况。

第十三条　引导基金受托管理机构应选择在我市境内具有分支机构的商业银行作为托管银行开设引导基金专户，对受托管理的引导基金实行专户管理。托管银行依据托管协议负责账户管理、资金清算、资产保管等事务，对投资活动实施动态监管，应符合以下条件：

（一）经国家有关部门核准认定具有基金托管资格的；

（二）最近三年以上保持良好的财务状况，没有受过行政主管机关或司法机关重大处罚的不良记录；

（三）优先考虑与政府部门开展科技金融业务合作情况良好的。

第三章　投资领域

第十四条　引导基金发起设立的子基金须重点投向我市重大科技成果产业化项目、战略性新兴产业等新兴科技产业领域，主要投向处于种子期、起步期、成长期的科技型中小微企业。

第十五条　子基金须重点投向我市科技创新产业领域，子基金投资于我市行政区域内企业的比例原则上不低于引导基金出资额的 1.5 倍。以下情形均可认定为投资我市行政区域内企业的资金：

（一）直接投资注册地为广州市的企业；

（二）为广州市引进落地法人企业并有实质性经营活动的；

（三）投资的广州市外企业以股权投资方式投资广州市已有企业的；

（四）投资的广州市外企业在广州市投资设立新企业的；

（五）子基金管理人在管的其他基金新增投资广州市内企业或为广州市引进落地的企业；

（六）其他可认定为投资广州市企业的。

其中，上述第（二）种情形按子基金对该企业投资金额的 1.5 倍放大计入子基金投资于广州市企业的投资总额。

第十六条　子基金不得从事以下业务：

（一）从事融资担保以外的担保、抵押、委托贷款等业务；

（二）投资二级市场股票、期货、房地产、证券投资基金、评级 AAA 以下的企业债、信托产品、非保本型理财产品、保险计划及其他金融衍生品；

（三）向任何第三方提供赞助、捐赠（经批准的公益性捐赠除外）；

（四）吸收或变相吸收存款，或向第三方提供贷款和资金拆借；

（五）进行承担无限连带责任的对外投资；

（六）发行信托或集合理财产品募集资金；

（七）其他国家法律法规禁止从事的业务。

第四章　投 资 比 例

第十七条　为促进科技成果转化，科研机构、新型研发机构、高校作为牵头机构，联合社会股权投资机构或创业投资机构申请与引导基金合作设立科技成果转化子基金，引导基金对子基金的出资比例放宽至不超过子基金规模的 50%，子基金须 100% 投资于科研机构、新型研发机构、高校的科技成果转化项目。

第十八条　为鼓励孵化器及创新创业企业发展，我市经认定的市级以上孵化器可作为牵头机构，联合股权投资机构或创业投资机构申请与引导基金合作发起设立子基金，引导基金对子基金的出资比例放宽至不超过子基金规模的 40%，子基金投资于本市孵化器内企业的资金比例不低于基金规模的 60%。

第十九条　为培育发展天使投资，引导基金对天使投资子基金的出资比例放宽至不超过子基金规模的 40%，天使投资子基金投资于初创期科技企业（成立 3 年内、营业收入不超过 2000 万元的科技型小微企业、单个项目投资额一般不超过 1000 万元）的比例不低于子基金规模的 60%。

第二十条　引导基金支持股权投资机构或创业投资机构设立创投子基金，由其依法依规负责募集社会资本。引导基金对子基金的出资比例不超过子基金规模的 20%，且不作为第一大出资人或股东。

第二十一条　引导基金支持开展跨境风险投资，推动建立跨境创业投资体系，通过风险投资引进高端项目和人才，具有海外投资经验或海外分支机构的创投机构可作为申报机构，申请与引导基金合作设立跨境风险投资子基金或项目引进后续投资子基金，引导基金对两类子基金的出资比例均不超过子基金规模的 20%。其中，跨境风险投资子基金所投资项目中引进比例（按投资金额计算）不低于 20%；项目引进后续投资子基金对所引进项目投资不低于子基金规模的 30%。

第二十二条　市级引导基金支持省、市、区形成引导基金联动机制，对省级、区级科技成果产业化引导基金或创业投资引导基金合作设立的子基金，可纳入市级引导基金申报范围，各级引导基金的出资比例合计不超过子基金规模的 40%。

第五章　申报条件

第二十三条　引导基金子基金申报机构原则上为股权投资机构或创业投资机构，由其依法依规负责募集社会资本。引导基金对子基金的出资比例不超过子基金规模的 20%，且不作为第一大出资人或股东，本办法另有规定的除外。

第二十四条　申报机构除满足相关法律要求外，还须符合以下条件：

（一）企业须已依法完成工商登记手续。原则上，企业成立时间满 1 年，符合证监会颁布的《私募投资基金监督管理暂行办法》（中国证监会令 105 号）、《创业投资企业管理暂行办法》（国家发改委等十部委令第 39 号）相关规定，已在中国证券投资基金业协会或各级创投备案管理部门完成备案手续；

（二）注册资本在人民币 500 万元以上，且均以货币形式实缴出资或其基金管理规模在人民币 1 亿元以上；

（三）至少 3 名从事 3 年以上投资基金相关经历的从业人员；

（四）有完善的投资基金管理制度；

（五）自身或持有 30% 以上股份的主要股东有作为出资人参与设立并管理投资基金的成功经验；

（六）最近 3 年以上保持良好的财务状况，没有受过行政主管机关或司法机关重大处罚的不良记录，严格按委托管理协议管理出资人资金。

第二十五条　子基金申报机构原则上应新设子基金，但对于满足以下条件的已设基金，可申报创业投资类和跨境风险投资类子基金：

（一）投资项目数不多于 5 个；

（二）完成子基金管理机构公示时所有已投项目投资期限未超过 1 年。

对于满足以上条件的已设基金，引导基金以该已设基金已实缴数为基础，依法依规进行配资。

第二十六条　申报机构可直接作为子基金的基金管理人，也可指定或新设符合条件的关联企业作为子基金的基金管理人。在采用有限合伙制形式下，基金管理人为子基金的普通合伙人（GP）；在采用公司制形式下，基金管理人为有限责任公司承担管理职责的股东。子基金的基金管理人须符合以下条件：

（一）企业须已依法完成工商登记手续，注册资本或认缴出资额不低于 500 万元人民币，且均以货币形式实缴出资；

（二）主要负责人具备丰富基金管理运作经验，并已取得良好的管理业绩，且至少有 3 至 5 名具备 3 年以上股权投资或相关业务经验的专职高级管理人员；

（三）管理和运作规范，具有严格合理的投资决策程序和风险控制机制；按照国家企业财务、会计制度规定，有健全的内部财务管理制度和会计核算办法；

（四）出资不低于子基金规模的 1% 。

第六章　申　报　程　序

第二十七条　引导基金按照以下程序从申报机构中甄选符合条件的合作机构及组建子基金：

（一）发布指南。市科学技术局会同引导基金受托管理机构研究制订并发布申报指南。

（二）材料申报。申报机构根据申报指南及本管理办法的规定和要求编制申报材料，报送引导基金受托管理机构。

（三）初步审查。引导基金受托管理机构根据本管理办法以及申报指南有关要求，对申报机构提交材料进行符合性初审，指导申报机构在规定期限内按要求补齐补正相关材料，并将符合条件的申报材料以及初审结果报市科学技术局。

（四）符合性复审。市科学技术局根据申报材料以及初审结果，对申报机构进行符合性复审，确定进入专家评审的申报机构名单。

（五）专家评审。引导基金受托管理机构受市科学技术局委托，邀请相关领域专业人士组成专家评审委员会，进行独立评审，提出评审意见。专家评审重点包括子基金组建方案、募资能力、投资机制、管理团队、风控机制等。

（六）尽职调查。市科学技术局根据专家评审意见提出尽职调查的名单，并书面委托引导基金受托管理机构，由其委托符合条件的第三方机构开展尽职调查，形成尽职调查报告。尽职调查内容包括申报机构（子基金管理人）的经营状况、管理团队、投资业绩、内部机制、合法合规事项等。

（七）拟定合作机构（子基金管理人）及意向出资限额。根据专家评审意见和尽职调查结果，市科学技术局会同引导基金受托管理机构从申报机构中筛选拟定拟合作机构（子基金管理人）及意向出资限额方案。

（八）社会公示。市科学技术局将引导基金拟合作机构（子基金管理人）名单向社会公示 10 个工作日，对公示中发现的问题进行核查并提出意见。

（九）审定立项。市科学技术局审定引导基金拟合作机构（子基金管理人）及子基金方案，纳入引导基金立项项目和年度资金预算安排。

（十）项目谈判。由引导基金受托管理机构与拟合作机构（子基金管理人）进行谈判，草拟合伙协议等相关法律文件并提交引导基金受托管理机构投资决策委员会审议。

（十一）签署协议。经引导基金受托管理机构投资决策委员会审议同意后，引导基金受托管理机构按照公司内部程序，与拟合作机构（子基金管理人）签订《合伙协议》或《出资人协议》《委托管理协议》等相关法律文件。

（十二）资金拨付。市科学技术局与引导基金受托管理机构签订委托管理协议，并由引导基金受托管理机构督促子基金在规定的时间内完成募资和设立，由市科学技术局将年度引导基金出资拨付至引导基金受托管理机构，按有关规定履行引导资金出资手续。

（十三）投后管理。引导基金受托管理机构须按照相关法律法规以及本实施细则有关要求制订引导基金投后管理细则，确保子基金按要求进行投资。

（十四）退出回收。退出时，引导基金受托管理机构在转让股份（含回收的股息、股利）法定审批程序完成后，将政府出资额按照国库管理制度有关规定及时足额上缴国库，归属政府的收益由业务主管部门作为非税收入及时足额上缴财政。

第七章　投资管理

第二十八条　子基金须在我市注册。每支子基金募集资金总额原则上不低于 5000 万元人民币，所有投资者均以货币形式出资。牵头机构为科研机构、新型研发机构、高校、专业孵化器或申请成立天使投资子基金的，募集资金总额可放宽至 3000 万元；引导基金对单支子基金出资额原则上不高于 2 亿元人民币，对于专门用于投资科技型中小企业的子基金，可适当放宽或不设定引导基金出资规模上限。

第二十九条　引导基金对子基金的出资须在子基金完成注册手续后，按其他出资人的出资到位比例，予以末位出资到位。若其他出资人的出资额未在所签署的法律文件中约定的期限内到位，则引导基金受托管理机构有权根据所签署的法律文件不予出资。

第三十条　为保证政策导向，引导基金受托管理机构派出代表进入子基金管理机构的投资决策委员会，不参与子基金管理机构经营业务和日常管理，但在所参与子基金违法、违规和偏离政策导向的情况下，可行使一票否决权。

第三十一条　子基金对单个企业的累计投资额不得超过子基金规模的 20%。

第三十二条　子基金管理机构按市场规律提取一定比例的管理费用。管理费用由子基金管理机构按子基金合伙协议或相关章程约定从子基金资产中计提。年度管理费用与子基金投资收益挂钩，一般不超过子基金注册资本的2.5%，具体标准在合伙协议或委托管理协议中明确。

第三十三条　托管银行接受子基金管理人委托并签订资金托管协议，按照协议约定对子基金托管专户进行管理。托管银行需要引导基金受托管理机构出具的合规性审查报告才能划拨投资款项。

第八章　退 出 机 制

第三十四条　子基金的存续期原则上不超过10年。

第三十五条　子基金所投项目，按照市场化方式退出，包括二级市场交易退出、大股东回购、协议转让等，通过契约化方式约定，由子基金管理机构按照合伙协议或章程规定执行。

第三十六条　引导基金收益分配采用先回本后分利的原则。在有受让人的情况下，引导基金可适时退出子基金，其他出资人享有优先受让引导基金份额的权利。引导基金退出前，子基金已实现的盈利，引导基金应按照出资份额获取相应的分红后，按以下方式退出：

（一）引导基金受托管理机构所持有子基金份额在3年以内（含3年）的，转让价格参照引导基金原始投资额确定；

（二）引导基金受托管理机构所持有子基金份额在3年以上5年以内（含5年）的，如累计分红高于同期银行贷款基准利率计算的利息，转让价格参照引导基金原始投资额确定；如累计分红不足同期银行贷款基准利率计算的利息，则转让价格不低于原始投资额加上同期银行贷款基准利率计算的利息与累计分红的差额之和；

（三）引导基金受托管理机构所持有子基金份额超过5年的，转让价格按公共财政原则和引导基金的运作要求，按照市场化方式退出。

第三十七条　子基金在发生清算（包括解散和破产）时，按照法律程序清偿债权人的债权后，剩余财产按照同股同权原则分配。

第三十八条　引导基金受托管理机构应与引导基金合作机构通过协议等法律文件中约定，有下列情形之一的，引导基金可无需其他出资人同意，选择退出：

（一）投资基金方案审定立项后超过一年，未按规定程序和时间要求完成设立手续的；

（二）政府出资拨付投资基金账户一年以上，基金未开展投资业务的；

（三）基金投资领域和方向不符合政策目标的；

（四）基金未按章程约定投资的；

（五）其他不符合章程约定情形的。

第九章　激励约束机制

第三十九条　引导基金受托管理机构收取日常管理费，管理费在引导基金中安排，在年度考核结果确定后予以拨付。市科学技术局会同市财政局对引导基金受托管理机构按年度进行考核，根据考核结果确定管理费用比例，具体标准如下：

（一）引导基金考核结果为优秀等次，年度引导基金管理费用比例根据引导基金出资额分别核定为：1亿元及以下按1.2%、超过1亿元至低于5亿元（含5亿元）部分按1%、超过5亿元部分按0.8%予以支付。

（二）引导基金考核结果为合格等次，年度引导基金管理费用比例根据引导基金投资额分别核定为：1亿元及以下按1%、超过1亿元至低于5亿元（含5亿元）部分按0.8%、超过5亿元部分按0.6%予以支付。

（三）引导基金考核结果为不合格等次，年度引导基金管理费用按照考核结果合格等次管理费用减半支付。

第四十条　为提高社会资本投资积极性，对新设立的专门用于投资科技型中小企业的子基金，在清算退出时，整体年化收益率超出10%及以上（单利），且完成合伙协议中关于投资于广州市行政区域内返投比例和产业投资领域的约定目标时，子基金投资于广州市行政区域内企业比例超过返投比例要求30%（含）以上，引导基金可按超过部分相应超额收益的30%对社会出资人给予让利；超过返投比例要求40%（含）以上，引导基金可按超过部分相应超额收益的40%对社会出资人给予让利；超过返投比例要求50%（含）以上，引导基金可按超过部分相应超额收益的50%对社会出资人给予让利。

以上所指超额收益为：子基金清算退出时，引导基金因子基金处置项目投资的实际全部所得以及从项目投资实际获得的分红、利息及其他类似收入，扣除实缴出资数额及有关费用（即：回收资金＋累计分红＋利息－本金－有关费用）后，整体年化收益率超出10%及以上（单利）的部分。

第四十一条 子基金投资收益的一定比例，作为效益奖励用于激励子基金管理机构，效益奖励采取"先回本后分利"的原则，效益奖励均按照收益（回收资金＋累计分红－本金）的20%核定。

第四十二条 受托管理机构考核结果不合格的，停发当年效益奖励，连续两年考核结果不合格的，市科学技术局、市财政局可根据约定解除合同并另行公开遴选符合条件的管理机构。

第十章　监督检查

第四十三条 市科学技术局对引导基金运行情况进行日常监督，配合市财政部门对财政支出的绩效做好评价，配合市审计部门对财政资金的管理、使用及绩效情况进行审计监督。

第四十四条 引导基金实行定期报告制度。引导基金受托管理机构应在每季度结束15日内向市科学技术局、市财政局书面报告引导基金使用情况。主要包括：

（一）子基金投资运作情况；

（二）引导基金的拨付、退出、收益、亏损情况；

（三）资产负债情况；

（四）投资损益情况；

（五）其他可能影响投资者权益的其他重大情况；

（六）编制并向业务主管部门报送资产负债表、损益表、现金流量表和财政资金存放表、基金项目表等报表。

第四十五条 引导基金运行中发生违法违规、投资项目退出可能遭受重大损失等重大问题，引导基金受托管理机构应当在发现后3日内，向市科学技术局、市财政局书面报告。

第四十六条 市科学技术局定期向市政府报告引导基金运作情况。对监管中发现引导基金受托管理机构存在或可能存在失职等问题和隐患的，市科学技术局应当向引导基金受托管理机构提出书面整改意见或质询。经认定为违法、失职行为的，引导基金受托管理机构依法对造成的损失承担相应的法律责任。

第四十七条 建立引导基金管理运作容错机制，对已履行规定程序作出决策的投资，如因不可抗力、政策变动等因素造成投资损失，不追究受托管理机构责任；引导基金绩效评价应按照基金投资规律和市场化原则，从整体效能出发，对引导基金政策目标、政策效果进行综合绩效评价，不对单只子基金或单个项目盈亏进行考核。

第十一章 附 则

第四十八条 本办法自发布之日起施行，有效期 5 年，有关法律、政策依据变化或有效期届满，根据实施情况需要依法评估修订。《广州市科技创新委员会关于印发广州市科技成果产业化引导基金管理办法的通知》（穗科创规字〔2018〕4 号）同时废止。

附录6

广州市鼓励创业投资促进创新创业
发展若干政策规定实施细则

第一条〔目的和依据〕 为贯彻落实《广州市鼓励创业投资促进创新创业发展若干政策规定》（穗府办规〔2018〕18号，以下简称《若干政策规定》），鼓励社会资本进入创新创业领域，促进科技、金融与产业深度融合，制定本实施细则。

第二条〔支持对象〕 本细则中的财政补贴支持对象如下：

（一）在广州注册并按国家相关规定登记备案的创业投资类管理企业（包括创业投资管理企业、股权投资管理企业等）；

（二）我市科技创新发展专项重点领域计划中引入创业投资的科技创新企业。

第三条〔投资额计算〕 对于各级财政出资设立的引导基金参股子基金的投资行为，计算实际投资额需按照参股子基金的认缴出资比例扣除政府引导基金财政出资部分。

第四条〔科技型中小企业投资补贴〕 支持创业投资类管理企业投资在广州注册的科技型中小企业。

根据实际签订的投资协议，按照被投资企业实际到账投资额的1%，给予该创业投资类管理企业每年每家不超过500万元补贴。

申请此项补贴支持的创业投资类管理企业应当符合以下条件：

（一）在广州注册，认缴受托管理资金在1亿元（含）以上，其中单支受托基金实缴5000万元（含）以上；

（二）该创业投资类管理企业及相应基金产品应已按国家相关规定登记备案；

（三）所投资科技型中小企业应为在广州注册并纳入全国科技型中小企

业信息服务平台并取得科技型中小企业入库登记编号的企业，且未在境内外证券交易所上市；企业自注册设立之日起到投资协议签订之日止不超过 5 年，属于生物医药领域的不超过 8 年；对企业进行投资后，持股股权比例不超过 50%，且不为第一大股东或实际控制人。

第五条[种子期、初创期投资补贴]　支持创业投资类管理企业投资在广州注册的种子期、初创期科技创新企业。

对所管理的单支基金当年对在广州注册的种子期、初创期科技创新企业实际投资额（按被投资企业实际到账的投资额计算）不低于其当年实际累计投资额（按其当年所投资企业实际到账的累计投资额计算）70% 的创业投资类管理企业，按照对在广州注册的种子期、初创期科技创新企业实际到账投资额的 15% 给予补贴，单笔补贴不超过 45 万元，每年每家不超过 100 万元。

申请此项补贴支持的创业投资类管理企业应当符合以下条件：

（一）在广州注册，认缴受托管理资金在 5000 万元（含）以上，其中单支受托基金实缴 1000 万元（含）以上；

（二）该创业投资类管理企业及相应基金产品应已按国家相关规定登记备案；

（三）所投资企业未在境内外证券交易所上市；企业自注册设立之日起到投资协议签订之日止不超过 3 年，属于生物医药领域的不超过 5 年；对企业进行投资后，持股股权比例不超过 50%，且不为第一大股东或实际控制人。

第六条[投资引进补贴]　创业投资类管理企业投资的科技型中小企业迁入我市 1 年以上的（按企业在广州注册登记时间起算），若该创业投资类管理企业符合本细则第四、五条支持条件的，根据其对上述企业的实际累计投资额（按被投资企业实际到账的投资额累计计算），分别按照本细则第四、五条给予相应支持。

第七条[境内外合作投资补贴]　支持在广州注册的创业投资类管理企业联合国（境）外创业投资类管理企业或国（境）外创业投资资金来穗设立创业投资、天使投资等基金，并投资在广州注册的科技型中小企业。

对引进的国（境）外创业投资，根据投资协议，按被投资企业实际到账投资额中国（境）外资金部分折算成人民币额度的 1.5%，给予在广州注册的该创业投资类管理企业补贴，每年每家不超过750万元。

申请此项补贴支持的创业投资类管理企业应当符合以下条件：

（一）在广州注册，认缴受托管理资金在1亿元（含）以上，其中单支受托基金实缴5000万元（含）以上；

（二）该创业投资类管理企业及相应基金产品应已按国家相关规定登记备案；

（三）所投资科技型中小企业未在境内外证券交易所上市；企业自注册设立之日起到投资协议签订之日止不超过5年，属于生物医药领域的不超过8年；对企业进行投资后，持股股权比例不超过50%，且不为第一大股东或实际控制人。

第八条 [引进国（境）外高科技项目补贴] 支持在广州创业投资类管理企业与国（境）外资本共同设立或管理国（境）外创业投资基金，并投资引进国（境）外高科技项目。

共同设立或管理的国（境）外创业投资基金，投资国（境）外高科技项目并成功引进且在广州新注册成立的科技型中小企业，可按其对该科技型中小企业新增实际到账投资额中国（境）外资金部分折算成人民币额度的20%，给予在广州注册的创业投资类管理企业补贴，每年每家不超过500万元。

申请此项补贴支持的创业投资类管理企业应当符合以下条件：

（一）在广州注册，认缴受托管理资金在1亿元（含）以上，其中单支受托基金实缴5000万元（含）以上；

（二）该创业投资类管理企业及相应基金产品应已按国家相关规定登记备案；

（三）与国（境）外资本共同设立或管理的国（境）外创业投资基金投资国（境）外高科技项目后成功引进并在广州新注册的科技型中小企业未在境内外证券交易所上市；企业自在广州注册设立之日起到新增投资发生之日止不超过5年，属于生物医药领域的不超过8年；对企业进行投资后，持股股权比例不超过50%，且不为第一大股东或实际控制人。

第九条 [产学研联盟投资补贴] 支持在广州注册的创业投资类管理企业与在广州市科学技术局备案的广州产学研协同创新联盟框架下相关领域技术创新联盟共同设立创业投资基金，并对符合该联盟产业方向的在广州注册科技创新企业进行投资。

根据实际签订的投资协议，按照被投资企业实际到账投资额的 1.5%，给予创业投资类管理企业补贴，每年每家不超过 750 万元。

申请此项补贴支持的创业投资类管理企业应当符合以下条件：

（一）在广州注册，认缴受托管理资金在 1 亿元（含）以上，其中单支受托基金实缴 5000 万元（含）以上；

（二）该创业投资类管理企业及相应基金产品应已按国家相关规定登记备案；

（三）所投资企业未在境内外证券交易所上市；企业自注册设立之日起到投资协议签订之日止不超过 5 年，属于生物医药领域的不超过 8 年；对企业进行投资后，持股股权比例不超过 50%，且不为第一大股东或实际控制人；

（四）所合作的广州产学研协同创新联盟框架下的相关领域技术创新联盟已在广州市科学技术局备案，且上年度绩效考核为优秀；该技术创新联盟对上述联合设立的创业投资基金的实际出资额应不少于基金总额的 30%（具体可由该联盟成员单位以联盟名义进行出资），参与出资的该技术创新联盟成员单位应不少于其成员单位总数的 30%。

第十条［新型研发机构投资补贴］　支持在广州注册的创业投资类管理企业与经省科技厅认定的省级新型研发机构共同设立创业投资基金，对该新型研发机构成果转化在广州注册成立科技创新企业进行投资。

根据实际签订的投资协议，按照被投资企业实际到账投资额的 1.5%，给予创业投资类管理企业补贴，每年每家不超过 750 万元。申请此项补贴支持的创业投资类管理企业应当符合以下条件：

（一）在广州注册，认缴受托管理资金在 1 亿元（含）以上，其中单支受托基金实缴 5000 万元（含）以上；

（二）该创业投资类管理企业及相应基金产品应已按国家相关规定登记备案；

（三）所投资企业未在境内外证券交易所上市；企业自注册设立之日起到投资协议签订之日止不超过 5 年，属于生物医药领域的不超过 8 年；对企业进行投资后，持股股权比例不超过 50%，且不为第一大股东或实际控制人；

（四）所合作的新型研发机构需在广州注册，且为经省科技厅认定的省级新型研发机构；该新型研发机构对上述联合设立的创业投资基金的实际出资额应不少于基金总额的 5%。

第十一条［引入创业投资补贴］　支持我市科技创新发展专项重点领域计划中已结题验收合格的科技项目成果引入创业投资进行转化和产业化。对承接已结题验收合格的广州市科技创新发展专项重点领域计划项目成果引入创业投资进行转化的企业，根据实际签订的投资协议，按照该企业实际到账投资额的一定比例给予该企业（项目承担企业或新设立的进行成果转化的企业）补贴支持，每家企业每年不超过 800 万元。具体标准如下：

（一）实际到账投资额达 500 万元（含）以上 1000 万元以下的，按实际到账投资额的 10% 给予补贴。

（二）实际到账投资额达 1000 万元（含）以上 5000 万元以下的，对实际到账资额中的 1000 万元给予 100 万元补贴，其余部分按 5% 给予补贴。

（三）实际到账投资额达 5000 万元（含）以上 1 亿元以下的，对实际到账投资额中的 5000 万元给予 300 万元补贴，其余部分按 2% 给予补贴。

（四）实际到账投资额达 1 亿元（含）以上的，对实际到账投资额中的 1 亿元给予 400 万元补贴，其余部分按 1% 给予补贴。

申请此项补贴支持的企业应当符合以下条件：

（一）企业在广州注册，且为承接已结题验收合格的广州市科技创新发展专项重点领域计划项目成果进行转化的企业；

（二）企业成功引入的创业投资类企业（包括创业投资企业、创业投资管理企业、股权投资企业、股权投资管理企业等）创业投资，该创业投资类企业应已按国家相关规定登记备案；

（三）企业已成功引入创业投资类企业创业投资，就上述已结题验收合格的广州市科技创新发展专项重点领域计划项目成果进行转化或产业化；

（四）企业未在境内外证券交易所上市；企业自注册设立之日起到投资协议签订之日止不超过 5 年，属于生物医药领域的不超过 8 年；所引入创业投资类企业对企业进行投资后，持股股权比例不超过 50%，且不为第一大股东或实际控制人。

第十二条［建立投贷联动机制］　建立创业投资类企业与广州市科技型中小企业信贷风险补偿资金池合作银行信息共享机制。

创业投资类企业投资的在广州注册的科技型中小企业可直接纳入广州市科技型中小企业信贷风险补偿资金池备案企业库；广州市科技型中小企业信贷风险补偿资金池合作银行优先向上述创业投资类企业推荐入池企业。

第十三条〔实施方式〕　本实施细则中的财政补贴均通过发布申报指南进行征集并以后补助形式予以支持，按照广州市科技计划项目管理办法相关规定组织实施。相关经费纳入市科技创新发展专项资金中统筹安排。获得补贴的涉税支出由企业或个人承担。

同一投资额度不予以重复补贴，不同时享受本实施细则中的多条（款）补贴。

本实施细则中所涉及的相关补贴事项与本市制定的其他同类扶持事项重叠的，按照从高、不重复的原则予以支持。

本实施细则中所涉及的相关补贴事项可与各区根据实际制定的同类扶持事项叠加，由市、区按各自政策分别予以支持。

第十四条〔监督检查〕　市科技局按照广州市科技计划项目管理办法相关规定，对补贴申报进行监督检查。对存在违规行为的补贴申报单位，按相应规定予以处理。

第十五条〔补充规定〕　本细则各项补贴资金的申报指南由市科技局另行发布。需要提交的具体申报材料，以发布的申报指南要求为准。上述第二条及第十一条中的"重点领域计划"名称若因市科技计划体系改革而需要进行调整的，以实际发布的申报指南中的科技计划名称为准。

第十六条〔有效期〕　本细则自公布之日起施行，有效期至2023年8月9日。

附件

名　词　解　释

创业投资企业是指对未上市的创业企业、成长性企业股权进行投资，待其发育成熟或相对成熟后通过股权转让等方式获得资本增值收益的非证券类投资企业。

创业投资管理企业是指从事发起设立、受托管理创业投资企业的企业。

股权投资企业是指以非公开方式向特定对象募集资金设立，对非公开交易的企业股权进行投资并提供增值服务的非证券类投资企业。

股权投资管理企业是指从事发起设立、受托管理股权投资企业的企业。

科技型中小企业是指纳入全国科技型中小企业信息服务平台并取得科技型中小企业入库登记编号的企业。

种子期、初创期科技创新企业是指自注册设立之日起到与投资机构签订投资协议之日止，不超过3年（属于生物医药领域的，不超过5年），营业收入不超过2000万元的科技创新企业。

科技创新企业是指主要从事高新技术产品研究、开发、生产和服务的非上市公司，并符合下列条件之一：

一、经认定的高新技术企业；

二、进入市级及以上高新技术企业培育库、广州市小巨人企业库、广州市科技创新企业库的企业；

三、近5年内获得市级以上科技项目立项的企业；

四、近5年内获得1项（含）以上且目前有效的自主科技成果（含发明专利、实用新型专利、软件著作权等）的企业；

五、近5年参加市科技部门主办的市级以上创新创业大赛的获奖企业；

六、其他经科技主管部门认定为科技类型的企业。

新型研发机构是指投资主体多元化、建设模式国际化、运行机制市场化、管理制度现代化，具有可持续发展能力，产学研协同创新的独立法人组织。

产学研协同创新联盟是指由国内外高等院校、科研机构和企业发起成立，属开放性、非盈利性的联合体。

参 考 文 献

［1］艾亚，陈醒．金融创新要跟上制造业技术创新［J］．国际融资，2017（4）：39.

［2］艾振国．鹤壁市企业孵化器体系管理问题研究［D］．武汉：中南财经政法大学，2019.

［3］白雪静．科技金融对技术创新效率的影响［D］．北京：北京邮电大学，2019.

［4］白玉娟，于丽英．我国科技金融生态系统评价及空间演化趋势分析［J］．科技管理研究，2019，39（23）：67－74.

［5］柏长青．促进南通高新区科技金融发展的对策研究［D］．苏州：苏州大学，2016.

［6］柏建成，高增安，严翔，等．长江经济带科技创新与金融发展互动关系研究［J］．科技进步与对策，2020，37（9）：61－68.

［7］包欣耘．金融发展对科技创新的影响［D］．南京：南京农业大学，2016.

［8］本刊编辑部．雄安新区投融资发展论坛召开［J］．会计之友，2017（19）：138.

［9］卜祥峰，寇小萱．高质量发展下科技企业孵化器发展研究——以天津为例［J］．天津经济，2020（5）：27－33.

［10］蔡卫星，倪骁然，赵盼等．企业集团对创新产出的影响：来自制造业上市公司的经验证据［J］．中国工业经济，2019（1）：137－155.

［11］蔡玉兰，张柳金．基于钻石模型的粤港澳大湾区科技金融发展分析［J］．全国流通经济，2020（25）：142－145.

［12］车小粉．郑州市科技金融效率评价及对策研究［D］．郑州：河南工业大学，2019.

[13] 陈长民，郑丹婷．陕西农业科技成果转化风险投资的问题与对策 [J]．西部金融，2019 (2)：19 - 23.

[14] 陈长民．陕西现代农业科技创新投资现状、问题与对策研究 [D]．咸阳：西北农林科技大学，2014.

[15] 陈晨．银行业支持战略性新兴产业发展的创新、问题与对策——基于上海市 15 家商业银行的调研 [J]．证券市场导报，2013 (6)：21 - 26.

[16] 陈德霖．金融科技对决科技金融 [J]．中国银行业，2017 (8)：8 - 9.

[17] 陈浩．关于网络经济下企业理论创新的几个问题 [J]．科技进步与对策，2005 (11)：165 - 166.

[18] 陈衡．高新技术产业开发区科技金融发展现状及对策探讨 [J]．企业改革与管理，2020 (6)：111 - 113.

[19] 陈华，张敏．金融发展新业态、金融深化新趋势及其发展前瞻 [J]．东岳论丛，2016，37 (6)：146 - 155.

[20] 陈建丽，韦世欢．科技金融发展对中小企业融资约束影响研究 [J]．产业创新研究，2020 (1)：73 - 75.

[21] 陈立新．金融发展对科技创新的影响研究 [D]．西安：西北大学，2018.

[22] 陈璐，刘悦，李正辉．区域金融中心评价指标体系的构建 [J]．中国统计，2015 (7)：46 - 48.

[23] 陈璐．金融小镇对科技型中小企业融资的促进作用——以千灯湖创投小镇为例 [J]．财经理论研究，2019 (3)：98 - 104.

[24] 陈敏，李建民．金融中介对我国区域科技创新效率的影响研究——基于随机前沿的距离函数模型 [J]．中国科技论坛，2012 (11)：85 - 90.

[25] 陈明鑫．优化科技金融，推动杭州民营企业科技创新 [J]．杭州（周刊），2019 (7)：24 - 27.

[26] 陈向龙，孙运香，马晓彩等．郑州国家高新技术产业开发区科技金融发展模式探析 [J]．金融理论与实践，2019 (8)：41 - 47.

[27] 陈小燕，李勇．金融促进贵州经济高质量发展的对策研究 [J]．农村经济与科技，2020，31 (23)：209 - 210.

［28］陈新民．陈新民：高质量发展离不开科技金融［J］．中国金融家，2018（11）：89 - 90．

［29］陈旖旎，张晓丹，丁时杰．金融发展对我国区域绿色发展的影响效应研究［J］．财务与金融，2018（2）：7 - 13．

［30］承安．鼓励创投的专家说法［J］．国际融资，2017（6）：48 - 52．

［31］程辉．促进金融业发展的税制改革取向及路径［J］．福建金融，2020（9）：25 - 29．

［32］程京京，李瑞晶，杨宜等．银行干预与企业风险转移——来自创新活动的经验证据［J］．金融论坛，2020，25（10）：9 - 20．

［33］程翔，张瑞，张峰．科技金融政策是否提升了企业竞争力？——来自高新技术上市公司的证据［J］．经济与管理研究，2020，41（8）：131 - 144．

［34］程月，王秀芳．保定市高新区科技金融服务平台发展研究［J］．合作经济与科技，2017（23）：70 - 71．

［35］崔恺媛，刘一鸣，刘璐．信息不对称视角下科技金融服务新旧动能转换的风险成因分析［J］．山东社会科学，2019（11）：153 - 158．

［36］崔璐，申珊，杨凯瑞．中国政府现行科技金融政策文本量化研究［J］．福建论坛（人文社会科学版），2020（4）：162 - 171．

［37］崔珮瑶．金融改革深化视域下商业银行盈利能力提升策略研究［J］．现代营销（经营版），2020（12）：198 - 199．

［38］崔彤珊．高新技术企业盈利水平分析——以恒生电子股份有限公司为例［J］．中小企业管理与科技（下旬刊），2020（1）：156 - 157．

［39］丁日佳，刘瑞凝．科技金融对制造业结构优化的双重效应研究——基于省级制造业面板数据的 GMM 估计［J］．科技进步与对策，2020，37（12）：55 - 63．

［40］丁一兵，钟阳．资本流动活性与国际金融中心形成［J］．商业研究，2013（5）：119 - 124．

［41］董秀丽．顺义科技型企业金融服务研究［D］．北京：对外经济贸易大学，2016．

［42］杜江，张伟科，范锦玲等．科技金融对科技创新影响的空间效应分析［J］．软科学，2017，31（4）：19 - 22．

[43] 杜金岷，梁岭，吕寒. 金融发展促进科技成果产业化的区域异质性研究 [J]. 华南师范大学学报（社会科学版），2017（6）：109－115.

[44] 杜靖. 企业技术创新驱动力模式研究 [J]. 未来与发展，2009（5）：23－25.

[45] 段世德，徐璇. 科技金融支撑战略性新兴产业发展研究 [J]. 科技进步与对策，2011，28（14）：66－69.

[46] 凡蓉，邵雨潇，吴尚泽. 长三角地区科技金融与科技创新耦合协调研究 [J]. 时代金融，2020（1）：88－92.

[47] 方先明，苏晓珺. 金融机制有序性视角下的科技型企业融资对策——基于江苏技术产业的经验证据 [J]. 河海大学学报（哲学社会科学版），2015，17（6）：65－71.

[48] 房汉廷. 关于科技金融理论、实践与政策的思考 [J]. 中国科技论坛，2010（11）：5－10.

[49] 房汉廷. 科技金融本质探析 [J]. 中国科技论坛，2015（5）：5－10.

[50] 冯青. 金融发展对产业结构升级的影响研究 [D]. 南京：南京师范大学，2012.

[51] 冯艳博. 金融理念助力乡村振兴战略 [J]. 合作经济与科技，2019（22）：76－77.

[52] 冯芸，林丽梅. 科技进步、金融服务与国际金融中心建设 [J]. 中国软科学，2009（S1）：112－117.

[53] 符晓燕. 新三板企业终极控制权衡量的股权结构与经营绩效的统计分析 [D]. 广州：暨南大学，2013.

[54] 付剑峰，邓天佐. 科技金融服务机构支持科技型中小企业融资发展的案例研究 [J]. 中国科技论坛，2014（3）：154－160.

[55] 付群，王雪莉，郑成雯等. 传统工业园区向体育综合体转型发展研究 [J]. 中国体育科技，2020，56（8）：65－75.

[56] 耿中元，王雅杰，惠晓峰. 黑龙江省科技金融服务体系建设的战略重点 [J]. 科技进步与对策，2012，29（3）：49－52.

[57] 龚耀星. 锁定北京新定位 把握发展新机遇——新常态下北京地区商业银行转型思路初探 [J]. 全国流通经济，2017（16）：52－53.

[58] 顾焕章，汪泉，吴建军. 信贷资金支持科技型企业的路径分析与江苏实践 [J]. 金融研究，2013 (6)：173 - 178.

[59] 广州市地方金融监督管理局. 广州金融白皮书：金融发展形势与展望. 2019 [M]. 广州：广州出版社，2019.

[60] 郭洪. 代办股份转让试点经验与政策建议 [J]. 中国金融，2011 (5)：46 - 47.

[61] 郭净，刘兢轶. 要素协同视角下企业创新的内生性发展策略——对河北省科技型中小企业的调研 [J]. 经济研究参考，2015 (64)：72 - 79.

[62] 郭军. 西安银行试水科技金融 [J]. 银行家，2016 (4)：14 - 15.

[63] 郭庆然. 区域经济增长中的区域金融支持策略探讨 [J]. 商业时代，2010 (20)：49 - 50.

[64] 郭滕达，张俊芳，朱星华. 银川市科技金融发展模式探析 [J]. 科技与金融，2019 (Z1)：15 - 20.

[65] 郭滕达，张明喜. 陕西科技金融服务解读 [J]. 科技与金融，2019 (5)：5 - 8.

[66] 郭昱江. 金融发展、科技创新与实体经济增长——基于空间计量的实证研究 [J]. 现代商贸工业，2020，41 (22)：18 - 19.

[67] 韩军强. 科技金融发展能够提高中国经济增长质量吗？——基于空间杜宾模型的实证研究 [J]. 科技管理研究，2019，39 (14)：42 - 47.

[68] 韩威. 基于 DEA - Tobit 模型的科技金融结合效率实证分析——以河南省为例 [J]. 金融发展研究，2015 (9)：36 - 40.

[69] 韩一萌. 金融创新背景下科技金融发展路径探析 [J]. 宏观经济管理，2013 (8)：62 - 63.

[70] 韩子睿，商丽媛，魏晶. 长三角科创圈区域科技创新治理 [J]. 科技导报，2020，38 (5)：85 - 91.

[71] 郝彬凯. 供给侧改革下商业银行零售业务发展研究 [J]. 甘肃金融，2017 (4)：67 - 69.

[72] 何存. "中关村板块"科技与金融结合实践 [J]. 中国科技投资，2011 (5)：35 - 38.

[73] 何丹，燕鑫. 金融支持科技创新效率实证分析 [J]. 统计与决策，2017 (10)：166 - 168.

［74］何朵军．区域科技金融、人力资本与技术创新的研究［D］．海口：海南大学，2016.

［75］何海霞．郑洛新国家自主创新示范区科技金融结合问题研究［J］．当代经济，2018（3）：72－73.

［76］何其慧．我国金融支持科技成果转化的现状及问题探究［J］．科技与金融，2020（5）：59－62.

［77］何树贵．熊彼特的企业家理论及其现实意义［J］．经济问题探索，2003（2）：31－34.

［78］何勇军，刘群芳．科技金融政策与区域科技企业发展——以京津冀区域为例［J］．科技与金融，2020（5）：12－16.

［79］何勇军．金融科技如何服务科技金融，推动高新技术企业高质量发展？［J］．科技与金融，2019（12）：33－35.

［80］何勇军．科技金融发展的新挑战［J］．科技与金融，2019（8）：39－42.

［81］何芸，贝政新．长三角经济圈科技创新与金融发展的耦合研究［J］．技术经济与管理研究，2019（3）：20－24.

［82］何运信．中国金融发展的区域差异与区域金融协调发展研究进展与评论［J］．经济地理，2008，28（6）：968－972.

［83］和瑞亚．科技金融资源配置机制与效率研究［D］．哈尔滨：哈尔滨工程大学，2014.

［84］河北省农村信用社联合社课题组，孙双伦．雄安新区绿色金融定位与农信社发展模式［J］．河北金融，2019（1）：49－52.

［85］贺静．金融支持科技创新的难点与思考［J］．甘肃金融，2020（8）：19－20.

［86］贺岚．面向区域发展的产学研协同创新［J］．中国高校科技，2015（5）：23－25.

［87］贺丽丽．长江经济带科技金融效率研究——基于三阶段 DEA 模型 BCC 分析法［J］．湖北经济学院学报，2019，17（3）：59－66.

［88］侯世英，宋良荣．金融科技、科技金融与区域研发创新［J］．财经理论与实践，2020，41（5）：11－19.

［89］胡国晖，郑萌．科技创新与金融创新耦合的机制与模式探讨

[J].武汉金融,2014(10):20-23.

[90]胡继成,鲍静海.雄安新区建设投融资模式创新探讨[J].中国流通经济,2017,31(12):108-114.

[91]胡锦娟.科技金融创新实践与政府作用边界[J].财会月刊,2014(20):38-41.

[92]胡军伟.论科技金融对科技型中小企业银行融资的促进意义和改进方向[J].商讯,2020(34):84-85.

[93]胡苏迪.科技金融中心的形成机理与发展模式研究[D].南京:南京师范大学,2017.

[94]胡苏迪.中国科技金融中心发展水平研究——基于科技金融中心指数的构建与测算[J].金融与经济,2018(9):76-81.

[95]胡映雪.金融结构、科技创新与产业结构升级[D].重庆:西南大学,2017.

[96]黄国妍,袁亚芳,王明弦.阿里巴巴科技金融与创新创业生态圈案例分析报告[J].上海商业,2019(5):44-49.

[97]黄荔梅,陈美玲.创新创业创造生态建设的经验借鉴[J].智库时代,2019(50):40-41.

[98]黄鹏,李燕萍,陈福时,等.协同·融合:创新生态、创新治理与新兴技术创新——第九届科技进步论坛暨第五届中国产学研合作创新论坛述评[J].科技进步与对策,2017,34(23):1-6.

[99]黄鑫,巩云华.金融资本与科技产出关系实证分析[J].商业时代,2013(6):70-71.

[100]黄鑫,蒲成毅.低碳经济浪潮下科技金融的发展动态及前瞻[J].西南金融,2013(12):65-68.

[101]黄幼香.黄幼香:深化科技金融服务需聚改革合力[J].银行家,2014(11):52.

[102]黄运红.国外科技金融创新发展经验研究[J].商场现代化,2019(19):146-147.

[103]姬俊昌.供给侧改革视角下河南省科技金融模式创新研究[J].当代经济,2017(36):62-63.

[104]吉春雪.黑龙江省科技型中小企业成长环境分析与评价[D].

哈尔滨：哈尔滨工程大学，2011.

[105] 季菲菲，陈雯，袁丰，等. 高新区科技金融发展过程及其空间效应——以无锡新区为例 [J]. 地理研究，2013，32（10）：1899 – 1911.

[106] 季昱丞，徐维军，赵琪. 科技型企业的运营决策与融资均衡：保险在其中所扮演的角色 [J]. 保险研究，2018（8）：91 – 100.

[107] 贾钢涛，吴巧霞. 陕西农业科技金融支持路径研究 [J]. 农村金融研究，2019（9）：24 – 29.

[108] 贾康，苏京春，孙维，等.“理性预期失灵”原理的应用：对我国科技金融服务体系的思考——以成都市高新区科技金融模式为例 [J]. 经济研究参考，2015（7）：3 – 12.

[109] 简慧. 我国科技金融服务的现状、不足与对策 [J]. 南方金融，2015（4）：95 – 98.

[110] 蒋美珍，李西臣. 风险投资在企业科技创新中的法律问题 [J]. 商场现代化，2017（9）：248 – 249.

[111] 焦卢玲. 重塑科技引领动能 打造科技金融银行——中国民生银行信息科技部总经理牛新庄访谈 [J]. 中国金融电脑，2018（4）：13 – 17.

[112] 解学梅，曾赛星. 科技产业集群持续创新系统运作机理：一个协同创新观 [J]. 科学学研究，2008（4）：838 – 845.

[113] 金海年. 关于新供给经济学的理论基础探讨 [J]. 财政研究，2013（9）：25 – 30.

[114] 金乐平. 让公众了解基础研究并乐在其中 [J]. 新闻战线，2015（13）：85 – 86.

[115] 金珊珊. 金砖国家科技创新金融支持体系研究 [D]. 大连：东北财经大学，2014.

[116] 金天奇. 长江经济带科技金融与科技创新的联动效应研究 [J]. 浙江金融，2017（6）：71 – 80.

[117] 金全全. 金融科技在银行业的应用研究 [J]. 时代金融，2020（18）：3 – 4.

[118] 金鑫超. 金华银行科技金融业务发展战略研究 [D]. 兰州：兰州理工大学，2017.

[119] 靳晓彤，王秀芳. 优化科技企业金融服务营商环境思考——以

保定市高新技术产业园区为例〔J〕.河北金融,2019 (6):46 – 48.

〔120〕井明禹,张炜熙.我国商业银行科技金融发展现状和不足〔J〕.经济研究导刊,2019 (11):136.

〔121〕井明禹.科技金融运作模式与绩效研究〔D〕.天津:天津工业大学,2019.

〔122〕孔一超,周丹.企业生产率视角下科技金融试点政策效果及影响机制研究——基于新三板企业的实证检验〔J〕.金融理论与实践,2020 (10):28 – 37.

〔123〕乐隐.中关村:金融创新 护航企业发展〔J〕.中国科技财富,2009 (3):66 – 73.

〔124〕雷丰新.雷丰新:在转型中倾力打造汉口银行科技金融服务品牌〔J〕.银行家,2012 (9):48.

〔125〕李蓓蓓.道格拉斯模型在科技金融与经济发展关系分析中的应用〔J〕.西南师范大学学报(自然科学版),2020,45 (3):68 – 72.

〔126〕李兵兵."金融极化"分析范式研究〔D〕.武汉:武汉大学,2012.

〔127〕李长健,孙富博.国外金融发展权制度实践及评价启示〔J〕.金融与经济,2018 (2):83 – 86.

〔128〕李海峰.供给侧结构性改革进程中商业银行的转型创新之路〔J〕.农村金融研究,2016 (6):12 – 15.

〔129〕李红亮.长沙银行科技金融支持实体经济发展〔J〕.金融经济,2019 (3):22 – 24.

〔130〕李佳郡,高雪.长沙高新区科技金融发展困境及建议〔J〕.合作经济与科技,2019 (2):76 – 77.

〔131〕李佳妮.融资租赁在促进科技企业发展中的应用研究〔D〕.北京:外交学院,2016.

〔132〕李嘉晓.我国区域金融中心发展研究〔D〕.咸阳:西北农林科技大学,2007.

〔133〕李嘉欣,李宇彤,吕玫萱.青岛银行发展科技金融的限制因素及对策〔J〕.开封教育学院学报,2019,39 (4):253 – 254.

〔134〕李丽娟,杨文斌,肖明,等.跨学科多专业融合的新工科人才

培养模式探索与实践［J］. 高等工程教育研究，2020（1）：25 – 30.

［135］李林汉，田卫民. 科技金融、人力资本与科技创新关系研究——来自中国省级面板数据的证据［J］. 科技促进发展，2019，15（1）：26 – 35.

［136］李琳，毛刚，张诗悦. 金融环境下基于耗散结构的科技创新支撑区域经济发展研究［J］. 情报科学，2012，30（9）：1385 – 1388.

［137］李琳. 科技金融发展研究［J］. 农村农业农民（B版），2019（8）：39.

［138］李苓苓. 金融赋能——银行支持科技金融创新发展研究［J］. 中国商论，2020（21）：39 – 40.

［139］李留宇. 中关村：建设科技金融和互联网金融创新中心［J］. 国际融资，2013（12）：11 – 12.

［140］李齐. 供给侧结构性改革下资本市场服务珠海中小企业分析——以科技型中小企业为例［J］. 中国商论，2019（4）：100 – 102.

［141］李善民，杨荣. 韩国科技与金融的结合机制研究［J］. 南方金融，2014（2）：40 – 45.

［142］李胜男. 郑州市科技金融投入产出效率研究［D］. 郑州：河南财经政法大学，2020.

［143］李诗洋. 借力台湾资本市场，升级科技金融创新［J］. 国际融资，2014（6）：50 – 53.

［144］李诗洋. 中关村：打造创业投资示范区［J］. 国际融资，2012（4）：20 – 22.

［145］李士华，邓天佐，李心丹. 创业投资在科技金融中的定位研究——以江苏创业投资发展为例［J］. 科技进步与对策，2013，30（18）：156 – 159.

［146］李天祎. 青海省科技金融投入产出效率研究［J］. 海峡科技与产业，2018（8）：30 – 31.

［147］李维思，周斌，贺和初，等. 长株潭国家自主创新示范区先行先试政策跟踪与评价研究［J］. 企业技术开发，2018，37（10）：1 – 6.

［148］李文森，李红玲，曹小艳，等. 科技金融统计体系的构建及其实践［J］. 金融发展研究，2014（4）：28 – 35.

［149］李晓龙，冉光和，郑威. 金融发展、空间关联与区域创新产出［J］. 研究与发展管理，2017，29（1）：55 – 64.

［150］李雅丽. 基于 DEA 模型的科技金融投入产出效率研究［D］. 南昌：江西师范大学，2013.

［151］李亚青. 供给侧改革视角下科技保险"供需双冷"困境及其化解［J］. 科技进步与对策，2018，35（15）：119－125.

［152］李艳萍. 银行贷款对中小企业研发投入的影响研究［D］. 合肥：安徽大学，2015.

［153］李焱. 中关村引领创投潮流［J］. 投资北京，2012（4）：78－81.

［154］李阳，刘佳慧，宋沁鸽. 金融科技和科技金融协同性发展模式分析［J］. 市场研究，2020（5）：21－23.

［155］李真，席菲菲，陈天明. 企业融资渠道与创新研发投资［J］. 外国经济与管理，2020，42（8）：123－138.

［156］厉诗. 创新与发展——聚焦中关村科技园区投融资体系建设［J］. 国际融资，2007（11）：17－22.

［157］栗建新，王燕燕. 青岛市科技金融工作发展历程及前景展望［J］. 金融经济，2017（10）：189－190.

［158］连平. 连平：发展科技金融是建设创新型国家的必由之路［J］. 财经界，2017（34）：39－41.

［159］梁伟真，梁世中. 科技金融的综合评价指标体系研究［J］. 科技创业月刊，2014，27（10）：64－67.

［160］林乐芬，张昆，丁鹏. 银行科技金融创新现状分析——基于江苏八家银行的问卷调查［J］. 学海，2012（1）：40－47.

［161］林伟光. 我国科技金融发展研究［D］. 广州：暨南大学，2014.

［162］蔺鹏，孟娜娜，马丽斌，等. 区域金融创新与科技创新的耦合机理和联动效果评估——基于京津冀协同创新共同体的研究［J］. 南方金融，2019（1）：58－68.

［163］领航中国科技金融创新 全力打造"中国硅谷银行"［J］. 武汉金融，2012（4）：2.

［164］刘恒怡，宋晓薇. 基于金融支持视角的全球科创中心建设路径研究［J］. 科学管理研究，2018，36（4）：101－104.

［165］刘继兵，马环宇．战略性新兴产业科技金融结合评价研究［J］．科技管理研究，2014，34（15）：115－119.

［166］刘佳宁．粤港澳大湾区科技金融协同发展路径研究［J］．南方金融，2020（9）：57－65.

［167］刘建，高维新．金融新业态背景下我国科技金融效率及创新路径研究［J］．改革与战略，2015，31（11）：40－43.

［168］刘江会．金融支持上海建设具有全球影响力科技创新中心对策研究［J］．科学发展，2017（6）：13－26.

［169］刘金全，艾昕，钟莹．北京市银行业科技金融业务支持科技创新的研究——基于 TVP－VAR 模型的实证检验［J］．科技管理研究，2019，39（17）：135－144.

［170］刘晶．科技产业链对接科技金融的长效机制与模式研究［J］．科学管理研究，2018，36（4）：89－92.

［171］刘军民，财政部财政科学研究所课题组，贾康．科技金融的相关理论问题探析［J］．经济研究参考，2015（7）：13－26.

［172］刘凯，汤诚，周咏文，等．铜陵市科技金融融合发展思考［J］．安徽科技，2017（7）：23－24.

［173］刘立霞．我国科技金融效率研究——基于 DEA－Malmquist 模型分析［J］．天津商业大学学报，2017，37（3）：27－32.

［174］刘萌萌，薛冰，邹慧君．青岛市科技金融结合效率评价［J］．金融经济，2017（8）：148－150.

［175］刘萌萌．青岛市科技金融模式及其效率研究［D］．青岛：青岛大学，2017.

［176］刘敏，赵公民，褚帅卿．科技金融与科技型中小企业协同演进的可视化研究［J］．科技管理研究，2016，36（12）：34－39.

［177］刘明．面向创新型国家建设的中国创新政策研究［D］．吉林：吉林大学，2020.

［178］刘培欣，唐五湘．科技金融人才队伍建设机制研究［J］．科技管理研究，2014，34（9）：106－110.

［179］刘尚荣，苏薇．青海省科技金融创新发展研究［J］．经济师，2018（8）：129－130.

［180］刘帷韬．我国国家中心城市营商环境评价［J］．中国流通经济，2020，34（9）：79－88．

［181］刘晓丽．广州科技金融发展思路与对策［J］．科技创新发展战略研究，2018，2（4）：62－65．

［182］刘雪．青海省科技金融对科技型企业发展的促进作用研究［J］．全国流通经济，2020（26）：112－114．

［183］刘洋．促进科技型企业成果转化的金融体系建设探究［J］．现代营销（下旬刊），2019（9）：10－11．

［184］刘羽萌．陕西科技金融投入产出效率研究［D］．西安：陕西科技大学，2016．

［185］刘悦．区域金融中心演化机理的统计研究［D］．长沙：湖南大学，2017．

［186］刘云生．区域金融研究视角述评［J］．南方金融，2007（9）：27－29．

［187］刘芸，朱瑞博．我国科技金融发展的困境、制度障碍与政策创新取向［J］．福建论坛（人文社会科学版），2014（1）：56－63．

［188］刘振海，魏永军，董云芝，等．高校创新创业生态服务链的建构研究［J］．江苏高教，2018（8）：88－91．

［189］柳梦茹．高技术产业科技金融对技术创新的影响研究［D］．太原：山西财经大学，2019．

［190］龙海洋，尚智丛．区域科技金融发展初探——基于北京市海淀区对台金融合作的实践［J］．科技管理研究，2012，32（4）：15－18．

［191］龙小燕，财政部财政科学研究所课题组，贾康．金融机构与政府合作型科技金融服务模式研究［J］．经济研究参考，2015（7）：70－76．

［192］龙云安，罗宏达，程宇．基于Solow模型指数的中国经济投入与产出效率分析［J］．统计与决策，2012（15）：147－150．

［193］卢珊．金融机构对科技创新的引导与支持研究［D］．哈尔滨：哈尔滨理工大学，2015．

［194］鲁晴，杨宏斌．金融科技时代商业银行转型发展的机遇、挑战和对策研究［J］．科技经济导刊，2019，27（25）：189－190．

［195］陆岷峰．金融科技与科技金融：相互赋能与共生发展策略研究——

基于科技、金融、经济生态圈视角 [J]. 金融教育研究, 2020, 33 (1): 17 - 23.

[196] 吕威. 金融与科技的最佳结合点 [J]. 中国金融, 2013 (23): 78 - 79.

[197] 罗婷婷. 科创型中小企业发展金融服务体系构建研究 [J]. 湖北经济学院学报 (人文社会科学版), 2020, 17 (1): 41 - 43.

[198] 罗雪筠, 厉克奥博. 金融风险防控是否提高了科技金融效率? ——基于北大法宝网的政策文本分析 [J]. 广西大学学报 (哲学社会科学版), 2020, 42 (2): 95 - 104.

[199] 马红. 科技与金融结合的研究 [D]. 成都: 西南财经大学, 2013.

[200] 马丽仪, 杨宜. 基于科技金融网络的高技术企业成长机制研究 [J]. 科研管理, 2013, 34 (S1): 339 - 342.

[201] 马千芸. 高新技术产业发展的科技金融创新研究 [D]. 广州: 广东工业大学, 2014.

[202] 马卫民, 张冉冉. 金融科技创新助力科技型中小企业融资——基于企业生命周期视角的分析 [J]. 科技管理研究, 2019, 39 (22): 114 - 121.

[203] 毛斌. 运用5G技术, 打造 "零接触式服务" 的科技金融银行 [J]. 中国金融电脑, 2020 (8): 27 - 31.

[204] 孟亮, 王唯伊, 马宏大. 辽宁省科技金融 "1 + 2 + 3 + N" 模式对策研究 [J]. 产业创新研究, 2019 (4): 29 - 31.

[205] 孟亮, 王唯伊, 马宏大. 辽宁省科技金融支持科创企业发展的问题分析 [J]. 产业创新研究, 2019 (5): 39 - 41.

[206] 孟祺. 金融支持与全球科创中心建设: 国际经验与启示 [J]. 科学管理研究, 2018, 36 (3): 106 - 109.

[207] 孟添, 祝波. 长三角科技金融的融合发展与协同创新思路研究 [J]. 上海大学学报 (社会科学版), 2020, 37 (4): 58 - 73.

[208] 孟艳, 财政部财政科学研究所课题组, 贾康. 科技金融关键政策工具视角中的科技型中小企业技术创新基金 [J]. 经济研究参考, 2015 (7): 42 - 49.

[209] 苗绘, 李海申. 促进河北科技与金融深度融合的思考 [J]. 中

国财政，2015（4）：74－75.

［210］明明.金融发展促进科技进步的效用分析［J］.浙江金融，2013（8）：18－22.

［211］宁晓林，张德环.科技金融内涵、金融成长周期与科技金融体系研究［J］.北京财贸职业学院学报，2017，33（3）：10－15.

［212］潘士远，罗德明.民间金融与经济发展［J］.金融研究，2006（4）：134－141.

［213］庞敏，夏周培.金融创新对产业结构升级的影响机制与效应分析——基于中介效应和空间效应的解析［J］.工业技术经济，2020，39（9）：30－38.

［214］戚湧，郭逸.江苏科技金融与科技创新互动发展研究［J］.科技进步与对策，2018，35（1）：41－49.

［215］钱士茹，袁友龙.风险投资视角下中部地区高新技术产业发展路径研究［J］.科技进步与对策，2015，32（22）：46－51.

［216］钱水土，张宇.科技金融发展对企业研发投入的影响研究［J］.科学学研究，2017，35（9）：1320－1325.

［217］钱燕，魏伟.苏州科技金融生态圈发展现状及对策研究［J］.苏州科技大学学报（社会科学版），2019，36（6）：16－23.

［218］秦亚飞，徐东方.供给侧改革背景下河北省科技金融发展效率研究［J］.农家参谋，2019（24）：153－155.

［219］邱维芸.金融科技风起云涌，银行如何变"危"为"机"？［J］.中国信用卡，2017（11）：70－73.

［220］邱宜干.金融世界观与金融学知识体系浅析［J］.全国流通经济，2018（13）：76－77.

［221］邱兆祥，刘永元.资源型城市科技与金融结合的制约因素及路径研究——以榆林市为例［J］.金融理论与实践，2015（11）：38－42.

［222］邱兆祥.促进科技与金融结合 助推我国经济转型［J］.理论探索，2015（3）：5－9.

［223］阙方平.阙方平：中国科技金融发展亟待建立三大支柱［J］.银行家，2014（11）：46－48.

［224］冉光和，温涛，李敬.中国农村经济发展的金融约束效应研究

[J]. 中国软科学，2008（7）：27 - 37.

[225] 人民银行保定市中心支行课题组，郭玉增，周宏梅. 雄安科技金融发展之路探析——以德韩科技金融发展模式为鉴［J］. 河北金融，2018（10）：12 - 14.

[226] 任碧云，贾贺敬. 金融有效支持中国制造业产业升级了吗？——基于金融规模、金融结构和金融效率的实证检验［J］. 财经问题研究，2019（4）：45 - 52.

[227] 任璐. 长沙市现代金融服务产业分析［J］. 现代商贸工业，2018，39（30）：92 - 93.

[228] 茹乐峰，苗长虹，王海江. 我国中心城市金融集聚水平与空间格局研究［J］. 经济地理，2014，34（2）：58 - 66.

[229] 阮禹铭. 金融生态环境视角下上市公司技术创新投资行为及效率研究［D］. 中央财经大学，2019.

[230] 邵立杰，杨晓燕. 供给侧改革背景下河南省科技金融发展优化路径［J］. 山东商业职业技术学院学报，2019，19（3）：20 - 24.

[231] 沈开艳，李双金，张晓娣，等. 基于国际比较的现代化经济体系特征研究［J］. 上海经济研究，2018（10）：34 - 42.

[232] 沈颖. 地方政府推动科技金融发展的政策选择研究［J］. 科技与经济，2012，25（6）：61 - 65.

[233] 生洪宇，李华. 高管团队异质性、多元化经营战略与股价崩盘风险——基于盈余管理和过度投资路径的研究［J］. 财会月刊，2017（35）：3 - 9.

[234] 施慧洪. 金融中心建设的理论依据及分析［J］. 浙江金融，2009（8）：21 - 22.

[235] 石佳玮. 黑龙江省科技金融环境评价和建设研究［D］. 哈尔滨：哈尔滨工程大学，2016.

[236] 石洋. 中关村：国家科技金融创新中心地位确立［J］. 国际融资，2012（10）：22 - 27.

[237] 时奇，周攀. 信息经济学视角下科技金融效率及政策研究［J］. 金融教育研究，2020，33（2）：58 - 63.

[238] 史恩义. 风险资本发展与高技术产业成长［J］. 财经问题研究，

2014 (5)：53 – 58.

[239] 史真真. 金融科技赋能中小商业银行转型升级的策略研究 [J]. 金融教育研究, 2019, 32 (5)：34 – 40.

[240] 首届中国科技金融年会 [J]. 经济研究, 2014, 49 (3)：194.

[241] 束军意. 众筹模式下科技金融服务平台功能架构研究 [J]. 科技进步与对策, 2016, 33 (10)：18 – 22.

[242] 束兰根. 科技金融协同集聚研究 [D]. 南京：南京大学, 2015.

[243] 宋冬梅. 技术创新与战略性新兴产业的耦合效应 [J]. 技术经济与管理研究, 2015 (5)：121 – 124.

[244] 苏建军, 宋银萍, 李晓琳, 等. 西安市科技成果转化中金融支持的制约因素与对策研究 [J]. 科技创新与生产力, 2019 (5)：5 – 8.

[245] 孙波, 张雅婷, 王非凡. 广州科技金融形式及其未来发展趋势 [J]. 科技创新发展战略研究, 2020, 4 (1)：41 – 46.

[246] 孙宏. 长春高新区科技型企业投融资体系研究 [D]. 长春：长春理工大学, 2013.

[247] 孙晶. 中国区域金融发展论 [D]. 南京：南京师范大学, 2013.

[248] 孙宁. 金融科技背景下, 对农村普惠金融的发展研究 [J]. 金融经济, 2019 (16)：5 – 8.

[249] 孙晓羽, 支大林. 中国区域金融发展差异的度量及收敛趋势分析 [J]. 东北师大学报 (哲学社会科学版), 2013 (3)：45 – 49.

[250] 谭天豪. 青海省科技金融驱动科技产业发展研究 [J]. 科技经济市场, 2018 (11)：71 – 73.

[251] 唐黎. 供给侧改革中嘉兴科技体制机制创新研究 [J]. 智库时代, 2018 (43)：33.

[252] 唐添怡. 长沙高新区科技金融结合问题研究 [D]. 长沙：湖南大学, 2017.

[253] 唐雯, 陈爱祖, 饶倩. 以科技金融创新破解科技型中小企业融资困境 [J]. 科技管理研究, 2011, 31 (7)：1 – 5.

[254] 陶丹. 产学研协同创新成本分摊机制研究 [J]. 科技进步与对策, 2018, 35 (5)：8 – 13.

[255] 陶冶. 金融自由化背景下互联网电子商务平台融资服务研究 [J]. 商场现代化, 2019 (2): 62-63.

[256] 田霖. 金融普惠、金融包容与中小企业融资模式创新 [J]. 金融理论与实践, 2013 (6): 17-20.

[257] 田卫民. 金融发展缘何抑制了经济增长——来自中国省际面板数据的经验证据 [J]. 经济问题, 2017 (1): 27-32.

[258] 佟宇竞. 促进生物产业发展的战略思路与建议——以广州为例 [J]. 科技管理研究, 2017, 37 (21): 107-112.

[259] 童妮. 供给侧结构性改革下我国商业银行业务转型研究 [D]. 长沙: 湖南大学, 2018.

[260] 汪传雷, 吴娟华, 牛传琼, 等. 面向世界一流的高新区创新服务能力影响因素分析——以合肥高新区为例 [J]. 湖北经济学院学报 (人文社会科学版), 2019, 16 (3): 43-46.

[261] 汪德嘉. 通付盾数字化安全解决方案——让数字生活更安全更美好 [J]. 金融电子化, 2019 (5): 87.

[262] 汪飞. 高新区科技金融的发展现状与创新思路——以江苏省为例 [J]. 江苏科技信息, 2018, 35 (20): 1-3.

[263] 王超, 高扬, 刘超. 台湾地区金融业促进制造业转型升级的经验 [J]. 台湾研究, 2020 (1): 73-81.

[264] 王春蕾, 曹颢. 高新区金融服务环境建设的实施策略 [J]. 上海金融, 2014 (4): 105-107.

[265] 王格格. 银行数字化发展场景趋势分析 [J]. 现代商业, 2020 (30): 101-103.

[266] 王海博. 邯郸创新创业公共服务体系研究 [J]. 中国高新科技, 2018 (23): 61-63.

[267] 王海芸, 刘杨. 区域科技金融发展水平测度与分析 [J]. 技术经济, 2019, 38 (4): 50-56.

[268] 王吉祥. 金融创新支持区域经济转型的研究 [D]. 大连: 辽宁大学, 2017.

[269] 王军, 王昆. 金融创新促进产业升级的路径、机理和效应——以山东省为例 [J]. 学术交流, 2019 (3): 95-107.

［270］王均山. 金融科技生态系统的研究——基于内部运行机理及外部监管机制视角［J］. 上海金融，2019（5）：83－87.

［271］王立志，王喆，高楠. 黑龙江省科技金融创新发展的政策建议［J］. 金融理论与教学，2017（2）：13－15.

［272］王露，王铮，杨妍，等. 知识网络动态与政策控制（Ⅱ）——中国国家创新体系调控模拟［J］. 科研管理，2002（1）：17－26.

［273］王满四，高颖超，史欣向. 银投合作的关键问题及对我国的启示［J］. 税务与经济，2016（4）：9－15.

［274］王宁，王丽娜. 论我国科技成果转化的金融支持机制与发展对策［J］. 科技管理研究，2013，33（19）：38－40.

［275］王鹏鹏. 陕西科技型中小企业与银行对接面临的问题与对策研究［D］. 西北农林科技大学，2014.

［276］王琼瑶. 金融支持高技术产业创新的作用机理与效率分析［D］. 杭州：浙江财经大学，2014.

［277］王仁祥，安子铮，安子祎. 武汉城市圈金融辐射力实证研究［J］. 武汉金融，2008（8）：25－26.

［278］王燕. 面向中小企业技术创新的金融服务体系建设［J］. 改革与战略，2015，31（11）：171－174.

［279］王瑶琪；刘志东. 技术变革视角下科技金融创新与发展［M］. 北京：经济科学出版社，2019.

［280］王颖，黄梦非. 青岛银行科技支行的发展现状及规划策略研究［J］. 开封文化艺术职业学院学报，2020，40（2）：214－216.

［281］王渊奇. 长三角区域科技金融发展路径探讨［J］. 中国市场，2020（27）：31.

［282］王哲. 辽宁技术创新与科技金融协同发展策略研究［D］. 鞍山：辽宁科技大学，2016.

［283］王志毅. 金融创新促进科技中小企业发展的对策研究［D］. 天津：天津财经大学，2014.

［284］卫玉洁. 陕西省科技金融支持技术创新研究［D］. 西安：西安电子科技大学，2017.

［285］魏娜. 辽宁省战略性新兴产业科技成果产业化的"科技金融"

创新支持体系建设研究 [J]. 科技管理研究, 2012, 32 (8): 94 - 97.

[286] 魏娜. 青岛市科技与金融结合效率研究 [D]. 青岛: 中国石油大学 (华东), 2014.

[287] 魏玮, 毕超. 促进科技企业发展的金融支持体系建设研究——以西安市为例 [J]. 科技进步与对策, 2011, 28 (17): 106 - 110.

[288] 魏闻彤, 邹高峰, 张小涛, 等. 科技型中小企业贷款风险资金池模式分析 [J]. 重庆理工大学学报 (自然科学), 2017, 31 (7): 202 - 208.

[289] 吴茂国, 陈影. 金融集聚对我国区域经济增长的空间溢出效应研究 [J]. 上海金融, 2018 (11): 72 - 81.

[290] 吴欣顺. 金融科技背景下金融外包人才需求趋势 [J]. 科教导刊 (下旬), 2018 (4): 141 - 142.

[291] 吴翌琳, 谷彬. 科技与资本"联姻": 科技成果转化的金融服务体系研究 [J]. 科学管理研究, 2013, 31 (4): 109 - 112.

[292] 吴莹. 中国科技金融的体系构建与政策选择 [D]. 武汉: 武汉大学, 2010.

[293] 吴勇民. 技术进步与金融结构的协同演化研究: 理论和实证 [D]. 吉林: 吉林大学, 2014.

[294] 伍聪. 金融与科技如何融合发展? [J]. 金融博览, 2017 (12): 34 - 35.

[295] 伍文中. 财政支出竞争与省际基础设施建设趋同性研究 [J]. 经济经纬, 2010 (1): 123 - 127.

[296] 习羿晖. 金融发展对产业结构优化的实证研究 [D]. 南昌: 江西财经大学, 2017.

[297] 肖灿夫. 基于 Improved - Romer 模型的经济一体化对区域经济增长影响的分析 [J]. 经济数学, 2011, 28 (2): 101 - 106.

[298] 肖桂华. 首创科技金融服务平台 浦发银行开启科技融资新通道 [J]. 中国科技产业, 2018 (6): 59.

[299] 肖静荣. 佛山市科技金融发展对产业结构升级影响的实证研究 [J]. 顺德职业技术学院学报, 2019, 17 (2): 86 - 90.

[300] 谢朝华, 郭登艳. 金融发展与产业升级关系中技术创新的中介

效应检验 [J]. 价格理论与实践, 2018 (7): 163 - 166.

[301] 谢德金. 金融发展在中国经济增长中的作用研究 [D]. 天津: 南开大学, 2014.

[302] 谢关情. 金融科技在金融风险管理中的应用研究 [J]. 商讯, 2019 (9): 40.

[303] 谢铭, 王晓娜. 陕西企业研发投入现状及建议 [J]. 合作经济与科技, 2020 (22): 22 - 24.

[304] 谢太峰, 朱璐. 中国主要城市金融竞争力的实证研究 [J]. 武汉金融, 2010 (2): 12 - 14.

[305] 谢紫君. 重庆高新区科技金融改革对策研究 [D]. 重庆: 西南政法大学, 2017.

[306] 熊家财, 桂荷发. 风险投资、派驻董事与企业创新: 影响与作用机理 [J]. 当代财经, 2018 (4): 123 - 133.

[307] 熊世海. 重庆市科技金融成长及绩效研究 [D]. 重庆: 重庆大学, 2014.

[308] 徐前, 王琪, 陈喆龙, 等. 依托兰白基金在兰白试验区开展科技金融工作情况及对相关问题的思考 [J]. 甘肃科技, 2017, 33 (19): 1 - 3.

[309] 徐润. 我国科技型小微企业的金融支持模式研究 [D]. 南京: 东南大学, 2018.

[310] 徐烁然, 杨丽莎, 付丽娜. 长江经济带科技金融结合效率的时空分异特征分析 [J]. 商业经济研究, 2018 (21): 171 - 173.

[311] 徐文亭, 肖强, 张卓群, 等. 青岛市科技金融服务现状及对策研究 [J]. 中国市场, 2017 (19): 66 - 67.

[312] 徐啸. 金融介入山东"政产学研"合作技术创新体系研究 [D]. 济南: 山东大学, 2012.

[313] 徐旭初, 颜廷峰. 促进科技与金融结合 培育战略型新兴产业 [J]. 财贸研究, 2011, 22 (1): 155.

[314] 徐义国. 金融与科技的交互——科技金融与金融科技之辨 [J]. 银行家, 2018 (4): 30 - 33.

[315] 许文, 财政部财政科学研究所课题组, 贾康. 促进科技型中小企业金融服务发展的税收政策 [J]. 经济研究参考, 2015 (7): 49 - 58.

［316］薛澜，俞乔.科技金融：理论的创新与现实的呼唤——评赵昌文等著《科技金融》一书［J］.经济研究，2010，45（7）：157－160.

［317］薛喆.资本市场支持科技创新的效率及对策研究［D］.广州：华南理工大学，2019.

［318］闫慧贞.金融发展对产业结构升级的影响［D］.兰州：兰州大学，2020.

［319］严汉平，白永秀.不同视角下制度创新路径的比较——一个关于制度创新路径的文献综述［J］.经济评论，2005（5）：31－35.

［320］严亦斌.高新技术中小企业融资制度创新研究［D］.武汉：武汉大学，2011.

［321］晏东.金融标准创新 助力数字化生态银行战略落地［J］.金融电子化，2019（8）：64－66.

［322］阳晓霞.上海国际金融中心 砥砺奋进 磅礴不息——2020年第7期封面回眸［J］.中国金融家，2021（Z1）：80－81.

［323］杨晨曦.金融改革视角下商业银行盈利能力提升的策略研究［J］.商展经济，2020（14）：50－52.

［324］杨炅.贵州省山地农业科技投融资研究［D］.长沙：中南林业科技大学，2019.

［325］杨琳.众创空间投贷保联动：基于文献的研究框架［J］.陕西行政学院学报，2017，31（3）：106－111.

［326］杨明.银行信贷与科技创新对接机制路径研究［J］.河北金融，2020（2）：24－26.

［327］杨伟中."金融科技"服务"科技金融"的理论逻辑、实践发展及风险应对［J］.清华金融评论，2019（6）：91－94.

［328］杨霞，彭廷.高新技术产业融资问题研究——来自湖北武汉的数据［J］.财会通讯，2015（14）：10－13.

［329］杨晓丽，孙凌杉.基于金融产业链的科技金融发展研究——苏州模式的借鉴与启示［J］.科学管理研究，2015，33（2）：52－55.

［330］杨晓丽.金融支持科技创新的多角度思考：徐州案例［J］.科学管理研究，2013，31（5）：92－95.

［331］杨煜铭.金融改革深化下中小型商业银行发展科技金融的价值

与路径 [J]. 财富时代，2020（6）：19 - 20.

[332] 杨兆廷，刘冲. 雄安新区金融科技发展的几点思考 [J]. 金融理论探索，2018（4）：6 - 8.

[333] 杨智慧. 信息化背景下横琴新区科技金融服务渠道创新研究 [J]. 科技管理研究，2014，34（16）：94 - 98.

[334] 姚霜叶. 长大热能厨具有限公司成长期融资模式研究 [D]. 长沙：湖南大学，2017.

[335] 姚永玲，王翰阳. 科技创新与金融资本融合关系研究——基于北京市的实证分析 [J]. 中国科技论坛，2015（9）：103 - 108.

[336] 叶谢康，吴滋兴，蔡群起，等. 金融支持产业转型升级的实践与思考——以福建省宁德市为例 [J]. 福建金融，2020（4）：66 - 70.

[337] 易信. 转变经济增长方式的实践探索：深圳例证 [J]. 改革，2018（8）：120 - 128.

[338] 尹洁，李锋. 政府主导型产学研合作与科技金融协同发展模式 [J]. 中国高校科技，2015（3）：26 - 27.

[339] 游达明，朱桂菊. 区域性科技金融服务平台构建及运行模式研究 [J]. 中国科技论坛，2011（1）：40 - 46.

[340] 于梦华. 长江中游城市群创业风险投资发展研究 [D]. 长沙：中南林业科技大学，2020.

[341] 于明霞，高艺格. 金融生态环境评价研究——以吉林省为例 [J]. 工业技术经济，2017，36（9）：153 - 160.

[342] 余家楣. 陕西高技术企业科技金融资源配置效率研究 [J]. 中小企业管理与科技（下旬刊），2019（4）：84 - 87.

[343] 余泳泽. 创新要素集聚、政府支持与科技创新效率——基于省域数据的空间面板计量分析 [J]. 经济评论，2011（2）：93 - 101.

[344] 俞立平，俞海山. 银行信贷、政府与企业科技投入理想贡献研究——效率视角下的面板数据估计 [J]. 科技与经济，2012，25（2）：65 - 69.

[345] 俞立平. 金融支持、政府与企业投入对科技创新的贡献研究 [J]. 科研管理，2015，36（3）：57 - 63.

[346] 袁传思，贾晓，袁俪欣. 高校科技成果转化实施模式与路径的

探索研究［J］. 科技管理研究, 2020, 40 (3): 84 – 89.

［347］曾路. 金融创新视角下科技企业信用评级研究［D］. 长沙: 中南林业科技大学, 2016.

［348］曾胜, 靳景玉. 重庆市科技金融创新理念的实践探索［J］. 南通大学学报 (社会科学版), 2016, 32 (3): 30 – 36.

［349］曾燕妮, 姚佳颖, 张浩. 金融支持科技创新驱动发展研究——基于北京、上海、成都、杭州的比较分析［J］. 农村金融研究, 2018 (4): 28 – 33.

［350］曾耀农, 徐脉沐. 长沙完善科技金融服务体系的策略［J］. 长沙大学学报, 2018, 32 (4): 16 – 18.

［351］翟优子, 翟书斌. 郑州市科技金融发展对策研究［J］. 征信, 2018, 36 (3): 85 – 88.

［352］张琛, 李雄军. 传统文化"求安"特质与我国科技金融的发展［J］. 现代企业, 2018 (1): 50 – 51.

［353］张仿龙, 张诗涵. 长三角一体化背景下优化金融生态环境的思考——以浙江省嘉兴市为例［J］. 财政科学, 2020 (5): 114 – 121.

［354］张丰铄. 郑州市农业科技金融发展研究［D］. 郑州: 河南工业大学, 2017.

［355］张衡. 辽宁省科技金融助推经济发展的机理与政策研究［D］. 沈阳: 沈阳理工大学, 2017.

［356］张洪铭. 功能性金融中心建设路径［J］. 银行家, 2016 (11): 67 – 68.

［357］张锦伟. 金融科技与银行融合对金融人才需求研究——从深圳银行业人才需求视角探讨［J］. 金融经济, 2019 (12): 45 – 47.

［358］张蕾. 重庆科技金融支持科技型中小企业投融资渠道拓展［J］. 纳税, 2019, 13 (28): 291 – 292.

［359］张林, 李雨田. 金融发展与科技创新的系统耦合机理及耦合协调度研究［J］. 南方金融, 2015 (11): 53 – 61.

［360］张林. 金融发展、科技创新与实体经济增长——基于空间计量的实证研究［J］. 金融经济学研究, 2016, 31 (1): 14 – 25.

［361］张明喜, 郭滕达, 张俊芳. 科技金融发展40年: 基于演化视角

的分析 [J]. 中国软科学，2019 (3)：20-33.

［362］张明喜，赵秀梅. 科技金融中心的内涵、功能及上海实践 [J]. 科学管理研究，2016，34 (4)：101-105.

［363］张明喜. 我国科技金融生态及其绩效实证研究 [J]. 科技进步与对策，2017，34 (16)：14-19.

［364］张鹏. 科技金融在高校技术转移中的作用分析——以广东省为例 [J]. 科技经济导刊，2020，28 (20)：10-11.

［365］张昇. 金融业发展新动力——基于 Fintech 视角 [J]. 全国流通经济，2019 (11)：119-121.

［366］张童. 陕西省科技金融—科技创新系统动态耦合关系研究 [D]. 西安：西安理工大学，2019.

［367］张小波，傅强. 金融开放对中国经济增长的效应分析及评价——基于中国 1979-2009 年的实证分析 [J]. 经济科学，2011 (3)：5-16.

［368］张晓燕. 供给侧改革视角下江苏省科技金融发展效率研究 [J]. 时代金融，2018 (23)：71.

［369］张玉喜，张倩. 区域科技金融生态系统的动态综合评价 [J]. 科学学研究，2018，36 (11)：1963-1974.

［370］张战仁. 创新空间溢出的差异影响研究述评 [J]. 经济地理，2012，32 (11)：34-37.

［371］张芷若，谷国锋. 科技金融与科技创新耦合协调度的空间格局分析 [J]. 经济地理，2019，39 (4)：50-58.

［372］张芷若，谷国锋. 中国科技金融与区域经济发展的耦合关系研究 [J]. 地理科学，2020，40 (5)：751-759.

［373］张志元，李维邦. 金融新动能助推新旧动能转换的逻辑及路径 [J]. 经济与管理评论，2018，34 (5)：18-26.

［374］赵昌文，陈春发，唐英凯. 科技金融 [M]. 北京：科学出版社，2009.

［375］赵李曼. 青海省科技金融的"新供给"模式研究 [J]. 青海师范大学学报（哲学社会科学版），2020，42 (3)：43-50.

［376］赵李曼. 青海省科技金融可持续发展的路径探析 [J]. 中国商论，2019 (11)：195-197.

［377］赵丽丽.基于社会资本的科技型企业融资机制与效率研究［D］.哈尔滨：哈尔滨工程大学，2018.

［378］赵文洋，徐玉莲，于浪.科技金融结构对区域科技创新效率的影响［J］.科技管理研究，2017，37（21）：22－28.

［379］赵晓斌.全球金融中心的百年竞争：决定金融中心成败的因素及中国金融中心的崛起［J］.世界地理研究，2010，19（2）：1－11.

［380］赵晓娜.青海省科技金融对科技型企业支持研究［J］.江西科学，2019，37（3）：470－474.

［381］赵延芳.长春市产学研协同创新路径［J］.长春市委党校学报，2019（5）：47－50.

［382］赵增耀，周晶晶，沈能.金融发展与区域创新效率影响的实证研究——基于开放度的中介效应［J］.科学学研究，2016，34（9）：1408－1416.

［383］郑洁红.资源配置市场化对高校科技成果应用的促进作用［J］.中国高校科技，2019（6）：19－22.

［384］郑兰祥，房真.长三角一体化背景下的区域发展不平衡问题——以科技金融产业为例［J］.沈阳大学学报（社会科学版），2020，22（5）：562－569.

［385］郑磊，张伟科.科技金融对科技创新的非线性影响——一种U型关系［J］.软科学，2018，32（7）：16－20.

［386］郑丽娜.金融成熟度对高新区自主创新能力的影响研究［D］.西安：西安电子科技大学，2017.

［387］郑南磊.资本市场服务科技型中小企业［J］.中国金融，2014（14）：64－65.

［388］郑志来.金融供给侧视角下结构改革与农村电商融资体系重构［J］.兰州学刊，2020（1）：79－89.

［389］中国人民银行深圳市中心支行课题组，林平，孟浩.企业自主创新的金融支持：深圳案例［J］.南方金融，2015（8）：83－87.

［390］钟书华.创新集群的发育、成长路径分析［J］.科技管理研究，2009，29（10）：400－403.

［391］钟文.国内主要城市科技金融发展模式比较［J］.金融科技时代，

2019（7）：30 – 31.

［392］周经纬．促进长沙市高新区科技保险发展的对策研究［D］．长沙：湖南师范大学，2015.

［393］周雷，张玉玉，陈音．金融科技概念辨析、发展历程梳理及前景展望［J］．江苏经贸职业技术学院学报，2020（1）：20 – 23.

［394］周培栋，连漪，田巧莉．西方技术创新理论发展综述［J］．商场现代化，2007（16）：228 – 229.

［395］朱洪燕，俞微佳．优化科技金融供给，助推县域内高能级科创平台发展——以海宁经济开发区（海昌街道）为例［J］．时代金融，2020（9）：16 – 19.

［396］朱洪燕．优化科技金融供给，助推县域内高能级科创平台发展——以 H 市鹃湖国际科技城为例［J］．时代金融，2020（10）：70 – 73.

［397］朱欢．中国金融发展对企业技术创新的效应研究［D］．北京：中国矿业大学，2012.

［398］朱辉．我国省域科技创新水平的空间分布评价［J］．东南大学学报（哲学社会科学版），2015，17（S2）：63 – 64.

［399］朱乐宁．郑洛新国家自主创新示范区政策体系优化研究［D］．郑州：郑州大学，2019.

［400］朱琳．金融支持创新型城市建设的研究［D］．重庆：重庆大学，2013.

［401］朱沛，孙英隽．我国科技型中小企业融资难影响因素分析——基于科技银行和科技型中小企业之间的博弈［J］．中国物价，2019（7）：60 – 62.

［402］朱雪璇，盛玉婷．金融支持科技成果转化的风险监管探究［J］．北方经贸，2020（8）：111 – 115.

［403］朱泽娟．长沙银行零售业务转型研究［D］．湘潭：湘潭大学，2020.

［404］祝金钊．长江经济带科技创新与科技金融协同发展研究［D］．安徽：安徽财经大学，2017.

［405］庄旭东．深入学习贯彻党的十九大精神 努力在新时代气象现代化建设上走在前列［J］．广东气象，2018，40（1）：1 – 3.

［406］宗喆. 对以色列科创模式及中以合作的思考［J］. 国际金融研究，2020（2）：26－35.

［407］邹建国，李明贤. 科技金融对产业结构升级的影响及其空间溢出效应研究［J］. 财经理论与实践，2018，39（5）：23－29.

［408］AGGARWAL R K，SAMWICK A A. Empire-builders and shirkers：Investment，firm performance，and managerial incentives［J］. Journal of Corporate Finance，2006，12（3）：489－515.

［409］ALLEN F，QIAN J，QIAN M. Law，finance，and economic growth in China［J］. Journal of financial economics，2005，77（1）：57－116.

［410］ALLEN W D，EVANS D A. Bidding and overconfidence in experimental financial markets［J］. The Journal of Behavioral Finance，2005，6（3）：108－120.

［411］ANG J B. Research，technological change and financial liberalization in South Korea［J］. Journal of Macroeconomics，2010，32（1）：457－468.

［412］AYYAGARI M，DEMIRGUC－KUNT A，MAKSIMOVIC V. Firm innovation in emerging markets：the roles of governance and finance［J］. Social Science Electronic Publishing，2007，46（6）：1－56.

［413］BAKER M，WURGLER J. Behavioral corporate finance：an updated survey［R］. Working PaPer，National Bureau of Economic Research，2011.

［414］BANGE M M，DE BONDT W F. R&D budgets and corporate earnings targets［J］. Journal of Corporate Finance，1998，4（2）：153－184.

［415］BARBERIS N，THALER R. A survey of behavioral finance［J］. Handbook of the Economics of Finance，2003，1（10）：53－128.

［416］BENA J，LI K. Corporate innovations and mergers and acquisitions［J］. The Journal of Finance，2013，28（6）：72－108.

［417］BERGER P G，OFEK E，YERMACK D L. Managerial entrenchment and capital structure decisions［J］. The Journal of Finance，1997，52（4）：1411－1438.

［418］BERKOVITCH E，ISRAEL R. The bankruptcy decision and debt contract renegotiations［J］. European Finance Review，1998，2（1）：1－27.

［419］BLACK E L，SELLERS K F，MANLY T S. Earnings management

using asset sales: An international study of countries allowing noncurrent asset revaluation [J]. Journal of business finance & accounting, 1998, 25 (9 - 10): 1287 - 1317.

[420] BOUBAKRI N, COSSET J - C, SAFFAR W. Political connections of newly privatized firms [J]. Journal of Corporate Finance, 2008, 14 (5): 654 - 673.

[421] BOUBAKRI N, GUEDHAMI O, MISHRA D. Political connections and the cost of equity capital [J]. Journal of Corporate Finance, 2012, 18 (3): 541 - 559.

[422] BREALEY R A. Principles of corporate finance [M]. Tata McGraw - Hill Education, 2012.

[423] BRICKLEY J A, COLES J L, JARRELL G. Leadership structure: Separating the CEO and chairman of the board [J]. Journal of corporate Finance, 1997, 3 (3): 189 - 220.

[424] BRICKLEY J A, LEASE R C, SMITH JR C W. Corporate voting: Evidence from charter amendment proposals [J]. Journal of Corporate Finance, 1994, 1 (1): 5 - 31.

[425] BRUNELLO G, GRAZIANO C, PARIGI B M. CEO turnover in insider - dominated boards: The Italian case [J]. Journal of Banking & Finance, 2003, 27 (6): 1027 - 1051.

[426] CAPRIO G. The role of long term finance: theory and evidence [M]. World Bank Publications, 1997.

[427] CHANEY P K, JETER D C, LEWIS C M. The use of accruals in income smoothing: a permanent earnings hypothesis [J]. Advances in quantitative analysis of finance and accounting, 1998, 6 (10): 3 - 35.

[428] CHANG E C, WONG S M. Governance with multiple objectives: Evidence from top executive turnover in China [J]. Journal of Corporate Finance, 2009, 15 (2): 230 - 244.

[429] CHEN C J, LI Z, SU X. Rent-seeking incentives, corporate political connections, and the control structure of private firms: Chinese evidence [J]. Journal of Corporate Finance, 2011, 17 (2): 229 - 243.

［430］ CHEN S, SUN Z, TANG S. Government intervention and investment efficiency: Evidence from China ［J］. Journal of Corporate Finance, 2011, 17 (2): 259 – 271.

［431］ CHEVALIER J, ELLISON G. Are Some Mutual Fund Managers Better Than Others? Cross – Sectional Patterns in Behavior and Performance ［J］. The journal of finance, 1999, 54 (3): 875 – 899.

［432］ CHOW C K W, FUNG M K Y, LAM K C. Investment opportunity set, political connection and business policies of private enterprises in China ［J］. Review of Quantitative Finance and Accounting, 2012, 38 (3): 367 – 389.

［433］ CLAESSENS S, DJANKOV S, FAN J P H. Disentangling the Incentive and Entrenchment Effects of Large Shareholdings ［J］. The Journal of Finance, 2002, 57 (6): 34 – 67.

［434］ CLAESSENS S, FEIJEN E, LAEVEN L. Political connections and preferential access to finance: The role of campaign contributions ［J］. Journal of Financial Economics, 2008, 88 (3): 554 – 580.

［435］ CONSOLI D. The dynamics of technological change in UK retail banking services: An evolutionary perspective ［J］. Research Policy, 2005, 34 (4): 461 – 480.

［436］ CRAIG R, WALSH P. Adjustments For 'Extraordinary Items' In Smoothing Reported Profits of Listed Australian Companies: Some Empirical Evidence ［J］. Journal of Business Finance & Accounting, 2006, 16 (2): 229 – 245.

［437］ CRONQVIST H, MAKHIJA A K, YONKER S E. Behavioral consistency in corporate finance: CEO personal and corporate leverage ［J］. Journal of financial economics, 2012, 103 (1): 20 – 40.

［438］ CULL R, XU L C. Institutions, ownership, and finance: the determinants of profit reinvestment among Chinese firms ［J］. Journal of Financial Economics, 2005, 77 (1): 117 – 146.

［439］ DAHYA J, LONIE A A, POWER D M. Ownership structure, firm performance and top executive change: an analysis of UK firms ［J］. Journal of Business Finance & Accounting, 1998, 25 (9 – 10): 1089 – 1118.

［440］DAHYA J, POWELL R. Ownership structure, managerial turnover and takeovers: Further UK evidence on the market for corporate control ［J］. Multinational Finance Journal, 1998, 2 (1): 63 – 85.

［441］DEAVES R, LüDERS E, LUO G Y. An experimental test of the impact of overconfidence and gender on trading activity ［J］. Review of finance, 2009, 13 (3): 555 – 575.

［442］DEMIRGüç – KUNT A, MAKSIMOVIC V. Law, finance, and firm growth ［J］. The Journal of Finance, 1998, 53 (6): 2107 – 2137.

［443］DENIS D J, DENIS D K. Performance changes following top management dismissals ［J］. The Journal of finance, 1995, 50 (4): 1029 – 1057.

［444］DURNEV A, KIM E. To steal or not to steal: Firm attributes, legal environment, and valuation ［J］. The Journal of Finance, 2005, 60 (3): 1461 – 1493.

［445］FACCIO M, MASULIS R W, MCCONNELL J. Political connections and corporate bailouts ［J］. The Journal of Finance, 2006, 61 (6): 2597 – 2635.

［446］FAMA E F, FRENCH K R. The cross-section of expected stock returns ［J］. the Journal of Finance, 1992, 47 (2): 427 – 465.

［447］FAMA E F, MILLER M H. The theory of finance ［M］. Dryden Press Hinsdale, IL, 1972.

［448］FAN D K, LAU C – M, YOUNG M. Is China's corporate governance beginning to come of age? The case of CEO turnover ［J］. Pacific – Basin Finance Journal, 2007, 15 (2): 105 – 120.

［449］FAN P H J, RUI O M, ZHAO M. Rent seeking and corporate finance: Evidence from corruption cases ［J］. Journal of Comparative Economics, 2008, 36 (3): 126 – 169.

［450］FERRI F, MABER D A. Say on pay votes and CEO compensation: Evidence from the UK ［J］. Review of Finance, 2013, 17 (2): 527 – 563.

［451］FLANNERY M J. Asymmetric information and risky debt maturity choice ［J］. The Journal of Finance, 1986, 41 (1): 19 – 37.

［452］FRANCIS B B, HASAN I, SUN X. Political connections and the process of going public: Evidence from China [J]. Journal of International Money and Finance, 2009, 28 (4): 696 – 719.

[453] GAOPEIYONG, WANGDEHUA. An Assessment of China's New Round of Reform of the Fiscal and Taxation Systems [J]. China Economist, 2017, 12 (6): 2 – 11.

[454] GAOPEIYONG. Strategic Perspectives on China's New Round of Tax Reform [J]. China Economist, 2014, 9 (4): 4 – 12.

[455] GILSON S C, VETSUYPENS M R. CEO compensation in financially distressed firms: An empirical analysis [J]. The Journal of Finance, 1993, 48 (2): 425 – 458.

[456] GOERGEN M, RENNEBOOG L. Investment policy, internal financing and ownership concentration in the UK [J]. Journal of Corporate Finance, 2001, 7 (3): 257 – 284.

[457] GONG X – L, LIU X – H, XIONG X, et al. Financial systemic risk measurement based on causal network connectedness analysis [J]. International Review of Economics and Finance, 2019, 64 (9): 102 – 137.

[458] GOYAL V K, PARK C W. Board leadership structure and CEO turnover [J]. Journal of Corporate Finance, 2002, 8 (1): 49 – 66.

[459] GRUBER M J, WARNER J B. Bankruptcy costs: some evidence [J]. The journal of Finance, 1977, 32 (2): 337 – 347.

[460] HEATON J B. Managerial optimism and corporate finance [J]. Financial management, 2002, 77 (8): 33 – 45.

[461] HERMALIN B E. Trends in corporate governance [J]. The Journal of Finance, 2005, 60 (5): 2351 – 2384.

[462] HIRSHLEIFER D, THAKOR A V. Managerial performance, boards of directors and takeover bidding [J]. Journal of Corporate Finance, 1994, 1 (1): 63 – 90.

[463] HONG H, KOSTOVETSKY L. Red and blue investing: Values and finance [J]. Journal of Financial Economics, 2012, 103 (1): 1 – 19.

[464] HUSON M R, PARRINO R, STARKS L T. Internal monitoring mechanisms and CEO turnover: A long-term perspective [J]. The Journal of Fi-

nance, 2001, 56 (6): 2265 – 2297.

[465] JALILVAND A, HARRIS R S. Corporate behavior in adjusting to capital structure and dividend targets: An econometric study [J]. The Journal of Finance, 1984, 39 (1): 127 – 145.

[466] JENSEN M C. Agency costs of free cash flow, corporate finance, and takeovers [J]. The American Economic Review, 1986, 76 (2): 323 – 339.

[467] JENSEN M C. The modern industrial revolution, exit, and the failure of internal control systems [J]. the Journal of Finance, 1993, 48 (3): 831 – 880.

[468] JIA Z, SHI Y, YAN C. Bankruptcy prediction with financial systemic risk [J]. The European Journal of Finance, 2020, 26 (7 – 8): 168 – 192.

[469] JULIO B, YOOK Y. Political uncertainty and corporate investment cycles [J]. The Journal of Finance, 2012, 67 (1): 45 – 83.

[470] KADAPAKKAM P – R, KUMAR P, RIDDICK L A. The impact of cash flows and firm size on investment: The international evidence [J]. Journal of Banking & Finance, 1998, 22 (3): 293 – 320.

[471] KAPLAN S N, KLEBANOV M M, SORENSEN M. Which CEO characteristics and abilities matter? [J]. The Journal of Finance, 2012, 67 (3): 973 – 1007.

[472] KHANNA N, POULSEN A B. Managers of financially distressed firms: villains or scapegoats? [J]. The Journal of Finance, 1995, 50 (3): 919 – 940.

[473] KING R G, LEVINE R. Finance, entrepreneurship and growth [J]. Journal of Monetary economics, 1993, 32 (3): 513 – 542.

[474] KING R G, LEVINE R. Finance and Growth: Schumpeter Might Be Right [J]. The Quarterly Journal of Economics, 1993, 60 (108): 717 – 738.

[475] KOFI B M, MARTIN R, MUSTAPHA I. The Concurrent Effect of Financial Development and Trade Openness on Private Investment in India [J]. South Asian Journal of Macroeconomics and Public Finance, 2020, 9 (2): 336 – 369.

[476] KWON S S, YIN Q J. Executive compensation, investment opportunities, and earnings management: High-tech firms versus low-tech firms [J]. Journal

of Accounting, Auditing & Finance, 2006, 21 (2): 119 – 148.

[477] LA PORTA R, LOPEZ – DE – SILANES F, SHLEIFER A. Legal determinants of external finance [J]. 1997, 17 (10): 27 – 76.

[478] LASALLE R E, JONES S K, JAIN R. The association between executive succession and discretionary accounting changes: earnings management or different perspectives? [J]. Journal of Business Finance & Accounting, 1993, 20 (5): 653 – 671.

[479] LIN B – X, MICHAYLUK D, OPPENHEIMER H R. Hubris amongst Japanese bidders [J]. Pacific – Basin Finance Journal, 2008, 16 (1): 121 – 159.

[480] LI S, HUANG Y. Do Cryptocurrencies Increase the Systemic Risk of the Global Financial Market? [J]. China & World Economy, 2020, 28 (1): 347 – 368.

[481] LIU Q, LU Z J. Corporate governance and earnings management in the Chinese listed companies: A tunneling perspective [J]. Journal of Corporate Finance, 2007, 13 (5): 881 – 906.

[482] LI X, YU H, FANG L. Do firm-level factors play forward-looking role for financial systemic risk: Evidence from China [J]. Pacific – Basin Finance Journal, 2019, 57 (6): 168 – 191.

[483] MALMENDIER U, TATE G, YAN J. Overconfidence and Early – Life Experiences: The Effect of Managerial Traits on Corporate Financial Policies [J]. The Journal of Finance, 2011, 66 (5): 1687 – 1733.

[484] MALMENDIER U, TATE G. CEO overconfidence and corporate investment [J]. The journal of finance, 2005, 60 (6): 2661 – 2700.

[485] MASCIANDARO D, PASSARELLI F. Financial systemic risk: Taxation or regulation? [J]. Journal of Banking and Finance, 2013, 37 (2): 96 – 127.

[486] MAURY B, PAJUSTE A. Multiple large shareholders and firm value [J]. Journal of Banking & Finance, 2005, 29 (7): 1813 – 1834.

[487] MAURY B, PAJUSTE A. Multiple large shareholders and firm value [J]. Journal of Banking and Finance, 2004, 29 (7): 177 – 201.

[488] MIAO. T, WENNI. F. Construction and Niche-fitness Evaluation of the Science and Technology Financial Ecosphere [J]. International Journal of In-

dustrial and Business Management, 2019, 3 (13): 132 –164.

[489] MILLER M H. DEBT AND TAXES* [J]. the Journal of Finance, 1977, 32 (2): 261 –275.

[490] MILLER M H. Do the M & M propositions apply to banks? [J]. Journal of Banking & Finance, 1995, 19 (3): 483 –499.

[491] MODIGLIANI F, MILLER M H. The cost of capital, corporation finance and the theory of investment [J]. The American economic review, 1958, 48 (3): 261 –297.

[492] MYERS S C. The capital structure puzzle [J]. The journal of finance, 1984, 39 (3): 574 –592.

[493] NARAYANAN M. Managerial Incentives for Short-term Results [J]. The Journal of Finance, 1985, 40 (5): 1469 –1484.

[494] NEFF C. Corporate Finance, Innovation, and Strategic Competition [M]. Springer Berlin Heidelberg, 2003.

[495] NI PENGFEI, KAMIYA M, LI BO. Technological Innovation: A Primary Driver to Promote Global Urban Common Prosperity——An Analysis of Factors Influencing the Competitiveness of 1, 007 Cities around the World [J]. China Economist, 2020, 15 (3): 28 –48.

[496] PASTOR L, VERONESI P. Uncertainty about government policy and stock prices [J]. The Journal of Finance, 2012, 67 (4): 1219 –1264.

[497] PORTA R, LOPEZ – DE – SILANES F, SHLEIFER A. Corporate ownership around the world [J]. The journal of finance, 1999, 54 (2): 471 –517.

[498] PORTA R L, LOPEZ – DE – SILANES F, SHLEIFER A. Corporate Ownership Around the World [J]. The Journal of Finance, 1999, 54 (2): 457 –482.

[499] RAJAN R G, ZINGALES L. What do we know about capital structure? Some evidence from international data [J]. The journal of Finance, 1995, 50 (5): 1421 –1460.

[500] REITENGA A L, TEARNEY M G. Mandatory CEO retirements, discretionary accruals, and corporate governance mechanisms [J]. Journal of Ac-

counting, Auditing & Finance, 2003, 18 (2): 255 – 280.

［501］REVILLA A J, FERNάNDEZ Z. The relation between firm size and R&D productivity in different technological regimes ［J］. Technovation, 2012, 32 (11): 609 – 623.

［502］SASIDHARAN S, LUKOSE P J J, KOMERA S. Financing constraints and investments in R&D: Evidence from Indian manufacturing firms ［J］. Quarterly Review of Economics & Finance, 2015, 55 (2): 28 – 39.

［503］SCHARFSTEIN D S, STEIN J C. The dark side of internal capital markets: Divisional rent-seeking and inefficient investment ［J］. The Journal of Finance, 2000, 55 (6): 2537 – 2564.

［504］SCHINCKUS C. The financial simulacrum: The consequences of the symbolization and the computerization of the financial market ［J］. Journal of Socio Economics, 2008, 37 (3): 1076 – 1089.

［505］SHIN H – H, KIM Y H. Agency costs and efficiency of business capital investment: evidence from quarterly capital expenditures ［J］. Journal of Corporate Finance, 2002, 8 (2): 139 – 158.

［506］SHLEIFER A, VISHNY R W. A survey of corporate governance ［J］. The journal of finance, 1997, 52 (2): 737 – 783.

［507］SLOVIC P. Psychological study of human judgment: Implications for investment decision making ［J］. The Journal of Finance, 1972, 27 (4): 779 – 799.

［508］STRONG J S, MEYER J R. Asset writedowns: Managerial incentives and security returns ［J］. The Journal of Finance, 1987, 42 (3): 643 – 661.

［509］SUCHARD J – A, SINGH M, BARR R. The market effects of CEO turnover in Australian firms ［J］. Pacific – Basin Finance Journal, 2001, 9 (1): 1 – 27.

［510］TEOH S H, WELCH I, WONG T J. Earnings management and the long-run market performance of initial public offerings ［J］. The Journal of Finance, 1998, 53 (6): 1935 – 1974.

［511］TIAN M, FE W. Construction and Niche-fitness Evaluation of the Science and Technology Financial Ecosphere ［J］. Academic Journal of Engineering and Technology Science, 2019, 2 (1): 226 – 247.

[512] TITMAN S, WESSELS R. The determinants of capital structure choice [J]. The Journal of finance, 1988, 43 (1): 1 – 19.

[513] TOURANI – RAD A, KIRKBY S. Investigation of investors' overconfidence, familiarity and socialization [J]. Accounting & Finance, 2005, 45 (2): 283 – 300.

[514] WELLS P. Earnings management surrounding CEO changes [J]. Accounting & Finance, 2002, 42 (2): 169 – 193.

[515] ZHUHUA, JIANGMIAOMIAO. Research on the Construction of Sci – Tech Finance Team in Commercial Banks [J]. Modern Management, 2018, 8 (6): 56 – 68.